中国TRIZ杯大学生创新方法大赛十年探索与实践

主　编　王秀莲
副主编　丁　雨　崔文韬　李南南　王　储

哈尔滨工程大学出版社
Harbin Engineering University Press

内容简介

本书作者从事了多年的大学生创新方法大赛（简称大赛）组织工作，具体包括大赛方案策划、通知发布、升级、标准化建设、大学生创新方法推广与应用及指导大学生应用创新方法创新创业等工作。自2010年大赛开始举办以来，先后经历2次升级。从第六届国赛开始，大赛更名为中国TRIZ杯大学生创新方法大赛，正式纳入由科学技术部与中国科学与技术协会联合举办的中国创新方法大赛专项赛事。本书主要从举办大赛的目的与意义、从省级区域赛到国赛的发展历程、大学生应用创新方法的重要性、省级区域赛经验分享、部分高校参赛情况及大赛取得的成果等方面进行详细介绍。

本书涵盖了大赛优秀作品典型案例和创新人物及创新方法课程建设典型案例，可供全国高校参考。

图书在版编目（CIP）数据

中国TRIZ杯大学生创新方法大赛十年探索与实践 / 王秀莲主编．— 哈尔滨：哈尔滨工程大学出版社，2023.7
ISBN 978-7-5661-4058-6

Ⅰ．①中… Ⅱ．①王… Ⅲ．①大学生—创造教育—研究 Ⅳ．① G640

中国国家版本馆CIP数据核字(2023)第129349号

中国TRIZ杯大学生创新方法大赛十年探索与实践
ZHONGGUO TRIZ BEI DAXUESHENG CHUANGXIN FANGFA DASAI SHINIAN TANSUO YU SHIJIAN

选题策划 刘凯元
责任编辑 刘凯元
封面设计 李海波

出版发行 哈尔滨工程大学出版社
社　　址 哈尔滨市南岗区南通大街145号
邮政编码 150001
发行电话 0451-82519328
传　　真 0451-82519699
经　　销 新华书店
印　　刷 哈尔滨午阳印刷有限公司
开　　本 787 mm × 1 092 mm　1/16
印　　张 19.5
字　　数 462千字
版　　次 2023年7月第1版
印　　次 2023年7月第1次印刷
书　　号 ISBN 978-7-5661-4058-6
定　　价 128.00元
http：//www.hrbeupress.com
E-mail：heupress@hrbeu.edu.cn

编 委 会

主　审： 刘光武

副主审： 于云亮　吴永志

主　编： 王秀莲

副主编： 丁　雨　崔文韬　李南南　王　储

编　委：（按姓氏笔画排列）

王　泽　王　晶　王妍玮　王植朔　毛继泽　孙加臣

朱翠兰　刘　鑫　杨一帆　杨　涛　李谷丰　李　娟

李志强　张伯非　张战勇　张丽娜　陈　岩　赵宇阳

封　蕊　徐海铁　高　明　唐先龙　常志强　韩　博

前　言

加快科技创新是推动高质量发展的需要，是实现高品质生活的需要，是构建新发展格局的需要，是顺利开启全面建设社会主义现代化国家新征程的需要。自主创新、方法先行，加强创新方法推广应用工作，对于从源头提升我国的科技自主创新能力，推动构建新发展格局，服务经济社会高质量发展具有重要意义。

回顾人类发展历史以及科学技术进步历程，每一次重大跨越和重要发现都与思维创新、方法创新、工具创新密切相关。离开了“创新”，人类社会不可能向前迈进，科学技术也不可能有实质性的进步。可以说，“创新”已经成为现代社会发展与进步的基本动力。这里所说的创新包括思维、方法和工具三方面的创新，这三者的有机结合可以统称为“创新方法”。在近、现代科学史上，许多重大科学发现本身就是科学思维、科学方法或科学工具上的创新。

创新方法是国家科技创新的重要组成部分，是一项长期性的基础工作。从一定意义上说，谁掌握了最先进的科学方法，谁就掌握了科技发展的优先权。走创新之路，必须要有方法和技巧，TRIZ 创新方法教育就是要把创新的思维、创新的方法、创新的工具传授给年轻人，使他们创造出更多、更好的成果。

中国 TRIZ 杯大学生创新方法大赛作为一项引导大学生运用 TRIZ 创新方法进行创新创业的专业赛事已举办十年。大赛组委会组织编写本书，其主要目的是回顾大赛十年发展历程，总结大赛的经验及大赛十年取得的成果。书中列举了许多经典案例和经验做法，希望与全国高校进行经验分享，为我国更好地培养青年创新型人才提供有益的启发和借鉴。

本书主体部分主要由王秀莲、崔文韬、李南南和王储负责完成。第一章由崔文韬、王秀莲、李谷丰完成；第二章由王秀莲、王储、李南南、李娟完成；第三章由王秀莲、崔文韬、张丽娜完成；第四章由崔文韬、李南南、王植朔完成；第五章由李南南、王秀莲、崔文韬、封蕊完成；第六章由王储、崔文韬、李南南、王秀莲、徐海轶、杨涛、王泽完成；第七章由王秀莲、刘鑫、王晶完成。提供案例的作者有付敏、曹国忠、姜金刚、卜秋祥、魏勇、顾璇、王文涛、刘小兰、张云龙、王亚非、李萌、孙寅迪、李华霖、王温等。

编　者

2023 年 2 月

目　录

第一章 大赛综述篇

第一节 推广创新方法的目的及意义

党的二十大报告中指出："必须坚持科技是第一生产力、人才是第一资源、创新是第一动力，深入实施科教兴国战略、人才强国战略、创新驱动发展战略，开辟发展新领域新赛道，不断塑造发展新动能新优势。""加快实现高水平科技自立自强。""坚持为党育人、为国育才，全面提高人才自主培养质量，着力造就拔尖创新人才，聚天下英才而用之。"

新时代十年的伟大成就，离不开科技、人才、创新支撑。党的十八大以来，以习近平同志为核心的党中央统揽科技事业发展全局，坚持科技是第一生产力、人才是第一资源、创新是第一动力，坚定不移走中国特色自主创新道路，做出了一系列重大论断、重大部署，推动实现我国科技创新人才体制机制不断完善，创新创业生态不断向好，人才作为支撑发展的第一资源作用充分发挥，各项科技事业快速发展，科技整体水平大幅提升。

实现科技创新，要抓住科学思维、科学方法、科学工具"三个层面"。科学发展，创新为先。科学思维是实现从感性认识到理性认识、由理性认识到实践以及认识真理的方法。问题的提出，实验的设计、分析和改进都离不开科学思维的指导。科学方法是科学家了解和认识自然规律，解决工程技术领域中的实际问题所选取的手段、途径或活动方式。科学工具是开展科学活动时所借助的专门手段，包括物质形态的实体工具和知识形态的理性工具，而物质形态的实体工具是指科学仪器与设备。

科学思维、科学方法和科学工具的创新直接决定了近代科学的产生与发展。理性思辨与观察、实验方法的结合，实践经验与数理方法的融合，推动并导致了近代影响深远的科学革命，也产生了伽利略、牛顿等一批科学巨匠。新方法的创造和应用也推动着科学理论的重要突破。爱因斯坦创造了思想实验方法，带来了相对论的革命。据统计，自 1901 年诺贝尔奖设立以来，60% ~ 70% 的奖项是由于科学观念、思路、方法和手段上的创新而取得的。

工业革命以来不断推动人类社会进步的每一次重大技术革命也主要是源于科学思维、科学方法与科学工具的创新。用蒸汽代替人类千百年来赖以发展的人力、畜力，使人类跨入工业社会；电磁理论的突破，用电力代替蒸汽的方法创新，使人类进入"电气和无线电时代"。随着 20 世纪电子计算机这一科学工具的发明创造，无线通信、自动化、智能化、网络化等高新技术得到了迅猛发展，使人类进入“信息时代”。

20 世纪后期以来，科学思维、科学方法与科学工具的创新能力更是直接决定了一个国家的自主创新能力与核心竞争力，甚至影响到国家安全。不掌握利用核能的关键技术与方法，就制造不出核武器，军事实力与威慑力就难以从根本上提高；不掌握先进的生物技术方法，农业、医学等生命科学领域就难以在国际上达到领先水平。

“工欲善其事，必先利其器”。没有创新方法，科学研究将始终只能跟踪模仿，受制于人。谁具备了科学思维、科学方法与科学工具的创新能力，谁就掌握了科技创新的原动力和科技发展的优先主导权。科学思维、科学方法与科学工具的创新其实质就是要创新方法，就是“利器”。加强创新方法工作，就是从源头上促进我国的科技自主创新和建设创新型国家，其重大意义和深远影响是单一科技计划、科研项目或攻克某项技术所无法比拟的。自主创新，方法先行，创新方法是我国科技发展的根本之源。

当代科技发展的态势对方法创新提出了更新和更高的要求。自然、工程、生物、经济、管理、政治与社会等学科研究不断交叉融合，全球变化、资源短缺、环境污染、能源危机、疾病蔓延，以及人与自然的冲突与矛盾等全球性科学问题更加复杂，迫切要求转变传统的方法范式。科学发现、技术突破及重大集成创新不断涌现，科技创新到商业应用的周期越来越短，科技、教育、文化与经济、社会的关系日益密切，正孕育着新的科技重大突破与变革，也催生着方法的创新。面对世界科技发展的大势，面对日趋激烈的国际科技竞争的挑战，在我国科技发展的转折期与机遇期，尤其需要科学思维、科学方法的战略指导与支撑。

创新方法是科学思维、科学方法和科学工具的总称。加强创新方法工作，切实做好科学思维、科学方法和科学工具的研究与应用具有重要的意义。第一，科学思维的创新是科学技术取得突破性、革命性进展的先决条件。科学思维不仅是一切科学研究和技术发展的起点，而且始终贯穿于科学研究和技术发展的全过程，是创新的灵魂。第二，科学方法的突破是实现科学技术跨越式发展的重要基础。只有掌握一批具有自主知识产权的关键方法和核心技术，降低对国外方法和技术的依赖，才能真正提高自主创新能力。第三，科学工具的创新是开展科学研究和实现发明创造的必要手段。科学工具是重要的科技资源之一，一流的科学研究和技术发展往往离不开一流的科学工具。现代科技的重大突破越来越依赖于先进的科学工具，掌握了最先进的科学工具就掌握了科技发展的主动权。

提高自主创新能力，建设创新型国家是国家发展战略的核心，是提高综合国力的关键。“自主创新，方法先行”，创新方法是自主创新的根本之源。国际上创新型国家普遍重视创新思维的培养，超前部署原始创新方法研究和推广，设立专项资金鼓励科学仪器设备等科学工具的自主研发，不断强化本国的核心竞争力。长期以来，我国对创新方法工作重视相对不够，科学思维培育相对落后，科技活动仍未摆脱跟踪模仿的局面，自主创新成果较少，高精尖科学仪器设备严重依赖进口，与加强自主创新、建设创新型国家的战略要求极其不相适应。这就要求我们要解放思想，转变观念，将创新方法作为一项长期性、战略性工作来抓，切实从源头上提升自主创新能力，推进创新型国家建设。

推广创新方法的目的在于促进创新思维的普及和提高，使更多的人能够有效地解决问题和进行创新，从而为社会带来更多的价值。一是提高创新能力。推广创新方法可以帮助人们掌握创新思维和方法，提高创新能力和创新意识，从而更好地应对日益复杂的问题和挑战。二是促进技术进步。推广创新方法可以推动技术进步和发展，加速技术的转化和商业化，从而带动经济增长和社会发展。三是提高生活质量。推广创新方法可以帮助人们解决生活中的各种问题，提高生活质量，满足人们对于更好生活的追求。四是促进产业升级。创新方法可以促进企业的技术升级和转型，推动产业升级，提高企业的竞争力和创新能力。五是促进国家竞争力。推广创新方法可以提高国家的科技水平和创新能力，增强国家的竞争力和影响力。总之，推广创新方法具有广泛的意义，不仅可以帮助个人提高创新能力，促进企业成长，推动产业发展，也能够为国家带来更多的发展机遇和价值。

第二节　大学生应用创新方法的重要性

为“两弹一星”研究做出杰出贡献的科学家钱学森，自幼就对科学研究产生了浓厚的兴趣，经过多年的学习和实践积累，具备了扎实的学术功底。他在航空航天、航空发动机、弹道导弹等领域进行了深入研究，创造了许多令人瞩目的科研成果，为中国的现代化事业做出了重大贡献。他有着非常强的创新意识和创新精神，能够不断地提出新的想法和方法，寻求解决科学难题切实可行的方案。钱学森一直以来怀有强烈的爱国主义情怀和民族自尊心，他在海外求学和工作期间始终关注着祖国的发展与进步，回国后更是一心为祖国的现代化建设事业贡献自己的力量。他不仅是一位杰出的科学家和技术专家，还具备卓越的人格魅力和影响力，他的言行举止和品格操守深受社会各界人士的尊重和崇敬，成为广大科技工作者和青年学子的榜样与楷模。

钱学森曾讲过：“一名科学家，他首先必须有一个科学的人生观、宇宙观，必须掌握一个研究科学的科学方法！这样，他才能在任何时候都不致迷失道路；这样，他在科学研究上的一切辛勤劳动，才不会白费，才能真正对人类、对自己的祖国做出有益的贡献。”2005 年 3 月 29 日，钱学森曾对身边工作人员说：“回国以后，我觉得国家对我很重视，但是社会主义建设需要更多的钱学森，国家才会有大发展。我今年 90 多岁了，想到中国长远发展的事情，忧虑的就是这一点。”钱学森对中国的教育和科技发展提出更高期待：“现在中国没有完全发展起来，一个重要原因是没有一所大学能够按照培养科学技术发明创造人才的模式去办学，没有自己独特的、创新的东西，老是‘冒’不出杰出人才。这是很大的问题。”为什么我们的学校总是培养不出杰出的科技创新人才？这便是著名的“钱学森之问”。由此可见，钱学森先生所指的“杰出人才”，并不是通常意义上我们所理解的优秀人才，而是像钱学森这样的出色的科技创新人才和领军人物。“钱学森之问”不仅引起了公众和媒体的强烈关注，而且引起了政府高层领导的高度重视。习近平总书记指出：我们应以全球视野谋划和推动创新，教育肩负着特殊的责任。杰出人才通常是指在某个领域内有卓越表现、有杰出成就的人。这些人在其领域内具有专业技能、深厚知识和经验，并能够不断创新和创造。杰出人才不仅在学术和科学领域内出类拔萃，也可以在商业、政治、艺术和文化等各个领域内有杰出表现。杰出人才的评定标准通常由不同的机构和组织根据其领域的特点和需求而定，通常包括学术成就、专业技能、领导才能、创新能力、对社会和人类的贡献等方面。

科学技术的发展离不开优秀的人才，培养创新人才是每个国家发展的重要任务。中国的高等教育已经取得了很大的发展，许多大学和高等职业学校也在努力培养创新人才。培养创新人才，不仅需要学校和教师的努力，还需要社会各界的支持和鼓励。一是鼓励创新思维。培养创新人才需要从学生入学时就开始，学校可以通过创新教育课程和活动鼓励学生创新思维。二是提供研究机会。学校可以提供研究机会，包括实验室、实践课程、实习机会和研究生项目等。三是鼓励参与竞赛。参与科技竞赛是培养创新人才的一个好方法，学校可以鼓励学生参加各种科技竞赛，包括国内和国际的比赛。四是提供创新资源。学校可以提供学生创新所需的资源，包括设备、技术、资金和专业知识等。五是支持企业合作。学校可以与企业合作，为学生提供实践机会，帮助学生将理论知识应用到实践中，同时也可以帮助企业解决问题。六是加强交流与合作。学校可以与其他国家的大学和科研机构加强交流与合作，从中吸收创新理念和经验，为培养创新人才提供有益的借鉴和启示。

杰出人才的培养需要长期的投入和持续的努力，通常包括以下几个方面。一是先进的创新创业教育培训。提供高质量的教育和培训，包括基础知识、技能和实践经验，帮助人才发展自己的专业领域并掌握更广泛的知识。二是合适的创新环境。提供创新的环境和支持，包括资源、设备、人才和资金，激发创新潜力和创新能力。三是创新人才激励机制。建立有效的激励机制，包括薪酬、职称、荣誉和晋升等，鼓励人才充分发挥自己的潜力和创造力。四是加强国际交流和合作。扩大人才视野和国际影响力，提高人才的竞争力和适应性。五是引进高水平创新人才。引进国内外优秀的人才，充实人才队伍，加快人才培养和产业发展。六是政府政策扶持。制定支持创新的政策和措施，包括资金、税收、知识产权等方面的扶持，提高创新活力和创新水平。

第三节　国外创新方法的研究、推广与应用现状

创新方法是从创造发明的活动、过程、成果中总结出来带有普遍规律的技巧和方法。创新方法首先出现在20世纪初的美国，当时美国经济发展欣欣向荣，技术发明活跃，一些专利审查人员最早注意到发明家富有创意的技巧和方法。1938 年被誉为“创造学和创造工程之父”的亚历克斯・奥斯本提出了“头脑风暴法”并取得成功。为了推广该技法，他撰写了一系列著作，如《思考的方法》《实用的想象》等，并深入高校、社会团体和企业，组织大家运用该技法，开创了群众性创造普及活动的新局面。20 世纪 50 年代以来，美国出现了许多创造力研究中心，很多大学、政府部门和企业争先

恐后地开设了名目繁多的创造力训练课程，创造技法越发兴盛。目前，世界各国已开发并付诸实施的创造技法有 340 余种。

1912 年，美籍奥地利经济学家约瑟夫·熊彼特首次提出创新的概念。1931 年，内布拉斯加大学教授克劳福德制定了“特性列举法”，并首次在大学开设创新创造性思维课程。创造学的奠基人亚历克斯·奥斯本在其 1941 年出版的著作《思考的方法》中，提到了“头脑风暴法”，正式揭开了人们研究创新方法的序幕。1942 年，瑞士天文学家在排列组合原理的基础上提出了形态分析法。1968 年，英国德伟诺提出“侧向思维”理论，认为利用“局外”信息发现解题途径的思维能力可以同眼睛的侧视能力相类比，故称之为“侧向思维”。德国学者科勒在机械的基础上形成了以物理算法为核心的变化合成方法，并于 1970 年在亚琛工业大学开课。日本也开发了适合日本国情的创新方法，例如等价变换理论 ET 法和“起承转合”法等。此外，苏联的创新方法研究更加侧重专门化和技术对象的客观规律性。早在 1910 年，恩格里迈尔就提出要创立一门发明创造的科学——创造学。1946 年，苏联海军专利局的专利调查员根里奇·阿奇舒勒通过对专利进行研究，提出了发明问题解决理论。1947 年，美国通用电气公司设计工程师麦尔斯在研究和选择原材料代用品时提出价值工程（简称 VE），并提出提高产品价值的一种有组织、有计划的创造性活动和科学管理方法。苏联学者布什于 1964 年提出“七次探索方略”创新方法，后称“5W2H”法。诺贝尔奖获得者、经济学家赫布·西蒙 1969 年在他的著作《人工科学》中提出了设计作为一种思维方式的概念。1987 年，哈佛大学设计学院教授 ROWE 出版的《设计思维》首次使用了设计思维这个概念。20 世纪 90 年代中期，以色列学者雅各布提出 SIT 系统创新思维理论，该方法经常在创新项目、商业行政、市场营销、组织发展、领导力和管理学中被教授。美国麻省理工学院在剖析和总结日本丰田汽车公司创造的丰田生产方式后，于 1990 年在国际汽车计划研究报告中提出了以改革生产管理为中心的精益生产（LP）体系。近二十年，欧美形成了十几个创造学研究中心。很多大学和研究所都设立了专门的创造学研究机构。通用电气公司、国际商业机器公司（IBM）、宝洁、三星电子等企业均设立了各具特色的创新设计部门，从而保证企业一直具有旺盛的创新动力。

第四节　中国创新方法的研究、推广与应用现状

中国传统创新方法具有悠久的历史和丰富的内容，常常与中国文化和哲学思想密切相关。例如，创新型思维方式：中国文化强调综合思考，即在问题解决过程中考虑多种因素，寻找全面解决方案。这种思考方式有助于产生创新性的想法和解决方案。

集思广益：中国传统文化注重集体智慧和协作，因此倡导群策群力、众人拾柴火焰高的思想。集思广益就要多听取别人的意见和建议，才能找到更好的解决方案。

取长补短：中国传统文化鼓励人们取长补短，即通过借鉴与吸收不同文化和思想的优点，弥补自身的不足。这种方法有助于在创新过程中借鉴其他领域的经验和知识，提高创新效率和质量。

突破传统思维：中国传统文化中有“破釜沉舟”的思想，即不惜一切代价突破传统的束缚和思维惯性，寻找新的发展机遇和道路。这种方法在创新领域非常重要，可以帮助人们打破常规和传统思维模式，产生更具创新性的想法和解决方案。

我国古代有一部《孙子兵法》，千百年来，享誉中外。它不仅是各国军事家必读之书，也被广泛应用于军事以外的广阔领域。《孙子兵法》之所以被如此推崇，主要是它从无数战争胜败的实践经验中，创造性地总结、集成了军事上的谋、略、技巧和套路，是我国古代集军事“方法创新”之大成的杰出成果，充分反映了“创新方法”的重大影响。公元前 600 年，孔子提出了正名的要求，并提出“能近取譬”和“举一反三”等类推方法。公元前 350 年，墨子在《墨经》中阐述了力的概念和力矩原理、杠杆原理，也提出了“粒子论”的雏形，指出“端”是不占有空间的，是物体不可再细分的最小单位。公元前 300 年，公孙龙通过对“白马非马”这一命题的具体分析，提出了“唯乎其彼此焉”的正名原则。公元前 250 年，韩非提出了“矛盾”概念，揭示了矛盾规律。公元前 250 年，荀子系统化地整理了名家和墨家对儒家正名思想的逻辑学理论。公元 86 年，王充在反对宗教神学的斗争中，写作了《论衡》一书，强调要通过论证而达到辨真伪、证是非、驳虚假的目的。公元 240 年，王弼为代表的“言不尽意”论和欧阳建的“言尽意”论之间进行了辩论。公元 1000 年，程朱学派把“理”作为思想本体，发展出由一理推知诸理的认识论观点，是北宋理学的主要内容。

到了中国现代，钱学森院士曾主张思维科学研究主要包括逻辑思维、形象思维、灵感思维和社会思维四方面内容。1983 年，我国创造学学者许国泰经过八年的摸索与尝试，首创了信息交流合法，又称魔球理论。广东工业大学的蔡文、杨春燕研究员等，在 1983 年发表了论文《可拓集合和不相容问题》，创立了新学科“可拓学”。1990 年，宋文奎再提出两种创新设计方法，即扩、缩笔记目录分类法（SON 方法）和可变多维形态属性列举法。1991 年，许立言、张福泰在奥斯本检核表法审图研究的基础上，结合上海和田路小学创造课教学的实际，提出了和田十二法。这些创新设计方法的提出，标志着我国正逐渐形成自己特色的创新设计方法。

2007 年 6 月，王大珩、刘东生、叶笃正三位院士在《关于加强创新方法工作的建议》报告中提出了“自主创新，方法先行”，创新方法是自主创新的根本之源。这一报告引起了国家领导人和各部委的广泛重视。2008 年，科学技术部、发展和改革委员会、教育部、中国科学技术协会（以下简称“中国科协”）等四部委共同发布了《关于加强创新方法工作的若干意见》（以下简称《意见》），明确了创新方法工作的指导思想、工作思路、重点任务及其保障措施等。

2010 年，时任科技部部长万钢指出：“创新方法是创新活动的推进器、创新过程的催化器，系统掌握创新方法，并不断地发现新的方法是提升自主创新能力、实现跨越式发展的重要途径，创新方法工作将是科技工作的重要抓手。”

中国的创新方法研究目前在不断发展壮大，在政策支持、学术研究与企业实践方面都得到了广泛关注和重视。在政策支持方面，我国政府通过一系列文件和计划如《国家中长期科学和技术发展规划纲要（2006—2020 年）》《中国制造 2025》等，对创新方法提出了明确的要求和支持。政府还设立了多个基金和计划，如“科技部创新方法专项”“创新方法与工程应用国际学术会议”等，以促进创新方法在中国的应用和发展。在学术研究方面，中国的大学与科研机构积极开展创新方法的研究和应用，建立了一批研究中心和实验室。例如，清华大学、浙江大学、哈尔滨工业大学等一些高校的工程管理、工业工程等相关学科开展了大量的研究，同时还与企业开展合作，将创新方法应用于企业实践。在企业实践方面，中国的一些企业也开始逐步应用创新方法，包括但不限于 TRIZ、设计思维、精益创新、价值工程等。一些企业还成立了创新团队和实验室，将创新方法应用于产品开发、工艺优化、管理流程等方面，取得了显著的效果。

“自主创新，方法先行”，为了进一步提高我国及区域、产业、企业的自主创新能力，2007 年，科技部从建设创新型国家的战略高度出发，提出了大力开展技术创新方法工作，并正式批准黑龙江和四川两省作为技术创新方法的首批试点省，大力推广先进的技术创新方法。同年 5 月 8 日，时任黑龙江省委常委、黑龙江省科学技术厅厅长孙尧在全省科学技术局长培训班上提出，将创新方法普及与应用工作作为一项长期性、基础性、战略性的自主创新能力建设工作来抓，抓好抓实、抓出成效，从源头上提升自主创新能力，加快推进创新型省份建设进程。

黑龙江省作为技术创新方法的试点省，从与俄罗斯具有地缘优势和科技合作雄厚基础的实际出发，从众多的技术创新方法中选择了被苏联誉为“国术”“神奇的点金术”的发明问题解决理论，在黑龙江省范围内开始逐步推广和应用。黑龙江省作为国家首批技术创新方法试点省，在推广应用创新方法方面做了大量工作，并且取得了丰硕的成果，例如，启动了全国第一家创新方法千人专题报告会、建立了全国第一家创新方法专题网站、成立了全国第一家省级技术创新方法研究会等。黑龙江省创新体制机制、搭建服务平台、建设培训基地、培育试点企业、辐射试点行业、创建试点城市、培养创新人才、推广典型经验等做法，在创新方法工作中进行了大量有益的探索与实践，为推动创新方法在本土化发展开创性工作积累了丰富的经验。

《意见》明确指出，“加强科学思维培养，大力促进素质教育和创新精神培育，继续推进有利于培养学生团队意识和创新精神的大学生竞赛活动。”TRIZ 理论作为集科学思维、科学方法与科学工具于一体的综合创新方法体系，在国内外已经取得了很好的效果。在适应黑龙江省优势产业跨越式快速发展，解决产品创新设计理论和应用及创新人才培养等关键问题方面，TRIZ 理论发挥了重要作用。

创设于 2010 年的黑龙江省 TRIZ 杯大学生创新方法大赛适应了时代发展的要求，已经连续成功举办了十二届（前两届为黑龙江省省赛），它为培养具有创新意识、创新思维和掌握创新方法的学子提供了一个能够展示自我才华的平台，受到了大学生们的热烈欢迎。在科技部的关怀指导下，2012 年的 TRIZ 杯大学生创新方法大赛已经由黑龙江省的区域赛事升级为国赛。TRIZ 杯大学生创新方法大赛由省赛升级为国赛，是目前国内创新形势发展的需要，是全国创新方法传播普及的需要，也是建设创新型国家的需要。赛事已吸引全国各地大量的大学生学习创新方法、运用创新方法从事发明创新活动，从整体上提升了大学生的创新素质，拓宽了创新方法在高校的普及范围。中国 TRIZ 杯大学生创新方法大赛已经成为弘扬大学生的创新精神、增强团队意识、提高实践能力以及促进 TRIZ 理论在国内各高校推广普及的重要赛事。

第五节 大学生 TRIZ 专项赛源起

一、大赛情况整体介绍

中国 TRIZ 杯大学生创新方法大赛暨中国创新方法大赛大学生 TRIZ 专项赛，由中国科协、科技部主办，创新方法研究会、黑龙江省科学技术厅、黑龙江省教育厅、黑龙江省科学技术协会、黑龙江省知识产权局、黑龙江省技术创新方法研究会、黑龙江省科学技术情报研究院和哈尔滨工程大学等单位具体承办，2018 年升级为中国创新方法大赛专业赛事。

中国创新方法大赛设立 3 个专项赛事，分区域赛和总决赛 2 个阶段，如图 1–1 所示。

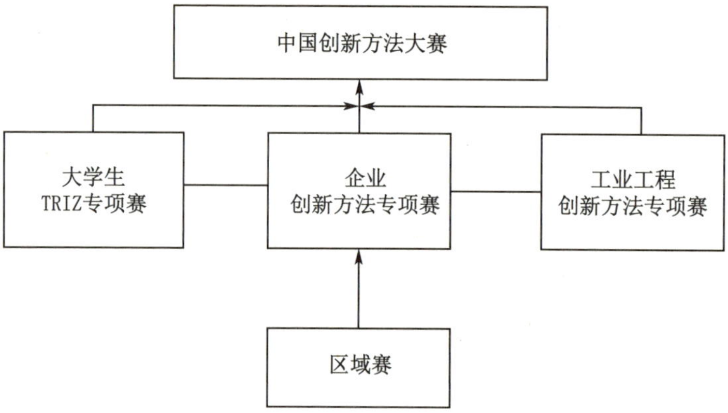

图 1–1　大赛结构图

1. 大学生 TRIZ 专项赛

大学生 TRIZ 专项赛即中国 TRIZ 杯大学生创新方法大赛，由创新方法研究会、黑龙江省科学技术厅、黑龙江省教育厅、黑龙江省科学技术协会、黑龙江省知识产权局举办。赛事方案、通知、参赛项目及获奖项目等资料，报中国创新方法大赛组委会核准并备案。

2. 企业创新方法专项赛

企业创新方法专项赛由中国科协企业创新服务中心、创新方法研究会、× × 省科学技术协会、× × 省科学技术厅共同承办。

比赛内容为以技术创新方法、管理创新方法及六西格玛等其他创新方法，以及运用创新方法所取得的创新项目。

3. 工业工程创新方法专项赛

工业工程创新方法专项赛即中国 IE 亮剑工业工程应用案例大赛，由创新方法研究会、清华大学共同举办。赛事方案、通知、参赛项目及获奖项目等资料，报中国创新方法大赛组委会核准并备案。

企业创新方法专项赛分区域赛与总决赛 2 个阶段。大学生 TRIZ 专项赛和工业工程创新方法专项赛各自前若干名报总决赛备案，并在总决赛中颁奖（图 1–2）。

图 1–2　中国创新方法大赛总决赛颁奖 1

2018—2019 年，中国创新方法大赛总决赛在湖南长沙举办，获得大学生 TRIZ 专项赛的获奖代表到湖南长沙现场参加总决赛颁奖。2020—2022 年中国创新方法大赛总决赛在天津举办（图 1–3）。

图 1–3　中国创新方法大赛总决赛颁奖 2

二、什么是 TRIZ 杯

中国 TRIZ 杯大学生创新方法大赛使用 TRIZ 命名，是一项引导大学生运用 TRIZ 创新方法进行创新创业的国家级竞赛活动。TRIZ 理论，由苏联发明家阿奇舒勒（G.S.Altshuller）创立，TRIZ 理论的中文意思为发明问题解决理论。该理论发源于苏联，发展于欧美，被称作苏联的“国术”“神奇的点金术”。

1946 年，阿奇舒勒开始了发明问题解决理论的研究工作。当时阿奇舒勒在苏联海军专利局工作，在处理世界各国著名的发明专利过程中，他总是考虑这样一个问题：当人们进行发明创造、解决技术难题时，是否有可遵循的科学方法和法则，从而能迅速地实现新的发明创造或解决技术难题。他开始潜心研究，试图找到一种全新的解决方法。

阿奇舒勒发现任何领域的产品改进，技术的变革、创新与生物系统一样，都存在产生、生长、成熟、衰老、灭亡，是有规律可循的。人们如果掌握了这些规律，就能能动地进行产品设计并能预测产品的未来趋势。

以后数十年中，阿奇舒勒穷其毕生的精力致力于 TRIZ 理论的研究和完善。在他的领导下，苏联的研究机构、大学、企业组成了 TRIZ 的研究团体，分析了世界近 250 万项高水平的发明专利，总结出各种技术发展进化遵循的规律模式，以及解决各种技术矛盾和物理矛盾的创新原理和法则，建立一个由解决技术实现创新开发的各种方法、算法组成的综合理论体系，并综合多学科领域的原理和法则，建立起 TRIZ 理论体系。

三、初创期——大赛由来

20 世纪 80 年代，中国东北地区开始了 TRIZ 理论的引入工作。1987 年，魏相、徐明泽翻译出版了《创造是精密的科学》一书。20 世纪 90 年代以刘思平为代表的一批学者在黑龙江省开展了创新方法的研究，他们于 1998 年出版的包含 TRIZ 理论的《创造方法学》作为大学生文化素质教育丛书，在黑龙江省的高校中开始传播。

2006 年 1 月，全国科技大会提出 2020 年我国将建成创新型国家，同年 6 月，黑龙江省科技大会提出建设创新型省份的目标。为提升黑龙江省创新能力，2007 年 5 月，借助黑龙江省与俄罗斯深厚的科技文化交流基础，黑龙江省引进了被苏联称为“国术”的 TRIZ 理论——创新方法理论，进行重点推广应用。同年 8 月，黑龙江省被科技部正式批准为国家首批技术创新方法试点省，创新方法理论推广应用工作在黑龙江省范围内全面展开，作为黑龙江省创新方法推广的一项重要工作之一。为培养掌握科学思维、科学方法和科学工具的青年创新型人才，黑龙江省筹备举办了首届“TRIZ”杯大学生创新设计大赛，首届比赛只有黑龙江省内 9 所高校 92 项作品、500 余人参赛，“以赛促推，以赛促培，以赛促教”初见成效，但规模较小，影响力不够。

大赛组委会本着“立足龙江，服务全国，搭建平台，办好大赛”宗旨，2011 年面向全国高校发出了邀请，大赛（邀请赛）邀请了全国 37 所高校共 212 支代表队参赛。尽管还是黑龙江省的区域赛，但参赛选手将创新理念带到了全国各地。

四、成长期——大赛由区域赛升级为国赛

成功举办两届黑龙江省区域赛（2010 年和 2011 年）后，为深入贯彻落实科技部、发展和改革委员会、教育部、中国科协联合下发的《意见》，“继续推进有利于培养学生团队意识和创新精神的大学生竞赛活动”，更好地推进学生科技创新工作水平，大力培养具有创新精神和实践能力的创新型人才，促进“TRIZ 理论”在全国高校的推广，加强教育与产业之间的联系，更好地将创新方法应用到实际科技创新中，在科技部科研条件与财务司、中国 21 世纪议程管理中心的指导下，创新方法研究会联合黑龙江省科学技术厅、黑龙江省教育厅、黑龙江省知识产权局、黑龙江省科学技术协会等单位共同举办全国 TRIZ 杯大学生创新方法大赛，大赛正式由区域赛升级为国赛。

TRIZ 杯大学生创新方法大赛作为 TRIZ 理论指导大学生创新设计的全国唯一重要赛事，是由黑龙江省逐步面向全国大学生推广普及的一项 TRIZ 理论的竞赛活动，旨在推进大学生科技创新实践上水平，大力培养具有创新精神、创新思维、创新意识和较强实践动手能力的创新型人才。同时，大赛也为黑龙江省乃至全国的大学生搭建了一个展示发明创新成果的平台，进一步加强了各高校大学生之间的学习交流，拓宽了大学生的创新视野，提高了大学生的创新创业本领。

2012 年，黑龙江省开始承办全国创新方法大赛。随着参赛作品质量的不断提高，赛事规模不断扩大，赛事影响力也不断增强，到 2017 年举办的第五届全国赛，已有 21 个省（自治区、直辖市）的 81 所高校共 1 168 项作品参赛，申请专利 380 项，同时带动全国高校开设创新方法课程，组建师资团队，组建学生社团、联盟。

五、成熟期——正式纳入科技部重要赛事

为贯彻落实《国务院关于强化实施创新驱动发展战略　进一步推进大众创业万众创新深入发展的意见》（国发〔2017〕37 号），充分发挥创新方法在推动创新创业方面的重要作用，展示交流创新方法重要成果和实践，培育创新方法团队，中国科协、科技部决定举办首届中国创新方法大赛，大赛设立 3 个专项赛事：企业创新方法专项赛、大学生 TRIZ 专项赛、工业工程创新方法专项赛。至此，中国 TRIZ 杯大学生创新方法大赛成为一项引导大学生运用 TRIZ 理论进行创新的专项赛事。

2018 年 5 月，第六届全国“TRIZ”杯大学生创新方法大赛成为中国创新方法大赛大学生创新方法专项赛，更名为“中国 TRIZ 杯大学生创新方法大赛”，被正式纳入由中国科协、科技部联合举办的专业赛事。2018 年 11 月，获得第六届大赛特等奖的参赛团队参加了中国创新方法大赛总决赛颁奖。

第七、第八、第九届大赛每年有 20 多个省（自治区、直辖市）近 200 所高校共 10 000 余名师生参赛，共申报专利 1 090 余项，成果转化金额 9 200 万元。到第十届大赛已累计有 30 个省（自治区、直辖市）的 311 所高校参赛。

大赛进一步延伸了创新方法应用推广工作。连续开展的 20 余场创新方法活动周系列活动，内容形式多样，为全国高校 TRIZ 爱好者提供了一个 TRIZ 交流和资源共享平台，进一步提升了全社会创新人格的建立、创新思维的培养及创新方法的运用，

营造了崇尚创新创业的舆论氛围（图 1–4）。

图 1–4　创新活动周系列活动

2019 年，大赛组委会设计了大赛标识，如图 1–5 所示。其设计理念：标识下方 2010 指大赛创办时间，背景阴影形状代表大赛舞台；中间字母设计成“T”形状，代表 TRIZ 理论，象征大学生掌握 TRIZ 理论，就如同插上理想的翅膀；周围环形部分为中国 TRIZ 杯大学生创新方法大赛的全称。

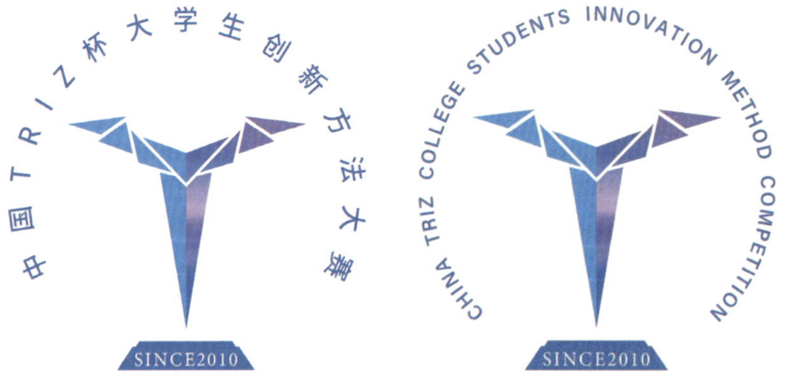

（a）中文版标识　　（b）英文版标识

图 1–5　大赛标识

第六节　历届大赛举办情况（2010—2022 年）

自 2010 年举办大学生创新方法大赛以来，赛事与时俱进，不断发展。大赛每年举办一次，举办地点是哈尔滨工程大学。2010—2014 年的比赛在每年秋季学期举办，2016—2019 年的比赛改在春季学期举办，2020—2022 年再次改到秋季学期举办。

黑龙江省首届“TRIZ”杯大学生创新设计大赛

2010 年 12 月 4 日，黑龙江省首届“TRIZ”杯大学生创新设计大赛在哈尔滨工程大学启航活动中心正式开幕，来自黑龙江省 9 所高校共 500 余名师生参加了比赛，大赛受到了黑龙江省各界人士的关心和支持，有多家新闻媒体进行了采访报道。大赛由黑龙江省科学技术厅、黑龙江省教育厅、共青团黑龙江省委员会主办，黑龙江省技术创新方法研究会、黑龙江省生产力促进中心、哈尔滨工程大学承办。

本届大赛是面向黑龙江省大学生推广及普及 TRIZ 理论的一项重要活动，作品分为自然科学类学术论文和科技发明制作两大类，参赛作品主要涉及电子信息、通信、测控、机械、土木、工业设计、船舶设计及环艺设计等方面。比赛开始后，领导和专家们现场观看了参赛作品；评审专家分为科技发明制作一组、科技发明制作二组、制作和论文综合组，他们分别听取了大学生们的答辩并打分，比赛现场如图 1–6 所示。各个评审组专家经过合议后最终评选出一等奖 5 项、二等奖 10 项、三等奖 20 项、最佳市场前景奖 1 项、优秀指导教师 3 名、最佳组织奖 1 项。本届大赛为黑龙江省大学生搭建了一个勇于挑战自我、崇尚追求创新的学习交流平台，进一步激发了大学生的创新意识，弘扬了大学生的创新精神，拓宽了大学生的创新视野，取得了良好的社会反响。同年，哈尔滨工程大学 TRIZ 研习会成立。

图 1–6　比赛现场

黑龙江省第二届“TRIZ”杯大学生创新设计大赛（邀请赛）

2011 年 12 月 3 日上午，黑龙江省第二届“TRIZ”杯大学生创新设计大赛（邀请赛）在哈尔滨工程大学启航活动中心举办，来自大连理工大学、吉林大学、哈尔滨工业大学、哈尔滨工程大学、黑龙江大学等全国 37 所高校的 212 支代表队参加了比赛。

本届大赛由黑龙江省科学技术厅、黑龙江省教育厅、黑龙江省科学技术协会、黑龙江省知识产权局、中国共产主义青年团黑龙江省委员会共同主办，黑龙江省技术创新方法研究会、黑龙江省生产力促进中心、哈尔滨工程大学及哈尔滨工程大学国家大学科技园共同承办。

黑龙江省市电视台、龙广广播、《科技日报》、黑龙江省市日报、东北网等多家媒体深入比赛现场，对出席开幕式的领导和参赛队伍进行专题采访和报道，扩大了本届大赛的影响力和关注度。

大赛经过参赛选手作品展示及答辩、大赛评审专家评审、评审委员会研究决定，共有 80 件作品分别获得特等奖、一等奖、二等奖和三等奖；21 家单位获得优秀组织单位，11 人获得优秀组织工作者，21 人获得优秀指导教师，7 人获得突出贡献奖光荣称号。成果转化签约现场如图 1–7 和图 1–8 所示。

图 1–7　成果转化签约现场 1

图 1–8　成果转化签约现场 2

第一届全国“TRIZ”杯大学生创新设计大赛

2012 年 12 月 15 日，第一届全国“TRIZ”杯大学生创新设计大赛决赛在哈尔滨工程大学启航活动中心隆重举行，共有来自黑龙江、河北、江苏、辽宁、内蒙古等 11 个省、自治区的北京航空航天大学、大连理工大学、哈尔滨工业大学、哈尔滨工程大学、河北工业大学等 34 所高校参赛，另有内蒙古工业大学、厦门理工大学两所高校前来观摩，如图 1–9 所示。在科学技术部科研条件与财务司、中国 21 世纪议程管理中心和创新方法研究会的重视与指导下，在 2011 年黑龙江省第二届“TRIZ”杯大学生创新设计大赛的基础上，大赛由省赛升级为国赛。本届大赛共有 311 件作品参赛，比 2011 年增加作品 99 件，增长率为 46.7%。

大赛期间，哈尔滨工程大学 TRIZ 研究所揭牌。参会领导现场共同剪彩放飞“TRIZ”字样的彩色气球后，大赛决赛在新颖、简洁、欢快的气氛中拉开了序幕。

开幕式之后，时任科学技术部科研条件与财务司副司长吴学梯等领导参观了五个展区的学生们的作品，不时地停下来询问有关参赛选手及作品情况。自主寻鞋智能鞋柜、智能语音展柜、雪地与公路两用越野自行车、爬壁机器人、六轴钻孔装置、多功能直尺、一体化牙刷…… 各个展区的作品琳琅满目，令人目不暇接。展区人头攒动，熙熙攘攘，整个启航活动中心阳光大厅成了大学生们创新节日的舞台、竞赛作品的展台、经验交流的平台。

图 1–9　第一届全国"TRIZ"杯大学生创新设计大赛比赛现场 1

2012 年 12 月 16 日，2012 全国"TRIZ"杯大学生创新设计大赛成功落下帷幕。本届大赛共评出特等奖 5 名、一等奖 10 名、二等奖 20 名、三等奖 55 名、优胜奖 105 名、最佳市场前景奖 4 名。

在大赛举办期间，大学生们运用 TRIZ 理论研制出的各类生产生活中的作品越来越引起了社会各界的关注。在黑龙江省科学技术厅计划处、园区处组织黑龙江省内 30 多家技术创新方法试点、示范企业、高新技术企业和招商银行哈尔滨分行参加的校企对接会上，共有 4 件参赛作品和企业对接成功，分别是黑龙江八一农垦大学的作品"新型折叠机架"与黑龙江勃农兴达机械有限公司、齐齐哈尔工程学院的作品"六轴钻孔装置"与齐齐哈尔齐三机床有限公司、黑龙江八一农垦大学的作品"水稻植质钵育秧盘摆放机"与黑龙江北大荒农机有限公司、哈尔滨理工大学的作品"油田注水井流量压力远程监控系统"与大庆国电海天科技有限公司。

大赛期间，还举办了以"学生创新作品投资转化"为主题的全国"TRIZ"杯大学生创新大赛报告会、以"TRIZ 在高校推广的经验与探索"为主题的黑龙江省技术创新方法研究会 2012 年学术研讨会，总结交流了 TRIZ 在高校中推广的经验与信息，帮助学生掌握了投资转化中的技巧，受到了参赛师生和企业代表的欢迎（图 1–10）。

同时，通过辅导参赛选手申报专利，大学生们的创新实力与知识产权保护意识不断增强。

图 1–10　第一届全国“TRIZ”杯大学生创新设计大赛比赛现场 2

第二届全国“TRIZ”杯大学生创新方法大赛

2013 年 11 月 30 日至 12 月 1 日，第二届全国“TRIZ”杯大学生创新方法大赛决赛在哈尔滨工程大学启航活动中心隆重举行。本届比赛由科学技术部科研条件与财务司、中国 21 世纪议程管理中心指导，创新方法研究会、黑龙江省科学技术厅、黑龙江省教育厅、黑龙江省科学技术协会、黑龙江省知识产权局主办。

自 2013 年 6 月赛事启动以来，大赛组委会共收到黑龙江、河北、天津、江苏、安徽、内蒙古、江西、宁夏、吉林等 14 个省（自治区、直辖市）高校包括哈尔滨工业大学、吉林大学、哈尔滨工程大学、东北农业大学、东北林业大学、哈尔滨理工大学、河北工业大学、天津工业大学、南昌航空大学、内蒙古科技大学、宁夏大学等 47 所高校 598 个代表队报名参赛，成功提交作品 434 件。据统计，本届大赛参赛作品比上一年增加 123 件，增长率为 39.5%。11 月初，大赛组委会采取专家函审盲评法，评选出 200 件作品进入决赛。

11 月 30 日，通过五个评审组专家现场观看作品演示、听取参赛选手答辩进行评分，专家组组长与主办单位管理专家综合评审，确定了 16 件作品参加决赛。12 月 1 日下午在哈尔滨工程大学启航活动中心公开进行了总决赛（图 1–11），总决赛采取即答辩、即打分、即核分、即公布、最后计分排序的方法评分。本届大赛评委会评出最佳市场前景奖 12 名、特等奖 5 名、一等奖 25 名、二等奖 50 名、三等奖 118 名。

大赛期间，还成功举办了校企对接会。其中，大庆师范学院的“基于无线传感器网络的抽油机智能远程监测系统”、哈尔滨工程大学的“学生视力预防矫正一体化系统”等 12 件参赛作品现场与企业成功对接，转化金额合计达 98 万元。

图 1–11　第二届全国“TRIZ”杯大学生创新方法大赛总决赛现场

第三届全国“TRIZ”杯大学生创新方法大赛

2014 年 12 月 7 日，由国家创新方法研究会联合黑龙江省科学技术厅、黑龙江省教育厅、黑龙江省科学技术协会和黑龙江省知识产权局共同主办，黑龙江省技术创新方法研究会、黑龙江省生产力促进中心和哈尔滨工程大学承办的第三届全国“TRIZ”杯大学生创新方法大赛圆满闭幕。本届大赛共有来自全国 15 个省（自治区、直辖市）的 41 所高校共 700 余支代表队报名参赛，共有 300 余件作品入围决赛，规模较 2013 年有显著提升（图 1–12）。最终，江西工程学院的工艺改进类作品“水泥净浆标准稠度及时间测定仪”、佳木斯大学的创意设计类作品“新型双金属复合铸造——焊接连接方锤”及发明制作类作品“低能耗高质量铝合金微弧涂层系统”、南京航空航天大学的发明制作类作品“全太阳能垂直起飞行卫星平台”、哈尔滨理工大学的发明制作类作品“多功能绘图尺”荣获本届大赛特等奖。全国“TRIZ”杯大学生创新方法大赛旨在通过开展竞赛活动，吸引和鼓励大学生踊跃参加科技创新活动，普及推广 TRIZ 理论，保护知识产权，提高大学生的创新能力，大力培养具有创新精神和实践能力的创新型人才，更好地促进大学生创新创业，加强教育与产业之间的联系，推动科技成果转化。

图 1–12　第三届全国“TRIZ”杯大学生创新方法大赛比赛现场

第四届全国“TRIZ”杯大学生创新方法大赛

2016 年 4 月 16—17 日，第四届全国“TRIZ”杯大学生创新方法大赛在哈尔滨工程大学成功举办。

本届大赛以“萃智创新　励志创业”为主题，鼓励大学生积极参与创新活动，为科技型企业培育和储备技术创新人才，采取创新创业培育孵化的模式对相对成熟的大学生创新创业项目进行系统梳理和深度挖掘，对大学生创新创业项目进行熟化，为其后续的市场化应用助力。大赛组委会共收到来自全国 16 个省（自治区、直辖市）的

58 所高校推选的 840 件参赛作品，经初赛，共有 343 件作品入围决赛，其中发明制作类作品 180 件，创意类作品 80 件，工艺改进类作品 60 件。本届比赛最大的亮点是增设了创业类项目，共有 47 件创业类作品参赛，23 件作品入围决赛。343 件决赛作品经过 2 天的答辩、专业评审及最后的总决赛，最终哈尔滨工程大学的“星语园自闭症儿童认知辅助训练系统”摘得创业类特等奖；常州工程职业技术学院的“健身单车型节能洗衣机”、东北林业大学的“珍稀树木立体式监测与报警系统”、河北工业大学的“高可靠性冲压机械手反拉伸手爪”获得发明制作类特等奖；哈尔滨工程大学的“基于 TRIZ 理论的新型复合式潮流能发电站”获得创意设计类特等奖；苏州大学的“基于 TRIZ 冶金旋涡卷渣控制系统”获得工艺改进类特等奖（图 1–13）。

图 1–13 第四届全国“TRIZ”杯大学生创新方法大赛获特等奖的代表领奖

本届大赛结合创新创业活动及黑龙江省“千户科技型企业三年行动计划”的实施，吸引、鼓励更多大学生投入到创新创业中来，并通过赛事为大学生搭建创新平台，拓展创业渠道。

23 件入围决赛的创业类作品中，已有东北石油大学的“油气管道泄漏检测系统”等 12 件作品实现了成果转化。例如，黑龙江科技大学的“黑土地”农机研发团队开发的“全自动液压犁”，解决了黑龙江省部分农民土地不集中、机械化耕种成本较高的问题，该产品从 2015 年 12 月至本届比赛结束已售出 200 台，利润达到十万余元。来自东北石油大学“东油队”团队的作品“互联网 + 原油集输工艺培训系统”为用户提供逼真形象的原油集输工艺过程的三维模拟培训，已与安达市庆新油田开发有限责任公司签订 100 万元的合作协议。哈尔滨工程大学“星语园”团队设计研制的“星语园自闭症儿童认知辅助训练系统”通过“画虎”系列 App，辅助不同程度的自闭症患儿进行言语认知辅助训练。本届比赛结束时该项目网店已搭建完成，线上“硬件 + 软件”配套销售，并在哈工程创业街成立星语园科技有限公司，与玩具生产商进行洽谈对接。图 1–14 所示为时任创新方法研究会秘书长周元参观参赛作品。

图 1–14　时任创新方法研究会秘书长周元（左三）参观参赛作品

大学生创新创业不仅需要专业的技术指导，更需要对市场进行分析及资本的注入。为此组委员聘请了企业家和风投机构专家担任创业项目评审专家，为创业项目的成果转化、成立公司等方面提供专业的支持。企业家评委和风投机构对大学生的创业项目给予了高度关注并表现了极大的投资愿望，例如，佳木斯大学的项目“凤栖梧创意工作室”，风投机构在答辩现场即表达了为其投资扩大生产规模的愿望。

本届大赛得到了众多媒体的关注，《科技日报》、《黑龙江日报》、人民网、中国青年网等媒体记者对赛事进行了现场报道，黑龙江卫视《新闻联播》对赛事进行了专题播报。

第五届全国“TRIZ”杯大学生创新方法大赛

2017 年 5 月 14 日，第五届全国“TRIZ”杯大学生创新方法大赛在哈尔滨工程大学圆满落幕。大赛以“创新无处不在，创业成就未来”为主题，共收到全国 21 个省（自治区、直辖市）的 81 所高校的发明制作类、创意设计类、工艺改进类、创业类 1 168 件参赛作品，参赛作品共申报专利 380 项，比赛现场如图 1–15 所示。

图 1–15　第五届全国“TRIZ”杯大学生创新方法大赛现场

本届大赛恰逢黑龙江省开展技术创新方法试点工作十周年，为了配合“创新方法活动周”的开展，首次在比赛中设立教师组推广及应用类项目，用以创新方法教学及应用模式的推广。同时扩大评审团队阵容，除了 TRIZ 理论专家外，还邀请了黑龙江昕泰管业有限公司、哈尔滨博实自动化股份有限责任公司等创新方法示范企业，黑龙江省天琪投资管理有限公司、哈尔滨君丰创业投资企业等投融资及爱立方等孵化器和科技情报机构的专家，除了对参赛作品本身的评价，更多的是对作品的可行性、市场价值、转化渠道、融资渠道等进行多方位的指导，使大赛不局限于赛事本身，亦可通过赛事发现创新人才，打开创业通道。

经过两天的激烈角逐，多项具有技术突破和产业化前景的创新项目脱颖而出。其中，东北大学的“共渗法制备 LSGMF 致密扩散障层氧传感器”获得工艺改进类特等奖，常州工程职业技术学院的“‘航拍之家——引领‘无人机+’时代”获得创业类特等奖，哈尔滨工程大学的“球形子母式两栖探测机器人系统”获得创意设计类特等奖，哈尔滨工业大学的“基于 TRIZ 理论的多功能带载爬楼车”、济南大学的“基于 TRIZ 理论的节能便携式采棉机”和哈尔滨工程大学的“仿生型混合模式水下滑翔机”项目获得发明制作类特等奖。此外，还有 24 个项目获得一等奖，90 个项目获得二等奖，217 个项目获得三等奖，以及 23 位教师获得创新方法教学成果优秀奖，30 个高校获得优秀组织单位奖。图 1–16 为第五届全国“TRIZ”杯大学生创新方法大赛现场。

图 1–16　第五届全国“TRIZ”杯大学生创新方法大赛现场

第六届全国“TRIZ”杯大学生创新方法大赛

2018 年 5 月 12—13 日，第六届全国“TRIZ”杯大学生创新方法大赛在哈尔滨工程大学举行，大赛以“创新引领未来，创业成就梦想”为主题，深入贯彻落实国家

"大众创业、万众创新"工作，激发大学生创新创业热情，提升大学生创新创业综合能力，培养更多勇于创新创业人才，促进更多创新成果产出和落地，为全社会经济发展注入新的活力。自 2018 年 2 月正式启动以来，大赛共收到全国 23 个省（自治区、直辖市）的 95 所高校共 1 400 件创新作品参赛，参赛作品申请专利 430 项，有 81 家公司与 112 个项目签约，签约金额 1 627.82 万，实现风投金额 1 769 万元，还有部分项目获得了银行贷款和产品开发全部资金支持等。参赛高校地域辐射广阔，北起黑龙江、内蒙古，南至广东、海南，新增上海、河南等地的高校。大赛共分发明制作、工艺改进、创新设计、生活创意、创业和教师组推广及应用六大类。本届大赛增设大众评审进行现场评选，最终评选出特等奖 6 个、一等奖 35 个、二等奖 101 个、三等奖 267 个。第六届比赛正式纳入由中国科协和科技部联合举办的中国创新方法大赛（暨大学生 TRIZ 专项赛）。2018 年 11 月，首届中国创新方法大赛总决赛颁奖在湖南卫视进行现场直播（图 1–17）。

图 1–17　第六届全国"TRIZ"杯大学生创新方法大赛比赛现场

第七届中国 TRIZ 杯大学生创新方法大赛

2019 年 5 月 11—12 日，第七届中国 TRIZ 杯大学生创新方法大赛在哈尔滨工程大学举行。大赛以“创新与时代同行，萃智携梦想齐飞”为主题，2019 年 2 月正式启动后，共收到全国 24 个省（自治区、直辖市）的 126 所高校 1 801 件作品参赛。申报专利 278 项，138 个大学生参赛项目与 116 家企业成功签约，签约金额 2 895.5 万元。本届参赛高校中，有西南交通大学、重庆大学等 985 院校 7 所，有河北工业大学、哈尔滨工程大学等 211 院校 14 所。本次申报作品发明制造类 599 件，工艺改进类 259 件，创新设计类 522 件，生活创意类 275 件，创业类 124 件，教师组 22 件。

本届大赛共有 455 件作品入围决赛，经过激烈角逐，最终评选出东北林业大学的“500 kg/h 产能的 300 目秸秆超细粉碎机”、重庆三峡学院的“基于 TRIZ 理论的空间定位鼠标”、东北大学的“导板式风轮机”、河北工程大学的“基于 TRIZ 理论的封闭式初期雨水分离井”、吉林大学的“基于 TRIZ 的转向架静压调整方法”、东北农业大学的“垄台深松灭茬成垄整地机的设计和推广”等特等奖 6 个，此外还有一等奖 35 个、二等奖 99 个、三等奖 288 个。如图 1–18 为时任国务院参事室参事刘燕华到大赛现场指导。

图 1–18　时任国务院参事室参事刘燕华到大赛现场指导

第八届中国 TRIZ 杯大学生创新方法大赛

2020 年 10 月 17—18 日，第八届中国 TRIZ 杯大学生创新方法大赛在哈尔滨工程大学成功举办（图 1–19）。大赛主题为“创新创业，方法先行”，分为发明制作、工艺改进、创新设计、生活创意、创业和教师组推广及应用 6 大类。通过网站、微信公众平台等新媒体大力宣传，新增北京、贵州、四川等地的 31 所高校参赛，全国共收到 24 个省（自治区、直辖市）的 157 所高校共 1 368 件参赛作品。参赛项目申报专利 402 余项，109 个参赛项目与企业成功签约，签约金额 2 209.52 万元。大赛共邀请全国机械、电气、农林、材料、金融、教育、管理等领域 40 名知名专家进行评审。比赛现场如图 1–20 和图 1–21 所示，初赛由各学校选拔推荐报名，经过专家函评盲审，评选出 200 件作品入围决赛，并进行网络答辩，再选拔出 15 个项目进入总决赛，并进行直播公开答辩。本届大赛最终评选出辽宁石油化工大学、哈尔滨工业大学、河南科技大学、哈尔滨工程大学、东北林业大学、河北工业职业技术学院的 6 个项目获得特等奖，包括首次参赛的新疆石河子大学在内的 20 所高校的 39 个项目获得一等奖，大赛二等奖 114 个、三等奖 290 个。

图 1–19　第八届中国 TRIZ 杯大学生创新方法大赛现场

图 1–20　第八届中国 TRIZ 杯大学生创新方法大赛现场

图 1–21　第八届中国 TRIZ 杯大学生创新方法大赛分会场

第九届中国 TRIZ 杯大学生创新方法大赛

2021 年 11 月 6 日，由科学技术部、中国科学技术协会联合主办的中国银行 · TRIZ 杯第九届中国大学生创新方法大赛决赛线上评审工作在哈尔滨工程大学顺利完成。大赛自启动以来，通过网站、微信公众平台等新媒体大力宣传，大赛组委会共收到全国 26 个省、自治区、直辖市的 165 所高校 3 946 个项目参赛，经校赛、省级区域赛选拔最终有 1 184 个项目进入国赛，参赛国赛项目申报专利 400 余项，160 个参赛项目与企业成功签约，签约金额 4 095.3 万元。本届大赛增设高职高专类。大赛初赛由各学校、省级比赛区域选拔推荐报名，经过专家函评盲审，评选出 514 个项目入围决赛。决赛通过对前 130 个项目进行网络答辩评选出一等奖 43 项、二等奖 126 项、三等奖 344 项，并选拔出入围全国总决赛的全国 12 强项目。

图 1–22　第九届中国 TRIZ 杯大学生创新方法大赛现场

比赛现场如图 1–22 所示，总决赛环节采用视频连线答辩形式，入围总决赛的 12 支队伍通过视频连线对参赛作品进行介绍，7 位专家现场提问并打分。为确保大赛公平、公正、公开，总决赛对全国 12 强线上答辩进行全程直播，最终评选出河北工业大学的“解决搬运机构运行晃动的问题”项目获得本届大赛的金奖，哈尔滨工程大学的“基于 TRIZ 理论的零碳高效内燃发电技术”和东北大学的“基于 TRIZ 理论的超级奥氏体不锈钢薄带连铸制备工艺”2 个项目获得本届大赛银奖，东北大学的“基于 TRIZ 理论的轮履功能自动切换装置设计”、东北林业大学的“薯土秧高效分离的马铃薯收获机”和哈尔滨理工大学的“正畸矫治器摩擦力测量装置”3 个项目获得本届大赛的铜奖。

此外，本届大赛获得中国银行黑龙江省分行项目资金支持，获金、银、铜奖的 6 支队伍分别获得 10 000 元、8 000 元和 5 000 元奖金鼓励。

第十届中国 TRIZ 杯大学生创新方法大赛

图 1–23　第十届中国 TRIZ 杯大学生创新方法大赛的参赛选手现场答辩

2022 年 11 月 20 日，由中国科协、科技部联合主办的第十届中国 TRIZ 杯大学生创新方法大赛总决赛在哈尔滨工程大学成功举办（图 1–23）。大赛由中国科协、科技部联合主办，创新方法研究会和黑龙江省科学技术厅承办。大赛评出了金、银、铜三类奖项，中国 21 世纪议程管理中心副主任陈其针在开幕式上致辞。

大赛以“坚定创新自信　促进自立自强”为主题，共分发明制作、工艺改进、创新设计、生活创意、创业、高职高专和教师组推广及应用七大类。自 2022 年 8 月国赛正式启动以来，共收到全国 29 个省（自治区、直辖市）的 296 所高校 2 145 件作品参赛，经过校赛、区域赛选拔，共有 1 556 件作品被推荐到国赛初赛，申请专利为 802 项，成立公司 92 家，175 个大学生参赛项目成功与企业签约实现成果转化，签约金额 7 182.99 万元。

比赛现场如图 1–24 所示，大赛首次采用网络申报系统和专家评审系统，实现线上申报、线上评审、线上证书生成等一系列改革，通过线上遴选专家、作品分组、专家盲评等全流程网络化、标准化操作，共评出 500 件作品入围决赛。在 2022 年 11 月 13 日举行的决赛线上答辩活动中，评选出学生组一等奖 40 项、二等奖 120 项、三等奖 320 项，教师组一等奖 3 项、二等奖 5 项、三等奖 12 项。

2022 年 11 月 20 日，全国 12 强队伍参加了全国总决赛巅峰对决，最终评选出东北大学探索者团队“‘渔人之利’观测型水下机器人”项目获得本届大赛金奖，哈尔滨工程大学白衣护盾团队“基于 TRIZ 理论的便携式主动换气消毒面罩”项目和哈尔滨工程大学磁探科技团队“基于 TRIZ 理论的分布式协同通信管制系统”项目获得本届大赛银奖，沈阳理工大学醍醐灌顶队“基于 TRIZ 理论的一种提高颅骨愈合能力的可降解颅骨锁”项目、东北大学 DoiT 团队“一种基于 TRIZ 理论的沙漠树木自动集水根灌装置”项目和哈尔滨工程大学骑聚装备团队“基于电流变液的阻尼值可控的阻尼器”项目获得本届大赛铜奖。同时，大赛对晋级全国 12 强参赛作品进行网络公开投票，截至比赛结束，访问量达 733 182 次。

值此国赛举办十周年之际，大赛组委会赛期内组织开展大学生创新成果网上对接、大赛十周年优秀作品展等活动，设计并制作大赛十周年纪念画册及大赛十周年宣传影片等展现大赛所取得的丰硕成果，记录、传播其发展历程，更大范围激发大学生运用创新方法的热情，营造创新创业氛围。

图 1–24　第十届中国 TRIZ 杯大学生创新方法大赛现场

第二章　创新成果篇

第一节　大赛国赛取得的成效

中国 TRIZ 杯大学生创新方法大赛举办以来，在青年创新人才培养、提高大学生创新能力、高校创新方法推广与宣传、创新方法课程体系建设、大学生创新创业等方面取得良好成效，在培养创新方法、营造创新氛围、弘扬创新文化等方面发挥了很好的促进作用。大赛的举办，促进了专创融合、产教融合、科创融合，为大学生搭建了同台竞技、展现创新能力的舞台，为全国科技创新高水平发展搭建了更加开放包容的创新平台。大赛举办期间，充分利用现代化信息技术展现大赛成果，充分运用大赛成果促进和带动全国科技创新高质量发展。

大赛引领参赛选手们在课堂学习 TRIZ 理论，在大赛活动中掌握 TRIZ 理论，在工作中实践 TRIZ 理论。大赛带动全国 200 多所高校开设思维、方法和创新设计等各类创新方法相关课程，数千名教师活跃在创新方法教学一线。此外，TRIZ 爱好者沙龙、大学生 TRIZ 社团、中国 TRIZ 杯大学生创新方法爱好者联盟等相继成立，进一步丰富和拓展了大学生创新理论知识。龙江创新方法公益课堂、创新方法活动周及系列活动的开展使大学生创新能力得到锻炼提升，同时用实践检验了大学生创新理论学习成果。

据统计，大赛举办以来，大赛规模逐渐扩大，参赛省份从 1 个省增至全国 30 个省（自治区、直辖市）；参赛高校由原来 9 所扩展到 300 余所；参赛人数由最初的每年 500 余人到现在的 1 万余人；申报作品数量由每年 90 余项增至 2 000 余项。截至 2022 年，累计 12 175 支参赛队伍参加国赛（部分校赛淘汰未做统计），直接培养创新方法人才 10 万余人，大学生参赛作品申报 3 013 项，成果转化 831 项，转化金额 22 487.158 万元。2020—2022 年，比赛为线上 + 线下的形式进行，每年的总决赛进行现场直播，观看量累计 20 余万人，为国家创新型人才培养做出了贡献。

第二节 大赛数据与分析

一、大赛成果综合情况统计

由表 2–1 可以看出，与第一届相比，大赛在专利申请、成果转化、转化金额、参赛作品数量、参赛省份及参赛高校数量等均有大幅度提高。其中申请专利数从 0 项增长到 802 项，成果转化数量增长 16.5 倍，转化金额增长 358 倍，参赛作品增长 5.9 倍，参赛地区增至 30 个，参赛高校增至 311 所。

表 2–1 中国 TRIZ 杯大学生创新方法大赛成果统计表

名称	申请专利 / 项	成果转化数 / 个	转化金额 / 万元	参赛作品数 / 件	参赛地区 / 个	参赛高校数 / 个
第一届	0	4	20	311	11	34
第二届	40	12	98	434	14	47
第三届	112	28	303.5	725	15	41
第四届	152	28	241.6	840	16	58
第五届	380	65	2 043.928	1 168	21	81
第六届	430	112	3 396.82	1 400	23	95
第七届	278	138	2 895.5	1 801	24	126
第八届	402	109	2 209.52	1 368	24	157
第九届	410	160	4 095.3	1 184	24	165
第十届	802	175	7 182.99	2 145	30	311

二、比赛报名与获奖数量统计

获奖比例方面，与第一届相比，获奖团队数占比呈下降趋势，第一届获奖比例达 63.99%，第十届获奖比例仅为 23.00%（表 2–2），说明随着作品数量的逐年增加，获奖数量增幅较小，因此获奖团队数占比呈下降趋势，比赛作品质量提升，获奖难度系数增加。

表 2–2 比赛报名数量、获奖数量情况统计

届数	参赛学校数 / 个	报名团队数 / 支	有效团队数 / 支	获奖团队数 / 支	获奖比例 /%
第一届	36	311	311	199	63.99
第二届	47	598	598	210	35.15
第三届	41	725	725	311	42.90
第四届	58	840	840	331	39.40
第五届	81	1 168	1 168	350	29.97
第六届	95	1 400	1 367	409	29.92
第七届	126	1 801	1 779	428	24.06
第八届	157	1 368	1 361	449	32.99
第九届	165	1 184	1 166	491	42.11
第十届	296	2 145	2 087	480	23.00

三、专利情况统计

如图 2–1 所示，专利申请呈现明显大幅度增长趋势，第十届突破 800 项，创历届比赛新高，说明大赛作品质量提高的同时大学生越来越注重知识产权的保护。

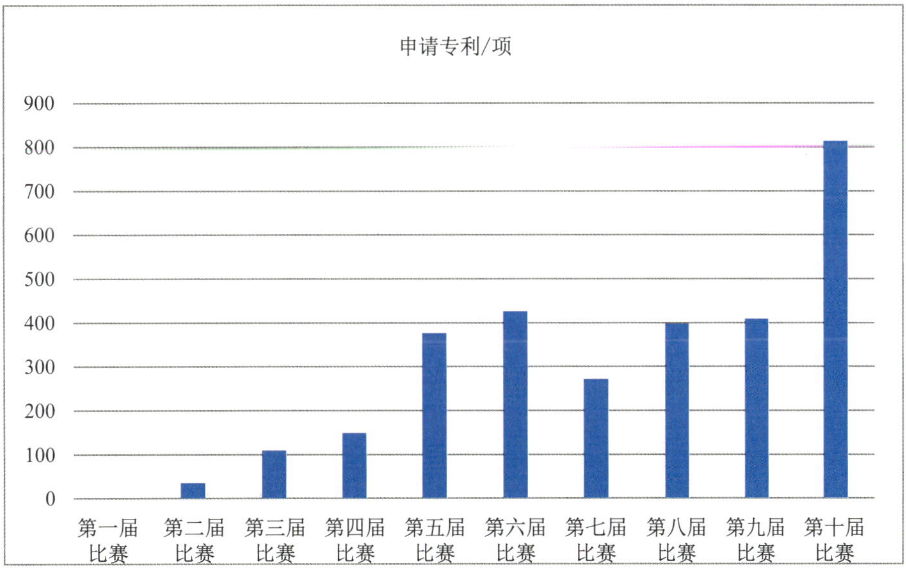

图 2–1 大学生申请专利情况统计

四、成果转化情况统计

如图 2–2 所示，成果转化金额从第五届到第十届增速明显，表明大赛正式纳入由中国科协、科学技术部联合主办的中国创新方法专业赛事后，赛事影响力不断增强，大赛平台更加成熟，吸引了更多大学生创新创业类作品利用大赛平台进行成果转化。

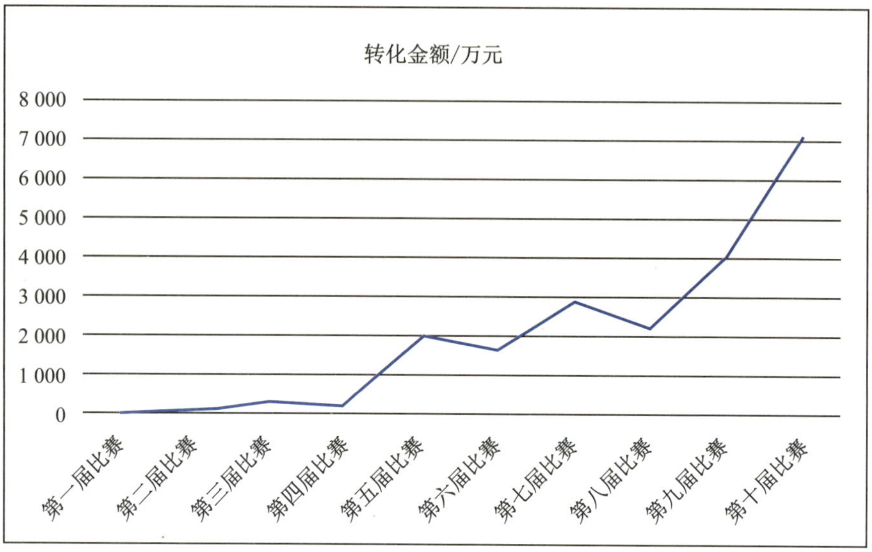

图 2–2　参赛作品成果转化情况统计

五、部分省份参赛作品情况统计

第五届大赛，共收到有效作品 1 168 件。其中，黑龙江省作品 700 件，占比 59.93%。除了黑龙江省的作品外，其余参赛作品数量前五的省级行政区有辽宁、河北、内蒙古、安徽、天津，占比分别为 32.05%、14.96%、10.04%、8.97%、7.48%。

第六届大赛，共收到有效作品 1 367 件。其中，黑龙江省作品 814 件，占比 59.55%。除了黑龙江省的作品外，其余参赛作品数量前五的省级行政区有辽宁、河北、内蒙古、山东、重庆，占比分别为 36.17%、18.08%、7.59%、6.15%、5.79%。

第七届大赛，共收到有效作品 1 779 件。其中，黑龙江省作品 846 件，占比 59.55%。除了黑龙江省的作品外，其余参赛作品数量前五的省级行政区有辽宁、河北、重庆、内蒙古、天津，占比分别为 31.19%、15.43%、14.15%、10.50%、5.14%。

第八届大赛，共收到有效作品 1 361 件。为了鼓励更多的高校参与到比赛当中，同时为了让比赛设置更加合理，该届大赛增加了高职高专组，共收到作品 67 件。黑龙江省作品 525 件，占比 38.57%。除了黑龙江省的作品外，其余参赛作品数量前五的省级行政区有辽宁、河北、重庆、天津、山东，占比分别为 24.88%、23.68%、11.36%、9.21%、6.82%。

第九届大赛，共收到有效作品 1 166 件。其中，黑龙江省作品 518 件，占比 44.43%。除了黑龙江省的作品外，其余参赛作品数量前五的省级行政区有辽宁、河北、重庆、天津、山东，占比分别为 32.25%、14.81%、7.72%、4.48%、4.32%。

第十届大赛，共收到有效作品 2 087 件。其中，黑龙江省作品 628 件，占比 30.09%。除了黑龙江省的作品外，其余参赛作品数量前五的省级行政区有辽宁、河北、贵州、河南、山东，占比分别为 23.03%、21.11%、13.57%、5.07%、3.91%。

最近6届比赛，共有10个省级行政区的作品数量进入过前五，分别是黑龙江、辽宁、河北、内蒙古、安徽、天津、山东、重庆、贵州、河南。

统计近 6 届比赛各省级行政区参赛作品数量，黑龙江总计 4 031 件作品、辽宁 1 394 件、河北 916 件、内蒙古 272 件、安徽 184 件、天津 235 件、山东 241 件、重庆 365 件、贵州 209 件、河南 98 件。主要省级行政区参赛作品数量如图 2–3 所示。

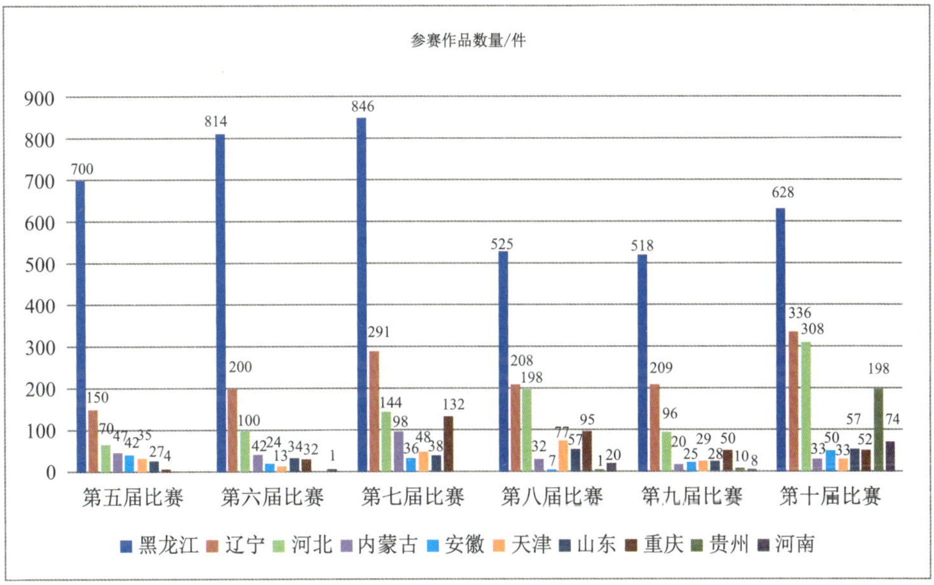

图 2–3　参赛作品数量

如图 2–4 所示，根据黑龙江省最近 6 届比赛参赛作品数量及占比，虽然黑龙江省参赛作品数量变化幅度较低，但是黑龙江省作品数量占比却不断下降，从第五届大赛的 59.93%，下降到第十届比赛的 30.09%，可以看出，随着大赛的不断推广和影响力的不断增加，越来越多的学校、作品加入中国 TRIZ 杯大学生创新方法大赛。

近 6 届比赛中，辽宁省是除黑龙江省外参赛作品最多的省级行政区，6 年共计有 1 394 件作品参赛。河北省仅次于辽宁省，共计 916 件作品参赛。

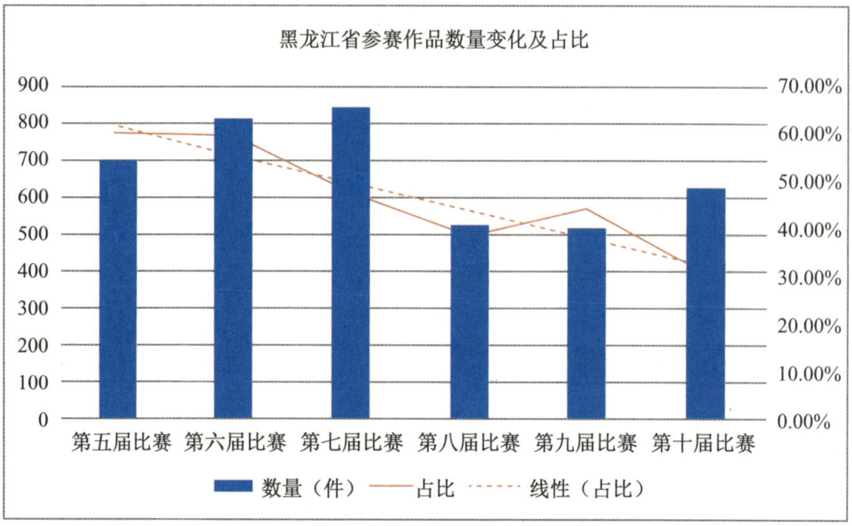

图 2–4　黑龙江省参赛作品数量变化及占比

六、比赛获奖情况分析（2017—2022 年）

在获奖情况方面，本书统计了从第五届比赛到第十届比赛各省级行政区的参赛作品获得一、二、三等奖的情况，第五届至第八届比赛设置的特等奖，第九届和第十届比赛设置的金、银、铜奖，均计入获奖数量中。主要省级行政区作品占比变化如图 2–5 所示。

第五届比赛中，共设置特等奖、一等奖、二等奖、三等奖共计 350 个奖项，共收到 1 168 件有效作品，总体获奖率约为 29.97%。黑龙江省有 208 件作品获奖，约占总获奖数量的 59.43%，但是黑龙江省参赛数量最多，共 700 件作品参赛，获奖率约为 29.71%，略低于总体获奖率。辽宁省 51 件作品获奖，约占总获奖数量的 14.57%，参赛作品数量为 150 件，获奖率约为 34%，高于总体获奖率。河北省 70 件作品参加比赛，其中 32 件作品获奖，获奖率为 45.71%。

第六届比赛，有 1 367 件有效作品参加比赛，其中有 409 件作品获奖，总体获奖率约为 29.92%。其中，黑龙江省 229 件参赛作品获奖，获奖作品中占比约为 55.99%，黑龙江省共计 814 件作品参加比赛，获奖率约为 28.13%，略低于总体获奖率。辽宁省和河北省分别有 58 件和 44 件作品获奖，获奖率分别为 29.00% 和 44.00%。江苏省的 29 件作品中有 14 件作品获奖，获奖率达到了 48.28%。

第七届比赛，共收到 1 779 件有效作品，其中有 428 件作品获奖，获奖率约为 24.06%，是竞争较为激烈的一届比赛。黑龙江省参赛的 846 件作品中，有 195 件作品获奖，获奖率约为 23.05%。辽宁省和河北省分别有 64 件和 63 件作品获奖，参赛作品数量分别是 291 件和 144 件，获奖率约为 21.99% 和 43.75%。宁夏回族自治区有 18 件作品参赛，其中 8 件作品获奖，获奖率为 44.44%。

第八届比赛，全国共 1 361 件有效作品参赛，其中 449 件作品获奖，获奖率约为

32.99%。黑龙江省参赛作品 525 件，其中 177 件作品获奖，获奖率为 33.71%。辽宁省和河北省分别有 68 件和 83 件作品获奖，获奖率分别为 32.69% 和 41.92%。有 7 件来自安徽省的作品参加比赛，其中 5 件作品获奖，获奖率为 71.43%。

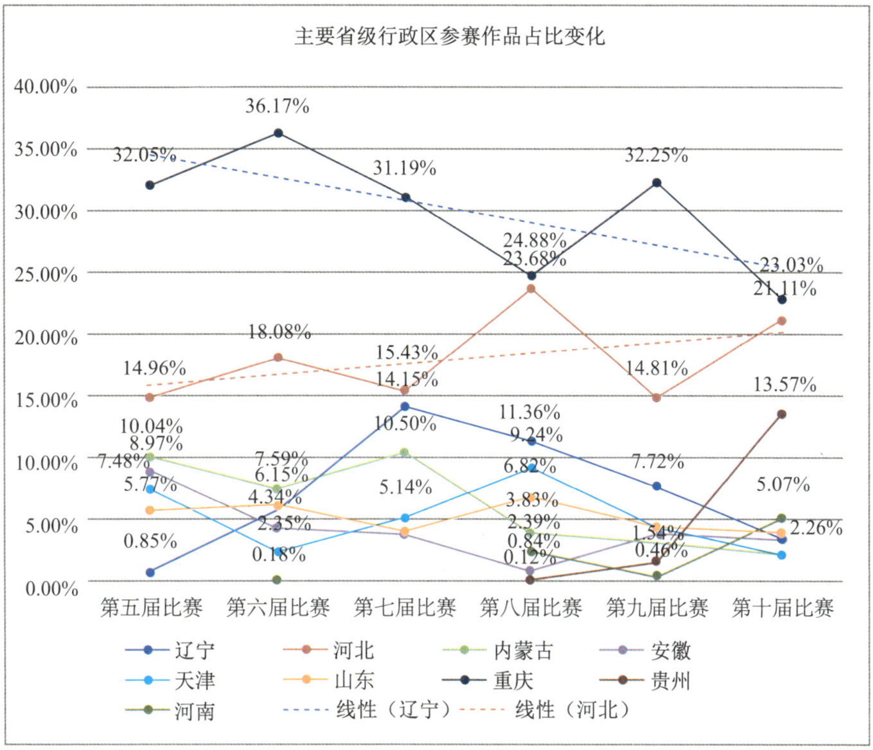

图 2–5　主要省级行政区作品占比变化

第九届比赛采取线上、线下相结合的方式进行，全国共有 1 166 件有效作品参加，颁发奖项 491 项，获奖率约为 42.11%。其中，黑龙江省的 518 件作品中，有 187 件作品获奖，获奖率约为 36.10%。辽宁省的 209 件作品中有 87 件获奖，获奖率为 41.63%。河北省有 70 件作品获奖，获奖率为 72.92%。

第十届比赛，依然采取线上、线下相结合的方式进行，设置奖项 480 项，全国共有 2 087 件有效作品参加国赛，获奖率约为 23.00%，是竞争最为激烈的一届比赛。黑龙江省有 628 件作品参赛，其中 145 件作品获奖，获奖率为 23.09%。辽宁省的 336 件参赛作品中有 122 件作品获奖，获奖率为 36.31%。山东省和江苏省的获奖率也分别达到 38.60% 和 36.84%。重庆的 52 件作品中有 24 件作品获奖，获奖率达到 46.51%。

一个省级行政区的参赛作品数量可以在某种程度上代表该省级行政区高校创新方法的推广情况，获奖率则在某种程度上体现了该省级行政区大学生创新方法的掌握能力。随着创新方法的不断推广和高校创新方法教育的不断普及、加深，各省级行政区参赛作品数量的差距总体呈缩小趋势，参赛作品数量较多的省级行政区的参赛作品获奖率也逐渐接近（图 2–6、图 2–7）。可以看出，随着大赛的不断推广和各个省（自治区、直辖市）对创新方法了解的加深，越来越多的学生乐于学习创新方法并运用创新方法进行创新。各省级行政区高校创新方法的推广范围仍在不断扩大，各高校学生掌握、使用创新方法的水平在提升的同时，也在不断接近。

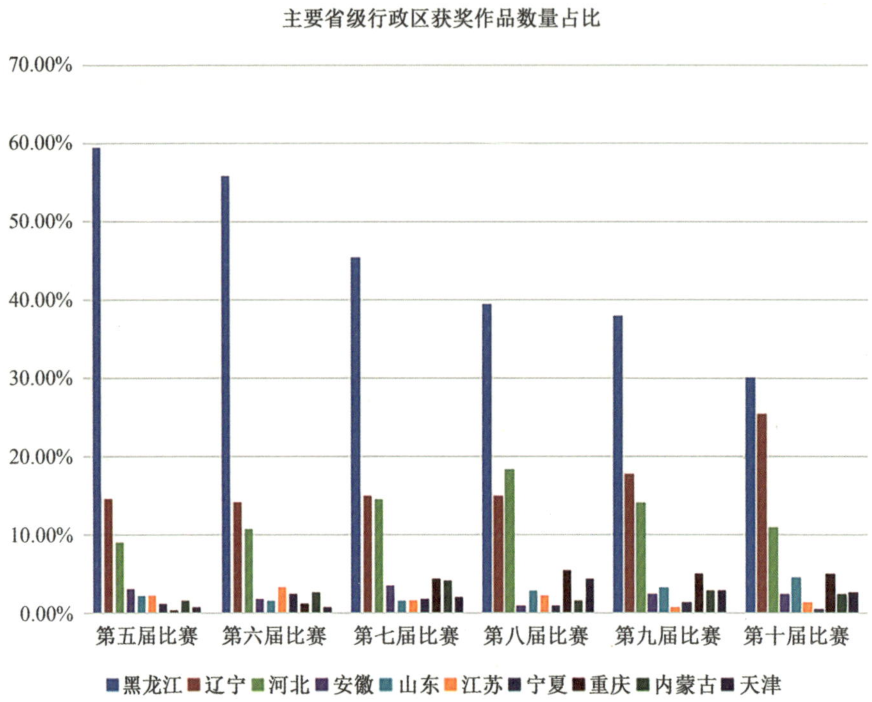

图 2–6　主要省级行政区获奖作品数量占比

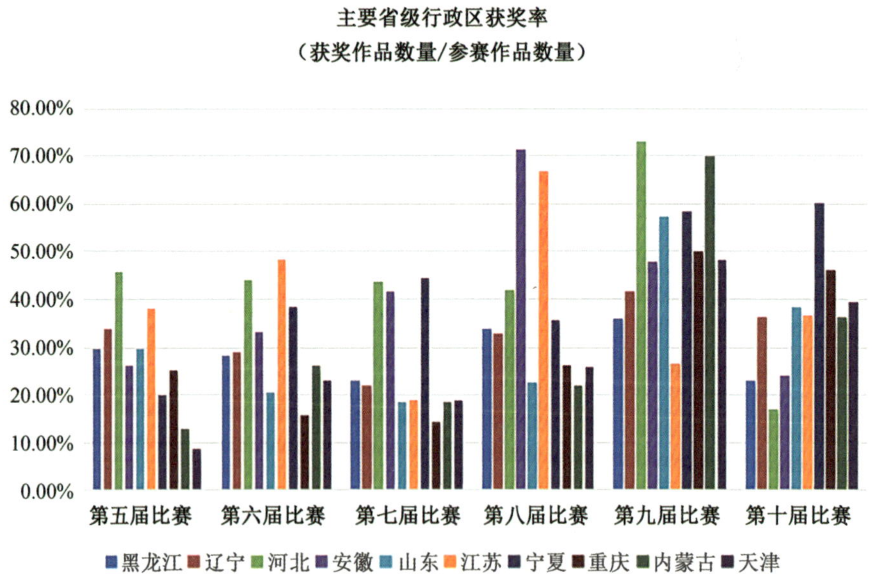

图 2–7　主要省级行政区获奖率

第三节　高校开设创新方法课程及内容

一、高校开设创新方法课程情况（部分高校）

东北大学面向全校大一、大二年级学生开设“创造学”课程及面向全校大二学生开设“创造性思维与方法”必修课，“打开思维的盒子：创新 40 法”获得东北大学课程立项支持，“工程技术创新方法”课程获批东北大学示范课程。哈尔滨工业大学分别为研究生、本科生开设了“创新方法与创新思维”“创新技术方法”课程。哈尔滨工程大学面向全校大学生、大学三年级学生分别开设“创新方法与实践”“创新实践研讨”课程，通过实践创新训练项目研讨，鼓励和支持大学生尽早参与科学研究与实践创新活动，激发学生学习的主动性、积极性和创造性，拓宽学生的专业视野，培养学生的创新思维，不断提高学生的科学素质、创新精神与实践能力。黑河学院面向理科生开设了“创新思维与 TRIZ 理论”，面向文科生开设“创新思维训练”，面向全体学生开设“创新创业基础”课程。大连理工大学开设的“创造性思维与创新方法”课程被教育部认定为“首批国家级一流本科课程”、国家级精品视频公开课程和国家精品在线开放课。河北石油职业技术大学目前在机械工程系开设“TRIZ 创新方法理论及应用”“设计创意与方法”课程 2 门，在智慧职教 MOOC 开设在线课程“TRIZ 创新方法理论及应用”1 门，获评河北省在线开放精品课程。同济大学面向全校大学一、二年级学生及研究生开设“创新方法与创业基础”必修课；为大学三年级开设“TRIZ 方法与专利利用”必修课；面向全校各专业研究生和本科生开设“创业案例分析”必修课。西南交通大学面向创业工程专业学生开设“创新思维与创新方法 TRIZ”必修课。中原工学院开设了创新方法相关课程，其中包括“发明家来了——TRIZ 入门与实践”“让你脑洞大开的创新答案”通识选修课，“大学生创新创业就业指导 2”通识必修课，“创新原理与方法”“机电创新方法”专业选修课。2010 年至今南昌航空大学为全校本科生开设了“TRIZ 创新理论与应用”“TRIZ 理论与方法”“创新专利与应用”“TRIZ 创新项目实践”等系列课程。兰州大学 2019 年在全校开始开设通识课“创新方法 TRIZ 理论及应用”，2022 年开设跨学科贯通课程“环境与技术创新”，为环境科学与创新方法 TRIZ 等理论交叉而成的新课程。2013 年，东华大学纺织学院为了提升“纺织科学实验班”和“纺织品设计创新班”学生创新思维与实践能力，开设了“创新思维与方法”课程；2020 年，本课程面向纺织学院全体学生开放，同时也作为第二学位学生必修课程，每学期 32 学时。北京工商大学开设课程包括“创新思维与 TRIZ 创新方法”“创业教育”“机械设计综合实训类”“卓越工程师综合实训”等。黑龙江科技大学王妍玮团队的“创新方法学”课程被评为 2019 年黑龙江省精品在线开放课程、智慧树 TOP100 优质课程和教育部优质示范推荐课；课程自 2018 年 11 月上线以来，得到了国内高校的广泛认可，全国 116 所共 4.10 万名学生选修该课程，互动量 59.49 万。

二、龙江创新方法公益课

自 2010 年以来，龙江创新方法团队主要依托黑龙江省技术创新方法研究会组织企业、高校、科研院所通过举办公益课堂活动等形式开展创新方法的宣传、普及与推广工作，对黑龙江省创新方法的基础理论研究和推广应用服务体系建设起到了重要的推动作用。如图 2–8 所示，自研究会成立以来，黑龙江省成立 TRIZ 宣讲团深入企事业单位共做 50 多场报告，在黑龙江省 160 余个省级学会和 430 余个企业科协中宣传推广 TRIZ 理论，覆盖面达 80% 以上，举办创新方法理论公益讲座 100 余场，培训科技人员和管理人员 8 万余人。

图 2–8　龙江创新方法团队举办的大型培训现场

1. 活动组织开展形式

（1）组织创新方法爱好者沙龙

2014 年 8 月，黑龙江省率先创办了黑龙江省创新方法爱好者沙龙活动。活动第一期在哈尔滨工程大学举办，主要是利用周末业余时间，组织黑龙江省大学生、高校教师、企业人员及创新方法爱好者聚在一起共同探讨创新方法，分享创新方法理论及大学生创新创业、专利挖掘和布局、企业管理模式等内容，受到了创新方法爱好者的欢迎。如图 2–9 所示，在乐业大厦创业公社、大庆油田、科技大厦 2 楼书吧、哈尔滨工业大学图书馆、哈尔滨工程大学大学生机械创新与创业实训中心及省内其他高校陆续开展形式各样的沙龙活动 40 余期。

图 2–9　黑龙江省创新方法爱好者沙龙活动

（2）组建校级创新方法学生社团

如图 2–10 所示，以学生社团和黑龙江省大学生创新方法联盟为宣传推广平台，通过在高校建立大学生创新方法社团组织，吸引大学生参与创新、建立创新思维品格、提升大学生创新能力。目前，黑龙江省已建成高校创新方法社团 21 个，为创新方法理论在高校的推广应用奠定了良好基础。

图 2–10　哈尔滨工程大学 TRIZ 理论研习会成立现场

（3）成立黑龙江省大学生创新方法理论爱好者联盟

2015 年 5 月 23 日，黑龙江省第 24 期创新方法沙龙活动在哈尔滨工程大学举办，黑龙江省大学生创新方法理论爱好者联盟在本期沙龙活动中正式成立，如图 2–11 所示。该联盟是由大庆师范学院、东北林业大学、东北农业大学、东北石油大学、哈尔滨工程大学、哈尔滨剑桥学院、哈尔滨金融学院、哈尔滨理工大学、哈尔滨商业大学、哈尔滨师范大学、黑龙江大学、黑龙江科技大学等高校 TRIZ 社团成员及 TRIZ 理论爱好者发起的学术性联盟。

图 2–11　黑龙江省大学生创新方法理论爱好者联盟成立

（4）组建中国大学生 TRIZ 理论爱好者联盟

2017 年 5 月，随着黑龙江省大学生创新方法理论爱好者联盟成员高校的不断加入，中国大学生 TRIZ 理论爱好者联盟在第五届全国“TRIZ”杯大学生创新方法大赛上宣布成立，如图 2–12 所示。该联盟是由黑龙江省技术创新方法研究会牵头、哈尔滨工程大学组织召集全国高校的创新方法及 TRIZ 爱好者共同组建的学术性联盟。截至 2022 年，该联盟包括全国各地的百余所高校。

图 2–12　中国大学生 TRIZ 理论爱好者联盟成立

（5）创新方法进校园活动

黑龙江省首先在省内高校进行创新方法推广工作，陆续有 20 多所高校开设创新方法相关课程。其中，哈尔滨工程大学 2010 年成立全国首个 TRIZ 发明创新协会，开设的大学生特色公开课，主要由哈尔滨工程大学 TRIZ 发明与创新协会进行授课，累计授课 200 余学时，协会内部也进行理论培训，累计有超过 3 000 人接受了系统全面的 TRIZ 理论培训。创新方法进入高校的同时还进入了中小学，如图 2–13 所示。黑河市编写了国内第一套卡通版 TRIZ 读物，在小学开展了试点教学，为创新型省份建设培养、储备未来的创新型人才。

图 2–13　创新方法进入中小学

（6）创新方法助力精准扶贫行动

2018 年 9 月，黑龙江省技术创新方法研究会为齐齐哈尔市的 54 位驻村干部进行创新能力提升培训，如图 2–14 所示。此次活动是将创新方法理论的精髓与精准扶贫有效结合，深度培养扶贫一线驻村干部的创新意识，全面提升创新能力，对进一步推进齐齐哈尔市精准扶贫、精准脱贫工作有着重要的意义。

图 2–14　驻村干部创新方法培训

（7）免费发放书籍

据不完全统计，龙江技术创新方法团队出版高校教材 15 部，编写、翻译教材、简易读本等 30 余部，免费发放各种创新方法理论图书资料 7 万多册（图 2–15），共计发表论文 100 余篇。

图 2–15　免费发放的书籍

（8）线上活动形式

为推广创新方法，提高课堂教育质量，黑龙江省龙江创新方法团队组织师资团队，面向青少年读者，编辑创新方法科普教材，研发教具及编写创新方法案例，并在微信公众平台上推广；积极组织开展线上创新方法培训班，通过赛事活动、沙龙、论坛、线上讲座等不同形式进行创新方法师资培养。

2. 活动成效

2020 年，龙江创新方法公益课在黑龙江省文明办组织开展的 2020 年度黑龙江省志愿服务“五个 100”先进典型宣传推选活动中被评为优秀志愿服务项目。获奖证书如图 2–16 所示。

图 2–16　龙江创新方法公益课获奖证书

第四节　大赛媒体报道

大赛自创办以来受到央视网、《科技日报》、《黑龙江日报》、凤凰网、中国新闻网、新浪网、中国财经网、新华网、中国科技网、东北网等新闻主流媒体的关注。2020 年《科技创新与品牌》对大赛进行了专题报道。

中国 TRIZ 杯大学生创新方法大赛媒体宣传统计表（部分），见表 2–3。

表 2–3　中国 TRIZ 杯大学生创新方法大赛媒体宣传统计表（部分）

序号	媒体宣传内容	宣传时间	媒体名称
1	全国“TRIZ”杯大学生创新设计大赛上当场签约	2012 年 12 月 16 日	《生活报》
2	TRIZ：打开发明的窗户 从授“鱼”到授“渔”	2012 年 4 月 9 日	《经济日报》和央视网
3	黑龙江：创新方法 TRIZ 理论引导大学生创新创业	2015 年 5 月 29 日	人民网转载《科技日报》
4	全国“TRIZ”杯大学生创新方法大赛举行	2016 年 4 月 18 日	新华网转载《黑龙江日报》
5	“TRIZ”大赛助推大学生创新创业	2016 年 4 月 20 日	搜狐网转载《科技日报》
6	全国“TRIZ”杯大学生创新方法大赛举行	2016 年 4 月 18 日	中国青年网
7	千余项作品角逐全国“TRIZ”杯大学生创新方法大赛	2017 年 5 月 14 日	《黑龙江日报》
8	全国“TRIZ”杯大学生创新方法大赛在哈举行	2017 年 5 月 15 日	《黑龙江日报》
9	创新无处不在 创意成就未来	2017 年 6 月 5 日	中国财经网转载《科技日报》
10	创新“点金术”真有那么神奇吗?	2018 年 4 月 9 日	《科技日报》
11	全国大学生创新方法大赛举行	2018 年 5 月 13 日	《黑龙江日报》客户端
12	让奇思妙想“落地生根”	2018 年 5 月 14 日	中国科技网《科技日报》
13	第七届中国 TRIZ 杯大学生创新方法大赛在哈举行	2019 年 5 月 12 日	黑龙江新闻网
14	从中国大学生创新方法大赛看我省创新方法推广	2019 年 5 月 28 日	《黑龙江日报》
15	第八届中国 TRIZ 杯大学生创新方法大赛在哈举行	2020 年 10 月 19 日	东北网

表 2-3（续）

序号	媒体宣传内容	宣传时间	媒体名称
16	第九届中国 TRIZ 杯大学生创新方法大赛决出六强	2021 年 11 月 29 日	中国科技网转载《科技日报》
17	第十届中国 TRIZ 杯大学生创新方法大赛签约金额 7 000 余万元	2022 年 11 月 22 日	《科技日报》

第五节　大赛组织管理

1. 组织管理现状

大赛由中国科协、科技部联合主办，由创新方法研究会、黑龙江省科学技术厅、黑龙江省教育厅、黑龙江省科学技术协会、黑龙江省知识产权局、黑龙江省技术创新方法研究会、黑龙江省科学技术情报研究院和哈尔滨工程大学等单位共同承办。

（1）成立领导小组

大赛领导小组由主办单位和承办单位的有关负责人组成，负责指导大赛相关活动，并对全国组织委员会和全国评审委员会提交的问题进行协调和裁决。

（2）成立大赛组织委员会

大赛主办单位、承办单位共同组成大赛组织委员会。大赛组织委员会下设办公室，设在黑龙江省科学技术情报研究院（黑龙江省技术创新方法研究会）和哈尔滨工程大学，大赛组织委员会负责大赛各项工作的具体执行。

（3）成立专家评审委员会

大赛设立全国专家评审委员会，具体由承办单位聘请的相关专家组成。全国评审委员会设主任 1 名，副主任、委员若干名。全国评审委员会经主办单位批准成立，有权在大赛章程和评审规则内，独立开展评审工作。

（4）成立大赛监督委员会

大赛结束后，对获奖作品保留一个月的质疑投诉期。若收到投诉，大赛领导小组将委托大赛监督委员会进行调查。经调查，如确认该作品资格不符，取消该作品获得的奖励，同时取消该作品所在单位的所有奖励。

（5）大赛通知发布流程

大赛方案制订由大赛组织委员会主要撰写完成。首先撰写意见征集稿，然后向主办单位、各承办单位征集意见，将意见进行汇总后重新修改大赛方案稿，同时撰写大赛通知发布稿并向上级主管部门报送，主办单位、承办单位同意后，正式发布赛事通知。

2. 大赛实施分级管理

大赛实施校级赛、省级区域赛分级管理制度，通过建立校级联络员、省级联络员工作群及指导教师入库等进行分级管理。

（1）校级联络员管理

一是建立高校联络员工作群，用于大赛消息和通知的发布，方便大家交流和统一管理。联络员第一时间将大赛消息传达给本校参赛选手和指导教师。二是国赛报名采取联络员统一审核制度，即参赛选手在申报系统上进行注册后，需要本校联络员进行审核身份后才开始进行作品的填报，填报完成后再由联络员审核作品信息是否符合报名要求，联络员有审核通过、退回权利。三是该校参赛作品获得一等奖以上数量较多，在校赛的组织上表现突出的联络员具备评选优秀联络员的条件。

（2）指导教师管理

建立指导教师管理制度，对于符合条件的指导教师进行入库管理，后期进行创新方法理论专业指导，提升全国指导教师指导水平，进一步提升参赛选手的参赛作品的质量。每届大赛评审委员会结合指导教师指导作品数量、获奖等级、获奖数量等综合因素评选出优秀指导教师。

3. 保障措施

（1）制度保障

首先大赛严格遵守国家有关政策要求，成立领导小组、组织委员会、专家评审委员会、监督委员会等组织机构并出台大赛方案，制定具体实施措施、大赛章程等相关要求保障大赛正常有序进行；其次是作为具体承办单位，黑龙江省科学技术厅每年在政府经费预算中列支30万元作为大赛专项经费使用，保证大赛赛事服务各项经费支出。

（2）平台保障

一是建立大赛官方网站平台，通过官网对大赛进行报道、通知发布、典型案例经验分享、大学生创新成果展示推介等；二是充分发挥各高校创新创业平台对大赛进行宣传报道，提升大赛影响力；三是利用智慧树平台，积极打造“创新方法学”精品在线开放课程，让全国的大学生参与创新方法的系统学习与交流；四是通过引入第三方机构打造大赛路演平台，选拔优秀作品进行孵化、成果推介；五是举办场地固定，每年都在哈尔滨工程大学举办，并且有许多大学生志愿者参与活动。

（3）技术保障

大赛组委会聘请专业的技术团队为大赛官方网站、大赛数据项目库、专家库及指导教师师资库建设及大赛申报、评审系统等提供技术支撑；专业的校级直播团队为每年的大赛总决赛直播效果及成果展示提供技术保障；专业的新闻媒体为大赛进行宣传报道。

（4）人员保障

大赛依托黑龙江省科学技术情报研究院和哈尔滨工程大学分别设立组织委员会办公室，满足大赛常规工作的办公、接待等活动。拥有创新方法多媒体培训教室，配备LED 拼接屏、投影仪、幕布、视频答辩系统等，满足会议、培训、沙龙和远程答辩等工作需要。打造校园创新创业专区，满足省内外大学生、创新创业人员日常交流、沙龙、路演、宣传等活动需求。大赛组织委员会办公室专门负责大赛专职人员 5 人，从人员上保障大赛工作的顺利开展。

4. 未来发展方向

（1）赛事组织管理标准化建设

一是强化大赛组织机构组织委员会、评委会和专家指导委员会的职能，加强和完善专家队伍的入库管理；二是对大赛校级管理员、省级管理员进行分级管理，制定分级管理办法，明确各自工作方向；三是组织开发大赛申报系统、专家在线评审系统，实现大赛网络化申报、网络化评审、一键式下载作品信息、在线电子证书发放及下载等功能，提高赛事组织管理者的工作效率和参赛者作品申报的安全性；四是加强大赛组织保障，对赛事进行标准化和规范化管理，保障大赛常态化运转。大赛做到公平、公正、管理有序，提升大赛影响力，从而增强参赛者心理预期。

（2）加强赛前宣传，扩大参赛者覆盖面

此前大赛组织委员会对大赛高校参与情况设计了一项调查问卷，共 173 人参赛师生参与了本次调查，有 56.65% 的受访者反映大赛前期宣传不到位，很多师生不能及时获得比赛相关信息，38.73% 的受访者表示学生参与度不高。通过大赛渠道了解创新方法的受访者占 79.77%，因此需要加大赛前宣传力度，扩大赛事传播的覆盖面，让更多有意愿创新的大学生主动参与进来。问卷调查统计结果见表 2–4。（数据来自问卷星 https://www.wjx.cn/m/65811421.aspx）

表 2–4　大赛目前存在问题调查统计表

您认为中国 TRIZ 杯大学生创新方法大赛还存在哪些问题：[多选题]		
选项	小计	比例
前期宣传不到位	98	56.65%
参赛学生参与度不高	67	38.73%
活动时间不合适	32	18.50%
活动形式不新颖	34	19.65%
活动内容不丰富	35	20.23%
其他	29	16.76%

（3）加强创新方法课程示范作用

此前的问卷调查显示，通过课堂接触创新方法的受访者占 54.91%，在是否开课方面，87.86% 的受访者选择已开 TRIZ 课程。作为已开设创新方法课程的高校，天津海运职业学院港航双创教育课程设立为港口与航运管理、集装箱运输管理等专业技能课必修课程，港航双创课程教学实践被中国交通教育研究会收录为交通类高校教学改革案例，作为典型案例在行业里起到很好的示范作用。因此加强高校创新方法课程建设典型示范作用，可以缩小不同高校、不同地域间创新方法推广应用的差距。随着全国高校慕课的迅速兴起及国家慕课平台资源的陆续开放，打通创新方法传播的校际壁垒，有望实现全国高校创新方法课程资源共享，加快创新型人才培养。

（4）加强创新方法师资能力培养

指导教师的水平直接影响创新型人才培养质量，如何加强创新方法师资能力培养，一是依托激励政策，引导和吸引更多的教师参与进来；二是参赛师生通过参加创新方法系统培训、网上云平台学习、各种学术研讨会议等方式加强创新型人才的培养；三是加强高校及相关主管部门对创新方法的重视程度，引导教师提升教学、指导能力；四是通过面向全国征集大赛指导教师先入库后进行培训，搭建全国创新方法大赛指导教师交流平台，再以点带面对创新型人才进行高质量培养。

第六节　大赛系列改革

随着赛事规模的逐渐扩大、参赛学生类型的增加、全国高校参赛区域变化及国家政策调整等，大赛组织委员会审时度势，根据实际需要对大赛进行了一系列改革和调整。

一、大赛更名

2010年开始举办黑龙江省“TRIZ”杯大学生创新设计大赛，成功举办2届省赛后，2012年，经科学技术部资源配置与管理司、中国21世纪议程管理中心和创新方法研究会等部门批准，大赛由省赛升级为国赛，更名为全国“TRIZ”杯大学生创新方法大赛。2018年，科技部将创新创业类比赛进行整合，大赛正式纳入由中国科协、科技部联合举办的中国创新方法大赛专项赛事，大赛更名为中国TRIZ杯大学生创新方法大赛。

二、作品分类

为深入贯彻落实国务院印发的《关于大力推进大众创业万众创新若干政策措施的意见》（国发〔2015〕32号）文件精神，第四届比赛增设创业类；随着大赛参赛选手范围的扩大，一些综合院校文科专业大学生应用TRIZ创新方法理论时受到专业限制，大多数参赛作品倾向于生活小创意或创新设计类，经研究决定第六届比赛将原创意设计类分成生活创意类和创新设计类；随着高职院校数量的不断增加，为体现大赛公平性，将本科生与专科生分开评比，第八届增设高职高专类。

三、奖项设置

首届全国“TRIZ”杯大学生创新方法大赛增设创新成果转化奖；第五届比赛增设教师组创新方法教学成果优秀奖；第七届增设优秀联络员；第九届取消学生组特等奖并在一等奖中增设金奖、银奖、铜奖，教师组奖项设置一、二、三等奖，取消原创新方法教学成果优秀奖，增设网络人气奖。

四、专家评审

从第六届比赛开始，为了比赛更加公平公正，以抽签的形式在全国参赛高校中选定 20 所高校代表组成大众评审团与评审专家一起进行总决赛现场打分，大众评审团连续推行 2 届比赛，第八、九、十届比赛暂停；第十届比赛由于大赛申报系统已开发完成，专家开始进行网络评审，这也是大赛首次使用专家评审系统进行在线评审。

五、证书改革

随着大赛标准化建设工作的开展，在申报评审方面均实现网络化，在证书设计和制作方面每年也进行不同的尝试与改变（图 2–17），设计方面将原来的横版证书改成竖版；公章数量也发生了很大变化，原来盖创新方法研究会、黑龙江省科学技术厅、黑龙江省教育厅、黑龙江省科学技术协会、黑龙江省知识产权局等 5 个单位公章，2018 年正式纳入中国创新方法大赛专项赛后，证书上只盖中国创新方法大赛组委会和中国 TRIZ 杯大学生创新方法大赛组委会 2 个公章；在证书防伪方面，尝试加上证书编号，电子证书上印制电子证书查询网址；证书发放方面，2022 年尝试发放电子证书，由参赛选手和校级管理员进入申报系统后进行证书下载，大大提高了证书发放效率，减少邮寄带来的不安全性。大赛系列改革如图 2–18 所示。

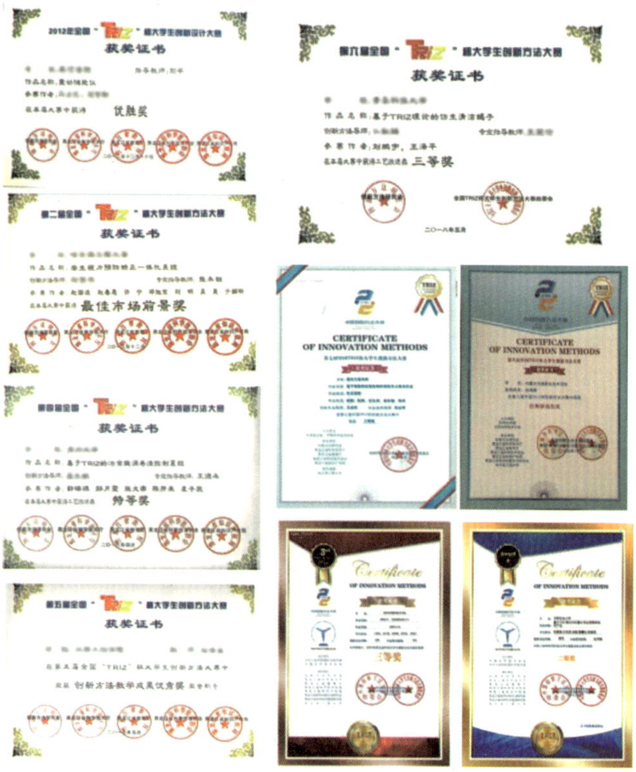

图 2–17　第五届至第八届证书样式

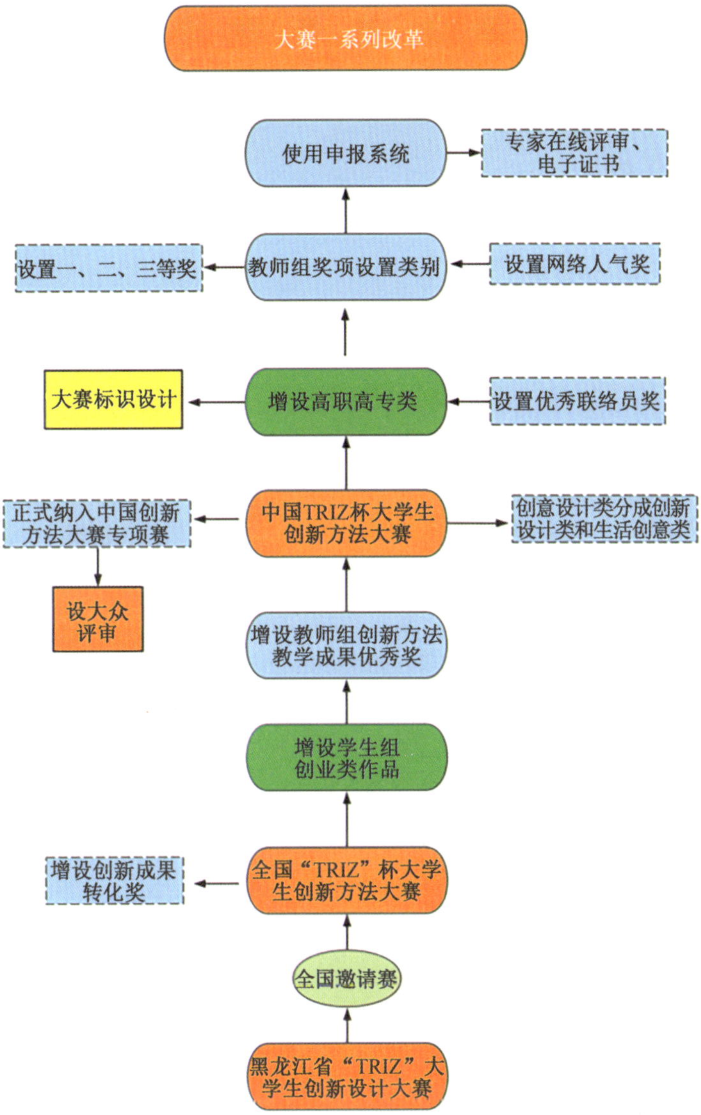

图 2-18　大赛系列改革

第七节　大赛人才培养

我国的大部分学者主要是从创造性、创新意识、创新精神、创新能力等角度定义创新人才或创造型人才，而国外的研究者更多的是强调人的个性全面发展的同时突出创新意识、创新能力的培养。虽然对创新人才的理解有一些异同，但是总而言之，各个国家对人才的创新意识、创新精神、创新思维、创新能力越来越重视，全球竞争背景下国家之间更多的是科技创新能力的较量。

大赛作为一项运用 TRIZ 创新方法进行创新创业的竞赛活动，自举办以来，以培养大学生创新能力，激发大学生创新活力，培养大学生综合能力为目的，以赛促教，以赛促学，以赛促培，为我国培养创新型人才贡献了力量。

一、以赛促教

以赛促教，各参赛高校逐步建立创新方法课程体系。大赛注重大学生创新方法工具的运用，大学生创新思维、创新意识和科学精神的培养，以及大学生创新素质和创新能力的提升。在大赛带动下，全国参赛高校范围内已有 200 多所高校开设了思维、方法和创新设计等各类创新方法相关课程，也涌现出一批高质量创新方法相关教学成果。仅第十届中国 TRIZ 杯大学生创新方法大赛，参加教师组参赛教师出版著作 15 部，发表论文 119 篇，申报专利 124 项，获得教学奖 50 项。

重庆三峡学院为加强学生创新方法教育，在电子与信息工程学院、环境与化学工程学院开设了创新方法课程作为科学创造能力培养基础课程，并纳入学分制管理。天津工业大学开设的创新思维与方法课程，2020 年 11 月获批为国家级本科一流课程，2021 年 1 月被纳入 “学习强国” 平台。该课程教材被评为天津市高校课程思政优秀教材及纺织服装类“十四五”部委级规划教材。

青岛科技大学卜秋祥副教授带领教研团队，主持建构了“三级课堂四维融合五步融入”的特色课程模式，并依托超星集团有限公司完成了创新方法与创新设计混合式课程平台的建设。2022 年，该课程成功在“学习强国”平台上线，同时入选山东省高校在线开放课程联盟平台并在全国推广。

二、政策激励

为激发大学生创新创业的热情，大赛设有创业组类项目，配有专业导师团队进行指导，通过大学生参赛作品进行项目路演等提升了大学生创新创业综合能力，同时催生了若干科技型企业。大赛推出系列激励政策以促进大学生创新创业，如专利及成果转化加分政策，引入风投机构、孵化器等机构对参赛项目进行熟化等。

在大赛激励政策指引下，全国参赛高校也纷纷推出系列激励政策。东北大学将中国 TRIZ 杯大学生创新方法大赛认定为仅次于“互联网 +”和“挑战杯”的六星级竞赛，同时将对指导学生获得六星级以上竞赛全国一等奖作为教师职称晋升的特殊条件，对五星级以上竞赛中获奖学生授予卓越奖学金，对五星级以上竞赛全国一等奖获得者给予创新类推免资格。

天津理工大学对学生参加科技竞赛认定课程学分，并在评奖评优和报送推免等工作中设置相关指标，积极推荐企业单位实现高质量就业。在 2018 年的创新方法大赛中，该校获得一等奖参赛团队项目的一名团队成员被珠海格力电器股份有限公司录用，该岗位招聘条件中明确标注工业工程和 TRIZ 是岗位必备技能。毕业于西南民族大学的一名学生也是因为掌握 TRIZ 创新方法理论，在校期间参加电子技术类竞赛，累计获得 30 多个奖项，申请发明专利 7 项、实用新型专利 5 项、软件著作权 5 项。目前他就职于珠海格力电器股份有限公司硬件工程师岗位，同时也是一名内部培训师。

三、人才交流互动

大赛在提升大学生创新方法综合能力的同时，也促进了指导教师开展创新方法教学和科研工作，培育出一批高质量的创新方法相关教学成果。为鼓励先进、汇集人才，大赛搭建教师组学术交流平台，对参赛教师在教学和科研工作中的创新方法进行推广应用，并对相关教学和科研成果、案例应用与教学情况、创新方法教学改革项目的参与情况及指导大学生应用创新方法开展创新创业活动情况等进行交流与探讨，让全国创新方法相关领域的教师齐聚在一起进行创新思维的碰撞与交流，促进创新方法教学在高校推广与应用。

近三年，全国有100多位创新方法教师报名参加中国TRIZ杯大学生创新方法大赛教师组评比。一位从黑龙江省走出去的高校毕业生在广西某职业技术院校执教，他把创新方法带到目前所在的学校进行推广并亲自带领学生参赛。一名从东北林业大学被推免到国防科技大学的硕士研究生再次以研究生身份报名参赛。随着参赛范围的扩大，很多职业技校的学生、一些军事院校的学生也前来参赛。第七届中国大学生创新方法大赛二等奖获得者王天琪，从黑龙江科技大学毕业后到珠海工作，后来因为一腔热爱，又回到黑龙江省服务企业创新。目前他从事的是产品创新路径设计、创新方案设计、科技创新服务等方面的工作，主要是通过创新方法为中小企业赋能，提高中小企业的创新能力，推动其高质量创新发展。参加工作后他参与了多个项目的研发设计和技术分析工作。大赛平台的搭建促进了全国创新人才的交流与互动。

四、成果转化

大赛设置专利及成果转化加分制，每一个参赛项目都配有一名专业教师和一名创新方法教师进行辅导。大赛期间，组织参赛选手赴企业现场观摩，了解“TRIZ”理论工具在实际生产中的应用，进一步激励了大学生创新成果的生成。大赛每年特邀科技型企业、众创空间、投融资机构、高校、创客组织、创业团队现场观摩对接大学生参赛项目，全程跟踪和促进大学生创新成果转化。在条件允许的情况下比赛期间将组织众创空间、孵化器、投融资机构及一些企业进行实地考察，帮助大学生的创新成果转化落地。赛后加强对优秀作品的宣传，进一步加强大学生作品成果的转化及应用力度。

每年报名的大学生参赛项目多数来源于生活，部分项目来源于企业生产实践。如2022年青岛科技大学全国十二强获奖项目“基于TRIZ理论的新冠病毒一体化核酸快检新方法”以唾液为检测对象，开发一体化核酸快速检测装置，其操作简便、成本低廉，15分钟即可检测出结果，适于现场快速检测及家庭自检，可达到分级诊疗的目的。该项目已经市场化应用并在2022年北京冬奥会现场使用。

大赛举办以来，大学生参赛作品成果转化831项，转化金额22 487.158万元，被推荐到国赛组委会作品12 175项，参赛高校300余所，参赛作品申请专利3 000余项。

五、建立与高校协同育人机制

以赛促学主要是通过以下几种方式进行。一是通过开设创新方法课程教学让大学生学习创新。二是在高校内成立大学生 TRIZ 创新方法社团、TRIZ 爱好者联盟等吸引一大批致力于创新的大学生。目前，近百所高校加入了中国大学生 TRIZ 爱好者联盟。三是通过每届比赛前组织专家对参赛报名者进行专业化辅导提升大学生创新能力。四是开展创新方法公益课堂、沙龙活动为大学生打造创新方法学习第二课堂。五是通过搭建大赛教师组经验交流平台，开展创新方法教育论坛等促进全国创新人才交流学习。大赛不仅为大学生打造了创新创业的平台，为大学生营造了良好的创新创业环境，也培养了一批高素质的创新方法师资队伍，还打造了一批创新方法精品课程，建立了依托高校的协同育人机制。如图 2–19 所示为创新方法师资培训班授课现场。

图 2–19　创新方法师资培训班授课现场

中国 TRIZ 杯大学生创新方法大赛经过十多年的发展，为大学生创新提供了闪亮的舞台，为创业提供了坚强的后盾，在人才培养方面已形成了以赛促教、以赛促学、政策激励、成果转化、交流互动协同育人等机制，但是也要注意全国参赛高校人才培养的不均衡性，不同地域的 TRIZ 理论研究学者在指导大学生参赛过程中，体现出的对创新方法的应用也不尽相同。未来应继续完善创新型人才培养模式，推进赛事组织管理标准化建设，加强创新方法课程建设较好的高校示范带动作用，加强创新方法师资队伍培养，加快创新型人才的培养。

第八节　大赛标准化建设

中国 TRIZ 杯大学生创新方法大赛已经成功举办十二届。随着赛事规模越来越大，影响力不断加强，参赛高校逐年增加，参赛高校大学生应用创新方法进行创新创业成效显著提升，参赛者对大赛作品申报、评审、成果转化及组织管理等方面要求也越来越高。根据大赛发展需要，实现网络申报、网络评审、组织管理等全流程标准化已是大势所趋。大学生创新方法大赛标准化体系建设内容包括赛事组织管理标准化，作品申报流程标准化，专家评审流程标准化，证书设计、生成及下载的标准化，成果追踪标准化及赛事情况反馈标准化等。大赛校级赛、省级区域赛和国赛等也要实施标准化、规范化分级管理，从而进一步提升大赛影响力。

近几年，大赛组委会通过设计问卷调查、实地调研、大赛咨询、召开联络员大会等方式推进各项改革实施。通过设置校赛、省级区域赛、国赛分级管理制度，开发大赛申报系统、评审系统及数据库等标准化建设，实现申报、评审及证书下载全流程网络化、标准化发展，大赛标准化建设工作已初步取得成效。

一、校级比赛管理标准化

首先制定校级比赛管理办法和制定优秀联络员、优秀指导教师、优秀组织高校评定办法。作品推荐方面要求有条件的高校可通过校赛进行初步遴选，校赛排名前 30% 可推荐至国赛初赛。作品申报方面实施分级管理，对校级、省级权限管理的方式进行了设置，申报时限得到有效控制，避免受人为主观因素的影响，实现校级管理员、省级管理员、系统管理员三级审核管理，使提高赛事全流程标准化得到有效保障。

全国高校可以自行组织中国 TRIZ 杯大学生创新方法大赛校赛。校赛可以向大赛组委会申请协助指导，举办校赛的高校可以使用大赛申报系统，须提前向大赛组委会进行申请，大赛组委会为其开通申报系统账号。校赛结束后需向大赛组委会提供比赛相关材料（比赛方案、通知、获奖名单、新闻报道、现场图片等）进行备案。

二、省级区域赛管理标准化

制定省级区域赛组织管理办法，鼓励有条件的省、自治区、直辖市相关单位自行组织省级赛。各省、自治区、直辖市高校作品可通过省级赛进行初步遴选，获省级赛二等奖（含二等奖）以上作品，可直接晋级国赛初赛，获发明制作类前三名及其他类组别第一名的作品可直接晋级国赛决赛。申报作品审核时，省级管理员待校级管理员审核后对本省级赛区域的全部作品进行审核，对于校赛推荐的但不符合省级推荐标准的作品退回修改或者取消资格，退回修改的需重新进行新一轮审核。对组织举办省级赛的地区，省级赛举办之前要向大赛组委会进行申请和报备，比赛结束后向大赛组委会提供比赛相关材料进行备案。

三、大赛申报流程标准化

1. 学生和教师用户注册

打开“中国 TRIZ 杯大学生创新方法大赛管理系统”首页，点击“注册”按钮，进行用户注册，注册类型分别是“学生”和“教师”，根据实际情况进行选择。页面中的其他信息请根据实际情况真实填写，填写后点击“提交”按钮，提交后出现确认对话框，仔细核对注册相关信息，等待学校管理员审核。为防止用户注册后密码遗忘不能再次进入申报系统，注册环节设置密码找回功能，通过手机验证的方式进行密码找回（图 2–20）。

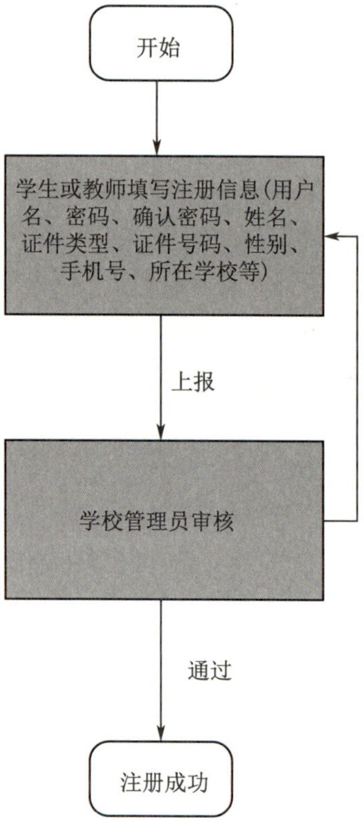

图 2–20　学生、教师的注册体系流程

2. 申报书填报标准化

打开“中国 TRIZ 杯大学生创新方法大赛管理系统”首页，输入已经通过学校管理员审核的“学生”或“教师”的用户名、密码，验证后点击“登录”按钮。

在学生注册信息填报时设置系统自动识别本科组和高职高专组功能，将两组自动分开填报。在线填报按照目前参赛作品分类情况设置两个申报入口，发明制作类、工艺改进类、创新设计类和生活创意类申报入口及创业类申报入口。填报信息时系统会有一些要求和提示，如作为第一作者，每年填报的作品数量不得超过 1 项；在填报专利信息时，系统会自动提示填报的数量小于或等于 10 项，且专利信息必须附上作者姓名等要求。

为了保持申报系统的流畅性，预防报名阶段点击人数过多导致系统反应速度缓慢或卡顿，参赛选手上传作品附件限制为 PDF 版本、大小不超过 30 MB。

3. 校级管理员审核标准化

打开“中国 TRIZ 杯大学生创新方法大赛管理系统”首页，学校管理员输入用户、名密码后，点击“立即验证”，验证成功后，点击“登录”。登录成功后，点击左侧列表的作品管理，列表中为待审核作品，“操作”下面有“审核”“查看”“流转记录”三个按钮。点击“查看”按钮会跳转到查看页面，右下角有“快速导航”“下载申报书”“返回顶部”三个灰色按钮辅助查看信息。点击“审核”按钮会弹出审核页面，结论有“通过”“退回”“不通过”三个选项。点击“通过”该申报将继续提交至下个环节；

点击“退回”该申报将退回给学生或教师重新修改调整，可重新上报；点击“不通过”该申报直接结束申报流程，状态为申报不通过，学生或教师不可以再次修改，当年也不能再申报新的作品。选择结论后，在意见栏写下相关意见后点击“确认”按钮，完成本次审核。

通过使用大赛申报系统提交作品，解决了邮箱下载速度过慢、超期未下载邮件失效、邮箱需要升级、容易卡顿等问题。系统可一键式下载所有参赛选手填报信息及作品内容，专家可以通过系统设置在线浏览参赛作品内容，提升大赛工作效率的同时，也提高了申报作品的安全性（图 2–21）。

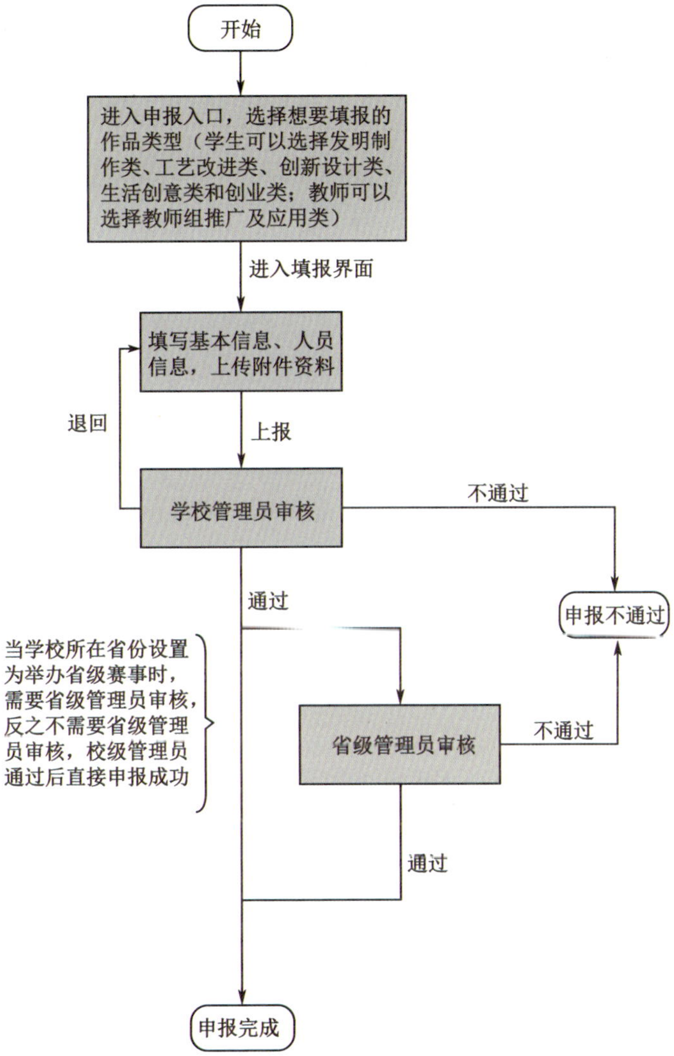

图 2–21　学生、教师的申报体系流程

四、大赛评审流程标准化

1. 征集专家评委

为增强作品评审的公信力、影响力，促进创新成果对接转化，大赛组委会每年向全国高校、科研院所、企业、融资机构、孵化器征集大赛评委。被推荐人应该具备的基本条件：具有国家三级创新工程师、国家一级创新培训师或达到相应水平；具有丰富的指导、实践经验，在专业领域具有一定的影响力和知名度；推荐专家原则上需从事创新方法相关工作经验 5 年以上而且评委不能作为大赛参赛项目的指导教师。符合条件的专家统一纳入专家数据库。

2. 全国指导教师入库

大赛自举办以来，在参赛高校、涉及区域、作品数量上逐年增加，但不同区域、不同高校之间指导教师创新方法教学指导水平存在一定差异。为进一步提升大赛指导教师业务能力和水平，提高大赛作品质量，提升指导教师队伍水平，大赛组委会组织全国参赛高校指导教师入库备案，后续对入库教师进行创新方法业务培训指导，现有入库指导教师 108 人。

3. 学生组评审标准

发明制作类一般指新产品设计，根据发明构思做出实物，必须由实物呈现，且要求构思巧妙、新颖、原创性强、结构简单、实用性强。工艺改进类指在原有工艺流程的基础上进行重大改进，侧重工艺简单、可靠、实用性强。创新设计类主要以行业产品创新方案为主，强调理念，侧重创意观点新颖原创、内容结构清晰、图表设置规范。生活创意类指具有成本低、操作性强、能够在一定程度上提升日常生活品质、改善日常生活条件产品的方案为主，侧重创意观点新颖原创性。创业类强调作品具有突出的市场价值，用户体验良好、实用性强。同时上述五大类作品均注重 TRIZ 理论的应用情况、是否具有市场推广应用价值等因素。

4. 教师组评审标准

参赛教师应在教学和科研工作中开展创新方法的推广应用，并产生相关教学和科研成果（如论文、论著、专利、教改项目等）、教学幻灯片制作展示、案例应用与教学情况、创新方法教学改革项目的参与情况。同时参赛教师须指导过大学生应用创新方法开展创新创业活动。参赛教师需要提交创新方法授课时长证明、2 学时授课教案、2 学时教学多媒体课件，以及教学及科研成果证明材料（论文、论著、专利、教改项目）、指导学生开展创新创业活动情况、获奖情况、社会或经济效益等。

五、网络评审流程标准化

1. 作品分组

校管理员（无省级区域赛）或者省级管理员，在“所有作品”列表下点击“推荐进入国赛”按钮将作品推荐至国赛。

预抽阶段首先建立评审批次并关联对应的评审批次。设置组内屏蔽（以组为单位，屏蔽当前分组内涉及的单位信息），设置学科类型，按国际学科匹配专家，出现的项目为进入评审阶段的项目，将项目选择到对应的评审组。

2. 遴选专家

通过评审系统实现专家评审时评审过程按领域筛选专家，专家系统内审查申报作品并打分，系统自动计算平均分从而保证专家评审的系统性和规范性；在“专家类型”中选择“创新方法专家”，“擅长评审类型”根据分组具体情况确定，其他条件可自由选择。

3. 网评阶段

首先进行每组人数参数设置，即每个项目需要的专家数量、通知专家人数及省外、省内专家人数及同单位人数，然后设置自动分组，点击分配专家，设置评审时间及评审短信通知等。

六、大赛数据库建设

针对大学生参赛项目申报实际需求，大赛申报系统运用计算机网络技术实现项目管理的流程化、网络化，具有较高的安全性和扩展性。该系统可以有效地节省资源、提高工作效率，可一键式下载全部作品汇总表，实现了大赛申报工作的规范化、便捷化。目前注册高校 296 所、参赛选手注册用户 2 457 人，已实现学生信息注册、申报材料提交填报、校级管理员审核、省级管理员审核等，扩展到与在线评审系统关联，可实现在线申报评审、获奖证书在线发放等全流程综合业务网络办理功能。后期将进一步完善数据提取分析功能，加强大赛数据库建设及参赛作品收集与整理，可大大提高后续项目跟踪与统计效率。

七、证书标准化改革

随着大赛标准化建设不断推进，在证书设计和制作方面每年也进行不同的尝试与改变。在证书防伪方面，尝试添加证书编号，在电子证书上印制电子证书查询网址；在证书发放方面，2022 年尝试发放电子证书，由参赛选手和校级管理员进入申报系统后进行证书下载，提高了证书发放效率，也减少了邮寄带来的不安全性。

八、大赛成果转化标准化

大赛对已申报专利且符合加分条件的作品初评加 2 分，校企成果对接成功的作品加 2 分。为进一步加强和推动大赛作品的成果转化及应用力度，对优秀的、应用性强的参赛作品，利用网站积极进行展示推介，在赛期内组织企业进行网上项目对接及洽谈转让，条件允许的情况下在比赛期间将组织众创空间、孵化器、投融资机构及一些企业进行实地考察，帮助大学生的创新成果转化落地。

在成果转化跟踪方面：一是每年省级赛、校赛比赛结束需向大赛国赛组委会进行备案；二是大赛组委会每年面向各参赛高校及历届参赛选手征集中国 TRIZ 杯大学生创新方法大赛优秀人才和成果转化典型案例形成案例集；三是申报系统设置成果项由参赛选手自己进行填报并上传佐证材料，有助于对大学生应用创新方法成果进行跟踪；四是通过电话采访的方式进行创新成果后续转化情况点对点对接。

九、大赛反馈机制标准化

每年比赛结束后都要对大赛举办时间、比赛形式、大赛宣传、通知发布、比赛申报、比赛评审、奖项设置等相关事宜向全国高校及相关单位征询建议，通过问卷调查、邮件反馈等方式对大赛进行意见征集与反馈，为第二年大赛方案制订及通知发布做好准备。

在大赛申报系统中设计反馈评价功能，包括专家意见的反馈、参赛选手意见的反馈功能。此外通过设计调查问卷形式对大赛意见和建议进行反馈与收集，让大赛组织管理得到有效监督与修正。

大学生创新方法大赛标准化体系的构建与应用标志着大赛从成长期向成熟期转变，大赛平台建设更加完善。大赛网络申报系统的使用，改变了传统邮箱申报方式，申报数据信息的录入、存储、下载等方面实现网络化、系统化、标准化；专家评审系统的使用，实现专家评审全流程的标准化操作，评审更加客观、公平、公正；证书的不断改革也彰显出大赛取得的一项项科技硕果。今后将在主办单位、承办单位、全国参赛高校和社会各界的监督下，进一步完善大赛标准化体系建设，通过打造更成熟的大赛平台，推动赛事高质量发展。

第九节　大赛面临的机遇与挑战

“大众创业、万众创新”的提出，最早可以追溯到 2014 年 9 月夏季达沃斯论坛上李克强的讲话。李克强提出，要在 960 万平方公里土地上掀起“大众创业”“草根创业”的新浪潮，形成“万众创新”“人人创新”的新势态。随后他多次对大众创新创业做出重要指示，强调要将此作为新常态下经济发展的新引擎。2015 年“大众创业、万众创新”被写入政府工作报告，并且提升到中国经济转型和保增长的“双引擎”之一的高度，足以显示出政府对创业和创新的重视，以及创业和创新对中国经济的重要意义。

创新是创业的基础，创业是对创新的整合和优化。创新与创业之间有着本质上的高度契合，内涵上的相互包容，时间上的互动发展。近年来，高校作为创新创业的重要载体之一，其创新创业工作逐渐被重视。国家和地方政府相继出台了一系列优惠政策措施，鼓励大学生创新创业。国家和地方政府对创新创业工作的重视和政策支持，对高校创新创业工作的开展起到重要的推动作用。创新创业竞赛对高校创新创业工作的发展有重要的影响，许多高校将创新创业竞赛的获奖作为创新创业工作成效的重要指标，将学生获得创新创业竞赛的奖项作为衡量学生创新创业能力的标准。创新创业竞赛活动作为第二课堂能够在很大程度上很好地激发大学生的创新能力和创新意识，有效地提升高校教师在实践教学育人方面的能力。创新创业竞赛活动的开展能够极大丰富高校学生的科研生活，提升高校专业办学能力，对于高校培养创新型人才具有重要的推动作用。中国 TRIZ 杯大学生创新方法大赛作为一项运用“TRIZ”创新方法进行创新创业的竞赛活动，现已成功举办十二届。2012 年大赛由省赛升级为国赛，2018 年正式成为由中国科协、科技部主办的中国创新方法大赛专项赛事。中国 TRIZ 杯大学生创新方法大赛能够激发大学生的创新创业热情，提高大学生创新综合能力，促进科技成果转化落地，加强国内创新创业人才交流互动，在高校营造良好创新创业氛围，培养创新创业人才，实现更大范围、更深层次的创新方法推广应用等方面具有重要的推动作用。

中国 TRIZ 杯大学生创新方法大赛为大学生的创新创业注入了无限活力。但任何事物都具有两面性，要将中国 TRIZ 杯大学生创新方法大赛推上一个更高的层次和水平也更加困难，下面采用 SWOT 分析法对大赛进行全面分析。

SWOT 分析法是管理学中十分重要的战略选择分析方法，它通过分析组织内外环境所形成的优势（Strength）、劣势（Weakness）、机遇（Opportunity）和威胁（Threat）这四种因素（表 2–5），为制定有效的战略方针提供了理论支撑。将 SWOT 分析法运用于中国 TRIZ 杯大学生创新方法大赛，可以更加深刻、全面、正确地了解大赛自身的优势与不足、外部环境的利与弊，不断提升办赛水平和服务保障能力，将大赛全力打造为精品赛事，进一步提升大赛在全国的知名度和影响力。

表 2–5　中国 TRIZ 杯大学生创新方法大赛 SWOT 分析

	优势（Strength）分析	劣势（Weakness）分析
内部条件	国家需求优势 企业需求优势 创新需求优势 高校自身优势	经费支持劣势 参赛项目劣势 制度保障劣势 沟通渠道劣势
	机遇（Opportunity）	威胁（Threat）
外部条件	政府出台创新创业优惠政策提供发展机遇 高校对创新创业工作的重视提供发展机遇 大学生创新创业的广泛参与提供发展机遇 企业对高校创新型人才需求提供发展机遇	大学生群体对创新创业认识较为片面 竞赛评审的公平性和科学性有待提升 竞赛导向存在“重比赛、轻育人”倾向 其他大学生创新创业竞赛的发展和竞争

一、优势

1. 国家需求优势

党的十八大以来，党中央、国务院高度重视大众创业、万众创新，将其视为发展的动力之源，倡导掀起大众创业、万众创新的新态势。大学生作为大众创业、万众创新的生力军，更是得到国家的重视。近年来，中国 TRIZ 杯大学生创新方法大赛的发展始终把握时代脉络、服务国家战略、满足市场需求，将社会关注转化为比赛的形式和内容，充分发挥大赛竞争的特点，引导参赛学生敢于创新、勇于挑战，鼓励不同学科和不同专业相互交叉的团队参赛，培养参赛学生的协作交流能力。大赛中涌现的一大批获奖学生在走向社会后逐渐成为各行业的优秀创新人才，同时大赛为获奖作品提供了创新发展平台和市场转化渠道，也使一大批优秀作品成为未来重要科技成果和科创企业的雏形，实现了大赛的社会价值。大赛在高质量人才培养、成果转化等方面显现出来的重要作用，已经引起了各个高校的积极重视，学生对大赛活动的参与度普遍提升，大赛已基本形成政府部门支持、企业联合赞助、高校具体实施和推动的较为成熟的大赛平台体系。中国 TRIZ 杯大学生创新方法大赛活动涵盖范围广，参赛形式多样，具有鲜明的时代特色。

2. 企业需求优势

中国 TRIZ 杯大学生创新方法大赛经过十二年的发展，高质量科技成果不断产出，多项成果得到成功转化，对提升各行业的技术创新水平起到了极大的推动作用。社会各级各类企业意识到技术创新在企业发展中的重大推进作用，参与度逐渐提升，产学结合的竞赛模式得到了进一步优化。

3. 创新需求优势

创新意识是指人们根据社会和个体生活发展的需要，引起创造前所未有的事物或观念的动机，并在创造活动中表现出的意向、愿望和设想。中国 TRIZ 杯大学生创新方法大赛举办以来，参赛地区从 1 个省增至全国 30 个省（自治区、直辖市），参赛高校由原来 9 所扩展到 300 余所；参赛人数由最初的每年 500 余人到现在的每年 1 万余人；申报作品数量由 90 余项增至 2 000 余项，累计有 12 175 支队伍参赛，大赛辐射区域不断扩大，参赛高校和学生不断增加。通过以上的数据可以看出，大学生创新意识不断增强，创新需求不断提高，创新创业活力不断显现，大赛已成为大学生创新创业亮相角逐的“竞技场”。

4. 高校自身优势

创新创业课程是大学生真正系统接受创新创业启蒙教育的主阵地，创新创业教育师资队伍是有效实施创新创业教育的基础保障，高校必须高度重视创新创业课程设置和师资队伍建设。随着中国 TRIZ 杯大学生创新方法大赛在全国的影响力不断加强，国内有千余所高校开设创新方法课程，培养了数千名从事创新方法教学的高校教师。山东理工大学面向本科所有专业开设创新方法基础和大学生创业基础课程，各专业至少开设一门专创融合专业课程，基本形成了由“创新创业通识课程 + 创新创业融合式课程 + 创新创业实践课程”构成的创新创业课程体系。青岛科技大学开设的“创新方法与创新设计”课程是该校的创新创业教育类公共基础课程，开课范围涵盖了崂山、四方、中德、高密四校区十个理工科学院，每年选课学生超 6 000 人。2022 年，该课程成功上线“学习强国”青岛学习平台。燕山大学从 2011 年开始就开设“TRIZ 技术创新方法”课程，本科阶段作为校级通识课，研究生阶段作为选修课，课程建设得到学校主管领导和教务处等部门的全力支持，并把 TRIZ 内容纳入教师培训计划，向全校教师进行推介。通过大赛的辐射和带动作用，不但优化了各高校创新创业基础课程的教学内容，而且创新了教学方式，将创新创业综合素质培养有机融入学生所学专业的整体教学计划之中，让大学生能够迅速掌握创新创业的基本知识，从而培养学生的创新创业思维，在学校内部逐渐形成了可持续、可传承的创新创业实践平台。

二、劣势

1. 经费支持劣势

要保证科技竞赛能够如期、顺利进行，保证科技竞赛的质量和水平，需要充足的经费保障。中国 TRIZ 杯大学生创新方法大赛的开展涉及准备阶段、作品初评阶段、作品展示阶段、决赛阶段和总决赛阶段等五个阶段，每一个阶段都需要相关配套经费的支持。如果对应阶段的相关配套经费不足或者严重缺乏，必然导致大赛开展的规模、质量受到严重影响，不能取得预期效果。因此，应加大赛事资金支持力度，积极发挥企业参与大赛的积极性，将企业对人才、项目的需求标准与大赛结合起来，引入企业冠名大赛，为大赛提供经费支持，使大赛能够越办越好，创出自己的品牌。

2. 参赛项目劣势

中国 TRIZ 杯大学生创新方法大赛旨在通过开展竞赛活动，激发大学生创新创业的活力，提升大学生创新综合能力，普及推广 TRIZ 理论。在参赛项目评审过程中，部分参赛项目 TRIZ 理论应用水平不高，所提交的项目缺乏原始创新，很多项目看上去很大、很难，但其实真正创新成分不足。创新方法大赛重在比创新方法谁用得好，提出解决问题的方案谁比较新、比较有操作性，而不是比谁的项目更大、更难。

3. 制度保障劣势

从中国 TRIZ 杯大学生创新方法大赛本身来说，大赛相关的制度保障存在时效性差、保障不到位等问题。如下发大赛通知文件时，不能够保证各省（自治区、直辖市）都能够及时接到通知，容易导致大赛参赛区域和参赛学生的缺失，很大程度上挫伤了大学生从事创新活动的积极性，使得参赛活力不足，限制了创新创业活动的深入发展。从高校方面来说，全国各大高校提倡并支持学有余力的学生利用课外时间参加科技竞赛，但部分高校对参加竞赛的教师和学生的激励政策与支持力度不够，直接影响教师和学生参与竞赛的积极性。

4. 沟通渠道劣势

为了进一步加强和推动中国 TRIZ 杯大学生创新方法大赛学生作品成果的转化及应用力度，大赛对符合条件的专利申报和成果转化给予加分激励政策，对优秀的、应用性强的参赛作品，赛期内特邀科技型企业、众创空间、投融资机构、高校、创客组织、创业团队现场观摩对接大学生参赛项目。随着参赛规模、参赛区域的不断扩大，参赛作品质量和专利数量不断提升，大赛越来越注重成果转化。近三年，大赛采用网络答辩方式进行，企业无法到现场观摩，导致参赛项目很难与企业需求形成对接，从而影响参赛项目的转化落地。

三、机遇

1. 政府出台创新创业优惠政策提供发展机遇

2014 年创新创业提升至国家层面以来，政府相继出台多项支持大学生创新创业的优惠政策。2015 年 6 月，国务院办公厅印发《关于大力推进大众创业万众创新若干政策措施的意见》，这是推动大众创业、万众创新系统性、普惠性的政策文件。2018 年 9 月 26 日，国务院印发《国务院关于推动创新创业高质量发展打造“双创”升级版的意见》，提出了打造“双创”升级版的八方面政策措施。2021 年 10 月，国务院办公厅发布的《关于进一步支持大学生创新创业的指导意见》（国办发〔2021〕35 号）明确指出，纵深推进大众创业、万众创新是深入实施创新驱动发展的重要支撑，对大学生群体创新创业教育起到了指导性的作用。发展和改革委、人力资源和社会保障部、科技部和财政部也下发支持创新创业工作的实施意见，各省（自治区、直辖市）也在此基础上提出促进本地区创新创业的实施意见和通知文件，加大对在校大学生或高校毕业生创新创业的扶持力度。国家从毕业年度内自主创业税收政策、创业担保贷款和贴息、免收有关行政事业性收费、享受培训补贴、免费创业服务、取消高校毕业生落户限制（直辖市按有关规定执行）、创新人才培养、开设创新创业教育课程、强化创新创业实践、改革教学制度、完善学籍管理规定、大学生创业指导服务等各个层面进行政策支持，为地方高校创新创业工作的开展提供政策支持。中国 TRIZ 杯大学生创新方法大赛作为中国科协、科技部联合主办的国家级创新创业赛事，是激发大学生创新潜能和创业活力的有效途径，是推进大学生创新创业的实践平台，是培育和催生经济社会发展新动能的必然选择。

2. 高校对创新创业工作的重视提供发展机遇

为了更好地贯彻落实国家创新创业政策，支持高校学生开展创新创业活动，以更大的热情投入创新创业竞赛，各个高校制定了相关政策给予教师和学生支持。中国 TRIZ 杯大学生创新方法大赛作为高校践行国家创新创业政策的重要赛事得到许多高校的高度重视。例如，东北大学将中国 TRIZ 杯大学生创新方法大赛列为学校重点组织参与的六星级赛事之一，积极构建“专题课程—赛前辅导—定向提升—创业孵化”链条式竞赛组织模式，并于 2021 年和 2022 年连续两年承办辽宁省创新方法大赛。为进一步强化创新方法在学生创新创业中的引领作用，让创新方法内化为学生的基本功，东北大学于 2021 年创新性举办创新方法集训营、学长领航和名师大讲堂等活动。此外，东北大学还制定了《东北大学学生课外学术科技竞赛管理办法》，除了给予学生出国深造、就业、推荐免试研究生等方面的奖励外，还为在五星级及以上竞赛中获国家级奖项的团队（个人）颁发竞赛卓越奖学金奖励。指导教师指导学生参加竞赛除了认定为教师本科教学工作量、颁发荣誉证书以外，还在职称晋升、聘期考核中都予以体现。

3. 大学生创新创业的广泛参与提供发展机遇

创新创业的浪潮已经在全国全面铺开，创新创业活动被很多学生所接受，大部分学生愿意并积极参与到创新创业活动中，参加一些高质量、高水平的创新创业大赛，锻炼自己创新、合作、实践能力，为自己以后的创业之路做好前期铺垫。国家、高校给予高校创新竞赛的支持，也进一步扩大了学生、教师参与的广度和深度。中国TRIZ 杯大学生创新方法大赛，不但推动了 TRIZ 理论在中国高校的推广，而且在高校范围内形成学生积极参与创新实践的良好氛围，进一步推动了创新人才培养质量的提升，相继成立了黑龙江省大学生 TRIZ 爱好者联盟、中国大学生 TRIZ 爱好者联盟、TRIZ 爱好者沙龙、大学生创新方法 TRIZ 社团等组织并开展创新活动，吸引和带动了一大批大学生参与创新活动，学生的高参与率也为中国 TRIZ 杯大学生创新方法大赛的进一步发展提供机遇。

4. 企业为高校创新型人才需求提供发展机遇

随着国家对创新型人才支持力度的不断提升，国内创新创业相关政策的日趋完善，企业对创新型人才的需求日益迫切，学生创业活动迎来了良好的发展机遇，中国TRIZ 杯大学生创新方法大赛在高校人才培养方面起到了推动和促进作用，在企业需求方面起到了桥梁和纽带作用。一方面，高校在教育教学方面应与时俱进，积极探索企业发展所需的人才类型，借助中国 TRIZ 杯大学生创新方法大赛平台的人才培养优势，为大学生创新创业提供必要的创新知识和专业知识储备。另一方面，企业在选才用人方面应独具慧眼，挖掘有能力和有潜力为企业创造价值的人才，借助中国 TRIZ杯大学生创新方法大赛平台的创新资源优势，为企业输送勇于创新的大学生。十几年来，无数选手从课堂走入赛场，又从赛场走入职场，中国 TRIZ 杯大学生创新方法大赛真正成为推进大学生创新创业、服务企业发展的重要抓手和平台。

四、威胁

1. 大学生群体对创新创业认识较为片面

受高校创新创业教育体系较为薄弱、第二课堂活动体系不够完善等因素影响，部分大学生对参与创新创业活动、提升创新能力存在认识偏差。主要表现为以下四种情况：第一种情况为部分学生认为创新创业与自己无关。新冠疫情过后，大学生从其身体健康到心理健康，再到就业创业都受到了比较大的影响，导致大学生的创新创业热情回冷，创业意愿降低，使其内生动力不足。第二种情况为部分人文社科类学生认为理工科专业才涉及科技创新。中国 TRIZ 杯大学生创新方法大赛评审规则中要求发明制作类、工艺改进类、创新设计类和生活创意类作品提供的技术方案应构思巧妙，具备一定的实用性，能够在社会生产实践中应用，有望取得较好的经济、社会效益，这就容易导致部分人文社科类学生产生认知偏差，认为只有理工科专业才能参加，从而降低了参赛热情。第三种情况为部分学生对自身创新能力培养不够重视，停留在文化知识的学习和考试分数的提升层面，参与竞赛类活动的积极性不高。第四种情况为高校第二课堂科技创新活动供给数量偏少、质量不高，导致部分大学生难在实践体验中树立对创新创业的正确认知。

2. 竞赛评审的公平性和科学性有待提升

中国 TRIZ 杯大学生创新方法大赛是一项引导大学生运用 TRIZ 创新方法进行创新的品牌赛事，涉及机械控制、信息技术、数理、生命科学、新材料、能源化工、教育、管理等多个学科领域，在评价规则中对参赛作品共性的评价指标是参赛作品应用“TRIZ 理论”，但在专业领域每个方向的评价体系都各不相同，影响了评审的科学性；由于大学生参赛作品内容丰富、形式多样，很难采用可量化的标准进行评价，因此容易出现不同参赛作品在校赛、省赛和国赛中成绩排序不一致的情况；评委的业务素质、实际工作经验、对新知识新技术的学习接受能力和人为干扰因素等也都是影响评委评审的科学性、合理性与公正性的因素；大学生在创新活动中创新体验、团队协作和能力提升等过程性因素往往比作品本身展现的结果性因素更为重要，但这些在大赛评审指标体系中却没有被体现。

3. 竞赛导向存在“重比赛、轻育人”的倾向

高校层面，伴随着中国 TRIZ 杯大学生创新方法大赛竞赛获奖情况被纳入教学工作审核评估指标和高水平专业建设计划等工作考核内容，为竞赛而竞赛，片面追求获奖作品数量和获奖等级等功利化思想近年来在各高校中逐渐产生，统计各高校关于大学生创新创业类竞赛的政策文件，绝大部分对参赛学生和教师的奖励激励政策是以结果为导向，只有部分高校关注大学生科技创新的培育平台建设、项目过程化管理和优秀作品的后续跟踪。

指导教师层面，由于学校关于荣誉表彰、奖金激励、工作量认可、职称评审等激励条件都与学生竞赛成绩挂钩，指导教师为了让学生在竞赛中取得好成绩，开始大包大揽帮学生干，阻碍了学生创新能力的提升，更有甚者出现弄虚作假，将自己的科研成果材料替换给学生做参赛作品，严重偏离了教育的宗旨和竞赛的目的。

学生层面，高校针对学生的学分奖励、出国深造、就业、推荐免试研究生、荣誉表彰、奖金激励等都是由竞赛成绩决定的，这导致了部分参赛学生不在提升作品创新性上下功夫，而是投机取巧钻研竞赛技巧，部分学生甚至抱着“蹭成绩”的心态，通过拉关系加入比赛团队，成为一个为了比赛的“机器人”；有的学生团队为了比赛成绩甚至弄虚作假、过度包装。

片面追求成绩的功利化思想导致中国 TRIZ 杯大学生创新方法大赛在部分高校、地区呈现门槛过高的现象，难以实现群众性和大众化参与，违背了中国 TRIZ 杯大学生创新方法大赛培养创新创业人才的初心使命。

4. 其他大学生创新创业竞赛的发展和竞争

近年来，科技创新得到全社会的高度重视，创新驱动发展、创新创业成为国家重大战略，科技成果培育和创新人才培养成为教育部门的重要任务。大学生竞赛作为一种大学生创新能力的培养方式得到了蓬勃发展，各类创新创业竞赛百花齐放，不但进

一步丰富了大学生科技创新活动，而且也给中国 TRIZ 杯大学生创新方法大赛的发展带来了新的挑战和竞争。如共青团中央、中国科协、教育部、中华全国学生联合会联合举办的“挑战杯”竞赛，教育部举办的“互联网 +”大赛，中国创新创业大赛，“创青春”中国青年创新创业大赛等，无论是从竞赛质量、参赛规模和学校重视程度每年都在高速提升与发展，成为中国 TRIZ 杯大学生创新方法大赛的主要竞争对手。

综上所述，中国 TRIZ 杯大学生创新方法大赛的开展，目的在于开拓大学生的创新思维，激发大学生创新创业活力，提升大学生创新综合能力，推动国家创新创业工作不断迈上新台阶。面对发展中存在的优势与劣势，面临的机遇与挑战，新时代中国 TRIZ 杯大学生创新方法大赛应发挥其品牌和组织优势，吸引和动员更多大学生参与其中，同时要注重常态化的引领，重视日常大学生创新创业活动的开展，引导大学生养成积极主动参加创新创业活动的良好习惯，将竞赛打造成大学生创新创业的互动交流平台、人才培养的教育平台、成果转化的对接平台和资源整合的协作平台，面向世界科技前沿、面向经济主战场、面向国家重大需求、面向人民生命健康，使其成为高校创新创业的主战场、大学生科技报国创新强国的新引擎、高素质创新型人才培养培育的摇篮，更好地践行国家创新驱动发展战略和区域协调发展战略，融入高等教育高质量发展大局。

第三章　省级区域赛

第一节　天津市区域赛情况

一、天津市出台相关政策及推广模式

自 2007 年科技部正式启动创新方法区域推广工作以来，天津市紧密围绕建设创新型城市和实施创新驱动发展战略的重大需求，按照“政府引导、多方参与，试点先行、稳步推进，立足实际、注重实效”的原则，重点面向科研机构、企业、教育系统三个群体，积极有效地开展了创新方法推广应用工作。天津市科学技术局协同多个部门和机构制定出台了相关政策措施和工作规划，并提供专项财政资金支持创新方法推广应用工作。

2008 年 7 月，天津市科学技术委员会、天津市发展和改革委员会、天津市教育委员会、天津市科学技术协会联合印发《关于加强我市创新方法工作的若干意见》（津科财〔2008〕156 号）。2010 年 9 月，《天津市科技小巨人成长计划》（津政发〔2010〕34 号）把创新方法纳入提升公共服务能力的内容之一，文件提出：要加强中介服务，支持科技中介机构发展，提供创新政策、成果转化、创新方法等服务。2013 年 10 月，《市科协加强会企协作促进科技成果转化工作实施方案》（津科协〔2013〕70 号）中提出针对企业创新发展需要，有计划地开展专业技能、创新方法、企业管理、企业文化和技术经纪人等内容的培训活动，提升企业创新能力和水平。2016 年 7 月，中共天津市委、天津市人民政府关于贯彻落实《国家创新驱动发展战略纲要》的实施意见中提出，要大力开展科技创新和生产模式、商业模式创新，提升制造业核心竞争力。加快企业技术改造，优化制造流程，提升装备水平，淘汰落后工艺，实施精益管理，为传统产业注入更多的创新元素、科技含量和文化因素。2016 年 12 月，《天津市“十三五”时期科学技术普及发展规划》把“大学生 / 企业创新方法应用大赛”列为打造一批天津特色科普品牌的内容之一。2017 年 5 月，天津市人民政府办公厅关于印发《天津市新一轮中小企业创新转型行动计划（2017—2020 年）》的通知（津政办发〔2017〕78 号）中提到要通过设备升级、融入“互联网 +”、培育“专精特新”产品、推进精益管理等措施，将传统制造业改造提升为高端制造业，通过组织实施企业精益管理创新工程，努力形成一大批模式新、水平高、绩效佳的精益管理创新企业。

2019 年《天津市人民政府关于印发天津市创新型企业领军计划的通知》（津政发〔2019〕17 号）提出实施创新人才队伍培育工程，培育一批具有创新意识和能力的新

型企业家。在创新型企业中培育一批创新工程师、创新咨询师和创新培训师。天津市人民政府办公厅《关于印发天津市制造业高质量发展“十四五”规划的通知》提出推动管理创新，落实企业主体责任，推动引导企业实施六西格玛、精益制造等管理模式，健全质量管理体系，提升供应链质量水平。天津市科学技术局印发的《关于加强科技人才队伍建设支撑高质量发展的若干措施的通知》（津科引智〔2021〕123 号）中提出加快科技成果评价师、创新工程师等技术转移人才培养。天津市科学技术局、天津市科学技术协会《关于印发天津市“十四五” 时期科学技术普及发展规划的通知》（津科引智〔2021〕80 号）中提出积极打造创新方法推广应用品牌，组织举办企业、大学生创新方法应用大赛，开展创新方法企业行、校园行等活动。《关于印发天津市制造强市建设三年行动计划（2021—2023 年）的通知》提出支持开展质量标杆经验推广活动，推广卓越管理、精益管理等质量管理先进技术和方法，提升产品稳定性、质量可靠性。

二、天津市创新方法推广应用的 3A5S 多元协同模式

创新方法推广应用活动的核心是创新方法的学习和应用。其实质是个体、组织和社会三个层面的知识传播与文化变迁过程。在个体层面，通过培训，受训者掌握了创新的方法、提高了创新的意识、提升了创新的能力；在组织层面，通过引进创新方法，一个组织增强了组织的创新氛围、提高了组织的学习能力、提高了组织的创新效能、凸显了创新在组织发展中的战略地位；在社会层面，创新方法的推广普及和应用，提升了一个国家和地区的自主创新能力、增强了企业在创新体系中的主体地位、提升了创新文化氛围。

创新方法推广应用活动是一个传播者试图影响受传者的具有目的性的行为过程，但受传者并不是被动地接收信息，他们在对信息进行选择、加工、内化和应用的过程中，对传播者产生反馈作用。同时，外部的社会环境也会对传播者和受传者的互动关系产生影响。系统论的传播模式强调社会传播是一个复杂的过程，必须对涉及其过程的各种因素和影响力予以全面、系统地分析，孤立地强调系统中的任意一个要素，都是片面甚至错误的。

天津市作为全国较早开展创新方法的省市之一，从正式启动该项工作开始就强调了创新方法推广应用工作的系统性、全面性和战略性，注重创新方法的传播者、受传者、传播渠道和社会环境之间的互动，通过开展系列工作，构建了“以政府、中介、企业三方联动（3A），多层面专家服务、模块化课程、多源流的推广动力、知识分享与能力可持续提升、相互协同的政策支撑（5S）等五大体系相互协同”的天津创新方法推广应用模式——3A5S 多元协同模式。该模式在理念方面，强调创新方法推广应用的地方性、文化性，注重多目标协同性；在操作方法方面，强调系统优化，强调传播者和受传者的互动与认同、系统内部因素和外部环境的统筹与协同、近期目标与长远发展的整合与优化；在体制方面，注重政府、市场和社会中介组织的优势互补。积极发挥政府的引导和支撑作用，通过制定相关政策并将创新方法与天津市科技主体工作相结合，保证了天津市创新方法推广应用的有效开展。在推广和应用的策略上，注重“点、线、面”结合。很多企业是在看到成功的范例和实际的效益后，才探索和效仿，

因此，借助典型企业的示范作用，让创新方法从政府“被动推”转变为企业“主动要”。只有通过创新方法培训推广和应用的“点”的突破，才能更好地带动“面”上的宣传和推广；通过“面”上的宣传和推广，撬动更多“点”的突破。

三、天津市大赛举办情况

为深入推动创新方法在高校中的推广应用，开拓大学生创新思维，激发大学生创新创业活力，营造大学生创新创业良好环境，全面提高大学生的创新能力和实践动手能力，进一步提高区域的创新能力，自 2015 年起，天津市开始组织举办大学生创新方法应用大赛（2020 年停办），截至 2022 年已举办六届。

天津市大赛由天津市科学技术局、天津市科学技术协会、天津市教育委员会主办，天津市科学技术发展战略研究院、天津科学技术馆、天津市创造学学会、天津工业大学具体承办。比赛被天津电视台、《天津日报》、天津北方网等多家媒体关注和报道。天津市区域赛获奖情况见表 3–1。

表 3–1　天津市区域赛获奖情况统计

届次	一等奖 / 项	二等奖 / 项	三等奖 / 项
第一届	4	6	10
第二届	4	7	10
第三届	4	7	11
第四届	4	7	11
第五届	20	37	46
第六届	6	7	12

四、天津市大赛主要特点

组织举办天津市大学生创新方法应用大赛旨在深入推动创新方法在高校中的推广应用，开拓大学生思维，全面提高大学生的创新能力和实践动手能力，从而进一步提高区域的创新能力，促进经济创新转型，促进“大众创业、万众创新”。大赛以“创新成就梦想、方法改变生活”为主题，学校统一报名，团队方式参赛，分初赛和决赛，初赛为作品材料评审，决赛为现场答辩演示评审，参赛规模呈逐年增长趋势。

第一届大赛分为初赛与决赛两个环节。初赛为自主命题，参赛队员经培训后可围绕生活中的日常案例，运用 TRIZ 创新方法理论知识进行问题分析及功能设计，自行提出创新方法的应用案例或创意报告。决赛为专家指定命题，参赛队员要求在限定的 150 分钟内、在封闭的环境中，以 3 人一组的团队合作方式完成命题的方案设计与报告撰写，并以幻灯片形式公开答辩。答辩分为学生自述、专家质疑与点评两部分。

第二届大赛增设实物组参赛类别，对参赛学生提出了更高的要求，参赛学生不仅要掌握创新方法理论，也要具备工程实践动手能力。新增的实物组比赛对创新方法理论实际应用、培养学生分析解决问题的能力、提升创新意识、增强多学科交叉融合具有较强的促进作用。

第三届大赛开始引入众创空间合作，对基于参赛作品的部分项目，协助其在众创空间注册成立了公司，实现了项目落地转化，还有一批参赛作品形成专利 40 余项。

第四届大赛呈现出几个新亮点：一是参赛院校、参赛团队数量大大超过了前三届；二是增加了企业命题环节，使参赛选手对创新方法的学习应用能更好地与企业的实际问题与需求对接；三是在评审环节特别邀请了知识产权投资运营机构、众创空间、大学生创业基地人员和部分企业创新方法大赛获奖选手作为观察员代表全程参与项目答辩过程，对于有价值的项目进行深入跟进投资或引入众创空间进行辅导创业。

五、创新方法课程体系的建设

天津工业大学依托专业师资团队的培养与传承，合理分工、优势互补、协同发展，打造一流教学团队、培养一流人才，实现“师资创优”与“环境创优”。通过教学团队内部的传帮带，鼓励教师进行创新方法专业进修考级考证，利用创新理论下沉企业帮助生产实践，形成师资队伍的梯队建设与青年教师的重点培养。开设的创新思维与方法课程 2020 年 11 月获批为国家级本科一流课程，2021 年 1 月被纳入“学习强国”平台运行。其教材被评为天津市高校课程思政优秀教材及纺织服装类“十四五”部委级规划教材。结合教学内容，课程团队编著出版了《创新思维及方法概论》，强化“课程与思政融合”理念，作为“课程思政”改革精品课建设课程。

天津理工大学组建了以副校长挂帅，研究生院院长、管理学院系主任为核心，多学科专业 9 名教师担纲的创新方法教学科研团队。2018 年 9 月，开设了面向全校工程类专业的创新思维与创新方法公选课。学校对参加学习创新方法和参加创新方法大赛的学生均给予一定的政策支持。例如，在 2018 年天津市大学生创新方法大赛和 2019 年全国创新方法大赛总决赛中获奖的两名学生，获得了硕士研究生推免资格，免试就读研究生；获得 2019 年全国总决赛一等奖的参赛队，被评为 2019 年度天津理工大学大学生优秀创新团队，并颁发奖金 4 000 元。此外，在 2018 年创新方法大赛中，该校一支由毕业班同学组成的参赛队获得了当年的一等奖，其中一名同学也因此被珠海格力电器股份有限公司科技管理部录用，岗位招聘条件中明确标注工业工程和 TRIZ 是岗位必备技能。

天津科技大学对参加天津市创新方法应用大赛获奖的学生在推免研究生、考研复试、奖学金评定、优秀毕业生评定等方面均给予相应的加分，同时对指导教师给予一定的绩效工作量奖励，对参加大赛的学生在实物制作加工、材料购置和海报打印等方面给予部分资金支持。在工业工程专业本科生中开设产品开发创新理论课程；在机械工程研究生中开设现代设计方法学课程和机械产品创新设计案例课程。

天津师范大学在部分学院开设了创新方法的课程。2012 年与天津广播电视大学联合编写了《简明创新方法教程》并由中央广播电视大学出版社正式出版，同时将相关微课、视频资源等纳入天津广播电视大学“开心学苑”平台。2014 年，天津师范大学教务处教改项目“基于翻转课堂的创新方法实训混合式教学设计”立项。2015 年，“创新方法实训”建设成为校级优秀课，2016 年成为天津师范大学第一批通识课精品课。2018 年“创新方法实训”进行基于翻转课堂的混合式教学改革，先后利用中国大学 MOOC 的国家级精品课程脑洞大开背后的创新方法与超星学习通等，建立线上线下混合式教学设计的异步 SPOC 和独立 SPOC、学习通线上线下混合式教学等。2021 年成为线上线下混合式教学市级一流课程。

天津轻工职业技术学院于 2017 年在原有创业基础课程基础上，增加创新教育内容，更改课程名称为创新创业基础，并添加了创新思维、创新方法等内容。2018 年起，学院组织师生参加了创新方法系统培训。学院创新创业指导办公室积极鼓励学生参加创新方法竞赛、服务企业、发表专利，通过各类活动，学院逐渐培养、挖掘出一批创新人才，不仅能够通过参与学生类竞赛展示和实现自己的创新想法，同时也开始参与企业的项目。2019 年 11 月，电子信息与自动化学院机电工程技术专业创新专业社团负责人邢朗同学开始跟着指导教师一起服务企业，参与天津海泰市政绿化有限公司的垃圾无害化处理项目，预计此项目将产生社会经济效益 200 余万元。目前学校拥有创新创业师资 31 人，主持开发了国家级教育教学资源库主干核心课程创新方法与训练，教师年均参与 10 项创新创业线上线下培训，教师与学生的实用新型专利申请数量逐年提升，累计完成专利授权 60 余项。学院高度重视创新方法大赛，先后选派教师 10 余人次参加 TRIZ 方法培训，将创新方法内容作为创新创业基础课程必选内容纳入学分管理体系。

陆军军事交通学院大力支持老师申报创新类教学改革课题，鼓励参加创新类竞赛，以课题的形式将创新类比赛项目列入学院计划，不仅提供充足的专项经费支持，还在 2019 年成立了竞赛俱乐部，制订了俱乐部活动计划和奖励措施，为指导教师和参赛学生提供固定的场地及相应的培训等。

天津海运职业学院从 2018 年开始连续四年举办 TRIZ 创新方法大赛校园赛，从校赛选拔队伍参加全国大学生创新方法大赛。目前，天津海运职业学院的校赛奖励分为 3 级，学生获一等奖奖励 600 元、二等奖奖励 400 元、三等奖奖励 200 元，2019 年首次把创新方法大赛列为全院大赛。天津海运职业学院通过开设港航创新创业教育课程、编制港航创新创业教育教材、成立 TRIZ 创新社团、参加创新比赛等，使创新方法在校园里得到大力推广和宣传，极大地提升了学生的创新意识。

南开大学滨海学院高度重视学生创新意识和实践能力的培养，在本科生中开设创造学、创造性思维、TRIZ 创新方法等有关课程，课程类型为公共选修课，最大限度地覆盖了全校有志于学习并应用创新方法的学生。课程时长为 2 学年、48 课时。学院成立了社团组织，其中包括各系专业主任与党支部书记及特聘教师、就业指导中心教师，共同协作，指导学生参赛。

天津交通职业学院将创新方法的内容与创新课程相融合。学校对获奖老师的奖励措施为根据比赛级别和所获奖项给予不同奖励，年底赋予指导教师不同的工作量奖励，获奖证书可作为职称评审的佐证材料。对获奖学生的奖励措施为赋予科技学分，获奖证书可用于评选创新创业奖学金和国家奖学金证明材料。

六、天津市区域赛目前存在的问题

1. 参赛高校的覆盖面还不全

天津总计有本科和专科学校 50 余所，目前每年参加天津市大学生创新方法应用大赛的院校在 15 所左右，尚有很多高校未报名，下一步将通过组织举办校园行活动进一步加大大学生创新方法应用大赛在高校的推广力度。

2. 各高校创新方法的师资不足

目前很多高校缺少能够讲授创新方法课程的师资，有的高校虽有创新方法师资，但数量也很少，这也是影响每年参赛人数的主要原因。

3. 组织举办大赛的经费不足

目前尚无固定的专项经费用于支持组织举办天津市大学生创新方法应用大赛。

第二节 重庆市区域赛情况

一、重庆市出台相关政策及推广模式

1. 重庆市出台的相关政策

自 2008 年科技部、国家发展和改革委员会、教育部和中国科协共同颁布《关于加强创新方法工作的若干意见》以来，重庆市结合创新方法推广应用工作的实际需要，以推广应用与服务基地建设为基础，以企业、科研院所和高校推广应用为核心，着力加强基地基础建设，强化技术平台、工作团队、师资队伍建设，完善内部管理制度及机制；着力加强宣传普及推广，扩大创新方法推广应用辐射面，努力营造创新方法推广应用的良好环境与氛围；着力加强创新方法人才培养，通过集中培训、技术咨询、现场辅导等，强化创新方法在企业的多方法融合应用，初步构建起了以基地为核心，分支基地为支撑，高校、区县、科研院所为依托，辐射全市的推广应用体系。重庆市科学技术局、重庆市科学技术协会、重庆市总工会等多个部门提供了专项财政资金支持创新方法推广应用工作。

2010 年 1 月，重庆市科学技术委员会印发了《关于成立重庆市创新方法试点示范工作推广领导小组的通知》（渝科发财字〔2010〕1 号），成立了以重庆市科学技术委员会主要领导为组长，分管领导为副组长，各相关处室负责人为成员的重庆市创新方法试点示范工作推广领导小组，领导小组下设办公室，领导小组及办公室职责明确，为全市创新方法工作的开展提供了有力的组织保证。2011 年 1 月，重庆市科学技术委员会、重庆市教育委员会联合印发《关于在高校开展创新方法（TRIZ）理论培训及教学的通知》（渝科委发〔2011〕5 号），促进重庆市各高校在相关学科范围内开设创新方法（TRIZ 理论）公共选修课或专业必修课，同时将创新方法（TRIZ 理论）工作与高等教育、创新实践活动相结合，通过创新方法培训、创新实践大赛等多种形式的活动，对师生进行系统、深入的创新方法体系教育，全面提升学校的科研水平和师生的创新能力。2022年1月，《重庆市人民政府关于印发重庆市科技创新“十四五”规划（2021—2025年）的通知》（渝府发〔2022〕3号）明确提出支持持续举办中国创新方法大赛等国家级品牌赛事活动。2022年3月重庆市科学技术协会《关于印发2022年学会学术工作要点的通知》（渝科协发〔2022〕25号）中明确了举办创新方法培训和创新方法大赛活动。

2. 重庆市创新方法推广应用“T”型推广应用模式

重庆市按照“宣传培训先行、汽摩实验试点、重点行业（区域）示范、全面持续推进”的总体工作思路，着力加强制度建设、师资队伍建设、分支基地和平台建设，分别开展了创新方法宣传、人才培训、技术咨询及企业、行业、区县试点示范工作，实现了广度与深度的有机结合，横向普及推广与纵向深度延伸“两手抓”，形成了具有重庆特色的创新方法推广应用“T”型模式。

“一”表示“横向普及推广”，即一方面利用新闻舆论、简报、资料发放等宣传，在重庆市委党校党政领导干部和企业领导培训班中开设创新方法专题课，与重庆市教育委员会合作在各高等院校开设创新方法选修课或必修课，在各区县举办创新方法专题培训，以及组织各种形式的创新方法普及培训、专题讲座、专题报告、论坛、沙龙等，在面上扩大创新方法的推广应用，为重庆市创新方法工作营造良好的推广应用氛围；另一方面通过开展企业试点示范工作，扩大试点、树立标杆、典型示范、模式推广、广泛应用，形成巩固一批、发展一批、影响一批的局面，使创新方法工作从“广度”扩展。

“I”表示“纵向深度延伸”，即首先通过对企业技术人员进行创新方法基础、应用、辅导培训，增强企业技术人员对创新方法的了解和认识，转变其思维方式，使其自觉或不自觉地将创新方法理论、工具应用到技术开发过程中，奠定人才基础；其次帮助企业组建创新方法应用研发团队，研发团队主要成员为“种子工程师”项目组主要负责人，使之形成以企业应用研发团队为核心，各“种子工程师”项目组为支撑的创新方法推广应用队伍；再次，指导企业创新方法应用研发团队建立工作机制；最后，企业创新方法应用团队利用创新方法理论和工具解决企业技术难题，同时融合多种创新方法向企业管理等方面拓展，使企业创新方法工作向“深度”延伸。

二、重庆市大赛举办基本情况

为深入推动创新方法在高校中的推广应用，重庆市科学技术委员会、重庆市教育委员会联合印发《关于在高校开展创新方法（TRIZ）理论培训及教学的通知》，促进了10余所高校开设了创新方法选修课或必修课。自2018年起，重庆市开始组织举办创新方法大赛，至今已组织举办五届。重庆市大赛由重庆市科学技术协会、重庆市科学技术局、重庆市总工会主办，由重庆市创新方法大赛组委会具体承办。重庆市区域赛获奖信息见表3–2。

表 3-2　重庆市区域赛获奖信息统计

届次	特等奖 / 项	一等奖 / 项	二等奖 / 项	三等奖 / 项
第一届	5	17	33	56
第二届	6	14	32	49
第三届	8	17	33	58
第四届	8	25	43	78
第五届		20	45	78

三、重庆市大赛主要特点

重庆市创新方法大赛旨在进一步激发科技人才创新活力，培养卓越工程师人才，增强自主创新内生动力，传播创新方法，涵养创新文化，弘扬创新精神，有效促进重庆高校和企业加强创新方法的深度应用，促进科技创新成果的转移转化，为重庆市经济社会高质量发展做出新贡献。大赛共设学生组发明制作类、工艺改进类、创新设计类、生活创意类、创业类、高职高专类、教师组推广及应用类、企业组应用类共 8 个类别，分别对应大学生 TRIZ 专项赛（中国 TRIZ 杯大学生创新方法大赛）和中国创新方法大赛企业创新方法大赛。截至 2022 年，重庆市创新方法大赛已成功举办五届，办赛方式采取重庆市科学技术协会、重庆市科学技术局、重庆市总工会联合发文，学校统一报名，团队方式参赛。赛事经专家组资格审查、盲评初审、决赛小组赛、总决赛答辩角逐产生获奖名单，参赛数量和质量每年均创新高。大赛已经成为重庆市创新方法领域的重要品牌活动，是创新方法领域应用成果重要展示和转化平台，是集合创新资源、提升创新能力、促进成果转化的重要抓手。截至 2022 年，已累计有 1 528 个创新方法应用项目参赛，已经成为具有行业引领性、品牌美誉度的重要活动。重庆市大赛主要特点如下。

1. 大赛是展示平台，推广创新方法

大赛是由重庆市科学技术协会、重庆市科学技术局、重庆市总工会共同搭建的创新方法领域国家级品牌赛事重庆赛区展示平台，充分调动了重庆市广大科技工作者的积极性和创造性，展现了重庆市科技工作者开拓创新、勇于拼搏的时代风采，进一步引导了高校、企业的科技工作者将科学的创新理论与基层的创新实践紧密结合，培养了一批创新方法推广应用人才，成为集合创新资源、提升技术创新能力的重要抓手。通过成功举办大赛，也充分发挥了创新方法在推动创新创业方面的重要作用，解决制约企业及产业发展的“卡脖子”问题，形成了以创新为主要引领和支撑的经济体系与发展模式，推动科技、资源聚合优化，促进科技、经济深度融合，引领高质量发展之路越走越宽，在推进成渝地区双城经济圈建设，打造具有全国影响力的科技创新中心中展现新作为，实现新突破。

2. 大赛是新星秀场，选拔创新人才

大赛旨在激发大学生和企业创新创业活力，提升大学生和企业创新创业综合能力，营造大学生和企业创新创业良好环境，推进重庆市高校和企业加强对创新方法的实践应用，促进科技创新成果的转移转化。参赛项目团队中，领军人才多、青年人才多，共有 1 528 个项目报名参赛，包括重庆大学、重庆三峡学院等 20 余所高校参与，具有强大的技术实力、创新活力。

3. 大赛是宣传阵地，展示创新方法

按照重庆市科学技术协会、重庆市科学技术局、重庆市总工会要求，自大赛启动以来，主办单位、承办单位和组委会高度重视赛事推广工作，借此传播创新方法、普及创新方法、展示创新方法。每届大赛从筹备启动，到正式发文公开征集项目，到资格审查、盲评初审、决赛角逐，到线上线下推介活动，用项目展示、新闻稿件等形式，实现“以赛为媒、传播创新”的目的，第一时间得到华龙网、《重庆日报》等国内媒体机构推广传播。

4. 大赛是交流沙龙，推进合作共赢

通过大赛组织项目，加强了与高校、企业、区县科技管理部门的对接交流；通过决赛、教师组交流会等形式，推动了与高校、企业之间的深度交流，建立了直接联系，搭建了合作机会；通过大赛项目展示，各项目间的交流集聚更多、更大创新力量，奠定了扎实的认知基础、情感基础和工作基础，对深度推进重庆市高校和企业加强对 TRIZ 等创新方法的实践应用，促进科技创新成果的转移转化起到了积极作用，实现了“以赛会友”“以赛促创”的目的。

5. 大赛是资源磁场，汇聚各方支持

重庆市科学技术协会、重庆市科学技术局、重庆市总工会等部门对大赛的支持，对坚持推广创新方法工作也是莫大的支持和鼓励。通过参与、观摩大赛，加深了高校师生、企业对创新方法的认识和重视。大赛参加单位既有高校又有企业，赛后企业积极了解优秀参赛高校选手情况，吸纳优秀创新人才，促进了就业，也凸显了大赛的磁场效应，达到了“以赛促教、以赛促学，以学促创、以学促用”的目的。

四、创新方法课程体系的建设

重庆大学高度重视学生创新创业能力培养，大力支持科创竞赛及科创项目的开展，将创新方法课程、科创活动与学生学分关联，纳入学生毕业审查体系及教师绩效考核体系，激励广大师生积极投入到创新创业活动中。在创新方法推广方面，重庆大学积极推进创新方法应用基地建设，成立了“重庆市创新方法推广应用分支基地”；不断加强创新方法师资团队建设，为教师创造条件参加创新工程师培训；加强创新方法类课程建设，学校开设的技术创新方法与实践、创新思维与创新实践等课程深受学生欢迎；积极推进“创新方法大赛”在学校的开展，划拨专项费用予以支持，参赛的学生逐年增加。

重庆三峡医药高等专科学校高度重视学生创新创业教育，以思政教师为引领、高层次人才为核心，结合各学院专业教师、实验指导教师、辅导员，组建多学科师资团队。学校鼓励教师积极参加创新方法培训，现有 TRIZ 国际认证专家 4 人、国家级创新指导教师 1 人、国家创新培训师 2 人。从 2018 年起，连续 5 年面向全校开展 TRIZ 创新培训系列讲座，累计指导项目 200 余项、培训 2 300 余人次。学校开设 32 学时的 TRIZ 创新方法与思维公共选修课，作为创新创业课程体系中重要的一部分纳入学分管理体系。学校对创新创业获奖学生团队在奖学金、优秀毕业生评定等方面均给予相应政策支持和资金奖励。近年来，学校创新创业成果丰硕，创新创业比赛获奖 40 余项，其中国家级一等奖 1 项、二等奖 3 项、三等奖 5 项，重庆市级特等奖 1 项、一等奖 3 项、二等奖 9 项、三等奖 15 项，获创新方法国家级教学成果优秀奖、优秀指导教师奖和团队最佳风采奖，发表 TRIZ 相关学术论文 10 余篇，累计完成专利授权 50 余项。创新方法工作的开展为三峡库区培养一批高素质具有巴渝工匠精神的优秀大学生。

重庆科技学院在部分学院开设了创新方法课程及相应的综合实训，结合专业特色课程主要内容包括创新思维、创新方法等；在全校范围开设了创新方法的公共选修课，为热爱创新方法的学生提供学习平台，最大限度开展创新方法的宣传；举办了 TRIZ 创新方法校园赛，通过校赛选拔出的队伍参加市级、国家级的创新方法大赛，对参加比赛的学生在课程成绩认定、奖学金评定、优秀毕业生评定等方面均给予相应的加分，同时对指导教师给予一定的绩效工作量奖励，指导教师还将创新理论服务到企业的项目中，使创新方法得到更好的推广和应用。

重庆交通大学高度重视学生创新意识和实践能力的培养，在本科生中开设创造学、创造性思维、TRIZ 创新方法等公共选修课，最大限度覆盖全校有志于学习并应用创新方法的学生，课程时长为 2 学年、32 课时。对参加重庆市创新方法大赛获奖的学生在推免研究生、考研复试、奖学金评定、优秀毕业生评定等方面均给予相应的加分，同时对指导教师给予一定的绩效工作量奖励，对参加大赛的学生在实物制作加工、材料购置和海报打印等方面给予资金支持。

五、重庆市区域赛目前存在问题

1. 参赛高校的覆盖面不够

重庆市共有本科和专科学校 71 所，目前每年参加重庆市创新方法大赛的院校为 20 所左右，尚有很多高校没有报名参赛。

2. 教育主管部门缺位

目前，重庆市教育委员会未作为大赛主办单位参与，也影响了高校参与的积极性，下一步将推动教育主管部门积极参与，通过组织举办创新方法相关活动进一步加大在高校的推广力度。

3. 高校创新方法师资不足

一是很多高校还缺少能够讲授创新方法课程的教师；二是部分高校有部分创新方

法师资，但数量少，覆盖面不足。

第三节　辽宁省区域赛情况

一、辽宁省大赛举办背景

1983 年以谢燮正、徐明泽、魏相、罗玲玲为代表的一批辽宁学者领时代先河，将以 TRIZ 为代表的创新方法引入我国，成为我国创新方法推广、研究和应用的先驱。

为积极响应“自主创新，方法先行”，有效落实四部委《意见》精神，在辽宁省科学技术协会和辽宁省科学技术厅指导下，2015 年辽宁省创新方法研究会正式成立。辽宁省创新方法研究会率先将高校作为创新方法推广和普及的主阵地，有力助推了高校创新创业教育教学实践。

辽宁省创新方法研究会于 2015 年 9 月份在辽宁工程技术大学举办了首届辽宁省大学生创新方法大赛，开创了国内举办省级创新方法赛事的先河，东北大学、大连理工大学等辽宁省内 8 所高校的 39 件作品入围决赛。时任科技部 21 世纪议程管理中心副主任、国家创新方法研究会秘书长周元及中国科学技术协会领导亲临比赛现场进行指导，赛事组织工作得到了中国 TRIZ 杯大学生创新方法大赛组委会的鼎力支持。截至 2022 年，辽宁省大学生创新方法大赛已连续举办 8 届，2022 年参赛高校达 39 所，报名项目达 300 余项。辽宁省区域赛优秀获奖项目还代表辽宁省连续在国赛中取得佳绩，2022 年中国 TRIZ 杯大学生创新方法大赛 6 项金银铜奖中，辽宁省参赛队伍取得了 1 金 2 铜（东北大学 1 金 1 铜、沈阳理工大学 1 铜）的傲人成绩。

2019 年，为进一步推动地方、企业、科研院所和高校协同推动创新方法推广应用，辽宁省创新方法研究会将大学生创新方法大赛与企业创新方法大赛整合升级，由辽宁省科学技术协会、辽宁省科学技术厅、辽宁省教育厅联合举办首届辽宁省创新方法大赛。2021 年，随着辽宁省总工会加盟辽宁省创新方法大赛，在全国开创由科协、教育、科技、工会协同推动创新方法推广应用的新格局，将辽宁省创新方法工作推向了一个新高度。

二、辽宁省大赛举办情况（2020—2022 年）

2020 年 10 月 13 日，随着来自辽宁省企业和高校的 180 支代表队完成线上项目展示和答辩，2020 年辽宁省创新方法大赛总决赛正式落下帷幕。本届大赛由辽宁省科学技术协会、辽宁省科学技术厅、辽宁省教育厅主办，辽宁省科学技术馆、辽宁省创新方法研究会、大连理工大学承办，共有来自辽宁省 25 家企业、33 所高校的 570 个项目在指定平台完成了线上报名，涉及装备制造、冶金、石油开采、仪器仪表等工业领域，与 2019 年比赛相比，参赛作品的质量和数量均有大幅提升。

本届大赛竞赛评审专家委员会由众多省内外知名专家组成，负责评定成绩，协助研究、制定竞赛制度，裁决、解释竞赛中出现的争议和申述等。经过专家委员会两天的评选，辽河油田的“基于 TRIZ 的作业井管内流体控制工具的研制”项目荣获企业组一等奖，东北大学的“基于 TRIZ 理论的自动分拣多功能智能药瓶”项目荣获创意设计类一等奖、“超级奥氏体不锈钢冷轧板的制备”项目荣获工艺改进类一等奖，沈阳建筑大学的“一种免脱模相变调温再生混凝土墙体结构”项目荣获发明制作类一等奖，大连海事大学的“加油网——船舶燃料油供应链金融体系”项目荣获创业类一等奖。部分参赛项目如图 3–1 所示。决赛中选拔出的优秀项目将代表辽宁省参加 11 月份在天津举行的 2020 年中国创新方法大赛总决赛和第九届中国 TRIZ 杯大学生创新方法大赛。大赛期间还举办了教师经验交流会，来自大连理工大学、沈阳师范大学、沈阳建筑大学等高校的 6 位教师针对创新创业教育进行了互动交流。

图 3–1　2020 年辽宁省创新方法大赛部分参赛项目

2021 年辽宁省创新方法大赛由辽宁省科学技术协会、辽宁省教育厅、辽宁省科学技术厅和辽宁省总工会联合主办，辽宁省科学技术馆、辽宁省创新方法研究会、东北大学和大连理工大学承办，如图 3–2 所示。大赛以“创新赢未来　方法圆梦想”为主题，分为第七届辽宁省“TRIZ”杯大学生创新方法大赛和 2021 年中国创新方法企业专项赛辽宁赛区比赛两个环节，面向企业和高校累计征集项目 799 项。经评审委员会初选，234 项高校教师、学生作品及 80 项企业作品入围决赛环节。

决赛采取线上线下相结合的方式举行。评审专家莅临东北大学学生创新创业基地开展线下集中评审，全体参赛队员依托线上完成网络答辩。比赛历时两天，参赛队伍通过幻灯片、视频展示等方式展示作品，专家结合选手陈述展开问辩，对作品做出综合评价，最终评选高校组一等奖 38 个、二等奖 77 个、三等奖 103 个；企业组一等奖 15 个、二等奖 30 个、三等奖 32 个。其中，东北大学共计 28 件作品入围决赛，分获一等奖 15 项、二等奖 10 项、三等奖 3 项，入围和获奖作品数量、层次均创历年最高。

图 3–2　2021 年辽宁省创新方法大赛

2022 年 9 月 24—25 日，2022 年辽宁省创新方法大赛总决赛在辽宁省科学技术馆举办。本届大赛以“创新赋能　方法引领”为主题，由辽宁省科学技术协会、辽宁省教育厅、辽宁省科学技术厅、辽宁省总工会联合主办，辽宁省科学技术馆、辽宁省创新方法研究会、东北大学承办，如图 3–3 所示。

图 3–3　2022 年辽宁省创新方法大赛

来自辽宁省高校、企业的 804 个创新项目同场竞技，经过激烈角逐，405 个项目进入决赛。决赛以线上答辩方式展开，邀请国内创新方法领域的 16 名专家进行评审，最终产生一等奖 75 个、二等奖 130 个、三等奖 179 个，并推荐部分优秀作品参加全国创新方法大赛。

三、辽宁省大赛成效

辽宁省创新方法研究会积极推动省内高校以创新思维和创新方法训练为切入点，打造具有辽宁特色的创新创业教育教学体系和专创融合的创新人才培养体系。在辽宁省大学生创新方法大赛的引领下，东北大学、大连理工大学、沈阳理工大学、沈阳建筑大学、沈阳药科大学、沈阳师范大学、大连工业大学等十几所高校已经开设了相关课程并建立了培训体系，累计培养学生 10 余万人，为社会和企业输送了大量创新方法人才，成为创新方法实践应用的主力军。

目前，辽宁省创新方法大赛是目前辽宁省唯一由辽宁省科学技术协会、辽宁省科学技术厅、辽宁省教育厅和辽宁省总工会四部门联合主办的省级科技创新赛事；创新方法大赛充分激活了广大青年学子和科技工作者创新创业热情，调动了高校和企业以方法引领创新的积极性，提升了高校和企业实现自主创新的内生动力与能力。中国 TRIZ 杯大学生创新方法大赛影响力不断扩大，吸引了辽宁省社会各界的深度参与，已成为检验辽宁省创新方法推广应用成效的重要载体。十年来，辽宁省高校国赛报名参赛作品近万件，大学生大赛的参赛作品也在获奖数量、质量上屡创新高。

第四节　内蒙古自治区区域赛情况

一、内蒙古自治区创新方法的相关政策及开展背景

1. 内蒙古自治区创新方法的相关政策

内蒙古自治区创新方法工作起始于 2008 年，2008—2010 年内蒙古自治区先后派出 6 位学员参加了科技部组织的创新方法师资培训，拉开了内蒙古自治区创新方法工作的序幕。内蒙古自治区创新方法工作得到了内蒙古自治区科学技术厅领导的高度重视，成立了创新方法工作协调推进领导小组，统筹规划，集成资源，全面落实内蒙古自治区的创新方法工作。内蒙古自治区连续数年将创新方法宣传推广应用工作纳入年度工作重点计划，形成创新方法推广应用工作合力，发挥各部门协同推进创新的积极作用。在内蒙古自治区科学技术厅的推动下，2012 年 10 月，内蒙古自治区科学技术厅、内蒙古自治区发展和改革委员会、内蒙古自治区经济和信息化委员会、内蒙古自治区教育厅、内蒙古自治区科学技术协会等五部门联合起草了《关于加快内蒙古自治区创新方法工作实施意见》，为全方位推动内蒙古自治区创新方法工作的开展奠定了基础。

经过十多年的探索实践，内蒙古自治区形成了具有地方特色的创新方法工作推进体系，先后制定出台了《创新方法推广应用发展规划与实施方案》《内蒙古创新方法工作“十二五”规划》《关于加快自治区创新方法工作的若干意见》《内蒙古自治区创新方法应用推广师资认证管理办法（试行）》《创新方法应用试点高校实施方案》《内

蒙古自治区“十三五”创新方法推广应用规划》等一系列政策文件，为创新方法服务区域经济发展提供了有力的政策支持。

2. 内蒙古自治区大赛开展背景

内蒙古自治区高校参加全国“TRIZ”杯大学生创新方法大赛始于 2013 年。为加快内蒙古创新方法综合推进、内蒙古创新方法应用研究、内蒙古创新方法应用推广、内蒙古创新方法宣传普及四大平台及高校推广应用子平台的建设进度，特别是在促进“TRIZ 理论”在高校的推广，帮助广大学生熟练掌握运用创新方法、开拓创新思维、激发创新活力、树立创新精神，进一步提高大学生的科技创新能力和水平，培养更多的创新型人才，2012 年开始，内蒙古科技大学、内蒙古工业大学、包头轻工职业技术学院、内蒙古财经大学等高校陆续针对在校大学生全面开设创新方法相关课程，高校部分专业学生的课程中创新方法课程作为必修课（内蒙古科技大学、包头轻工职业技术学院）。

2013 年 6 月，在接到《关于举办第二届全国“TRIZ”杯大学生创新方法大赛的通知》后，内蒙古自治区组织内蒙古科技大学推出“基于 TRIZ 理论的铁矿石含铁量电子测试仪的设计”“基于微信公众平台的云家庭”等多项作品参赛并取得佳绩。2015 年，内蒙古工业大学、内蒙古科技大学组织学生团队参加第三届全国“TRIZ”杯大学生创新方法大赛，并获得优秀组织单位荣誉称号。2016 年和 2017 年，内蒙古工业大学、内蒙古科技大学、包头轻工职业技术学院、内蒙古财经大学等多所内蒙古高校参加了第四届和第五届全国“TRIZ”杯大学生创新方法大赛。

内蒙古自治区的创新方法推广工作是在学习先进省市成功经验的基础上开始的，当时黑龙江、广东、江苏、湖北等省作为创新方法工作的典型，为内蒙古自治区创新方法工作带来了诸多启示。2017 年，在黑龙江省与内蒙古自治区创新方法主管部门的沟通协调下，内蒙古自治区选派师资参与全国大赛评审工作，为内蒙古自治区举办首届创新方法大赛积累了宝贵的经验。

二、内蒙古自治区大赛举办基本情况

2017 年，内蒙古自治区组织了首届创新方法自治区赛，截至 2022 年 12 月，共举办了 6 届赛事。

1.2017 年首届大赛

2017 年 10 月 30—31 日，由内蒙古自治区科学技术协会、内蒙古自治区科学技术厅联合举办的全区首届创新方法推广应用大赛暨第二届全国企业创新方法大赛内蒙古赛区决赛在呼和浩特市举行，如图 3–4 所示，大赛共吸引了来自全区企业、高校、科研院所的 170 个工程技术创新项目参赛，

图 3–4 内蒙古首届创新方法推广应用大赛暨第二届全国企业创新方法大赛内蒙古区决赛

有 8 所高校参赛，直接参赛人员 500 余人，辐射涵盖钢铁、机械、能源、稀土、化工、矿山等内蒙古自治区优势特色产业，比赛由内蒙古自治区科学技术协会、内蒙古自治区科学技术厅主办，内蒙古自治区科协企业创新服务中心具体承办。

2.2018 年第二届全区创新方法大赛

2018 年 7 月至 11 月 15 日，内蒙古自治区第二届全区创新方法大赛落下帷幕。大赛主题为“创新创业，方法先行”，由内蒙古自治区科学技术协会、内蒙古自治区科学技术厅、内蒙古自治区教育厅联合主办，旨在搭建全国性创新方法大赛平台，实现更大范围、更深层次的推广应用创新方法，助力创新创业。自 2018 年 7 月中旬启动报名以来，共收到来自全区近 60 家企业的 107 个参赛项目和来自全区 8 所高校的 114 个参赛项目报名。

比赛由内蒙古自治区科学技术协会、内蒙古自治区科学技术厅（知识产权局）、内蒙古自治区教育厅主办，内蒙古创新方法推广联盟、内蒙古企业创新服务中心、内蒙古博众管理咨询有限责任公司、内蒙古科信科技经费监管服务中心承办，内蒙古生产力促进中心协办。

3.2019 年中国创新方法大赛内蒙古赛区决赛暨第三届全区创新方法大赛

2019 年 11 月 2 日，中国创新方法大赛内蒙古赛区决赛暨第三届全区创新方法大赛（高校组）决赛在内蒙古科技大学举行。大赛由内蒙古自治区科学技术协会、内蒙古自治区科学技术厅、内蒙古自治区教育厅联合主办，内蒙古科技大学承办。比赛围绕 TRIZ 为主的技术创新方法、管理创新方法及其他创新方法在生产研发、学习生活中的实际应用展开，17 所自治区高校参加大赛，28 组学生项目、12 组教师项目进行了激烈角逐。

4.2020 年内蒙古创新方法大赛大学生 TRIZ 杯专项决赛

2020 年 10 月 25 日，2020 年内蒙古创新方法大赛大学生 TRIZ 杯专项决赛在呼和浩特市举行。大赛收到自治区 17 所高校 118 项参赛作品，经过专家盲评初审，按照公平、公开、公正的原则，共有 79 件作品入围决赛。经过激烈角逐，锡林郭勒职业学院的“ICP-AES 进样系统优化设计”、内蒙古工业大学的“青藏高原科考机器人非结构化地形适应能力的提升”、包头轻工职业学院的“解决钢渣复合脱硫剂堵塞管道的问题”等 3 个项目获得特等奖，包头轻工职业学院的“基于 TRIZ 理论的提高数控车床加工效率的自动装置”等 7 个项目获得一等奖，内蒙古工业大学的“基于 TRIZ 理论的绘画颜料调制装置的改进”等 14 个项目获得二等奖，内蒙古工业大学的“爬绳快手”等 24 个项目获得三等奖，内蒙古科技大学的“煤与垃圾混合热解焚烧技术的研发与应用”等 30 个项目获得优胜奖。

比赛由内蒙古自治区科学技术协会、内蒙古自治区科学技术厅、内蒙古自治区教育厅主办，内蒙古自治区企业创新服务中心、包头市科学技术协会、包头钢铁（集团）有限责任公司、内蒙古创新方法研究会承办。大赛现场如图 3–5 所示。

图 3-5　2020 年内蒙古创新方法大赛现场

5.2021 年内蒙古创新方法大赛大学生 TRIZ 杯专项决赛

2021 年 9 月 25—26 日，内蒙古创新方法大赛高校赛暨第十届中国 TRIZ 杯大学生创新方法大赛内蒙古赛区决赛在包头市举行。大赛收到来自自治区 24 所高校 214 件参赛作品，经专家线上盲评初审，按照公平、公开、公正的原则，共 122 件作品入围决赛，经过一天激烈角逐，内蒙古工业大学的“厂车蓄电池盖板距离测量装置的研发”和“基于 TRIZ 理论的超声波辅助随焊三维滑台结构设计与技术推广”、内蒙古农业大学的“一种基于 TRIZ 的医用降温防护服”等 3 个项目获得了发明制作类的金、银、铜奖。

本次赛事由内蒙古自治区科学技术厅、内蒙古自治区科学技术协会、内蒙古自治区教育厅主办，内蒙古创新方法研究会、内蒙古科技经费监管服务中心、内蒙古自治区科技教育和创新服务中心共同承办，包头市科学技术局、包头市科学技术协会、内蒙古科技创新服务联合体协办。

6.2022 年内蒙古创新方法大赛大学生 TRIZ 杯专项决赛

原定于 2022 年 10 月举办的内蒙古创新方法大赛大学生 TRIZ 杯专项赛推迟到 2023 年举办。

本届比赛由内蒙古自治区科学技术协会、内蒙古自治区科学技术厅、内蒙古自治区教育厅主办，内蒙古创新方法研究会、内蒙古自治区科技教育和创新服务中心具体承办。

三、内蒙古自治区大赛主要特点

1. 办赛理念

内蒙古自治区创新方法大赛高校赛属于中国 TRIZ 杯大学生创新方法大赛的区域

赛，通过开展竞赛活动，以赛促学，吸引、鼓励大学生踊跃参加科技创新活动，提升大学生创新综合能力；以赛促教，为国家培养适应新形势、新要求的创新复合型人才；以赛促用，为大学生整合各类创新创业相关的科技服务，保护知识产权、推动成果转化，积极营造鼓励独立思考、自由探索和勇于创新的良好环境，加强学生创新的内在动力，鼓励、支持真正的原始性创新。

内蒙古自治区区域赛的举办，进一步激发了自治区大学生创新创业热情，对大学生创新思维品格的建立、创新能力的提升起到了重要作用。大赛激励创新成果生成、转化，对更大范围普及创新文化、传播创新方法、弘扬创新精神具有重要意义。大赛的成功举办，对内蒙古自治区打造自主创新重要源头和原始创新主要策源地，推进“科技兴蒙”行动，推动经济社会高质量发展，起到重要促进作用。

2. 获奖情况

2017 年以来，内蒙古自治区科学技术协会已连续成功举办六届创新方法大赛并作为分赛区参加全国创新方法大赛总决赛，选送 63 支队伍参加全国创新方法大赛总决赛，在全国创新方法大赛中获得全国金奖 1 项、铜奖 1 项、一等奖 5 项、二等奖 10 项、三等奖 14 项，连续五年获得全国优秀组织奖荣誉。

四、创新方法课程体系建设

2008 年，内蒙古自治区科学技术厅共派 6 名学员参加了科技部关于 TRIZ 的相关培训，这些学员可以独立开展 3 ~ 5 天的创新方法的普及和基础培训工作，成为内蒙古自治区推动创新方法工作的重要力量，引导与支持内蒙古工业大学和内蒙古科技大学开展创新方法的师资培养、专家队伍建设、培训教育及课题研究。2011 年 5—7 月，内蒙古自治区科学技术厅举办了“内蒙古自治区第一期创新方法应用与推广师资培训班”，经过考核，最终培训合格创新方法应用师资 39 人，为内蒙古自治区推动创新方法推广工作打下了坚实的物质与人力资源基础；出台了《内蒙古自治区创新方法应用推广师资认证管理办法（试行）》，把创新方法师资队伍建设工作长效化、制度化。2009 年开始，内蒙古科技大学、内蒙古工业大学、包头轻工职业技术学院、内蒙古财经大学、内蒙古农业大学、内蒙古建筑职业学院、内蒙古交通职业技术学院针对在校大学生全面开展创新方法教育，在部分专业学生的课程中加入创新方法课程并作为必修课。

目前，河套学院、内蒙古大学、内蒙古师范大学等高校陆续开始宣讲活动，并选派相关专业教师参加师资培训，已有 10 所高校开设相关课程，10 余所高校开展了创新方法课程宣讲活动，其中内蒙古工业大学、内蒙古科技大学结合“卓越工程师”的培育，建设“化工行业创新方法应用基地”，实施科技部“创新工程师培养计划”，为内蒙古自治区高校创新方法普及推广建立示范。

内蒙古科技大学、内蒙古工业大学、包头轻工职业技术学院针对在校大学生全面开展创新方法教育，制定了严格的创新方法培育大纲、教材和计划，在部分专业学生的课程中加入创新方法课程并作为必修课，培养参与过创新方法学习的大学生。内蒙古工业大学管理学院在研究生中开展创新方法课程，培养掌握创新方法知识的研究生 53 人，多人曾参与在《内蒙古日报》发表创新方法系列文章。培育后备创新人才，可为内蒙古自治区创新方法工作提供源源不断的新鲜血液。

如图 3–6 所示，内蒙古科技大学通过成立大学生 TRIZ 与专利协会的方式深入开展发明和创新知识的学习及传播，以及组织科技制作、专利申报、信息技术开发等活动。协会小组成员先后参加多项区内外科技创新比赛，并且取得了优异的成绩，其中包括挑战杯、TRIZ 杯、电子信息大赛及创启未来等诸多比赛，共申请国家专利百余项。协会每年面向全校征集全国“TRIZ”杯大学生创新方法大赛作品，协会指导教师董振域讲授 TRIZ 理论基础和创新方法等的选修课程，同时开展发明问题专项活动、创新技术专利申报专题活动、TRIZ 理论赛事准备和指导及软件技术培训等活动。

图 3–6　大学生社团

五、内蒙古自治区区域赛目前存在的问题

在科研成果转化方面，目前内蒙古自治区高校许多优秀的科研成果不能及时面向市场进行推广应用。影响因素有科研成果质量、研究类型、外在激励政策及高素质的创新型人才培养等。

在组织机构方面，目前由内蒙古自治区科学技术协会、科学技术厅、教育厅联合主办，但是教育厅在赛事结果认定、相关鼓励政策方面发声较少，主要是科学技术协会、科学技术厅唱主角，在高校的影响力不高。每年主要依靠内蒙古创新方法研究会（民办组织）开展组织申报工作，没有形成长效机制。

在赛事经费方面，主要是内蒙古创新方法研究会通过申报科学技术协会、科学技术厅政府购买服务的形式完成，无论是经费额度和组织方式都存在随机性，导致办赛规模没有按照规律增长。

第五节　宁夏回族自治区区域赛情况

一、宁夏回族自治区相关政策及推广模式

1. 宁夏回族自治区相关政策

2012 年，宁夏回族自治区科学技术厅联合宁夏回族自治区教育厅、宁夏回族自治区生态环境厅、宁夏回族自治区科学技术协会等八部门出台了《关于进一步加强全区青少年科技创新工作的意见》，从培养青少年科技创新意识和创新能力、推进科学课程改革、加强创新方法应用推广、开展青少年科技创新竞赛活动等 14 个方面提出了加快推进青少年科技创新的具体措施，为青少年开展科技创新提供了政策保障，掀起了应用创新方法开展科技创新实践的高潮。

2015 年，《宁夏“十三五”科学技术发展规划纲要》中明确要求，加快发展研究设计服务、科技咨询服务、创新方法应用等各类科技服务，完善技术交易市场体系和技术转移体系，建设一批科技创新服务平台；加快完善现有各类园区、孵化器、协同创新中心、科技金融服务中心、创新方法应用推广服务工作站等创新创业平台的服务功能，提升发展一批众创空间，构建一批创新创业平台；在企业、科研院所大力推广创新方法的应用，培养一批具有创新能力的工程师、咨询师，健全完善创新人才培养体系。

2. 宁夏回族自治区创新方法应用推广模式

自 2011 年以来，在科技部和宁夏回族自治区科学技术厅的支持与指导下，经过多年的实践与摸索，宁夏创新方法工作以区域创新方法应用推广服务基地建设为主线，以培育创新方法示范企业为重点，以推动企业应用创新方法为核心，以培养创新方法师资和咨询力量为关键，以完善创新方法公共服务平台建设为支撑，以解决重点关键技术为着力点，以优化基地运行机制为保障，逐步形成了“政府引导、筑巢知网、多法融合、注重实效、合作共赢”的工作模式，建立了创新方法工作长效机制，持续深入推进创新方法在宁夏回族自治区的应用与壮大。

（1）政府引导。以宁夏回族自治区装备制造、新能源、新材料和农产品精加工等领域为重点，以科技工作为依托，以创新创业人才培养为契机，建立健全创新方法应用推广体系，整合统筹各类资源和项目资金，制定创新方法相关政策，搭建创新方法公共服务平台，以宁夏创新方法应用推广服务基地（依托宁夏科技发展战略和信息研究所建设）为纽带，完善组织机构和管理体制，营造创新方法应用推广政策环境，推动企业、高校、高新区、孵化器等群体开展创新方法的应用，助推创新驱动发展战略的实施。

（2）筑巢织网。以宁夏创新方法应用推广服务基地为枢纽，延伸建设服务节点，

发挥市县科技管理部门、重点企业、高校在创新方法应用推广中的组织、协调、研究、应用优势，进一步扩大基地的服务范围和领域，建设创新方法市级工作站 5 个、领域工作站 3 个，高校分基地 3 个，实现宁夏回族自治区全域市级工作站全覆盖，重点产业领域全覆盖。

（3）多法融合。以创新链为主线，从产品创意、功能设计、产品设计、工艺设计、生产制造、体系建设、工艺改进、设备管理、产品改进、市场营销、商业模式等环节，全链条地开展以 TRIZ 理论、六西格玛管理为主，精益生产、工业工程、TOC、阿米巴等创新方法为辅的多种方法融合，使创新方法贯穿到企业全制造链、创新链中。

（4）注重实效。紧抓创新方法在企业中的应用与推广，采用集中培训、实践课题、工程应用、比赛带动等多种形式，解决一批企业技术和管理难题，催生一批自主知识产权，形成一批科技成果，培养一批创新方法应用人才，产出显著的经济和社会效益。以创新方法“企业行”活动为载体，充分发挥区内咨询团队和国内咨询团队的优势，采用线上线下的模式，通过咨询调研、问题诊断、解决方案和实施指导的流程，为企业提供定制化的服务。

（5）合作共赢。建立创新方法应用企业、创新方法专家、行业专家、外部咨询机构共同参与、共同奉献、共同受益的创新方法协同推进机制，使多方参与单位在创新活动咨询、技术难题攻关、专利战略布局、创新人才培养等方面获得收益。

二、宁夏回族自治区大赛举办基本情况

宁夏回族自治区先后举办 2017 年首届、2018 年第二届、2019 年第三届、2020 年第四届比赛，2021 年和 2022 年停办。比赛由宁夏回族自治区科学技术协会、宁夏回族自治区科学技术厅主办，宁夏企业创新服务中心、宁夏科技发展战略和信息研究所具体承办。每届比赛受到宁夏电视台、《宁夏日报》、《银川日报》、《新消息报》等多家媒体关注和报道。获奖信息见表 3–3。

表 3–3　获奖信息统计

届次	一等奖 / 项	二等奖 / 项	三等奖 / 项
第一届	8	10	12
第二届	11	16	21
第三届	11	16	21
第四届	11	16	21

三、宁夏回族自治区大赛主要特点

1. 办赛理念

以赛促训、以赛促推、突出方法、展示成果。以宁夏创新方法大赛为平台，通过

比赛推动更多企业和高校参与创新方法，开展创新方法培训，实施创新方法应用推广，展示应用创新方法形成的科技成果，形成良性闭环。

2. 办赛方式

以政府推动，采用线下比赛的形式举办，使更多的学生和企业工程师面对面交流。大赛分为“企业创新方法专项赛”和“大学生 TRIZ 专项赛”两类。“企业创新方法专项赛”重点考察参赛选手应用创新方法解决实际问题的能力，主要包括创新方法应用水平、解决方案创新等级和解决方案产生的效益。应用创新方法解决研发或生产过程中存在的技术难题，并将解决方案在研发和生产中得到实际应用，产生较好经济效益的企业创新工程师可参加“企业创新方法专项赛”。“大学生 TRIZ 专项赛”重点考察大学生对创新方法的理解应用能力，主要包括创新方法应用水平和解决方案创新性。应用创新方法解决实际问题并提出解决方案的学生可参加“大学生 TRIZ 专项赛”。

3. 办赛规模

每届比赛参赛项目为 100 项左右，参赛人员为 160 人左右。

4. 办赛成效

通过比赛，解决企业的技术难题，形成的专利等科技成果均在生产实践中得到转化。

四、创新方法课程体系的建设

宁夏大学、北方民族大学、宁夏工商职业技术学院、宁夏职业技术学院等院校大力推广创新方法在高校中的应用，增强学生的创新能力和创新素质。一是宁夏大学、北方民族大学等高校先后开设创新思维与创新方法选修课，先后有 4 000 余名大学生接受了创新方法的系统教学。二是在选修课的基础上，进一步筛选具有创新潜质的学生，举办“TRIZ”理论培训班，先后在各高校举办创新方法培训班 17 期，各学校将培训的形式固定下来，成为每年固定开展的活动，参训学生先后设计创新作品 200 余件，在各高校产生了积极的影响。多项创新设计作品先后在“TRIZ”杯大学生创新设计大赛、全国和全区机械创新设计大赛、全国大学生科技资源创新服务比赛中获奖。三是宁夏大学和北方民族大学先后成立了 TRIZ 协会，利用社团的力量推动创新方法在高校的推广。四是宁夏大学和北方民族大学将 TRIZ 培训作为创新学分获得来源之一，有效地调动了学生的积极性。

五、宁夏回族自治区区域赛目前存在的问题

1. 参赛高校的积极性还有待进一步提升

目前每年参加大学生创新方法应用大赛的院校在 5 所左右，尚有 15 所高校没有报名参加大赛，下一步将通过组织举办校园行活动进一步加大在高校的推广力度。

2. 各高校创新方法的师资不足

目前很多高校缺少能够讲授创新方法课程的教师，有的高校虽有创新方法教师，但数量也很少，这也是影响每年参赛人数的主要原因。

第四章 高 校 篇

随着经济社会的快速发展，创新已经成为各个领域不可或缺的核心竞争力。在高校中，推广创新方法并帮助学生参加创新方法大赛，不仅可以提高学生的创新能力，还可以为国家和社会培养更多的创新人才。目前，高校推广创新方法主要有以下几种模式。

一是建立创新方法课程。高校可以通过建立创新方法课程，将创新方法的理论和实践传授给学生。在课程中，可以通过案例分析、团队合作等方式帮助学生理解和运用创新方法。通过创新方法课程的教学，可以培养学生的创新意识和创新能力，为学生的职业发展打下基础。

二是利用校内资源开展培训和讲座。高校可以利用自身的资源优势，邀请企业、专家等来校开展创新方法的培训和讲座。通过这些活动，可以为学生提供更多的实践经验和知识，帮助学生更好地掌握创新方法。同时，这些活动也可以帮助学生与企业、专家建立联系，为学生的职业发展提供支持。

三是开设创新方法实验室。高校可以开设创新方法实验室，为学生提供一个实践创新方法的平台。通过实验室，学生可以参与真实的项目和案例，锻炼自己的创新能力和实践能力。实验室还可以为学生提供创新方法的相关资源和设备，为学生的创新实践提供支持。

四是成立创新方法社团和团队。高校可以成立创新方法社团和团队，为学生提供一个自由交流和合作的平台。社团和团队可以通过组织项目、比赛等活动，帮助学生更好地了解和应用创新方法，同时也可以帮助学生提高团队协作和沟通能力。

五是建立创新方法研究中心。高校可以建立创新方法研究中心，为学生和教师提供一个研究和探索创新方法交叉学科建设与研究平台。通过建立创新方法研究中心，可以更加有针对性地推广创新方法，提高高校学生和教师的创新能力与创新意识。

六是鼓励和支持学生参加创新方法大赛。参加中国 TRIZ 杯大学生创新方法大赛是学生学习创新方法、应用创新思维的一个很好的机会。高校应该积极推荐学生参加各类创新方法大赛，并为学生提供必要的支持和指导。对于获得优异成绩的团队，给予升学加分或奖金的奖励。

七是高校可以与企业、科研机构合作，为学生提供实践机会。学生可以通过与企业、科研机构合作，了解创新方法的应用情况，熟悉企业创新流程和模式，并进行相关实践活动。这样的实践机会可以让学生更好地理解和应用创新方法，并提高他们的实践能力和创新能力。

总之，参加中国 TRIZ 杯大学生创新方法大赛是高校培养创新创业人才的重要举措之一。高校应该积极推动创新方法的教学和研究工作，并为学生提供必要的支持和指导，以培养更多的创新人才，为社会发展做出更大的贡献。

第一节　东北大学推广应用创新方法经验

作为国内较早开展创新创业教育的高校之一，东北大学自 20 世纪 80 年代起就开始翻译国外有关创造力、创新方法的一批专著和教材，1986 年开设《创造力开发》创新课程，并在改革开放初期就引领了我国第一波创新方法的研究和推广热潮。其中，《创造是精确的科学》是国内最早将阿奇舒勒的 TRIZ 理论引入中国的一本译著，为全国开展创新方法的研究奠定了早期的学术基础。目前，学校已经在理论研究方面形成了以科技创造方法论为主要方向的研究团队，在实践应用方面形成了以工业设计为主要方向的推广团队。学校以中国 TRIZ 杯大学生创新方法大赛为主体，积极开展创新方法类竞赛，提升学生创新方法应用能力，在全校范围内营造了浓厚的创新创业氛围。

2016 年起，东北大学积极构建校赛、省赛、国赛三级竞赛组织体系，通过校赛形式遴选优秀作品参与辽宁省创新方法大赛和中国 TRIZ 杯大学生创新方法大赛。大赛由东北大学创新创业学院主办，截至 2022 年已经连续举办七年，共吸引全校数千名学生参与，累计申报作品 312 件，评选产生一等奖作品 33 件、二等奖作品 44 件、三等奖作品 52 件，累计推荐省级以上参赛作品 209 件。如图 4–1 所示为参赛选手在演示创新成果。

图 4–1　参赛选手在演示创新成果

2021 年 10 月，由辽宁省科学技术协会、辽宁省教育厅、辽宁省科学技术厅和辽宁省总工会联合主办的 2021 年辽宁省创新方法大赛在东北大学举行。作为赛事的承办单位，东北大学在竞赛组织工作中发挥了重要作用。大赛以“创新赢未来　方法圆梦想”为主题，分为第七届辽宁省“TRIZ”杯大学生创新方法大赛和 2021 年中国创新方法企业专项赛辽宁赛区比赛两个环节，面向企业和高校累计征集项目 799 项，最终评选产生确定高校组一等奖 38 个、二等奖 77 个、三等奖 103 个；企业组一等奖 15 个、二等奖 30 个、三等奖 32 个。比赛新闻获得人民网、中国 TRIZ 杯大学生创新方法大赛官网报道。参赛选手合影如图 4–2 所示。

图 4–2 参赛选手合影

学校积极鼓励和支持学生参与创新方法大赛。2012 年，学校面向全校开设工程技术创新方法课程，并于 2014 年启动 TRIZ 融入计划，针对“国家级大学生创新创业训练计划”项目向学生推广创新方法。2016 年以来，学校鼓励专业教师参与创新方法培训，建立创新方法课程和大赛指导教师团队，同时，设立科技竞赛专项经费，对参与创新方法大赛的师生给予差旅费等资金支持。2018 年，东北大学 TRIZ 协会成立，并正式加入中国大学生 TRIZ 爱好者联盟。协会以“强化创新方法、推动自主创新”为宗旨，致力于搭建创新方法推广与交流平台，增强全校学生的创新思维与意识，推动大学生对科学方法的研究与应用，增强学生的创新能力，推进自主创新。协会成立后，成为东北大学创新方法大赛的承办单位和创新方法推广活动的重要组织支撑。2019 年，学校正式将中国 TRIZ 杯大学生创新方法大赛纳入《东北大学学生课外学术科技竞赛管理办法》，对竞赛获奖学生给予奖金奖励，并对获得全国特等奖的学生单独划拨创新特长保研名额，开辟学生成长绿色通道。2021 年，学校进一步深化改革，根据中国高等教育学会竞赛认定列表以及学校多年坚持的品牌类科技竞赛、项目对课外学生科技竞赛认定列表实施星级分类，对在五星级以上竞赛中获奖学生授予卓越奖学金，同时对五星级以上竞赛全国一等奖获得者，给予创新类推免资格；将指导学生获得六星级以上竞赛全国一等奖作为教师职称晋升的特殊条件。其中，中国 TRIZ 杯大学生创新方法大赛被列为仅次于“互联网”和“挑战杯”的六星级竞赛，这意味着所有参赛师生均有资格享受学校的创新鼓励政策。

为了在全校范围内营造浓厚的创新方法推广和应用氛围，学校秉承“创意—创新—创业”的“三创”教育理念，将创新思维、创新方法、创业理论与专业实践教学相结合，在专业实践教学过程中培养学生的创造性思维、创新方法应用能力，以及创新意识、创业精神、问题解决能力和团队合作精神。依托东北大学 TRIZ 协会，提升中国大学生 TRIZ 爱好者联盟在学校社团发展中的引领作用，开展创新理论与方法前沿系列讲座，为创新方法普及与推广、交流提供平台；以大学生创新训练计划项目为载体，在全校范围内进一步深化“TRIZ 融入大创计划”改革，推动学生在科研创新中应用创新方法，提高创新效率和水平；打造实践育人新载体，组建示范性学生创新团队，开设创新创业实践班，将创新方法和创新理念渗透到创新实践的每一个环节；探索“赛教结合”的大学生创新方法竞赛新模式，组织中国 TRIZ 杯大学生创新方法大赛、全国大学生创新体验竞赛等国内公认的权威创新方法赛事，吸引全校学生参与。通过以上举措，实现创新人才培养实践体系的多维覆盖，全面提升大学生创新方法应用和破解工程实际问题的能力。

整合校内外教育资源，以“创意萌发”“创新实践”“创业训练”“创业孵化”为主线，学校积极构建以创新方法为驱动、基于专业实践的创客空间和示范基地，为不同专业、不同年级学生打造一个学科交叉的创新方法教学、创新项目训练和创新成果孵化平台，为创新方法实践提供物质条件、技术支撑及交流学习平台，为创造性思维和创新方法的成果落地创造条件，使创造性思维和创新方法的应用在工程实践中得到实现、检验、批判和升华。基地面向不同专业、不同年级的学生开放，重视文理综合、理工融合，强调不同学科之间的交叉。同时，聚焦传统优势学科，结合工程教育专业开展东北大学创新方法集训营、创客沙龙、“责任、立德、成才”素质拓展训练营等特色活动，为学生提供创新方法教学、创新项目训练和创新成果孵化平台。2020 年，基地获评辽宁省创新方法示范基地。

落实“让创新方法内化为学生的基本功”教育理念，以革新教育理念为先导，将创新方法作为学生从知识转化为能力、从能力转化为价值的催化剂，持续深化创新人才培养教学改革，加大师资培训的人力和资金投入力度，强化创新方法相关师资培训，打造专兼职相结合高水平的创新方法教学和科研团队。通过举办教学大赛、组建优质科研项目团队、筹建区域创新研究中心、制订师资培训计划、有针对性地遴选优秀教师参与国家二级创新工程师、创新培训师以及国际二级、三级 TRIZ 认证培训等，将创新方法课程、师资培训与国家、国际认证相结合，逐步构建创新方法通识课程教师—工程教育专业教师—TRIZ 国际认证教师三层次教学和科研团队，催发创新人才培养教师从“知识传播者”到激发学生创新创造的“引导者”的角色转变。

创新方法课程大多 32 学时、2 学分，面向全校开设。课程采取探究性、项目化教学模式，面向不同专业、不同层次的学生成长需求，广泛开展以 TRIZ 理论为主、传统创造学为主、批判性思维为主的三种教学内容，分层次开设创新方法课程，将创新方法教学内容融入各种教学实践环节中，纳入人才培养方案。学校以培养学生创造性思维和科学素养为目标，面向低年级大学生，开设“打开思维的盒子：创新 40 法”等创新方法初级课程，开发大学生创造性思维，引导学生掌握基本的科学方法和科学工具，并将创新方法部分教学内容引入工程教育课程导论课程中，精选与工程教育内容密切相关的典型案例，体现创新方法在工程人才培养中的重要性，增强学生的感性认识；以培养大学生利用创新方法分析问题、解决问题的能力为目标，面向学有余力、有兴趣的二、三年级学生，开设工程技术创新方法等创新方法中级课程，对学生创新方法知识进行系统性的培训，让学生通过学习 TRIZ 等分析工具和基于知识的工具，掌握 TRIZ 等基本解题方法；面向少数能力较强的高年级或研究生，开设科技创造方法论创新方法高级课程，对少数学生进行系统性培训，帮助学生将创意转化为创新产品，形成创造性成果，同时结合学生毕业设计和创新实践要求，将创新方法高级课程知识融入学生毕业设计和创新实践等环节，通过创新方法融入专业课程体系的重构融合，催发创新人才培养从注重知识点传授的“以教为中心”向“专业知识＋思维方式”并重的“以学为中心”教学模式转变。

完善激励机制，推动师生在创新人才培养实践与教育教学中全员化、自觉性融入创新方法。积极革新教育教学管理制度，将创新方法应用作为衡量创新人才培养教师教学与实践指导水平的重要指标；改革科技竞赛管理办法，将创新方法大赛纳入学校七星级竞赛管理体系，给予中国 TRIZ 杯大学生创新方法大赛仅次于“挑战杯”“互联网＋”的六星级竞赛认定，给予全国大学生创新体验竞赛五星级竞赛认定，给予获奖学生创新特长推荐免试研究生、评奖评优、卓越奖学金等奖励。同时，通过创新方法大赛宣讲、举办国际 TRIZ 学术报告会、组织丰富多彩的创新方法推广校园文化活动以及多种形式的创新方法学术论坛等，增强学生的价值认同与文化使命感，推动师生在创新实践与教育教学中自觉融入创新方法。通过以上举措，将物质奖励、荣誉奖励、制度奖励等“显性”激励机制，以及“行为示范”“文化引领”“氛围营造”等“隐性”激励机制完美融合，催发创新人才培养从“学业结果评价”“科研评价”向“全过程学业评价”“教育育人评价”的全面转变。

东北大学 TRIZ 融入计划年均参与人数突破 1 000 人次，年均 500 个项目通过创新方法推广与示范应用促进项目研究，学生参与创新方法类赛事国家级 3 项、省级 2 项、校级 5 项。仅 2016 年以来，在各类创新方法类赛事中，先后 129 件优秀作品参加省级以上（含省级）创新方法大赛。中国 TRIZ 杯辽宁省 5 项全国特等奖（含金银奖），其中 4 项来自东北大学。

东北大学“国家级大学生创新创业训练计划”项目实施成效显著，本科生专利授权 310 项，发表学术论文近千篇，包含 SCI 检索论文 84 篇、EI 检索论文 269 篇。专业教师通过创新方法推广和应用也在科研中表现出旺盛的创新力。多年来，学校先后承担科技部创新方法专项课题 3 项、教育部高等学校创新方法指导分委员会学科建设与研究专项规划（重点项目）1 项、中国科协课题 1 项、与创新方法和工程人才培养密切相关的省教改课题 3 项。其中，基于“创新方法高等教育人才培养研究与示范”科技部创新方法专项课题、“基于创新工程学知识体系的方法本—硕—博贯通式理论课程体系的构建”教育部高等学校创新方法指导分委员会学科建设与研究专项规划、“我国 TRIZ 研究早期发展历史研究”，以及“TRIZ 创新方法普及方式探索”“面向新工科的土木类人才创新创业教育研究与实践”辽宁省普通高等教育本科教学改革研究项目等研究均结合创新方法和创新人才培养开展，积累了丰富的研究经验。

2016 年以来，TRIZ 融入计划、基于本科生科研训练的创新方法推广与示范应用系统构建等先后获评东北大学优秀本科教育教学案例优秀奖、辽宁省TRIZ杯大学生创新方法大赛优秀成果奖、中国TRIZ杯大学生创新方法大赛“创新方法教学成果优秀奖”。学校先后受贵州省科学技术协会、河北省科学技术协会、辽宁大学、黑龙江大学、沈阳航空航天大学、沈阳市国防及中省直企业工会劳模创新工作室创新方法培训班、中国航发沈阳黎明航空发动机有限责任公司等高校、企事业单位邀请做专题交流，并在第四届全国高校创新方法研究与教学研讨会、第二届中国高校创新创业教育联盟年会、2021年辽宁省高校创新方法宣讲系列活动等国内、省内创新方法专题会议上做特邀报告，累计10余次。

第二节　哈尔滨工程大学推广应用创新方法经验

哈尔滨工程大学一直深入贯彻落实全国教育大会、新时代全国高等学校本科教育工作会议精神和《国务院办公厅关于深化高等学校创新创业教育改革的实施意见》要求，全面贯彻落实党的二十大精神，制定了《哈尔滨工程大学进一步加强创新创业实践工作实施办法》《哈尔滨工程大学学生创新创业校外竞赛管理办法》等创新创业的基本管理办法，以及制定各类相应的创新创业特色管理办法，旨在发挥学校创新创业精英学生的人才优势，搭建实践育人、创新创业实践活动等优势建设平台，以更好地引导广大低年级本科生积极投身参与创新创业活动，激发学生创新创业意识，增强学生的创新创业能力。

2007年，哈尔滨工程大学成为黑龙江省创新方法理论宣传的试点高校。在成为试点高校期间，学校积极宣传TRIZ创新方法理论，鼓励学生踊跃参加黑龙江省首届TRIZ杯大学生创新设计大赛并成为大赛的承办单位。在承办组织方面，学校采用校团委与各个学院轮换联合承办的机制进行，旨在将TRIZ创新方法在校团委的监督下更好地在各个学院宣传，扩大创新方法在学生中的影响力，让学生们从实际出发，完成从开始了解TRIZ创新方法到可以熟练运用TRIZ理论的转变。早在2010年，学校就组织本校老师成立哈尔滨工程大学TRIZ发明与创新协会——全国高校第一个创新方法社团。在成立协会期间，哈尔滨工程大学TRIZ发明与创新协会在指导教师的带领下，依托哈尔滨工程大学TRIZ研究所开展各项活动，并先后得到了国内创新方法专家们的支持，成为黑龙江省领先的TRIZ理论研究应用团队。

为更加激励学生的参赛热情，以及老师的指导热情，学校在奖励政策方面也给予了大力支持。对于学生，学校把此项比赛纳入校竞赛库中，学生可以通过比赛获奖的方式获得学优保研科创部分的加分以及全面发展保研的资格；在陈赓奖学金、社会奖学金、优秀学生奖学金、研究生学业奖学金、研究生国家奖学金等评比中凭此项比赛的获奖成绩可获得相应加分；在学校评定创新标兵、创新先锋寝室、创新之星、创业之星等评比中，此项比赛的获奖也会成为重要依据之一。指导教师在指导学生团队获奖后，也同样可以凭借此奖项作为教师工作量的重要凭证之一。

在推广创新方法方面，学校主要依托于教师开设相关课程及学生科创俱乐部哈尔滨工程大学 TRIZ 发明与创新协会进行创新方法的宣传、推广及引领。同时，学校依托学校团委在每年的秋季组织科创嘉年华活动，为与 TRIZ 发明与创新协会类似的科创俱乐部提供招新平台，为新生普及科技创新知识，吸引科技创新爱好者，为各科技创新组织提供后续储备力量。在开展社团纳新方面，该协会在航天与建筑工程学院领导与老师的帮助下，积极开展纳新活动，依托学院宣传平台对协会进行宣传，协会成员同时担任创新创业导航员，深入学生集体，为学生答疑解惑，在课余时间普及创新方法，宣传科技创新精神，社团纳新活动如图 4–3 所示。在协会成立的 13 年里，累计注册会员达 1 300 余人，TRIZ 理论的普及近万人。图 4–4 所示为社团小红帽志愿服务队在开展活动。

图 4–3 社团纳新活动

图 4–4 社团小红帽志愿服务队在开展活动

开设特色公开课，传授创新方法。自 2012 年学校开展第二期哈尔滨工程大学大学生特色公开课起，哈尔滨工程大学 TRIZ 发明与创新协会就一直参与 TRIZ 公开课的授课，累计授课两百余学时，包括 TRIZ 理论的历史、TRIZ 理论的发展及使用、创新方法的概念等丰富课程，听课人数 1 500 余人。加上协会自身对协会成员的理论培训，累计有超过 3 000 人接受了系统全面的 TRIZ 理论培训，对该创新方法有了很深刻的理解，在全校起到了很好的推广效果。此外，在学校正式颁布《哈尔滨工程大学双创导航员管理办法》启动创新创业导航员机制后，TRIZ 发明与创新协会的优秀协会成员积极报名参与，在学院基层领导的帮助下，为新生开展创新方法知识普及系列讲座，带领新生利用创新方法解决实际问题，引导其产生创新思路，进行自主的科技创新活动。目前累计有 150 名新生利用创新方法，拓展思路，完成学校组织的引导性立项活动。

举办沙龙，迸发创意。自 2014 年秋季学期起，哈尔滨工程大学依托哈尔滨工程大学 TRIZ 发明与创新协会举办 TRIZ 沙龙，沙龙面向黑龙江省各高校所有对 TRIZ 感兴趣的同学。沙龙先后邀请多名国内知名专家学者参加沙龙活动。沙龙以创新为核心，累计举办 25 期，累计参与超千人。TRIZ 沙龙活动为学生搭建了深入交流、开阔思维的平台。通过此类活动使学生们深入地了解 TRIZ 创新方法的历史、发展、内涵等，在使用 TRIZ 创新方法中，学生们迸发一个又一个创意。如图 4–5 所示为 TRIZ 理论知识校内推广赛。

图 4–5　TRIZ 理论知识校内推广赛

科创赛事，崭露头角。学校对创新方法的高度重视，为该协会提供了创新工作室，以便其更好地进行科技创新活动。有了 TRIZ 创新方法的指导，协会开始尝试在科技创新比赛中用实践来检验理论，在各大赛事中逐渐取得了成绩。在 TRIZ 创新方法大赛上，协会一直积极参与赛事，比赛由校级比赛推广到省级比赛最后成为国家级创新比赛。在中国 TRIZ 杯大学生创新方法大赛上，协会骨干累计获奖百余项，这都是坚持创新带来的收获。此外协会骨干还积极参与国家大学生创新性实验计划项目、大学生节能减排社会实践与科技竞赛、全国海洋航行器设计与制作大赛、全国结构设计大赛、全国海洋结构物设计与制作大赛、全国大学生课外科技学术科技作品竞赛及黑龙江省“知识产权杯”大赛等多个科技创新类比赛。仅 2022 年协会骨干就参与国家立项十余项，各类国家级比赛获奖三十余项，形成了以 TRIZ 创新方法为指导，科创比赛为检验的模式。如图 4–6 所示为社团成员参加比赛。

图 4–6　社团成员参加比赛

成立联盟，助力创新。哈尔滨工程大学在进行校内宣传、推广卓有成效的同时，对省内其他兄弟院校成立 TRIZ 理论学习创新类社团也给予了不同程度的帮扶，并积极进行合作与交流。由于省内其他院校相关社团成立的时间较晚，缺少经验，为了促进学校之间 TRIZ 理论的学习和交流，2015 年 5 月 23 日由校团委牵头，依托哈尔滨工程大学 TRIZ 发明与创新协会，组织召集黑龙江省各高校共同成立了“黑龙江省大学生 TRIZ 理论爱好者联盟”。联盟的宗旨是在遵守国家的法律法规、遵守社会道德风尚的前提下，利用黑龙江省各高校 TRIZ 社团及 TRIZ 爱好者的一切资源，进一步加强各高校 TRIZ 社团及 TRIZ 爱好者之间的联系与合作，促进联盟成员对 TRIZ 理论的学习，增强联盟成员的创新意识和创新能力。在黑龙江省 TRIZ 理论的学习和推广上，哈尔滨工程大学将会一直走在前列，并愿意与各兄弟院校共享资源，共同创新，共同进步。如图 4–7 所示为联盟会议现场。

图 4–7　联盟会议现场

在指导学生参加大赛方面，哈尔滨工程大学由校团委牵头，依托哈尔滨工程大学 TRIZ 发明与创新协会及 TRIZ 创新方法指导教师团队，对有意向参与大赛的学生进行 TRIZ 创新方法的进一步培训，引导其正确且熟练地使用创新方法。有了好的创新指导方法为依托，学生团队利用此方法对一个现实存在的问题提出创新性解决方案，并将其形成文字稿交由指导教师进行审查后提出改进意见，对问题解决办法进一步优化，学生团队再将其转化为研究项目，通过参与学校内外的科创立项以及科技创新比赛的实践方法，来进一步打磨项目本身，以做到现实问题的解决以及新型项目产品的落地和投入市场。在参与大赛前，学校会针对此次比赛开展多次指导与培训，并进行校赛的选拔，以保证参赛选手对于 TRIZ 理论方法的熟练掌握，以及项目本身具有较高水平的创新创业性。

在筹办中国 TRIZ 杯大学生创新方法大赛方面，在大赛举办的十年间，学校一直承担大赛的筹办及前期准备工作，有较丰富的办赛经验及严密的办赛体系。学校衷心地希望大赛越办越好，将 TRIZ 创新方法继续发扬光大。

学校学生参赛团队在参赛过程中容易产生阶段性的参加积极性不足及情绪波动等问题。备赛过程需要投入大量时间和精力，对于学生来说是一项非常有挑战的任务。只有在强大动力和自主意愿的推动下，学生的参赛积极性才能被最大激发出来。但是目前，有少部分学生不能一直保持积极状态，后期会出现被动参赛心理，参赛积极性明显不足。

大部分的参赛选手虽然把参与科创竞赛作为自己的在校经历，或者获得保研加分的途径，但会经常遇到自己的课业提交时间、课程时间甚至考试时间与团队其他成员或者老师培训时间冲突的情况，再加上备赛时间经常与学校考试时间重合，参赛获奖的同学虽然能得到的奖金和荣誉，但这些激励措施比较单一，对学生的激励效果不佳。

此外，学生往往对自己的能力没有信心，担心投入太多时间、精力而影响学业。因此参赛选手在综合考量后，多数将科创比赛搁置。

2020—2022年，活动多为以线上形式开展，学生参与感不强，无论是比赛还是俱乐部对学生的吸引力都有减弱的趋势，导致俱乐部成员和参赛学生出现断层，接下来将通过俱乐部活动和课程实践环节吸引更多学生参与其中，同时举办更多的线下活动提高吸引力。

第三节 哈尔滨医科大学推广应用创新方法经验

哈尔滨医科大学是一所历史文化底蕴深厚的医学高等学府，是教育部首批试办七年制高等医学教育的院校，是省部共建大学、黑龙江省高水平大学和优势特色学科建设高校，中俄医科大学联盟中方牵头单位。哈尔滨医科大学传承“科学、红色、开放”的基因，发扬“崇生、尚医、传承、探行”的精神，注重医疗、教学和创新的融合发展。

经过充分调研，获悉TRIZ理论能够提高学生创新思维和创新能力，哈尔滨医科大学于2010年、2016—2020年先后多次选派10余名骨干教师参加由黑龙江省创新方法研究会主办的“创新方法工程师培训”“创新方法公益课”和“创新方法师资培训班”，同时邀请国家创新方法培训师担任哈尔滨医科大学TRIZ理论培训讲师，这些举措有力提升了学校教师使用和讲授TRIZ理论的能力。在保障师资基础上，学校不断培养学生运用TRIZ理论解决实际问题的能力，4年来累计培养掌握TRIZ基本理论的医学生超3 000人。

学校积极参与中国TRIZ杯大学生创新方法大赛建设，自2019年已累计举办三期“中国TRIZ杯创新方法大赛哈医大选拔赛”，同时学校作为第七届中国TRIZ杯大赛协办单位为大赛提供实况转播支持。经过不断努力尝试，学校学生目前已获得TRIZ杯创新方法大赛国家一等奖2项、国家二等奖7项、国家三等奖18项的优异成绩。

TRIZ理论被认为是发明问题的解决理论，与TRIZ理论有关的课程已在国内部分理工科院校相继开展，但在医学院校推广TRIZ理论和开展教学工作尚属于起步阶段。在推广初期，由于缺乏在“TRIZ+医学教学和指导学生实践”方面的经验，学校领导站在医学生未来发展的高度，在“加强顶层设计和摸着石头过河相结合”和“问题导向”思想的指引下，根据教学过程中阶段性的问题特点，制订切实有效的工作方案并组织实施。

师资是TRIZ理论推广和教学面临的首要问题。学校自2010年开始选派教师参加TRIZ培训，然后在学校研究生中开设创新思维培训课程。随着国家开展创新创业教育的深入，学校进一步选派多名教师参加黑龙江省创新方法研究会举办的“创新方法公益课”“创新方法TRIZ理论师资培训班”“创新方法二级认证培训班”“三级认证培训班”和“创新方法咨询师认证研讨会”。截至2022年，学校共有8名教师取得国家创新方法三级工程师，6名教师取得国家创新方法二级工程师，4人取得创新方法培训师，2 人取得国家创新方法咨询师等资格认证。优秀的创新方法 TRIZ 理论的师资培养推进了 TRIZ 理论与生物医学的深度融合、不断提高学校教师“TRIZ+ 生物医疗”的教学、研究和指导能力。如图 4–8 所示为参赛选手在比赛现场。

图 4–8　参赛选手在比赛现场

解决了基本的 TRIZ 理论授课教师队伍问题后，TRIZ 理论如何与生物医学相关知识进行融合，医学生如何快速学习并应用 TRIZ 理论解决生物医学实际问题就成为医学创新方法教学面临的第二个问题。2016 年秋，学校选派 1 名教师和 4 名学生赴哈尔滨工业大学进行 TRIZ 理论的学习和交流，学习了宝贵的思想和推广经验。经过前期筹划和在校教务处、团委的大力支持下，哈尔滨医科大学 TRIZ 创智协会于 2017 年正式成立，同年进行协会宣传和纳新工作。出于对创新的热爱，协会首期招收近 100 名爱好创新方法的医学生。为讲好第一课，在学校支持下，协会邀请到国内知名专家讲授 TRIZ 理论指导课。与此同时，协会骨干成员在指导教师带领下，经过 2 周的集中研讨，整理出一套最初版本的包含医学案例的多媒体课件，并由指导教师和协会骨干成员联合进行 TRIZ 理论讲授。时至今日，哈尔滨医科大学 TRIZ 理论相关多媒体课件已经更新三代，授课教师的理论功底、教学经验和教学方法都得到进一步提升。

为了使学生更深入、更全面地理解 TRIZ 理论，学校在学生中广泛宣传大连理工大学开设的创造性思维与创新方法课程和黑龙江省创新方法研究会主办的龙江创新方法公益课。外部资源的引入较大程度地弥补了本校教师讲授 TRIZ 理论经验不足的缺点，经过不断尝试，学校进一步对创新方法培训和教学体系进行完善，从最初的讲授式，逐步过渡到“线上自学 + 线下集中讲解”相结合的模式。学校由 3 名教师组成的教学团队完成了“50 人 5 天全线上实践教学”的尝试，为线上教学积累了丰富的经验。截至 2022 年 5 月，学校每年组织 2 ~ 3 轮次的 TRIZ 理论基础教学讲座和实践演练工作坊，每轮次授课 32 ~ 40 学时。学校 TRIZ 理论教师先后利用钉钉、腾讯课堂和腾讯会议等新媒体教学辅助工具开展线上教学和线上项目实践研讨。近 5 年来，学校先后有超过 3 000 人次报名参加创新方法培训。创新方法教学和推广工作的扎实推进为培养创新型医学人才奠定了重要基础。如图 4–9 所示为哈尔滨医科大学 TRIZ 创智社团。

图 4–9 哈尔滨医科大学 TRIZ 创智社团

为提高学生学习和应用创新方法解决生物医学实际问题的能力和信心，学校采取“定项目 +TRIZ 理论精讲及项目研发”的模式开展工作，提升学生能力的同时也孵化出一系列优质的项目。

实践表明，“项目式教学”能快速提升学生学习创新方法理论效果，但项目从哪里来成为学生学习和运用 TRIZ 理论解决实践问题能力的第三个问题。与理工科专业类似，医学专业的教学也采取基础教学和专业教学，但基础教学的教师主要在主校区，而专业教学工作在临床医院完成。由于知识背景的差异，处于低年级的医学生并没有接触到临床，因此并不了解临床或者护理工作面临的问题。为了解决这个问题，学校先后组织多次“临床 + 基础 +TRIZ 专家”的项目研讨工作坊。在工作坊中，临床医生和护理专家提出在实际工作中面临的实际问题，在实际问题基础上，学生结合 TRIZ 理论逐步进行深入研究和探讨，TRIZ 理论指导教师扮演“提问题师”的角色，逐步引导学生深入思考，展开调研，集体讨论，形成初步方案后继续反复推敲，直至将问题更好地解决。

为进一步提升作品质量，哈尔滨医科大学自 2019 年开始组织“中国 TRIZ 杯大学生创新方法大赛哈医大选拔赛”（图 4–10），并连续三年获得大赛“优秀组织单位”奖。

图 4–10　哈尔滨医科大学参赛选手答辩现场

为进一步支持和鼓励医学生学习和运用 TRIZ 理论解决实际问题，学校各部门形成联动，建立一系列支持和鼓励学生参加创新创业活动的举措。在促进学习方面，学校设立“创新创业学分”，学生可根据“创新创业相关讲座或培训”相关证明申请兑换“创新创业选修学分”；校团委设立“第二课堂成绩单”，学生可通过有效听课或讲座证明获得第二课堂学分，该学分可作为学生评定各类奖学金、优秀学生、推优入党的重要参考依据之一。

在鼓励学生利用 TRIZ 理论进行高质量项目研发方面，学校从奖学金评定、本科毕业生保研等方面予以政策支持。在评定奖学金方面，对利用项目获得各级奖项的学生予以综合测评成绩相应加分。在保研方面，学校对“中国 TRIZ 杯大学生创新方法大赛”中获奖、获得发明专利的学生，根据《哈尔滨医科大学推荐普通高等教育优秀应届本科毕业生免试攻读研究生实施办法》予以相应加分。

在场地支持方面，学校为校级 TRIZ 创智协会提供专属办公场地，并配备 3D 打印机 4 台，推荐优秀项目的团队入驻学校医工谷孵化器。在促进专业教师和 TRIZ 理论教师参与指导学生热情方面，学校各二级学院将指导学生获得省级、国家级、国际级奖项的教师予以相应绩效考核加分或作为绩效分档标准之一。一系列有力的政策和鼓励措施不仅提高了医学生学习 TRIZ 理论的主动性、运用 TRIZ 理论解决生物医学实际问题的能力，也提升了教师参与指导学生的热情。

哈尔滨医科大学重视创新型新医科人才的培养，注重在创新方法教育方面“早布局、早实践，早形成经验做法”。经过不断摸索和创新教学实践，哈尔滨医科大学目前已形成了“二思维、三理论、四实践”的教学体系，建成了创新创业虚拟教研室，开发了医学创新方法实践教材和多媒体课件，研发了“医学创新方法实践画布”“医学问题初始化六步法”等促进 TRIZ 理论学习和实践应用的工具。

创新方法包含了较完备的思维体系、系统的问题分析和解决工具。每个思维或者工具使用习惯的养成都需要随时间进行吸收和实践。结合医学生的学业特点和人的思维养成习惯理论，学校建立三学期课程体系，分别为“二思维、三理论、四实践”，即在第二学期至第四学期面向全校本科生分别开设“医学创新思维”“医学创新方法理论”和“医学创新方法实践”选修课，课程时长分别为 8 学时、16 学时和 16 学时。

创新推动创业，创业源于创新。学校创新创业虚拟教研室整合了基础和临床、护理专业在创新与创业教育和教学上的优质资源与教师，形成了以讲授创新方法理论和创业思维与实践为主要任务的教学团队，团队成员均具有国家创新方法或创业培训师资质，部分教师具备国家创新方法咨询师资质。虚拟教研室中的临床、护理专家均为临床上直接与患者密切接触的一线专家，他们具备较强发现问题的能力，能对与问题有关的相关知识背景予以讲授和咨询、指导，能最大限度地保障学生选项目和利用TRIZ 开展项目研发过程的科学性与严谨性。

经过几年的探索和实践，学校学生的创新意识和创新能力都在逐步增强，学生学习和利用 TRIZ 理论研发项目，不仅提升了运用创新思维解决实际问题的能力，还提高了解决问题的信心和面对挫折敢于亮剑的精神。下面举简例进行介绍。

2018 年秋季，2015 级郑秀峰等 8 名同学找到指导教师表达了学习 TRIZ 理论和研发项目的意愿，也想据此参加各级创新和创业类竞赛。她们当时虽然已处于大三学年，但对创新思维和理论涉猎尚浅，对临床需求和创新设计的认知也不深。在指导教师的指引下，郑秀峰等同学与专业导师进行问题研讨，最终确定妇科诊断使用窥器时面临的光源问题为研发对象。经过 20 余次的理论培训和应用实践，学生最终推演出需要选择合适的导光材料，最后采用亚克力板导光设计，通过结合 3D 打印技术制成实物，最终该项作品作为校赛一等奖参加国赛，并获得国家二等奖的优异成绩。学生在这个过程中学习到的不仅仅是创新方法 TRIZ 理论带来的创新思维能力的提升，学生间的沟通能力、合作能力、图形绘制能力、3D 设计能力都有了快速提升，郑秀峰同学也因此被保送到四川大学华西医学中心。

2017 级生物技术专业学生张博是学校 TRIZ 创智协会的骨干成员，5 年来一直坚持学习和应用 TRIZ 理论解决实际问题。在初学 TRIZ 时，他虽然思维敏捷，善于发现问题，但是绘图能力较弱。在这种情况下，他严格要求自己，坚持学习画图技能。经过努力训练和不断提高利用 TRIZ 理论解决实际问题的能力，他累计获得实用新型专利 10 余项，获得 TRIZ 杯大赛国家一等奖 1 项、二等奖 2 项、三等奖 5 项的优异成绩。与此同时，在大三阶段，他在冠东科技有限公司实习半年，提交的项目一次性通过率为 80%。在这个过程中，他提高的不仅是创新方法理论应用能力，还包括专利撰写能力、图形设计能力、表达能力和沟通能力。

2020 级临床专业学生张瑞洁经同学介绍加入 TRIZ 协会，经过系统学习 TRIZ 理论后，她的发现问题和解决问题的能力都逐渐增强。经过与学校四院张医生进行沟通交流后，她带领团队成员在大二阶段就共同研发了“腮腺加压装置”，目前该项目相关设计已申请国家发明专利，项目也获得 TRIZ 杯大赛国家二等奖。实践表明，创新思维能力的提升和创新方法的熟练应用能进一步激发学生的潜力，最大限度地发挥学生的能力，也能有力助力新医科创新型人才的培养。

经过积累和沉淀，近三年来，学校本科生、研究生的创新应用能力逐步提升。学生利用 TRIZ 推演的设计申请获批国家专利 20 余项，成立公司 1 个，获得中国国际互联网 + 大赛国家铜奖 1 项，省级金奖 2 项、银奖 4 项和铜奖 2 项。

学校教师结合医学生特点建立的“创新方法实践画布”和“问题初始化六步法”

表现出较强的实践应用性，已逐步应用于讲座和教学中。同时，学校教师的 TRIZ 理论教学能力和经验受到省内外高校的认可，先后获得中国 TRIZ 杯大学生创新方法大赛教学成果国家二等奖、优秀奖，并受邀担任龙江创新方法公益讲师、青岛科技大学暑期 TRIZ 理论工作坊授课与实践指导教师和课程建设顾问、广东省生产力促进中心智库培训师。

医学创新创业，方法先行。哈尔滨医科大学将继续发扬“尚医、崇生、传承、探行”的哈医大精神，不断将科学的创新方法理论融入创新型新医科人才的培养过程，不断加强医学创新方法理论的学习、研究和实践，为培养适应新时代社会需求的医学生而继续努力。

参赛过程中所遇到问题及解决途径。为有效提高学生运用 TRIZ 理论解决实际问题的能力，学校自 2019 年起每年举行至少 2 期“医学生创新方法应用能力提升讲座”，目前已经成为学校的特色活动。活动的举办极大提升了学生的能力，但仍然面临科学问题不足和学生专业知识不强的问题，针对问题，学校也采取有效措施，力争补足短板。

竞赛起源于项目，项目起源于问题。当要解决的科学问题不足时，学生就会缺乏提高利用 TRIZ 理论解决实际问题的机会，也会因此失去参赛的机会。为有效解决这个问题，学校在 2018 年首次参加 TRIZ 杯大赛时就提出“问题来源于临床护理一线”的理念。学生主动与学校二院、三院、四院医生和护士进行充分的调研和研讨，不断打磨项目。在这个理念下，学校推荐参加国赛的项目解决的问题贴合临床实际，聚焦精准，也获得了评委老师的认可。

尽管如此，当前学生和临床医护人员的沟通仍然存在一定不足，主要表现在医学问题一般在临床，而处于基础阶段的学生鲜有机会接触临床医生和护理人员。要解决这个问题，学校正逐步开展“师生研讨工作坊”，期望为临床护理人员和志愿应用 TRIZ 理论解决实际问题的学生之间建立一座沟通的桥梁，为更好地解决临床中遇到的科学问题助力。

科学问题是建立在对领域内背景和知识的透彻认知下提出的，如果对领域内专业知识和问题所处的环境不够熟悉，则无法正确地运用 TRIZ 理论分析和解决问题。为有效解决这个问题，学校鼓励学生参与临床实习和观摩，通过情境法引导学生正确认识问题。在疫情期间，学生和老师无法见面沟通，临床医生则边拍摄视频边阐述问题的背景和原因，通过视频方式进行线上沟通。

第四节 青岛科技大学推广应用创新方法经验

国家科技创新力的根本源泉在于人才，加强创新教育是推进高等教育综合改革、提高人才培养质量的重要举措之一。2017—2022 年，青岛科技大学教务处牵头组织全校创新方法建设，持续组织创新方法师资培训和教学研讨会，深入指导 TRIZ 创新方法协会的常态化活动，多措并举提升学生的综合创新能力，积极组织 TRIZ 杯校赛，大力培育 TRIZ 学科竞赛学生作品，选拔优秀作品参加 TRIZ 杯国赛，在创新方法教育及 TRIZ 学科竞赛方面取得了显著的成果。

2017 年 6 月，学校副校长带队到河北工业大学“国家技术创新方法与实施工具工程技术研究中心”考察学习，完成 TRIZ 创新方法师资培训可行性调研工作，如图 4–11 所示。随后，学校明确教务处为学校创新教育职能管理部门。

图 4–11　创新方法师资培训可行性调研

教务处组织“创新方法专项师资班”培训，任课教师培训合格后持证上岗，继续组织课程建设研讨会，不断提升教师的教研能力。2017 年 8 月暑期，青岛科技大学 TRIZ 创新方法师资培训班开班。学校教务处设立了“师资培训班”专项经费，组织学校 102 名教师接受了 1 周时间的集中培训，接下来又分为 17 支创新方法教学团队进行 3 个月的课程持续学习。2018 年 1 月，学校举行了“师资培训班答辩暨结业仪式”，按照国家创新方法研究中心的培训要求，所有参加培训的教师分组汇报答辩。答辩合格的教师获得了“师资培训证书”，成为首批青科创新方法课程师资人员。自 2018 年起，教务处组织全校骨干教师定期开展创新方法与创新设计课程研讨会，持续提升学校创新方法教研能力。2021 年教务处课程建设研究中心成立，将课程建设研究纳入课程中心日常工作范畴，课程建设工作进入了“快速成长期”。

学校教务处组织“2021 年创新方法暑期工作坊”，同时每年组织“创新方法与创新设计研讨会”不少于 6 次，累计参加课程研讨会的教师超 300 人次。学校先后邀请了国内 TRIZ 专家，采用线上或线下方式为学校师生进行专题讲座，指导学校创新方法教育和学科竞赛工作，有效地促进了学校创新方法教育和学科竞赛工作的迅速发展，如图 4–12 所示。

图 4–12　创新方法课程研讨

自 2018 年起，学校教务处将创新方法与创新设计课程纳入 2018 版人才培养方案：2 学分、32 学时，限选课。学校崂山、四方、高密、中德四校区 10 个理工科学院的本专科生专业，全部开设了创新方法与创新设计课程，每年选课学生 6 000 人左右，开班人数和开班规模在山东省高校中领先。目前，全校超 2 万名学生完成了创新方法与创新设计选课并获得了课程学分。2020 版人才培养方案中创新方法与创新设计课程 32 学时理论教学修订为 16 学时理论教学 +16 学时实践的合理设置，鼓励开展混合式课程模式的改革。

学校创新方法教研团队持续开展课程建设研究，积极推广应用建设成果。学校 102 名创新方法课程主讲教师，组成了青岛科技大学创新方法教研室。教研室联络校外对口企业，共建了 6 个“校企合作创新方法实践基地”；参加了“教育部创新创业教育课程”虚拟教研室建设项目。2021 年，依托超星公司完成了创新方法与创新设计混合式课程平台的建设。该课程遵循 OBE 理念，践行“学生中心、学以致用、课赛融合”的宗旨，主编了《创新方法与创新设计课程实践指导书》，有效解决了实践教学的痛点问题。完成的混合式课程平台，截至 2022 年 7 月 1 日选课人数 4 645 人，页面浏览量达 1 533 992，预计 2023 年突破 10 000 人。

建构了“三级课堂四维融合五步融入”的特色课程模式。三级课堂的第一课堂是指课前课后网络课程学习平台，第二课堂是课中多媒体教室和智慧教室，第三课堂是课后青科 TPA 创新竞赛实践平台和青科 TRIZ 创新方法协会。四维融合是指“线上 + 线下”“理论 + 实践”“创新教育 + 思政教育”“课程学习 + 竞赛实战”组合实现的“知识→能力→情感→素养”四维融合架构。五步融入是指“课前学生线上自主学习→课中 8 学时线上 PBL 分组讨论式学习→课中 8 学时教师精讲案例→课中 16 学时 PBL 分组研讨式实践→课后 TPA 竞赛平台实践实战”的五步融入式学习流程。

依托“创新方法与创新设计”课程，获批了“基于大学生创新方法大赛的 TRIZ

教学与实训实践融合体系研究”“创新方法与创新设计一流课程建设”“青岛科技大学创新设计虚拟教研室”和“创新方法与创新设计思政课程建设”等教研项目，上述教研项目已经建设并投入使用，实际应用效果良好。2021年，学校创新方法与课程设计课程建设成果已经在全校崂山、四方、中德、高密四校区10个理工科学院全面推广应用。2022年，该课程建设成果开始在青岛滨海学院、青岛恒星学院、重庆三峡医药高等专科学校等学校开始推广应用。2022年，学校创新方法与课程设计课程成功上线“学习强国平台”，入选山东省高校在线开放课程联盟平台。

2020年12月，依托创新方法课程开展第一批“青科专创融合研究专项”试点建设。学校依托创新方法课程，选拔支持了20个优秀项目开展学校第一批“专创融合研究专项”试点建设。拨款10万元作为专创融合研究专项经费予以支持。后续学校将继续选拔优秀课程开展“专创融合研究专项”试点建设工作。同时，学校积极与山东理工大学、黑龙江省技术创新方法研究会、黑龙江科技大学、哈尔滨医科大学等国内机构开展创新方法专项合作。

学校持续选拔优秀学生作品参加创新方法大赛。自2018年开始，学校连续参加TRIZ杯中国大学生创新方法大赛，作品获奖数量和获奖等级逐年提升。2018年，学校修订下发了《青岛科技大学大学生学科竞赛管理办法（试行）》文件，将TRIZ杯中国创新方法大赛列入学校认可的学科竞赛赛事表中，中国TRIZ杯大学生创新方法大赛成绩与教师职称岗位评聘、学生奖学金评定及科创保研评分直接挂钩，大大提升了师生们参加学科竞赛的积极性。学校教务处作为职能部门，积极组织选拔优秀学生作品连续参加TRIZ杯大学生创新大赛国赛，作品获奖数量和获奖等级在山东省高校中名列前茅。学校作品在TRIZ杯国赛累计获奖33项：2018年三等奖2项，2019年三等奖3项，2020年获奖12项，2021年获奖16项。其中总决赛网络人气奖1项，国赛一等奖5项，国赛二等奖11项，国赛三等奖16项。学校2020年、2021年连续获评TRIZ杯优秀组织单位。

学校自2019年开始连续举办三届青岛科技大学TRIZ杯创新方法校赛。2019年12月，青岛科技大学成功举办首届TRIZ杯创新方法校赛。TRIZ杯校赛由学校教务处主办，学校学生工作处和机电学院协办，分为初赛和决赛两个阶段进行。初赛由来自机电、材料、化工、海洋、自动化、高分子等10个学院的206支作品队伍报名参加，经过专家严格选拔，40支优秀作品队伍成功晋级决赛。本届校赛决赛特别邀请国内知名专家担任校赛评委。决赛以现场答辩形式进行，答辩包括作品演示环节和作品问辩环节两个部分：第一部分为作品演示环节，各作品队限时五分钟演示PPT作品；第二部分为作品问辩环节，由特邀嘉宾和校赛评委对作品队伍进行限时五分钟的问辩和现场指导建议，根据各作品队整体答辩结果完成作品评分。

经过激烈角逐，最终10支作品队伍荣获一等奖，30支作品队伍荣获二等奖，上述40个作品获得了推荐参加2020年TRIZ杯创新方法国赛的资格。

2021年7月3日，青岛科技大学成功举办第二届TRIZ杯创新方法校赛决赛。TRIZ杯校赛由学校教务处主办，学校学生工作处和机电学院协办，分为初赛和决赛两个阶段进行。初赛共有来自机电、材料、化工、海洋、自动化、高分子等10个学院的 120 支作品队伍报名参加，经过严格选拔 40 项优秀作品成功晋级决赛。本届校赛决赛特别邀请校外专家担任评委。决赛以现场答辩形式进行，包括作品演示环节和作品问辩环节两个部分，评委根据各队伍答辩整体情况完成作品评分。经过激烈角逐，最终 10 支队伍荣获一等奖、18 支队伍荣获二等奖，获得了推荐参加 2022 年创新方法国赛的资格。

2022 年 7 月，第三届青岛科技大学 TRIZ 杯创新方法校赛开始举办。TRIZ 杯校赛由学校教务处主办，学校学生工作处和机电学院协办，分为初赛和决赛两个阶段进行。初赛共有来自机电、材料、化工、海洋、自动化、高分子等 10 个学院的 100 余支作品队伍报名参加。决赛以现场答辩形式进行，特别邀请教育部创新方法分教指委和中国 TRIZ 杯大学生创新方法大赛国赛组委会领导，莅临学校指导本届 TRIZ 杯校赛决赛工作。

2020 年 1 月，教务处指导青岛科技大学 TRIZ 创新方法协会开展常态化工作。2020 年 1 月，筹建青岛科技大学 TRIZ 创新方法协会，来自机电学院的一大批优秀创新方法爱好学生积极响应。2020 年 1 月通过学校社团联合评审成立了青岛科技大学 TRIZ 创新方法协会。在教务处和协会指导教师的指导下，青科 TRIZ 协会在学校三创中心成立了青岛科技大学 TRIZ 创新工作坊，每年组织开展 TRIZ 创新实践活动 20 余次，累计打造各种 TRIZ 实践作品 80 余项，如图 4–13 所示。

图 4–13　开展 TRIZ 创新实践活动

第五节 天津工业大学推广应用创新方法经验

天津工业大学依托专业师资团队的培养与传承，合理分工，优势互补，协同发展，打造一流教学团队，培养一流人才，实现“师资创优”与“环境创优”。通过教学团队内部老中青三代人的传帮带，鼓励教师进行创新方法专业进修考级考证，利用创新理论下沉企业帮助生产实践，形成师资队伍的梯队建设与青年教师的重点培养。

创新思维及方法是一门面向本科各专业设置的通识类课程。作为“课程思政”改革精品课建设课程。本课程结合实践实例讲述发明问题解决理论，让学生掌握创新的方法，激发学生的创新思维，对于培养大学生的创新创造能力具有深远意义。其教学目的为培养大学生的创新思维能力，树立正确的人生观、世界观、价值观，转变思维方式，改变思考问题的模式，克服思维定式。培养学生对技术创新方法理论的理解和应用能力，包括问题分析工具的选择、问题解决工具的使用及有效方案的构思。培养学生理论联系实际的精神和态度，不懈追求探索的个性品质，在实践中分析、解决问题的能力。整合学校实践资源进行教学，与专业课程结合，指导学生参加学科竞赛、创新创业计划及论文与专利撰写等项目。授课情况统计分线上和线下现场授课模式。线下采取小班授课、分组讨论及案例讲解结合的方式进行教学。线上为 MOOC 教学模式，学生通过观看视频把握主要教学内容的知识点，安排若干次见面课，解决学生学习中的疑问。课程的内容主要包括思维和方法两大部分，从人们习以为常的“新”和“思”引入，由浅入深地加强对创新内涵及创新过程中如何培养创新思维，把握创新方法的领会，提升学生投身创新的热情，立足于工程场景下真实问题。根据学生不同年级、不同层次，以学生未来就业、创新创业发展为中心，提出课程做到“线上与线下联合，课程与思政融合，理论与实践结合”的三合理念，提出解决问题的思路与方案。课程内容与理念如图 4–14 所示。

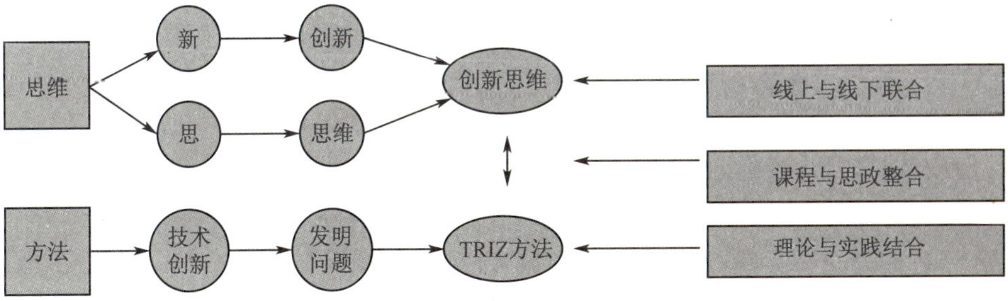

图 4–14　课程内容与理念

课程特色主要包括突出工程创新的方法引导，针对低年级本科新生，以“方法”

为主体，注重“思维”对“方法”的引导和促进作用，充分把握创新的实践和价值属性，以工程中的发明创造为课程内容的案例，强调创新的务实特征，以“线上与线下联合”的理念，实现知识点线上碎片化与线下系统化总结完美结合，开展在线课程内容策划、视频制作、在线教学与线下辅导等工作。授课现场如图 4–15 所示。

图 4–15　授课现场

结合教学内容，课程团队编著出版了《创新思维及方法概论》教材，强化“课程与思政融合”理念，作为“课程思政”改革精品课建设课程。教材以马克思主义实践观为引导，力求将矛盾分析、物场分析、技术系统进化法则等主要教学内容与马克思主义基本原理和中国特色社会主义建设相结合，着力激发学生的创新精神和爱国情怀。课程内容适应国家经济转型升级对创新型人才的要求，着眼培养学生综合的素质、能力及创新精神，介绍了从创新的概念和内涵、认识和把握创新思维、创造技法和技术创新到创新方法理论的系统知识。

为保证课程建设的时效性，针对高年级且具备一定专业基础的同学，学校在课程建设中开展了多种形式的创新教育活动，如校级创新方法夏令营、校级创新大讲堂、省部级大学生创新方法应用竞赛、国家级创新方法论坛等，强化“理论与实践结合”理念，实现以赛促教、促学、促训、促研、促建、促创，打造“竞赛–培训–研究–实践”于一体的多元评价体系，让学生在创新创业项目中或者专业竞赛实践中，活学活用，培养一流人才，弥补课程理论教学的漏洞与缺陷，做到课程与时俱进，如图 4–16 所示。

图 4–16　课程内容相关竞赛、论坛、培训活动

工程创新的教学内容为引领，注重通过加强创新实践基地建设促进课程建设。在课程进行中，教学团队依托工程训练国家级实验教学示范中心及创新实验室，通过师生合作开发了多种自主创新设备。课程建设鲜明地结合“新工科”背景下工程师培养目标与要求的特色，服务学校“一流学科”建设，服务本科生与国外留学生进行创新教育实践工作，如图 4–17 所示。

图 4–17　课程配套教学设施与环境

通过多方面的教学改革工作，在多年的课程运行中，针对不同年级、不同层次学生的能力基础与专业背景，以学生未来就业、创新创业发展为中心，形成了课程工程创新为主，提出课程做到“线上与线下联合，理论与实践结合，课程与思政融合”与“思路创优、师资创优、教材创优、教法创优、体制创优、环境创优”的“三合、六创优”

理念，通过“碎片化学习”与“系统化总结”的学习方式，体现课程通识性引导、兴趣引导、思维引导、实践引导的几个原则，取得了良好的建设成效。

课程成绩评定占比为平时成绩 30 分 + 章测试 10 分 + 见面课 4 次共 20 分 + 期末考试 40 分，注重过程培养，多元评价方法，合理评价学生知识、能力与思维的发展，如图 4–18 所示。

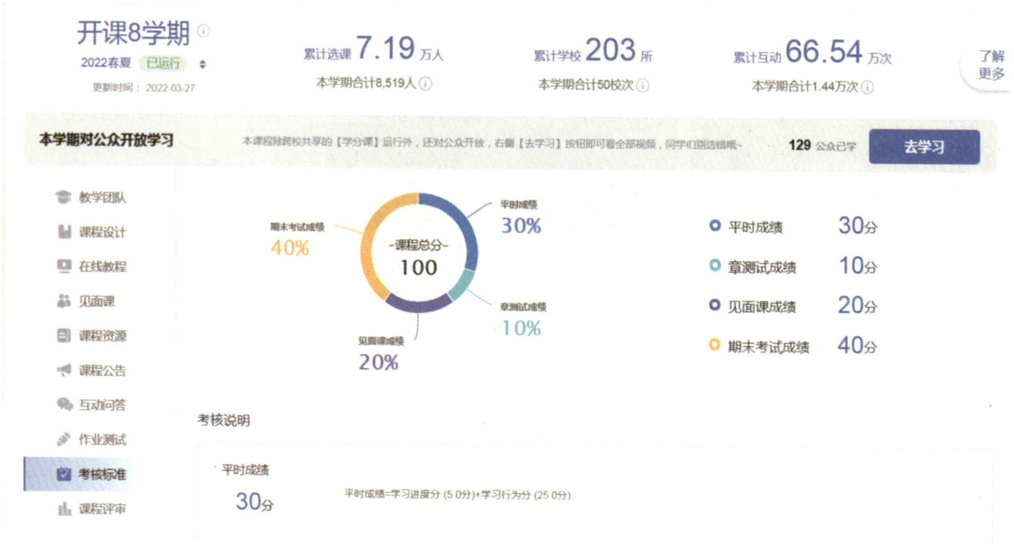

图 4–18　课程多元评价体系

在课程建设过程中，课程团队力求用课程内容中的创新思维主导课程建设和运行的过程和结果。按照在线课程平台的运行要求，利用现代化信息技术开展线上与线下相结合的教学活动与学习评价，与“学习强国”“智慧树网”平台密切合作，制定了主观与客观相结合的考核方式，完整地编排了学习考核的方式方法，完成题库的设计制作工作，包括在线考试的客观选择题、视频弹题和章节测试题。

在七期的课程运行中，特别是近两期全国选课学校和学生数量大幅增加的情况下，课程团队与教学平台协同努力，以考核规则为准绳，注重教学过程的细节把握，每一个教学环节都包括见面课与全国直播课，整个学习和考核过程有条不紊，学生学习效率和课程教学质量得到充分保证。

针对本校选课学生，还增加了论文考核，在开学初的导学课上，讲明考核要求，布置论文题目，要求学生在结课前一周内完成一篇与创新相关的小论文，以督促学生学习，力求更好的学习效果。同时更多关注学生修完本门课程的后续成果转化，教学团队与相关专业课老师，共同指导学生完成学科竞赛、创新创业项目、撰写论文与专利等创新成果输出，以培养一流人才为最大考核标准，持续关注学生“后课程”时间产出的效能。

通过创新方法理论的教学与实践，使学生掌握创新方法理论的基本原理和创新方法理论解决问题的基本方法，克服了学生的惯性思维，提高了学生参与课堂的热情，增加了学生参加创新大赛、科研立项的人数和质量，提高了毕业设计、课程设计方案数量，提高了毕业设计质量，激发了学生的创新热情和潜能，系统地培养了学生的科学创新意识、创新精神及创新能力。

创新方法在企业的推广是从源头上增强自主创新能力和推进创新型国家建设的重要举措。当前我国正处于新旧动能转换的关键时期，实现企业的可持续发展、促使企业形成核心竞争力离不开具有持续创新能力的科研人员，而保持企业科研人员创新能力的一个重要途径就是在大学期间开展创新方法相关课程教育与培训。学习过创新方法的毕业生可以为企业科技创新提供方法支撑。大多数企业的实践表明，毕业生在企业中运用创新方法产生创意、产出专利、突破关键技术、预测新技术等方面发挥着积极作用，能够有效提高企业创新绩效，支撑企业持续健康发展。

第六节 重庆三峡学院推广应用创新方法经验

2018 年 3 月，重庆三峡学院举办首届“TRIZ”杯大学生创新方法大赛。大赛由重庆三峡学院教务处主办，电子与信息工程学院承办。大赛吸引了电子与信息工程学院、教师教育学院、环境与化学工程学院、机械工程学院、数学与统计学院、土木工程学院、计算机科学与工程学院及重庆三峡医药高等专科学校共 69 支队伍参赛，参赛人数达 300 余人。大赛共计评出一等奖作品 14 项、二等奖作品 22 项，三等奖作品 33 项。同年，重庆三峡学院与重庆高技术创业中心、重庆大学、重庆市创新方法研究会一起承办首届重庆市创新方法大赛，主办单位为重庆市科学技术局，如图 4–19 所示。大赛遴选出 297 个队伍作品参赛，116 个作品进入决赛。决赛在重庆三峡学院举行，最终评选出特等奖作品 5 项、一等奖作品 17 项、二等奖作品 33 项、三等奖作品 56 项。大赛受到重庆市科学技术局网站、华龙网、《重庆日报》、重庆市电视台、重庆市创新方法网等多家媒体网站的报道。

2019 年 10 月，重庆三峡学院举办第二届“TRIZ”杯大学生创新方法大赛，亦作为第二届重庆市创新方法大赛的校内选拔赛。大赛由重庆三峡学院教务处主办，电子与信息工程学院承办。大赛吸引了电子与信息工程学院、环境与化学工程学院、土木工程学院、计算机科学与工程学院、教师教育学院共 123 支队伍参赛，参赛人数超过 600 人。大赛最终评选出一等奖作品 10 项、二等奖作品 15 项、三等奖作品 24 项及优秀奖作品 36 项。

2020 年，重庆三峡学院与重庆高技术创业中心、重庆市科协科技服务中心、重庆市创新方法研究会一起承办第三届重庆市创新方法大赛，主办单位为重庆市科学技术局、重庆市科协技术协会、重庆市科学技术研究院、重庆市总工会，如图 4–20 所示。大赛共有 208 个作品参赛，116 个作品进入决赛。决赛在重庆市科学技术研究院举行，最终评选出特等奖作品 8 项、一等奖作品 17 项、二等奖作品 33 项、三等奖作品 58 项。

图 4–19　首届重庆市创新方法大赛决赛

图 4–20　第三届重庆市创新方法大赛决赛

2021 年，重庆三峡学院与重庆高技术创业中心、重庆市科协科技服务中心、重庆市创新方法研究会一起承办第四届重庆市创新方法大赛，主办单位为重庆市科学技术局、重庆市科学技术研究院、重庆市科协技术协会、重庆市总工会。大赛共有 357 个作品参赛，158 个作品进入决赛。决赛在重庆市科学技术研究院举行，最终评选出特等奖作品 8 项，一等奖作品 25 项、二等奖作品 43 项、三等奖作品 78 项。

在 2011 年，重庆市教委与科委也联合发文《关于在高校开展创新方法（TRIZ 理论）培训及教学的通知》，督促重庆市各高校切实推进创新方法（TRIZ）的教学应用工作。为贯彻落实《国务院办公厅关于深化高等学校创新创业教育改革的实施意见》《关于推动创新创业高质量发展打造“双创”升级版的意见》《关于加强创新方法工作的若干意见》，深入落实全国教育大会精神，对接社会、企业真实需求，重庆三峡学院在创新方法推广方面，围绕高校创新方法教育研究推广协调机制建设，积极与重庆科技学院、重庆大学等兄弟院校联动协同，加强创新方法在高校的推广应用。

一是加强创新方法师资团队建设。近年来，重庆三峡学院依托电子与信息工程学院，着力加强创新方法师资培养，形成了以教授、博士为核心的师资团队，其中 7 人通过创新方法 TRIZ 等级认证。

二是加强学生创新方法教育。学校在电子与信息工程学院、环境与化学工程学院开设了创新方法课程，作为科学创造能力培养基础课程，并纳入学分制管理。将创新方法理论知识引申至实践教学环节的项目辅导过程，探索理论与实践的融合，并初步形成了以创新方法理论教学推动创新方法研究探索，以创新方法研究探索结果促进理论教学内容的补充和完善的体制机制。

三是支持创新方法社团与大赛。学校依托电子与信息工程学院师资，指导学生成立了 TRIZ 创新方法学生社团，社团入驻电子与信息工程学院创新实验室，配备项目讨论会议室、大型 TRIZ 分析白板墙、40 个发明原理速查板等房间设施。同时，对项目提出的和专业相关的实施方案，提供电路、机械零件加工制作设备和场地，配备创新方法师资每周对学生进行竞赛项目的指导。

重庆三峡学院依托电子与信息工程学院，着力培养创新方法师资力量，已形成创新方法教学团队，成员 7 人，其中博士 3 人、在读博士 1 人、硕士 3 人；教授 1 人、副教授 4 人、实验师 1 人、助理实验师 1 人。近五年，团队针对电子信息工程本科专业开设创新方法 TRIZ 课程，由一开始的选修课变成现在的专业限选课，累计授课学生 700 人次以上。

团队以“TRIZ 理论”作为抓手，结合企业人才需求和高校创新应用型人才培养目标，培养学生具备创新思维分析分问题、创新方法解决问题和创新规律预测发展趋势的能力，并将整个环节分为三个阶段，即理论教学阶段、内化吸收阶段及应用提升阶段，使 TRIZ 理论贯穿始终，分阶段、立体化赋予学生利用创新理论解决实际问题的能力，以适应企业需求，切实提高学生的创新应用能力。

重庆三峡学院自开展创新方法课程以来，将创新方法理论知识应用于学生创新创业项目指导过程中，提升学生思维能力，建立问题模型，从而提升学生应用专业知识解决实际问题的能力，形成了创新型人才培养机制与模式。目前，本科生 700 人次以上学习过创新方法；创新方法师资团队累计辅导创新创业项目 100 项以上，取得创新方法大赛国家级奖项 14 项、省部级奖项 71 项，申请获得授权专利 107 项；带动环境与化学工程学院开设创新方法相关课程。同时，积极鼓励学习过创新方法的学生参加重庆市科学技术局举办的重庆市创新方法大赛（大学生组）、科技部主办的中国创新方法大赛大学生专项赛。这些学生在各类专业竞赛和创新创业类竞赛的作品方案论证过程中发挥创新型应用人才优势，充分利用 TRIZ 理论的创新思维分析问题、利用创新方法解决问题、利用创新规律预测评估多个草案，形成高价值创新方案后，再利用专业技术实现方案。

懂创新方法的学生毕业后直接对接并参与企业实际项目，利用 TRIZ 理论形成多个解决方案，为企业技术部门提交解决方案并论证，提升其解决实际问题的创新能力与岗位竞争力。

近年来，重庆三峡学院创新方法教学团队以 TRIZ 理论为抓手，主持重庆市教委教学改革项目重点项目 1 项、重庆市教委教学改革项目一般项目 1 项、教育部产学合作协同育人项目 2 项；利用 TRIZ 理论解决分析本专业实际问题，授权发明专利 4 项，授权实用新型专利 58 项，发表论文 30 篇，其中教改论文 19 篇；指导学生以 TRIZ 理论为抓手，参加互联网 + 大学生创业大赛、中国 TRIZ 杯大学生创新方法大赛、全国大学生电子设计竞赛、中国大学生服务外包创新创业大赛、重庆市创新方法大赛、重庆市大学生物理创新竞赛、全国大学生嵌入式人工智能设计大赛等国家级、省部级竞赛，共获奖 84 余项，其中国家级奖项 16 项（特等奖 1 项、一等奖 2 项、二等奖 3 项、三等奖 10 项）、省部级奖项 68 项（特等奖 7 项、一等奖 2 项、二等奖 18 项、三等奖 22 项）；指导大学生创新创业训练计划项目市级 1 项、校级 3 项，以 TRIZ 理论为抓手的创新应用型教学培养模式改革与实践，获重庆三峡学院第七届教学成果奖一等奖。图 4–21 为学校参加第七届中国大学生创新方法大赛。

图 4–21　参加第七届中国大学生创新方法大赛

第七节　包头轻工职业技术学院推广应用创新方法经验

包头轻工职业技术学院在大力推进创新创业教育的过程中，将 TRIZ 创新方法融入装备制造类专业教育，实施内蒙古自治区教育科学“十三五”规划课题及包头市社会发展科技支撑项目的同时，构建了基于 TRIZ 创新方法的装备制造类专业人才培养模式及课程体系。这一体系的构建与应用，有力地提高了专业人才培养质量，培养汇聚了一批国家级创新工程师，提升了社会服务能力，为内蒙古自治区乃至全国高职高专院校创新人才培养提供了典范。

学院现已拥有国家二级创新工程师 60 余名，国家三级创新工程师 11 名，40 多名国家一级创新咨询师。同时学院还选派部分老师参加各种创新方法师资培训，在实施创新教育过程中，拥有了雄厚的师资力量。

学院为保障基于 TRIZ 创新方法的专业人才培养模式及课程体系构建与实施，能够为学生及老师们积极开展创新及科研工作提供平台及环境，高度重视创新实训条件的建设。几年来，学联先后申报建起了自动化学院大学生创新创业中心、自动化学院 i+ 科技创新基地、机器人创客中心等创新实训基地，经过三年的发展与建设，已成为面向全院学生开放的以电子制作、电力设计、机械制造与新型科技创新为一体的学生科技活动中心。

包头轻工职业技术学院一直致力于创新方法推广工作，集全校之力推动创新创业教育事业的发展，先后出台了《包头轻工职业技术学院大学生创新创业奖励办法》《包头轻工职业技术学院大学生创业园入驻办法》《包头轻工职业技术学院大学生创新创业鼓励和资助办法》《国家创新工程师职称奖励办法》《包头轻工职业技术学院创新创业竞赛奖励办法》等激励政策。

在制订人才培养方案过程中，全校所有专业都开设了通识课创新思维与创新方法，文科专业偏重于创新思维的培养，理工科专业偏重于创新方法的学习，在自动化、能源这些工科类院系同时还开设了创新方法与技术改善、创新方法与工程实践、大学生创新创业、创新思维与创意生成等相关课程。

例如，机电产品的设计要经过产品规划、方案设计、技术设计、施工设计等几个阶段。学生通过专业课程的学习，不仅要掌握这些阶段所需的基本理论知识，还应掌握其现代设计的基本思路与创新设计的基本方法。课程体系要明确各课程在培养学生工程意识和综合创新设计能力上的要求，如机械工程图样识绘课程应注重空间形象和创造性构型的设计能力，机械设计基础课程则应注重培养学生的创新思维和创新设计能力等。在课程教学设计中，引入 TRIZ 创新方法，让学生认识、理解、掌握、运用创新方法，拓展学生解决实际问题的思路，激发学生的创新意识，重构课程体系，有效促进学生创新能力的培养。整个教学按照“三环节五步骤”进行教学实施，如图 4–22 所示。

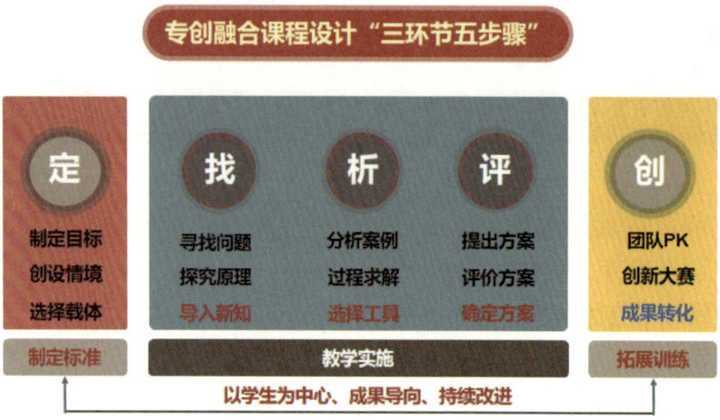

图 4–22　专创融合课程设计“三环节五步骤”

为培养装备制造类专业学生的工程意识和创新能力，在实践教学过程中，按如下要求设计了实践教学体系：从机械系统整体观念出发，启发学生学会观察、思考生活中接触到的常见机械，深入企业进行实地考察，与技术工人进行交流，发现并总结出相关行业存在的技术问题，让学生根据已掌握的专业知识及创新方法进行创新设计，真正将工程设计与教学内容有机融合，使学生开阔视野，拓宽思维。这一体系有效地将创新教育融入专业实践中，如图 4–23 所示。

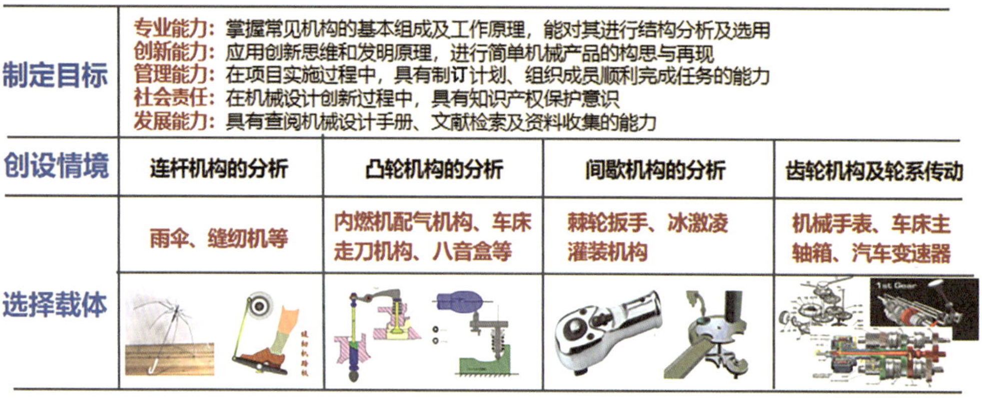

图 4–23　实践教学体系

在开展营造创新环境教学时，要特别注意密切联系实际，扬长避短，以学生的全面发展为宗旨，以培养学生的创新意识、创新能力为切入点，依据创新教育教学课程标准进行专业实践教学。教学过程设计要由易到难，采取学习小组领取任务、查阅资料、制订方案、师生研讨、指导实施等师生互动的课内外活动形式，予师生以广阔的创新空间。在创新教学活动的组织过程中，教师不仅是单纯的知识传播者，更是共同学习的帮助者和参与者、教学活动的设计者和指导者，同时也是学生创新意识的启蒙者、创新能力的开发者。在创新教学活动的设计过程中，教师更加注重教法新颖、有创意，学生更加追求主动参与、勤探究。通过搭建创新锻炼平台，努力营造一个平等、轻松、和谐的创新学习环境，以达到培养创新意识，提高创新能力的目的。实践教学体系如图 4–24 所示。

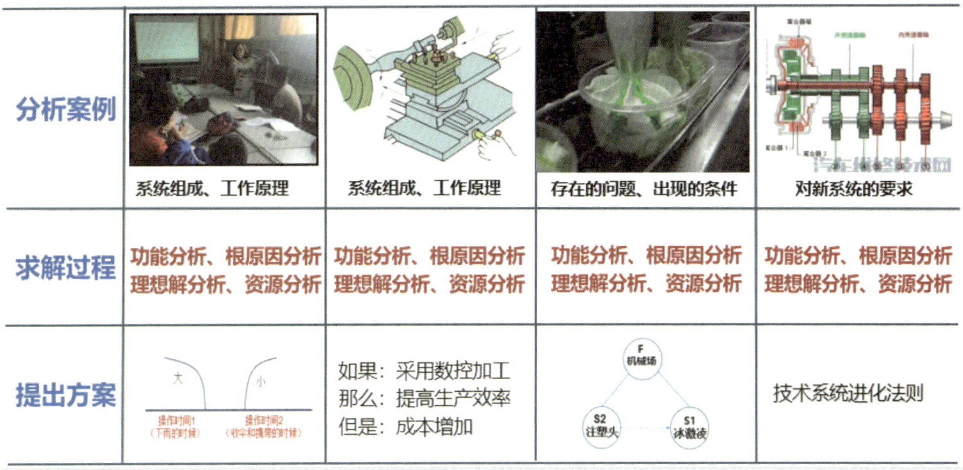

图 4–24 实践教学体系

学生的学习过程既是一种认知过程，也是一种探究过程。教育的过程本身就是一种探索与创造。高职装备制造类课程的教学只有学生的主体作用与教师的主导作用很好地相统一，不断探索课堂教学的新思路、新方法，引导学生发现、探究、解决问题的能力，培养学生的开拓精神和创新意识，才能逐步培养其求异创新能力。

课程内容的选取立足于“以服务为宗旨，以就业为导向，以学生为中心”，积极采用教、学、做一体化的教学模式，课程各个环节以创新方法融入专业教育为主线，学生为主体，教师为主导，提高学生的学习主动性，注重实际操作应用能力和创新能力的培养。如将机械设计基础的理论与实践教学环节相融合，把创新方法融入专业课程教学内容中，对各机构的工作原理、结构特点、运动特性通过创造性地对其所选择的实际工程案例分析来了解和掌握，如图 4–25 所示。

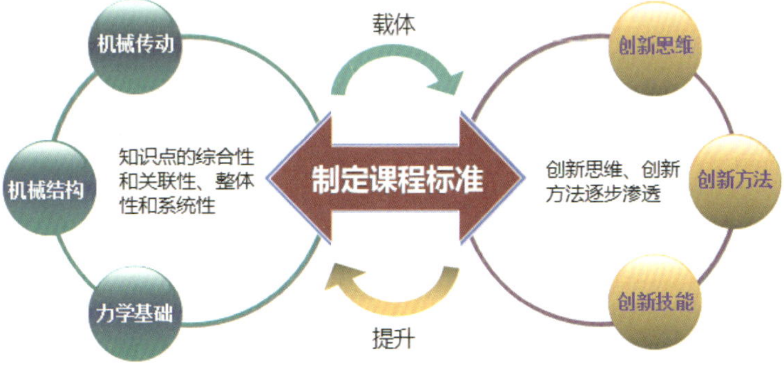

图 4–25 课程内容设计

通过将创新方法融入工程实践能力培养，唤起学生的创新意识，培养学生的创新精神，提高学生的创新能力。在实践教学环节的设计上，利用头脑风暴及教师所讲的各种机械创新设计方法提出初步构想，然后进行前期材料的收集准备，根据所学课程的内容不断完善方案，进行材料的补充，最终确定设计方案，进行产品制作，同时不断地调试和改进。这样不仅培养了学生独立思考和创造性构型能力，还启发学生学会观察生活与工程实际中接触到的实际案例，并能根据要求自己去进行创新设计，将工程设计与教学内容有机融合，使学生不断开阔视野，拓宽思维，真正做到将创新教育融入专业课程中。

要培养学生的创新能力，就必须让学生主动参与学习过程，积极思维，给他们提供自由开放的空间，创设愉悦宽松的学习氛围。学生主动参与，敢于质疑，敢于坚持自己的见解，敢于与老师、同学讨论，从而建立起自主学习的激励氛围。因此，在组织专业教学的过程中，教师要努力以培养创新能力为核心营造专业教学环境，围绕相应的课程内容，开设创新性实验，以激发学生的创新意识。充分利用实训室与实习工厂，采用开放式的管理办法，争取给每位学生实践动手和操作的机会，培养和提高学生的实践动手能力。教师要想方设法把自己融入学生中间，使自己成为教学过程中的听众、合作者、指导者，把爱心、微笑、激励成功和信任带入课堂，在足够宽松的教学环境中，使学生的创新能力得到充分发挥。如图 4–26 所示为学生参加实训。

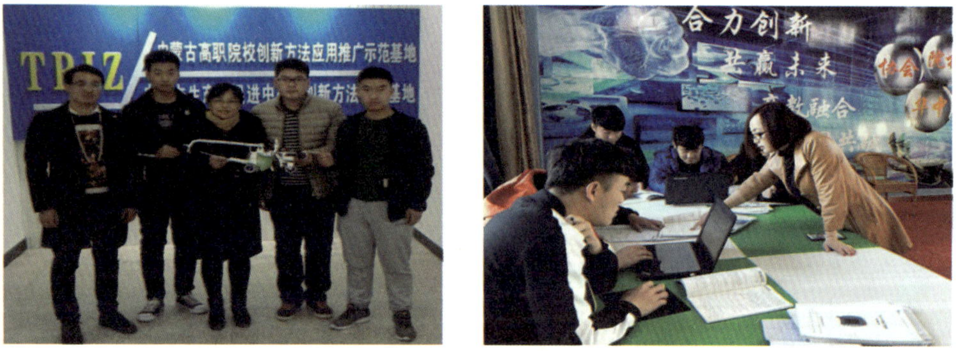

图 4–26　学生参加实训

TRIZ 创新方法的推广应用及专创融合的实施，极大地提升了学生的岗位适应能力和创新实践能力，做到了给学生一个空间，让他们自己往前走；给学生一段时间，让他们自己去探索；给学生一个机会，让他们自己去选择；给学生一个题目，让他们自己去创造；给学生一个条件，让他们自己去实践。通过积极开展创新型人才培养探索与实践，使创新教育覆盖全体学生。结合不同专业需求，着力加强对学生创新意识、创新精神的培育和引导，重点提高学生的创新实践能力，打造融入创新思维、创新方法的多元化专业课程体系和实践教学体系。成果的实施应用，提升了专业师资队伍的实践教学能力和创新能力，先后培养出 70 多位国家级创新工程师，加快了“双师型”师资队伍建设的步伐。采用了模块化的课程体系、工程化的教学平台、项目化的教学载体、协同化的教学方式、多样化的教学考核，活跃了课堂气氛，调动了学生学习的积极性，促进了学生积极思考。TRIZ 创新方法的推广应用及专创融合教学实践，受到了社会各界的认可与好评。在内蒙古自治区及中国 TRIZ 杯大学生创新方法大赛中，学生组获得铜奖 1 个、一等奖 3 个、二等奖 7 个、三等奖 5 个，教师组一等奖 1 个、二等奖 1 个、三等奖 1 个，教师组教学成果奖 4 个。

第五章　创新人物篇

创新是引领发展的第一动力，人才是创新发展的第一资源，创新型人才是建设创新型国家的人力资源基础，也是建设创新型国家的决定性因素。创新人才培养是一项长期的系统工程，大学生是大众创业、万众创新的生力军，也是创新人才培养的重要对象，对大学生的创新培养必须贯穿高校教育的全过程，并通过人才培养模式的深化改革，确保对创新教育内涵和需求的持续关注，促进大学生创新能力的培养与发展。大学生创新能力培养的价值常常体现于创业。创新和创业是相辅相成，无法分割的。创新是创业的灵魂和基础，是创业的动力和源泉，而创业则是创新的载体和表现形式，创业的本质是创新，创业推动并深化创新，二者相互促进又相互制约，是密不可分的辩证统一体。创业者只有通过创新，才能使所开拓的事业生存、发展并保持持久的生命力。

创新是社会进步的灵魂，创业是推动经济社会发展、改善民生的重要途径。青年学生富有想象力和创造力，是创新创业的有生力量，广大青年学生应在创新创业中展示才华、服务社会。2021 年 10 月国务院办公厅发布的《关于进一步支持大学生创新创业的指导意见》（国办发〔2021〕35 号）明确指出，纵深推进大众创业、万众创新是深入实施创新驱动发展的重要支撑，对大学生群体创新创业教育起到了指导性的作用。大学生群体作为落实创新驱动的主力军，着重支持大学生创新创业具有至关重要的作用，也是全面促进新时代中国特色社会主义建设事业创新发展的重要一环。基于此，在大学生教育工作中需要围绕大学生群体创新创业能力培养展开多元化的教育设计，致力于完善大学生创新创业教育模式，以此促进大学生成长为新时代中国特色社会主义建设事业所需的优秀接班人与建设者。

从大学生创新能力培养的实际发展而言，课外科技竞赛工作是高校素质教育和人才培养的重要组成部分，是推动学校教育教学改革、促进学风建设、展示人才培养水平和特色的有效途径，是培养学生专业能力、综合素质，提高其实践能力、创新能力和团队协作精神的重要载体。中国国际“互联网 +”大学生创新创业大赛、“挑战杯”中国大学生创业计划竞赛、中国创新创业大赛、中国创新方法大赛、“创青春”中国青年创新创业大赛、“创客中国”中小企业创新创业大赛、全国大学生电子商务“创新、创意及创业”挑战赛、中国大学生服务外包创新创业大赛等各类竞赛，在开阔大学生视野、丰富大学生知识、拓宽大学生参与创新创业渠道和促进大学生成长为创新型人才等方面都发挥着重要作用。中国 TRIZ 杯大学生创新方法大赛（以下简称“大赛”）作为中国科协、科技部主办的中国创新方法大赛三个专项赛事之一，以营造大学生创新创业良好环境为目标，以开展大学生“大众创业，万众创新”活动为主线，充分发挥大赛在培养大学生创新精神、协作精神、实践能力，激发大学生学习兴趣和潜能等方面的积极作用，从更大范围、更高层次、更深程度上推进大学生创新创业活动的开展。通过举办大赛，不但激发了大学生创新创业活力，提升了大学生创新创业综合能力，还带动了一批高校开设创新方法课程，培养了一批高素质、实践经验丰富的高校创新方法指导教师。

中国 TRIZ 杯大学生创新方法大赛作为造就“大众创业，万众创新”的重要赛事，从国家层面来看，大赛为创新驱动发展战略的实施提供了契机和抓手；从社会层面来看，大学生从校赛的选拔到省级区域赛的角逐再到国赛的竞争，逐步提升自己的创新创业能力，可以为企业打通创新创业型人才输送的渠道，为中国式现代化建设发掘和培养后备力量；从高校层面来看，探索创新创业型人才培养模式是高校教育教学改革的关键环节，大赛作为中国创新创业大赛的三大专项赛事之一，是深化高校创新创业教育改革的重要举措；从教师层面来看，大赛能与创新方法及相关专业知识密切结合，指导教师需要对学生提出的问题给予指导和解答，这就需要指导教师不断查阅资料化为己有，再传授给学生，不仅提高了自己的教学水平，还积累了比赛的指导经验，更好地贯穿于平时的教学过程中；从学生个人发展来看，相比在课堂上被动地接受知识，学生在参加大赛过程中，会调动其发现问题、分析问题、解决问题的积极性，提高自主学习的主观能动性。中国 TRIZ 杯大学生创新方法大赛已成功举办十二届，截至目前，共计有 12 175 支参赛队伍参加国赛（部分校赛淘汰未做统计），直接培养创新方法人才 10 万余人，大学生参赛作品申报 3 013 项，成果转化 831 项，转化全额 22 487.158 万元。近三年，比赛改为“线上 + 线下”的形式进行，每年的总决赛进行现场直播，累计观看量 20 余万人次。大赛举办过程中涌现出一大批科技含量高、市场潜力大、社会效益好的高质量项目，培养出一大批专业水平高、教学能力强、辅导水平高的优秀指导教师，培养出一大批创新能力强、实践水平高、创业意识强的优秀参赛学生，真正把创新创业教育融入教育各环节，融入人才培养全过程，实现了从“就业从业”模式到“创新创业”模式的转变，从学科、院校壁垒向学科交叉、产教融合转变，以创新引领创业、以创业带动就业，打破了学科专业之间、产业与学校之间的壁垒，让多学科交叉、跨专业学习、校内外协同成为可能。

第一节　创新人物——导师篇

一、姜金刚：让思维“转个身”，创新方法点亮科研教学路

近日，哈尔滨理工大学机械学院教授姜金刚正在进行机器人辅助牙体预备系统的可行性验证，这是他参与完成的 2020 年度黑龙江省科学技术奖（技术发明类）二等奖成果“口腔机器人及其关键技术”的应用领域拓展研究，而该项目离不开创新方法 TRIZ 理论的助力。

姜金刚曾是黑龙江省第二届 TRIZ 杯大学生创新设计大赛特等奖获奖者，从参赛

学生到优秀指导教师，他不仅带领一个又一个学生团队斩获科技比赛奖项，还将创新方法运用到创新实践中。

1. 学习 TRIZ 理论，突破常规思维

“机会是留给有准备的人的”是姜金刚的座右铭。姜金刚 2011 年参加“TRIZ”杯大学生创新设计大赛时还是在读博士，2012 年留校任教并被评为硕士生导师之后便一直以指导教师的身份和学生一起投入科研。图 5–1 为姜金刚。

图 5–1　姜金刚

姜金刚第一次了解 TRIZ 是在 2008 年黑龙江省多所高校的讲座上。TRIZ 是发明问题解决理论，它为人们创造性地发现问题和解决问题提供了系统的理论和方法工具。一场一场讲座听下来，姜金刚渐渐对这个创新理论产生了浓厚兴趣，开始自学并参加比赛，之后还参与编写了两本关于 TRIZ 理论与创新设计方法的书籍。

谈到学习 TRIZ 理论给自身带来的最大改变，姜金刚坦言，思维上的变化是最明显的，“学会了逆向思维，从多个角度去思考问题，遇到问题就想着怎么去改进它”。他用吸尘器的发明来说明这种逆向思维：“当人们看见灰尘，常规的做法是把灰吹走，但既然可以吹走，可不可以吸过来呢？将灰尘吸到盒子里收集起来再扔掉，就避免了灰尘四处飞扬”。姜金刚认为许多的创新都来源于生活实践，让思维“转个身”，突破常规和习惯，也许就能获得创造性的飞跃。

如今，姜金刚从“参赛者”变为“指导者”，对于学生学习“TRIZ”并积极参加比赛，他认为：“学生在经历过比赛后，唤醒了创新意识，就会想要尝试其他类别的竞赛，在这个过程中他们的能力也在逐渐提升。”

2.“TRIZ”相伴科研探索路

姜金刚的科研探索之路离不开“TRIZ”的影响。他告诉记者，目前他正在进行关于口腔修复过程中必要的治疗环节——牙体预备的研究，如图 5–2 所示，通过反复

分析和试验，完成了对机器人辅助牙体预备系统可行性的验证，能够有效提高备牙质量和口腔治疗的效果，该项研究就运用到了 TRIZ 理论中的发明原理，如分割原理、预先作用原理、中介物原理等。

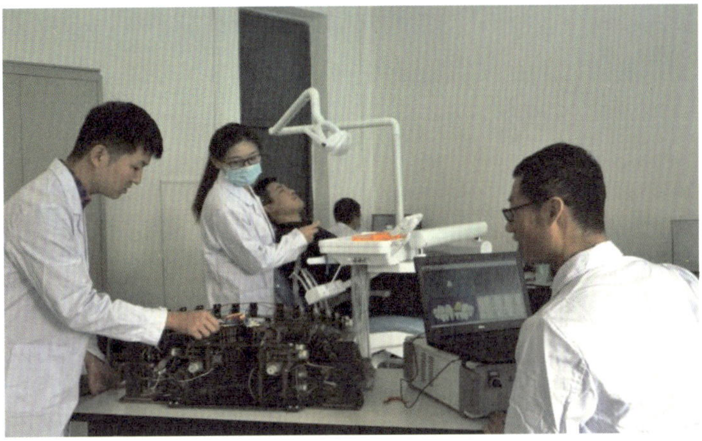

图 5–2 姜金刚（右一）带领学生研究口腔机器人

姜金刚参与完成的“口腔机器人及其关键技术”成果，开发的口腔机器人主要用于全口义齿和正畸，针对传统手工排牙受医生和技师个人水平的局限、返修率高等问题，研发了国内首套多操作机全口义齿排列系统和正畸弓丝弯制机器人系统，可提高全口义齿排列的精度。该系统在哈尔滨和佛山的医疗器械企业得到转化，近三年取得经济效益 1 375.49 万元。如图 5–3 所示为姜金刚和学生在实验室。

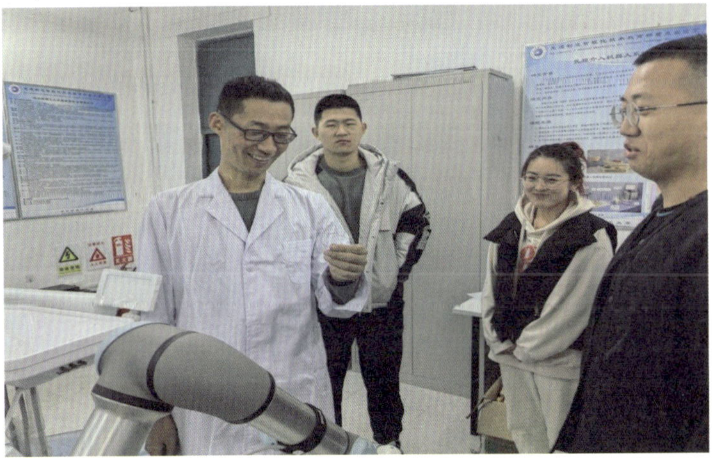

图 5–3 姜金刚和学生在实验室

姜金刚主要负责机器人样机的研制和软件的编制工作，所研制的排牙机器人采用了 TRIZ 理论中的组合原理，采用多个操作机的协调配合，以实现人工牙位置和姿态的精确控制。姜金刚说：“TRIZ 理论的学习的确对我的科研道路产生了重大的影响。”

3. 教学更加严谨，传承 TRIZ“接力棒”

“十分钻研且追求完美”是周围人对姜金刚的评价，凡事他都要做到精益求精，甚至连学生论文的每一个标点符号和空格，他都会注意到并帮他们进行修改。姜金刚说：“希望学生可以从小事中养成认真的态度，尤其是科研工作，不能缺少严谨的态度，即使是一个小的细节，都是十分重要的”。现在他的学生们也都逐渐养成了注重细节的习惯，相互之间如果看到问题就会立刻提醒和帮忙修改。姜金刚指导学生参加 TRIZ 大赛时合影如图 5–4 所示。

图 5–4　姜金刚指导学生参加 TRIZ 大赛时合影

对于自己认真细致的性格，姜金刚认为离不开学习 TRIZ 后思维方式的改变，TRIZ 的学习让他变得更加严谨，更加追求卓越，敢于啃硬骨头。

据了解，姜金刚所指导的学生作品在 TRIZ 杯大赛中几乎每年都会获奖。2012 年他以教师身份指导的学生作品“基于 TRIZ 理论的多功能直尺设计”获得了第三届 TRIZ 杯大学生创新设计大赛特等奖。团队中的几名参赛学生经过大赛后，不仅在创新思维和能力方面得到了提高，在学业上也都有了不错的发展，有的直攻博士去了中国科学院沈阳自动化研究所，有的直接保研到本校或天津大学，如图 5–5 所示。

图 5–5　姜金刚和学生在一起

曾参加过第三届 TRIZ 杯大学生创新设计大赛并获得发明制作类二等奖的王开瑞也是姜金刚指导过的学生。他参加完比赛后，继续读研、读博，毕业后留校任教。同时，他还从姜金刚手中接过了 TRIZ 大赛在哈尔滨理工大学联络员的“接力棒”。

姜金刚说：“学校里有很多对 TRIZ 感兴趣的学生，我们鼓励上届带着下届，把 TRIZ 理论一届届传下去，让更多的学生通过学习创新方法提高创新能力。”

二、朱翠兰：让创新方法内化为学生的基本功

朱翠兰是东北大学创新创业学院项目部部长兼办公室主任，东北大学创新方法推广工作主要负责人、法学硕士、国家二级创新工程师，通过了国际 DFP 认证、C-TRIZ 三级认证，拥有深入企业实际培训经验，主要研究方向为创新创业教育与管理、创新方法推广与应用实践、产品创意研发与设计等；参与团中央、科技部、省市级相关课题研究 13 项，荣获省级、校级教学成果奖 7 项，参编书籍 3 部，发表创新创业研究相关学术论文 10 余篇，在论文评选中荣获国家级奖励 15 项；多年参与竞赛指导工作，累计指导学生创新方法类竞赛作品荣获国家级奖励 70 项、省市级奖励 110 项。如图 5–6 所示为朱翠兰带领学生参加竞赛。

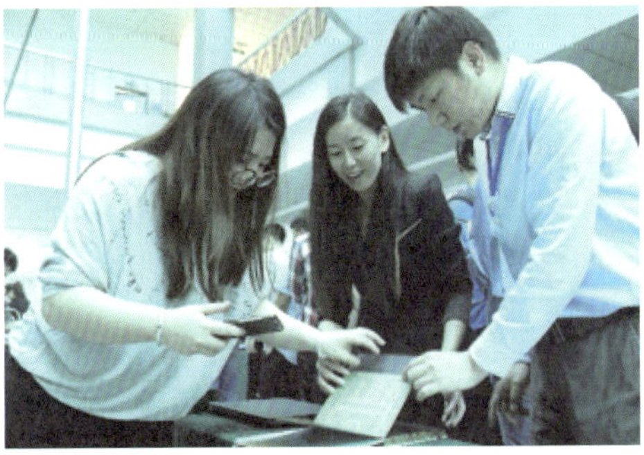

图 5–6　朱翠兰带领学生参加竞赛

1. 遇见创新方法，收获师生共创的幸福和满足感

2008年7月4日，硕士毕业的朱翠兰怀揣着教书育人的青春梦想走入东北大学、走进创新创业，那时，朱翠兰工作了将近14年的地方叫“学生创新中心”，是刚刚成立一年的新生组织，算上领导班子，专职工作人员仅5人。面对全新的组织、全新的环境，朱翠兰像所有职场小白一样，曾无所适从。但是人少也有人少的好处，“集体总动员”是常态，朱翠兰可以全方位、无死角地接触创新创业每一个工作领域。入职以来，从办公服务、科普实践、国创计划、科技竞赛到创新课程，她几乎在所有的创新创业教育领域都做出了尝试和探索。这为她后期在创新方法推广方面尝试的改革探索奠定了坚实基础。图5–7所示为朱翠兰讲授创新创业课程。

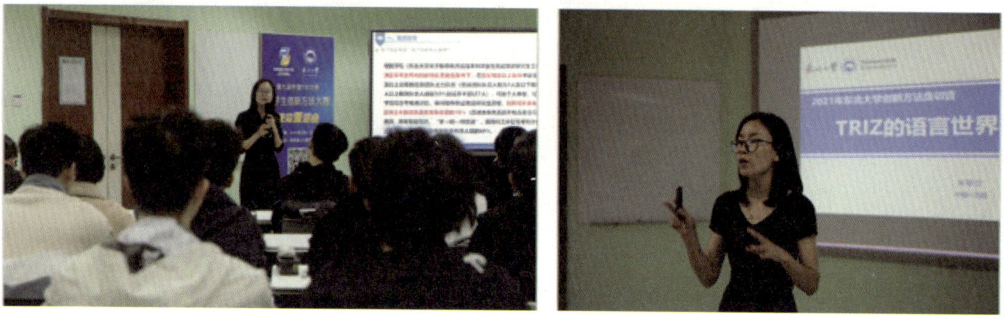

图5–7 朱翠兰讲授创新创业课程

有人说，最好的教育是和学生共同成长。从入职到现在，朱翠兰已经在创新创业教育岗位上工作了整整14年。然而由于一直忙于管理服务，时间越久她反而越发不自信了。创新创业的浪潮这般汹涌，如何在浪潮中做真正的自己，如何让自己的工作更加有意义，如何在发展学生的同时也让自己收获成长，这是她一直在追问自己的问题。2014年，一个偶然的机缘，创新方法走入她的职业生涯，在辅助课程建设、参与培训学习、对接科技部创新方法专项课题的过程中，她逐步开启了创新方法探索之旅，这让她在管理服务之外觅得一片教学相长的专属天空。八年间，朱翠兰用自己的努力付出，成功实现了从创新方法大赛组织工作者到创新方法大赛指导教师身份的转变，在师生共创中实现了莫大的幸福和满足感。

2. 坚持改革创新，为创新方法推广应用注入活力

东北大学作为国内较早开展创新创业教育的高校之一，自20世纪80年代起，翻译了国外最著名的有关创造力、创新方法的一批专著和教材，并在全国范围内掀起了创新方法学习热潮。2016年正式承担创新方法推广工作以来，朱翠兰深感责任重大，如何做好这项传承性育人工程，是她必须要面对的重要课题。身为一名创新教育工作者，她深刻体会“唯改革者进、唯创新者强、唯改革创新者胜”的发展硬道理。于是，她在原有丰富的创新创业工作经验基础上，尝试探索创新。

课程是创新方法推广的主渠道，也是改革的重点。总结课程建设经验，以TRIZ理论为主、传统创造学为主、批判新思维教学为主设计教学内容，朱翠兰推动创新方

法课程体系完善，将创新方法教学内容纳入人才培养方案。强化原有“工程技术创新方法”与国创计划的深度融合（TRIZ 融入计划），打造创新方法金课；尝试性提出“打开思维的盒子：创新 40 法”新课，在系统创新方法论中强化基础创新工具的理解和运用，形成初、中、高三级创新方法课程架构，满足不同年级学生成长需求，年均惠及学生总数累计突破千人次。2019 年，她尝试性提出“一赛一课”建设思路，将创新方法大赛纳入学校认定的星级竞赛管理，实现创新方法课程与创新方法大赛的融合。尤其对中国 TRIZ 杯大赛给予了仅次于“互联网 +”和挑战杯的六星级竞赛认定，对参赛学生给予创新特长保研政策支持，将指导竞赛获得全国一等奖以上奖励作为指导教师晋升指标。这样的改革创新极大地激发了师生参与创新方法推广与实践应用的热情，仅仅三年，学校参与创新方法大赛的师生人数同比增长超过 10 倍。图 5–8 所示为东北大学实施 TRIZ 融入计划。

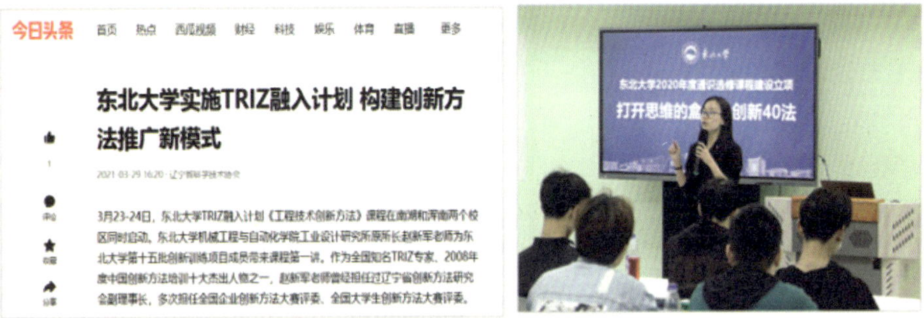

图 5–8 东北大学实施 TRIZ 融入计划

3. 改革组织模式，搭建学生成长的竞赛育人平台

参与人数的激增为创新方法推广工作注入了活力，但同时也为竞赛组织工作带来了新的挑战。为了确保竞赛组织工作的规范性，提升竞赛育人内涵，朱翠兰尝试将“单次竞赛训练”发展为“持续性育人平台打造”，在“校内赛—省赛—国赛”三级竞赛选拔体系基础上，构建“课程宣讲—赛前辅导—定向提升—创业孵化”链条式竞赛组织模式，如图 5–9 所示。

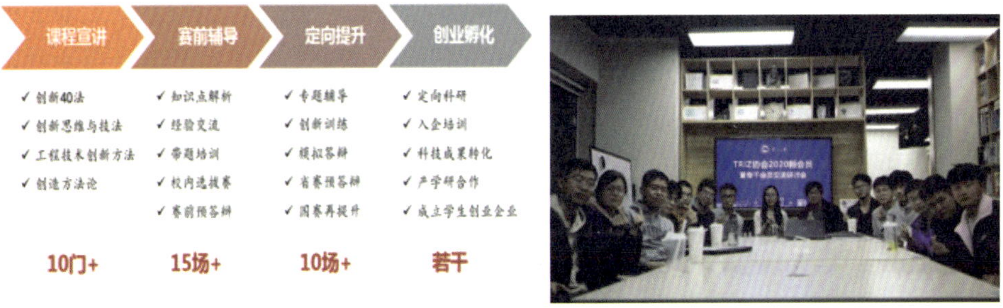

图 5–9 改革竞赛组织模式

近年来，依据该模式，东北大学每一个推向国赛的作品都经过“千锤百炼”的打磨，作为指导教师和竞赛组织工作者，朱翠兰全程和学生们在一起。以 2021 年的第九届国赛为例，竞赛工作整整持续了五个多月，相关培训和提升活动多达数十次。当然，这样的组织过程离不开有力的群体支撑。2018 年，朱翠兰牵头组织成立了东北大学 TRIZ 协会，加入中国大学生 TRIZ 爱好者联盟。作为社团指导教师，每个新学期，她都会和社团骨干成员开展交流活动，鼓励社团成员活跃在创新方法工作的一线。四年来，社团成员已经成为她重要的工作伙伴，是赛事组织以及省内国际创新方法报告会、各类培训活动的中坚力量。由于表现出色，社团先后获评东北大学“五四”先进学生社团、连续三年获评东北大学创新创业优秀学生组织。

4. 强化特色发展，用心做最专业的创新方法教育

真正的创新方法工作是什么？有人经常用“工欲善其事，必先利其器”来阐述创新方法的意义。创新方法不仅仅是系统方法论，更是一种思维方式，是一种全新的教育理念。就如刘燕华老师在中国经济大讲堂中的一次专题报告所阐述的，“创新方法教育应该成为学生从知识转化为能力、从能力转化为价值的一个基本功。”这也是这么多年朱翠兰在推广创新方法中一直努力落实的教育理念（图 5–10）。

图 5–10　东北大学开展创新方法教育

为将这一理念在实际工作中落实，朱翠兰坚持特色发展，用心做最专业的创新方法教育。首先强基固本，积极开展创新方法导师团建设，校内外寻找志同道合的优秀合作伙伴，以创新方法为引领在学生心中播撒创新的种子，在此基础上，打造品牌教育活动。2021 年，朱翠兰在创新课程、创新方法大赛基础上，首创性推出东北大学创新方法集训营活动，只为热爱创新方法的师生们提供交流、互促发展的平台，共吸引 1 600 多人次参与。2022 年，社团积极总结课程建设经验，工程技术创新方法成功申报东北大学本科“精品骨干课程”；“以创新方法为引领的新工科创新工程人才培养对策研究”获评辽宁省科协科技创新智库项目；校内外 50 多名行业专家和优秀的企业工程师成为东北大学创新方法推广的主力军，更多的企业资源和社会资源正在成为东北大学创新方法的教育教学和学生工程实践能力提升的源头活水。东北大学特色创新方法推广工作先后受邀在国家级平台上专题分享。

大仲马说：“当你拼命想完成一件事的时候，你就不再是别人的对手，或者说得更确切一些，别人就不再是你的对手了，不管是谁，只要下了这个决心，他就会立刻觉得增添了无穷的力量，而他的视野也随之开阔。”对朱翠兰而言，创新方法就是那个让其拥有无穷力量并愿意为之拼尽全力完成的事情。遇见创新方法，开启创造之门，期待更多优秀师生加入创新方法推广行列，期待创新方法真正内化为学生的基本功，成为“科创中国”的行动自觉。

三、崔少华：“海河工匠”进校园，开启创新方法教学新思路

2022 年天津技能周期间，第三届“海河工匠”称号获得者——天津安卡尔精密机械科技有限公司技术总监江伟、天津力神电池股份有限公司资深高级工程师崔少华、航天精工股份有限公司数控车工高级技师曹宏走进天津机电工艺技师学院，联袂为学生们带来了一堂生动、精彩的思政课。

1. 搭建高校与企业之间的桥梁

“海河工匠”崔少华从 2013 年以来一直致力于技术创新 TRIZ 理论的学习、实践和教学工作，他先后担任了天津市创造学学会常务理事、天津大学外聘工程硕士企业导师、南开大学滨海学院外聘教师、天津市总工会讲师，累计培养了本科生 405 名、创新工程师 27 名。他共计获得国家知识产权局授权的专利 52 项，最近五年间先后出版了专著 1 本，发表 TRIZ 理论应用的 EI 论文 2 篇，获得了 4 项国家级和天津市的企业创新方法大赛奖项。他能够获得第三届“海河工匠”的荣誉称号也得益于他将 TRIZ 理论应用于生产实践和在 TRIZ 理论教学中所取得的优异成绩，如图 5–11 所示。

图 5–11 崔少华——“海河工匠”

崔少华从 2018 年开始在南开大学滨海学院从事“创造性思维”“创造学”两门课

程的教学工作，他以其雄厚的技术背景，在教学中大量使用了实际生产的案例，强调创新理论在大生产中的使用过程，为学生们提前模拟了未来的工作场景。通过如何运用创新方法分析问题、解决问题、验证改善方案的讲解，开启了创新方法教学的新思路。教学期间，他作为学生导师共计获得了 8 项国家级和天津市大学生创新方法大赛的奖项，完成 2 项国家级大创项目，并且顺利结题验收。他以丰富的工作经验和实战式的教学内容构建了高校与企业之间的桥梁，为学生们将来在各自工作岗位中发挥创新创造潜能提供了可能。

2. 培养创新精神，激发学生发明创造

崔少华通过十年的学习和实践，对技术创新有了深刻的认识和理解。之前在解决技术问题时，大多运用传统的思维方法——头脑风暴法、试错法，这种传统的思维方法需要集合多人的智慧，而技术创新（TRIZ）的方法是来源于众多不同领域的专利发明中的共性方法的归纳总结，并通过建立功能模型—确定理想解—建立问题模型—通过工具查找发明原理和标准解释确定可能的解决方法，再通过实验优化解决方案。这种解题思路是基于大量发明专利的解决方法的规律性来解决新问题的，换句话说，就是借用其他领域成熟的解决方案来解决本领域的问题。图 5–12 为崔少华讲授创新方法课程。

图 5–12　崔少华讲授创新方法课程

崔少华在技术创新即 TRIZ 领域已经深耕了十个年头，因此他在课堂上着重培养学生们的创新能力，创新能力是可以通过后天的学习和训练来掌握的。首先，他使用了多媒体教学，通过视频、照片和动画形象地介绍各个创新原理和创新方法的解释，可以形象生动地吸引学生注意，并对理论知识有初步了解；其次，他在开课之初，让学生们把日常生活中遇到的小问题进行问题立项，比如宿舍的电扇风力不均匀、洗干净的衣服无法快速辨别是否晾晒干、药膏涂抹皮肤的量不可控等，随着课程的开展，

针对这些不起眼但又无解的小问题，先是使用传统的创新方法进行分析和解决，然后用创新方法即 TRIZ 的理论进行理想解的分析、建立功能模型、找到冲突、利用 TRIZ 工具分析，在结课时每个小问题都能得到 8 ~ 10 个解，其中就有一些解决方案对问题的解决是有帮助的；再有，他以国家的 TRIZ 杯大学生创新方法大赛、天津市的大学生创新方法大赛和大学生创新创业项目为依托，“以赛代教”，起到了非常好的促进作用，学生们通过创新方法大赛把创新方法的理论和工具结合实战案例进行演练，通过反复打造，使得理论知识根深蒂固，学生们创新思维的建立，也为他们将来走向工作岗位打下了扎实基础。

借助中国 TRIZ 理论推广的契机，崔少华针对大学生创新创业教学体系进行了有益的尝试，积极开展 TRIZ 教学研究，促进“大学生创新思维”“创造学”课程教学的科学化、系统化及高效化，借助 TRIZ 理论有效地推动大学生创新思维和创业能力的培养，让大学生会创新、敢创业，最终实现大学生创新创业教育的改革创新。

四、魏勇：创新方法是教育教学和科学研究的动力源泉

魏勇（图 5–13）是重庆市青年骨干教师，重庆三峡学院电子与信息工程学院副院长，光纤微加工与传感实验室主任和技术带头人，重庆市创新方法研究会理事，国家二级创新工程师，国家一级创新培训师，国家一级创新咨询师，长期进行创新方法讲座授课与企业 TRIZ 咨询服务，近三年指导创新方法大赛累计获国家级奖项 14 项、省部级奖项 71 项、授权专利 107 项。

图 5–13 魏勇工作照

“教育教学既是一门学问，也是一门艺术，学无止境，教无止境”。这是魏勇的“口头禅”。

1. 创新方法，坚持学习建团队

2016 年，魏勇从哈尔滨工程大学博士毕业后来到重庆三峡学院。对于北国冰城的帅小伙魏勇，来到古老、神奇、美丽的三峡大地，一切都感到特别，一切都感到新鲜。

魏勇第一次了解 TRIZ 是在 2017 年 5 月中国 TRIZ 杯大学生创新方法大赛上。这次比赛，魏勇作为指导教师组织学生参赛，赛前虽通过搜索资料对 TRIZ 有一定了解，但是通过比赛现场对其他队伍的观摩，与评委的交流，发现了 TRIZ 创新方法的神奇和自己对 TRIZ 理论的欠缺。此后，魏勇对创新方法 TRIZ 理论产生了浓厚兴趣。2017 年寒假，魏勇参加 TRIZ 一级培训并获认证。2018 年暑假，魏勇参加 TRIZ 二级培训并获认证。2019 年暑假，魏勇参加 TRIZ 三级封闭培训近二十天，后期历经基础知识考核、项目答辩、专家考核等环节获三级认证。在这期间，魏勇多次参加专题培训班，多次反复聆听全国多位专家的创新方法课程与讲座，不断提高自己的理论水平。2020 年，魏勇参加 DFP 二级培训并获认证。依托重庆三峡学院电子与信息工程学院，魏勇牵头组建了 TRIZ 创新方法师资团队，团队成员教师共 7 人，博士 4 人、硕士 3 人；教授 1 人、副教授 2 人、实验师 2 人、助理实验师 2 人。团队提供企业 TRIZ 咨询服务，指导创新方法大赛近三年累计获国家级奖项 14 项、省部级奖项 71 项、授权专利 107 项。

为了将 TRIZ 理论真正用于企业实战，魏勇不断参加企业创新工程师的项目分享会，深入渝东北片区企业用 TRIZ 理论帮企业提供工程问题解决方案。在自己理论提升、使用 TRIZ 理论经验不断丰富的基础上，魏勇开始带领团队在渝东北地区的其他兄弟院校开展 TRIZ 创新方法课程讲座，帮助其他院校培养开课师资力量，同时，进入企业开展 TRIZ 创新方法推广讲座与授课，如图 5–14 所示。

图 5–14　在企业开展创新工程师培训

2. 创新方法，教书育人见真知

魏勇带领团队积极组织学院学生参加创新方法相关赛事，组织教师参加 TRIZ 理论相关师资培训，主动承担学院创新方法课程教学任务，多次为其他高校、企业进行创新方法培训，服务地方企业创新需求。在团队的努力下，创新方法课程由一开始的选修课成为现在的专业限选课，累计授课服务学生 500 人次以上。团队以引入 TRIZ 理论作为抓手，指导创新应用型教学培养模式改革，结合企业人才需求及高校期望的创新应用人才培养目标，进一步将创新应用能力细分为“创新思维分析问题的能力、创新方法解决问题的能力及创新规律预测发展趋势的能力”，充分研究 TRIZ 理论，引入教学培养改革中，切实有效地实现对学生创新应用能力的培养。

将以 TRIZ 理论为抓手的创新应用型教学培养分为两个环节——“人才培养环节和课程改革环节”，再结合教学培养过程的三个阶段——“理论教学 + 内化吸收 + 应用提升”，分环节、多层次地赋予学生利用创新理论解决实际问题的能力，建立了“二环一体三段式”教学培养模式。

教学培养模式已在本校三届本科生和两届研究生中实施。在第一届本科生的实施过程中，初次将 TRIZ 理论作为抓手，引入创新应用型教学培养模式的两个环节，根据学院对相关课程考核时学生的调查问卷以及当年教学成果输出来看，本教学培养模式改革初有成效。在第二届本科生和第一届研究生的实施过程中，随着对本教学培养模式的改进及对 TRIZ 理论的进一步了解，能够更灵活地将 TRIZ 理论引入本教学培养模式的两个环节中，根据当年的相关课程考核问卷来看，学生对于教学培养模式的改革十分满意，可以看出教学培养模式改革的优势已然呈现。在第三届本科生和第二届研究生的教学培养过程中，当年教学成果输出明显大幅增长，并且增长趋势十分稳定。

近几年来，魏勇带领团队以 TRIZ 理论为抓手，主持重庆市教委教学改革项目重点项目 1 项、重庆市教委教学改革项目一般项目 1 项、重庆市教育规划项目 1 项、教育部产学合作协同育人项目 3 项，利用 TRIZ 理论解决分析本专业实际问题，授权专利多项，发表相关教改论文 19 篇。创新方法教师团队指导相关学生参加中国 TRIZ 杯创新方法大赛、重庆市创新方法大赛，近三年累计获国家级奖项 20 余项、省部级奖项 100 余项。

五、周永清：创新匠人的匠心与匠作

周永清（图 5–15 所示）是南京农业大学工学院副教授。他曾是 2019 年中国创新方法大赛评委，多届全国大学生 TRIZ 杯创新方法大赛评委和指导教师，所教授和指导的学生获得多个比赛奖项，并将创新方法应用于创新实践。

图 5–15　周永清

1. 学习 TRIZ 为之着迷

周永清从小就喜欢动手制作，小学时就做过台灯、小电扇，大学时曾构思过半截无铅的铅笔、一次性马桶垫、能锁车的自行车脚撑等。2005 年，他初次接触到 TRIZ 的 40 个发明原理，就像是一个迷路很久的人突然遇上向导的感觉，一下子有了指引，从此为之着迷。

2009 年，周永清有幸被推荐参加了由创新方法研究会主办的首批国家级创新方法师资培训班，为期 4 个月，系统地学习了创新方法，自此，走上了创新方法研究、应用与推广的创新匠人之路。

2. 好东西要与学生分享——TRIZ 教学

周老师每年的教学工作量都是超额完成的，而公共选修课都是安排在晚上上课，上完课得转两次公交车跨越长江，很晚才能回到家。之所以做出这样的选择，完全是出于对 TRIZ 的热爱和有好东西就应该分享给学生的职业担当，而这课一开就是 13 年。周永清老师的创新方法课程一直很受学生的喜爱，每轮开课教室都得安排在阶梯教室。周永清老师所指导的学生创新作品获得全国 TRIZ 杯大学生创新方法大赛一等奖 1 项、二等奖 3 项、三等奖 8 项、学生发表论文 3 篇，出版专著 2 部。如图 5–16 所示为周永清和他的学生们。

图 5–16　周永清和他的学生们

3.TRIZ 成为科研方向

周永清把 TRIZ 应用于全自动小型某植物叶片采收装置的开发中，解决了多个技术难题，如最理想的电缆保护装置就是没有电缆保护装置，利用结构上的既有资源避免了专门设计一个保护装置，还利用了反向作用原理，把两个气缸反装，大大缩小了设备的高度，如图 5–17 所示。

他在磁接式机构创新运动实验装置的开发中应用 TRIZ 中的最终理想解的理念，成功开发出没有铰链的“铰链”，即利用两块圆形磁铁的自动对中性，且磁场可以隔空起作用等特点，开发出磁接式机构搭接的实验装置，用于取代机械连接式的传统机构搭接实验装置，大大节约了机构搭接的操作时间，让学生实验时有更多的时间可以进行机构创新设计。目前，已开发出一个系列，适合不同应用场景的三类实验装置，在三所高校的机械原理课程中投入应用，得到了师生的认可和欢迎，如图 5–18 所示。

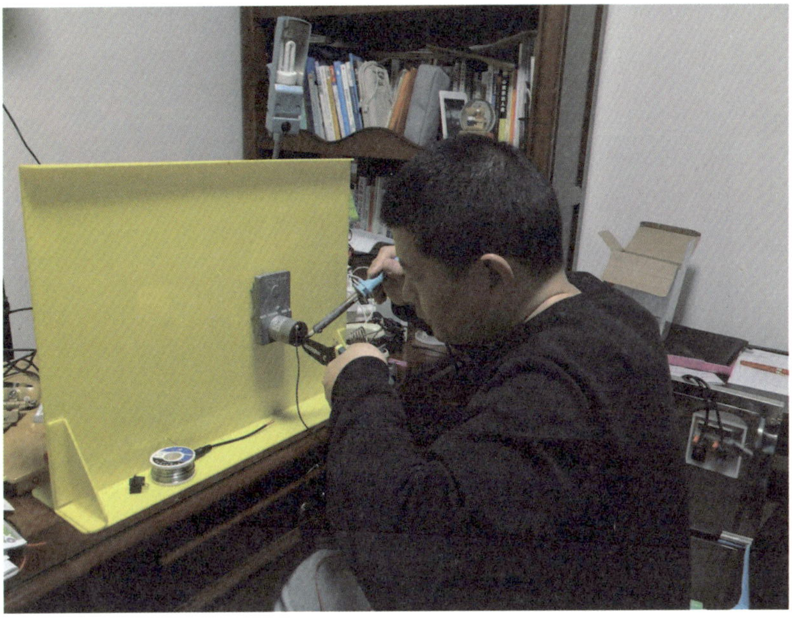

图 5–17　周永清正在制作实验装置

图 5–18　学生在用磁接式机构搭接实验台开展实验

六、高常青：创新方法薪火相传

高常青（图 5–19）就职于济南大学机械工程学院，主要研究方向为创新设计方法及理论、工程设计技术与应用、智能系统开发等。他完成国家自然科学基金、国家科技支撑计划、科技部创新方法工作专项、山东省科技发展计划、山东省自然科学基金、山东省大型仪器设备升级改造技术研究专项等多项课题，长期致力于技术创新方法（TRIZ）研究、制造业新产品研发、专利布局与专利规避、计算机辅助创新设计软件开发、创新工程师培养、创客教育领域的工作，多次指导学生科创项目参加中国 TRIZ 杯大学生创新方法大赛，获得特等奖，出版创新方法专著 2 部。

图 5–19　高常青

“最有价值的知识是关于方法的知识”，高常青对这个观点坚信不疑。自从接触 TRIZ（发明问题解决理论）那一刻，他就被 TRIZ 理论体系的深刻内涵所吸引，从此与创新方法结下了不解之缘。高常青认识到，作为人类知识体系中的重要组成部分——方法学知识，应当引起社会的广泛关注，赓续绵延，薪火相传。

1. “传道授业”

自高常青走上工作岗位，作为一名工科专业教师，就认识到创新方法知识的学习有利于提高学生的创新能力。为了让更多的学生了解创新方法知识，在济南大学机械工程学院领导的支持下，他首先针对机械设计制造及其自动化、机械工程及自动化、工业设计、工业工程等专业的学生开设了“TRIZ 创新理论”专业选修课，以课程体系建设为基础、以创新实践活动为依托，展开了创新方法课程建设。经过多年的努力，出版创新方法专著 2 部，在研究生学习阶段也开设了“创新方法及应用”选修课程。

在他的带动下，很多年轻的教师也逐步接触 TRIZ 理论，通过深入学习，越来越多的青年教师，如葛荣雨、王成、杨雪、段德荣、张明远等，走上讲台、走进企业，传授创新方法知识，指导学生科创活动，如图 5–20 至图 5–22 所示。

在第一课堂之外，学生在山东省创新方法推广基地也开展各类科创活动。基地配备了多种 CAI、CAD、CAE 软件，如 Pro/Innovator、Goldfire、SolidWorks、ANASYS 等，掌握了创新方法知识后，学生的创新能力显著增强，并借助数字化设计、制造途径，验证设计方案、制作样机模型，效果显著。

图 5–20　创新方法课程组教师

图 5–21　科创小组活动

图 5–22　学生参加中国 TRIZ 杯大学生创新方法大赛

对于学生的科创成果，课题组教师积极引导，自 2011 年起，多次参加全国 TRIZ 杯大学生创新方法大赛，进一步锻炼学生，开阔视野，助力学生的成长，其中 2011 年和 2017 年获得大赛特等奖 2 次。

2011 年，高常青与吕冰、毛剑秋三位教师带队参加黑龙江省第二届“TRIZ”杯大学生创新设计大赛（邀请赛），济南大学机械工程学院创新设计团队参赛成绩优异，获得特等奖 1 项、三等奖 2 项、优胜奖 1 项、优秀指导教师奖 2 项、优秀组织单位奖 1 项。段德荣同学的“立轴式冲击破碎机”项目，获得评委的一致好评，荣获大赛特等奖。2017 年，济南大学创新方法课程组王成老师带队参加第五届全国“TRIZ”杯大学生创新方法大赛，获得特等奖 1 项及二等奖、三等奖多项的好成绩。郑元松同学的项目“基于 TRIZ 理论的节能便携式采棉机”获得发明制作类特等奖。

通过参加 TRIZ 杯大学生创新方法大赛，同学们在科技创新实践水平上有了很大提升，创新精神、创新思维、创新意识和实践动手能力都得到了加强，受益匪浅。

为了更好地让学生了解领域发展的前沿，高常青老师也倾力为学生争取机会，通过“半亩方塘”济南大学论坛活动，为学生组织高水平学术报告会，如图 5–23 所示。2017 年，通过“计算机技术在产品设计方法中的应用”主题活动，学生更加深入了解了计算机辅助产品设计这一理念，与此同时也极大地提高了同学们的创新意识，参会师生反响强烈。同时，在第二学术报告厅举行了“TRIZ 洞见：突破性创新与方法案例”的学术讲座。

图 5–23 “半亩方塘”济大论坛

2.“十年树木，百年树人”

为了逐步培育孩子的科学素养，提高孩子们的创造力，高常青老师也组织师生走进幼儿园、中小学，义务为孩子们举办科普讲座，如图 5–24 所示。同时，他本人也积极创造条件，邀请国内领域知名专家，只为给孩子们送上一节生动的创新课程。他邀请国内专注于中国青少年创造力研究开发的老师为济南市制锦市小学的学生举办“发明专家进校园”的活动及“神奇的创造力”系列讲座，使学生受益匪浅，点燃了孩子们发明创造的星星之火。济南市汇才学校的科创社团第二课堂及济南市 2018 年全国科普日现场，也总有济南大学创新方法团队师的身影。2022 年，为了丰富学生的课余生活，高常青老师采用腾讯会议线上方式，为学生举办“我们都是发明家”系列讲座——创新机遇的识别。高常青老师的创新课程从小学走到大学，他说，每个年龄段的学生创造力都是无限的，都应当被关注。

图 5–24 科普公益活动

3.“待到山花烂漫时，她在丛中笑。”

高常青老师以传授创新方法知识为桥梁，倾心关注着学生的成长。山东省创新方法推广基地走出了很多优秀的学子，有的继续考研、读博，并回到了基地，成为一名优秀的青年教师，继续肩负起教书育人的使命；有的进入汽车、电子、医疗器械、电力设备、重型机械等行业，成为企业研发的骨干力量。每当想到这些，高常青老师就感到无比的欣慰！

创新方法知识有助于提高发明创造能力，是一笔宝贵的财富，应当引起社会的广泛关注，赓续绵延，薪火相传。

七、王庆：TRIZ 理论为你插上创新腾飞的翅膀

南昌航空大学大学生创新创业基地是江西省大学生创新创业示范基地，基地有 30 余间项目研究室。这里是南昌航空大学为全校有志于投身创新创业实践的学子打造的能力培养场所，正是在这里，王庆教授和以学生汪利斌为代表的学生团队自主研发了“全太阳能无人飞行器”，该作品获得第三届全国“TRIZ”杯大学生创新方法大赛特等奖 。

1. TRIZ 理论学问大　带你“脑洞”大开

“全太阳能无人飞行器”项目从全国奖项到国际奖项，这小小作品的构造细节和制作工艺不断被创新完善，在它芝麻开花节节高的同时，也悄然揭开了 TRIZ 理论的神秘面纱。图 5–25 为团队答辩现场。

图 5–25　获得特等奖团队答辩现场

王庆教授说：“TRIZ 理论对大学生的教育很有益，尤其在培养学生创新能力这一块的作用十分显著，不仅能引导学生发现问题，还能让他们在创新思维的启迪下解决问题，接触过 TRIZ 理论的学生都受益匪浅。”。该团队的优秀成果很大程度上得益于 TRIZ 理论的方法引导，这套逻辑性极强的创新方法学指引着他们打破惯性思维。这件作品使用的新型轻质量太阳能电池组件就是他们在 TRIZ 理论的指导下自主创新研制的，TRIZ 理论也帮助他们克服了许多制作中遇到的技术难题。如图 5–26 所示为王庆教授在作报告。

图 5–26　王庆教授在作报告

王庆教授深知 TRIZ 理论对学生创新思维培养和创新能力提高大有帮助，因此在

日常的课堂、实践和考试中，积极引导学生学习和应用 TRIZ 理论，用 TRIZ 理论指导学生的创新活动。课堂上的王庆教授善于采用引导式教学，将抽象化的 TRIZ 理论融入教学，使其更形象化易于理解。职业生涯规划课中，他引导学生运用 TRIZ 理论中的“提高理想度法则”规划自己的职业走向，让每个学生以发散性思维思考自己未来可能从事的职业，从提高理想度的思路进行筛选和排除，综合制定出与自己实际相契合的最理想的职业规划。在考试中，他跳出固有题型考核的呆板模式，对考试内容不设限，学生可以将参加科普竞赛、申请专利、发明创造小作品的成果作为考试成绩，只要学生实现了思维或是方法创新，就能得高分。图 5–27 为王庆教授讲授创新方法课程。

图 5–27　王庆教授讲授创新方法课程

近日，正在王庆教授指导下研发作品的大二学生陶则旭讲道：“老师对我们的创新指导主要是思维方面的全面指导，不局限于学科和技术，他以项目为引导，帮助我们萌生想法，打开思路，创新的点子也就多了，遇到问题也不会再钻死胡同，反复失败后的成功总让人成就感很强。”

2. TRIZ 理论创新强　第二课堂显真章

王庆教授对学生的创新引导不仅体现在第一课堂和考场上，也渗透在他的第二课堂——创新实践中。王庆教授带动创新爱好者们成立了大学生萃智创新协会，这个 200 余人的集体被大家亲切地称为“萃智角”。他还创建了江西省创新方法培训中心南昌航空大学培训基地、江西省南昌航空大学科普教育基地、南昌航空大学萃智创新方法研究所、江西应用科技学院创新方法与应用研究中心等，创建了南昌航空大学科普创新群，群内 500 余人都是凭着对创新实践的兴趣自主加入的学生。王庆教授为江西学子搭建起了立体化的萃智创新平台，为的就是鼓舞大家创新的热情和信心，并为大家提供跨学校、跨学科的交流融合创新机会，鼓励大家自主建立创新团队，投入到项目的制作中。

在王庆教授的萃智角里，还有“以老带新，推陈出新”的传统，以老带新是老生带新生，以此实现每个项目在技术操作上的传帮带，推陈出新则是在以往项目的基础上实现创新。“所谓创新，其实不一定非得从零开始；而是在原有基础上不断改良和进步，在传承基础上的创新将会更上一层楼，获得更大的创新成果。”王庆教授表示，从 2009 年制造出第一架太阳能飞机后，他带领团队成员不断革新思路，在理念、设计、制作外观、实用、发明等方面不断创新，因此获得了国际 TRIZ 协会的特别贡献奖、国际发明金奖等很多的荣誉。

八、周洪彬：一位创新方法推广的老兵

周洪彬教授是燕山大学土木工程专业创始人之一，担任土木工程专业主任 15 年，参加国家“八五”攻关课题，并获国家和省部级科技进步奖，还完成多项土木工程专业课题研究，培养了 60 多名硕士研究生。他在燕山大学创新方法推广和大学生、研究生创新能力培养方面做了大量工作。2020 年 6 月，65 周岁的周洪彬教授从教学岗位光荣退休，退休后还积极参与学校创新方法教师培训和大学生创新方法大赛的指导工作，受到学校师生和同行专家的高度好评。

1. 偶遇 TRIZ

2007 年 7 月，周老师出差在北京转车时，听说北京昆仑饭店正在举行全国高校创新教育研讨会，他怀着对创新教育的好奇和渴望的心情前去旁听会议。会议主持人和与会专家关于 TRIZ 创新方法的报告深深地吸引他，他才知道创新还有方法，而且还有这么好的方法。他推迟返校时间，参加了 TRIZ 的初级培训。从此周老师与 TRIZ 结下了深深的缘分，并开始了 TRIZ 创新方法的学习和推广工作。

2. 学习与提高

为了掌握 TRIZ 创新方法，周老师购买了当时唯一一本公开出版的 TRIZ 书籍——《TRIZ 理论全接触》，他反复阅读，理解 TRIZ 创新方法的内容，并于 2009 年 7 月再次参加了 TRIZ 创新方法教师公开课，初步掌握了 TRIZ 理论的基本内容。为尽快在学校推广 TRIZ 创新方法，在学校教务部门支持下，2011 年周老师在本科生和研究生中，小范围地开设 TRIZ 创新方法选修课（图 5–28），并组织和指导学生参加全国“TRIZ”杯大学生创新方法大赛（图 5–29），获得第三、四届全国“TRIZ”杯大学生创新方法大赛“优秀指导教师”称号。2016 年周老师参加了黑龙江创新方法（TRIZ）高级培训班，2018 年通过国家二级创新工程师考核。

图 5–28　周洪彬在给学生上课

图 5–29　周洪彬带队参加全国大赛

3. 带动更多人学习 TRIZ

为推动创新方法在学校的推广，周老师在学校为师生组织了 30 多场创新方法讲座，带头申报学校和河北省的创新方法教学研究课题，协助学校相关部门邀请国内 TRIZ 专家来校进行 TRIZ 理论讲学和指导工作，组建大学生 TRIZ 社团，组织和指导学生参加省和国家创新方法大赛，获得较好成绩，并获得大赛组委会的好评。目前学校已将 TRIZ 创新方法正式设置为校级选修课，面向全校各专业开设。为保证教学质量，周老师在学校组织了两期 TRIZ 创新方法集体备课，现在每年都有 20 多位教师为大学生、研究生讲授 TRIZ 理论，燕山大学 TRIZ 创新方法教师队伍已经形成。

周洪彬老师非常喜欢 TRIZ 创新方法，他和学生常说，与 TRIZ 相见恨晚，虽已退休，但对 TRIZ 的推广热情仍然不减，每年都积极参与 TRIZ 大赛的组织和指导工作，经过周洪彬老师指导过的大赛作品都能取得较好的比赛成绩。

九、董中奇：TRIZ 打开创新之门的钥匙

河北工业职业技术大学材料工程系教授董中奇，曾是第八届中国 TRIZ 杯大学生创新方法大赛特等奖获奖项目的优秀指导教师，先后指导学生获得 TRIZ 杯大学生创新方法大赛省级以上奖项 5 项，并指导学生获得全国“互联网 +”大赛奖项 3 项，全国挑战杯金奖、银奖等国家级奖项 20 余项，同时把创新方法运用到科研创新实践中。任教以来，他累计发表论文 50 余篇，其中，SCI 论文 7 篇、2 区 4 篇、TOP 期刊 1 篇；研究自然科学课题 20 余项，其中，主持省级项目 3 项，课题总经费 680 余万元；累计申请专利 86 项，发明专利实审 6 项。

1. TRIZ 钥匙 打开科研探索之门

董中奇是 2017 年参加创新工程师培训才开始接触 TRIZ 发明问题解决理论的。经过国家技术创新方法与实施工具工程技术研究中心的系统培训学习，董老师掌握了一套创造性地发现问题和解决问题的理论和方法工具，经过系统学习后参加了第一届河北省企业创新方法大赛，并获得三等奖。此后，他渐渐对 TRIZ 创新理论产生了浓厚兴趣，开始自学并带领学生参加比赛，之后还参与编写了《TRIZ 创新理论及应用》等关于 TRIZ 理论与创新设计方法的书籍，如图 5–30 所示。

图 5–30　参与编写《TRIZ 创新理论及应用》一书

通过 TRIZ 理论的学习，他觉得 TRIZ 是打开科研探索之门的一把钥匙。在电磁悬浮熔炼炉设计、微胶囊制备工艺改进项目中充分运用了 TRIZ 理论中的发明原理，如物理矛盾、分割原理、预先作用原理等，解决了传统熔炼炉存在的样品与容器接触污染、温度控制难和过冷度小等问题，满足了金属新材料的研发需求。该真空悬浮熔炼炉模拟外太空状态，实现金属与坩埚非接触熔炼，能很大程度上减少对熔炼金属的污染，同时再配合团队自主研发的均匀冷却系统，直接对金属快速冷却，能保证金属稳定悬浮，实现深过冷，从而制备非晶、准晶及金属化玻璃等新型高精级金属材料。目前他正在进行关于深过冷快速凝固的研究，通过反复分析和实验，完成脆性金属材料的柔性化制备。

2. TRIZ 理论 助力教学相长之基

将 TRIZ 理论思维方法引入教学，实现教学相长。董中奇每年都开设“TRIZ 创新理论及应用”课程的兴趣学习小组，指导学生进行创新设计，他指导的“气态流化相变微胶囊制备工艺及设备开发”获得第八届中国 TRIZ 杯大学生创新方法大赛特等奖，参赛的学生先后考上东北大学、哈尔滨工业大学的研究生，学生在科研创新方面受益匪浅。通过兴趣小组的培育，学生连续获得中国国际“互联网 +”大学生创新创业大赛银奖、全国大学生挑战杯金奖、“黄炎培”中华职业教育创新创业大赛金奖等国家级奖项近二十项，获河北省中华职业教育创新创业大赛金奖、河北省“互联网 +”大学生创新创业大赛金奖等省级奖项三十余项。

同时，他将 TRIZ 理论思维方法引入“金属材料及热处理”“电弧炉炼钢生产及设备”等专业主干课程，在教学过程中采用 TRIZ 理论方法改进生产设备的功能设计，他独特的教学方法和手段受到了学生们的极大欢迎，不仅激发了学生的学习兴趣，还增强了学生对专业的热爱。

他还将 TRIZ 理论融入日常教学科研当中，应用 TRIZ 理论给予其他教师科研方面的启迪、引导和培养。他经常帮助其他同事梳理项目研究方向，提出论文修改意见，搜集科研有关素材；在与河北科技大学进行合作课题研究过程中，他联合河北科技大学材料学院共同对 3 名硕士研究生进行了全程指导培养工作，使 3 名硕士研究生顺利通过硕士学位答辩；为加强系部科研工作水平，他倡导在专业教师中成立了教师科研团队，在学生中组建了科研兴趣小组，这两个组织的成立大大加强了材料工程系的科研力量，在材料工程系乃至学院内形成“全员参与科研、全院重视科研”的良好氛围。

十、张明齐：敢为人先 将创新方法引入港航教育领域

天津海运职业学院航运经济系副主任张明齐在工作中锐意创新，工作业绩突出。主持完成教育部科技发展中心产学研创新基金项目“财经商贸类 1+X 证书质量评价指标体系构建与实践”；以赛促教，大胆改革，极大地促进学院教学改革与创新；创造性地开展校企合作，组织成立学院第一个产业学院。翻看他取得的一项项成果，创造的一个个“第一”，他说这离不开 TRIZ 创新方法理论对他的影响。

张明齐是天津市科学技术局 TRIZ 创新方法培训师，担任天津海运职业学院 TRIZ

大赛负责人，有丰富的指导大赛经验，带领团队获得 TRIZ 创新方法大赛一等奖 1 项、二等奖 2 项、三等奖 7 项，天津海运职业学院多次获得优秀组织奖，如图 5–31 所示。

图 5–31　张明齐带队参加大学生 TRIZ 创新方法大赛

1. 自学 TRIZ 理论　强化方法引领

张明齐毕业于上海海事大学，主要研究港航物流领域。本来他所从事和研究的专业领域与创新相差甚远，但是张明齐天生勇于创新，敢为人先的气质，让他在所研究的领域不断创新、不断突破，取得一个个骄人的成绩。一次偶然的机会，张明齐学习了 TRIZ 理论，TRIZ 理论特有的解决问题的方法和根里奇·阿奇舒勒对专利的研究深深吸引了他。于是，他自主购买大量 TRIZ 书籍，进行 TRIZ 理论学习研究，参加相关活动，与创新研究领域专家学者进行交流，考取国家创新培训师证，在天津海运职业学院开始宣传和推广 TRIZ 理论。

张明齐认为 TRIZ 理论对他最大的影响就是对思维的改变，在遇到问题时不急于解决问题，先是对问题进行分析，找到真正的矛盾，然后运用 TRIZ 理论的原理进行解决。TRIZ 理论就是要让人换个角度看问题，运用科学的理论找到解决问题的方法，突破惯性思维。张明齐将 TRIZ 理论的创新思维应用于日常生活、工作以及他所研究的港航领域中，让他如同手持利剑一般，在多方面创造性地完成工作，并取得显著成效。

2. TRIZ 与专业结合　建设特色课程

为响应国家提出的将创新教育与专业教育有机融合，切实有效地推动我国高职院校创新人才培养质量的长足发展，张明齐创造性地将 TRIZ 创新理论与港航专业领域进行了有机结合，创建了港航创新创业教学团队，开设了港航创新创业课程，编制了港航创新创业教育教材，创立了 TRIZ 创新社团，在校园里不断推广 TRIZ 理论，取得了丰硕成果。

学校在港口与航运管理专业设立港航专业课程，出版了全国首个《港航双创教育》教材、开发了港航创新创业教育学习平台、实训教学软件和实践教学沙盘，全方位打造港航创新创业教育的学习资源（400 分钟在线学习视频、20 套课件、40 条动画、50 套教学图例、150 个教学文本和 200 道典型试题库），培训 2 名创新持证教师。《港航双创教育》教材获得中国物流与采购联合会科技进步二等奖。如图 5–32 所示为张明齐在天津市创新方法校园活动中进行授课。

图 5–32　张明齐在天津市创新方法校园行活动中进行授课

港航创新创业课程教学实践被中国交通教育研究会收录为交通类高校教学改革案例，作为典型案例在行业内起到示范作用，获得中国交通教育研究会职教分会 2019—2021 年度交通教育科学研究成果二等奖。他带领团队长期从事创新研究，共计获得专利授权 20 余项。

3. 传承 TRIZ 精神　铸造团队灵魂

张明齐认为，团队的可贵在于传承。在他的专业创新教学团队中，“乐于分享，严谨创新”是他们共同坚守的团队精神。传承创新的团队文化，传承既有的创新成果，传承创新的工作方法，传承创新的思维。在创新研究团队中，以老带新、传帮带的方式，培养了年轻的创新理论研究者，他们以港航创新创业教育课程为抓手，以团队教研为平台，以组队参加创新比赛为手段不断地学习和深入研究创新理论，开发了大量的教学资源，积累了丰富的案例和素材。

这种传承不仅在教师团队中，也在一届一届学生中进行着。以 TRIZ 创新社团为平台，一届届学生在社团中学习、精进、突破。在对参加过 TRIZ 理论研究的学生所在企业的回访中，企业反馈这些学生在工作中明显体现出较高的创新意识和创新能力。

张明齐不驰于空想、不骛于虚声、不吝于努力、不满于守成，他一直坚守创新的精神和攻坚克难的毅力，带着创新思维，在学校建设、教学改革、科学研究、校企合作、毕业生就业等方面取得了显著成绩，为推动当地经济社会高质量发展、培养高素质技术技能型人才做出了突出贡献。

第二节　创新人物——学生篇

一、王天琪：青年英才耀龙江　投身 TRIZ 放弃高薪为高新

凭借中国 TRIZ 杯大学生创新方法大赛二等奖、第十八届全国大学生机器人创业赛二等奖，获得国家级奖项 10 项、省级奖项 9 项、实用新型专利 5 项，凭借这些荣誉，黑龙江科技大学 2016 级机械设计制造及其自动化专业的王天琪，一毕业就获得我国世界 500 强企业近万元月薪岗位的录用机会。但让周围所有人出乎意料，这位 95 后年轻人坚持自己内心的职业信念，拒绝了高薪，选择留在龙江，运用创新方法帮助企业攻克生产技术难题，提高市场竞争力。

1. 一张海报，开启与 TRIZ 的缘分

王天琪第一次接触 TRIZ 是在大二时的一次社团招新上，他看了海报上的介绍，就对其产生了浓厚兴趣，从那以后便开启了与 TRIZ 的不解之缘，不仅加入了学校的 TRIZ 社团，还通过竞选当上了社团的会长及黑龙江省大学生 TRIZ 爱好者联盟副秘书长，并组织举办了黑龙江科技大学第一届 TRIZ 创新方法大赛，如图 5–33 所示。

图 5–33　王天琪参加创新方法大赛

参加中国 TRIZ 杯大学生创新方法大赛时，王天琪还在上大三。“那一年可以说是我过得最充实的一年，从校赛到国赛，从预赛到决赛，那时我们团队基本上每天晚上都在实验室里学习、研究。”王天琪说。大赛是 5 月举行，他和团队从上一年的 10 月就开始准备，当时是第一次参加这种全国性比赛，能有机会和全国各地高校的学生

同台竞技，很兴奋也很激动。

谈到作品的准备过程，王天琪告诉记者，为了解决 1∶1 模型制作经费较大的问题，他和团队决定使用 3D 打印技术制作等比例缩小模型，为此他和团队自学了 3D 打印机的操作，每天下课后他们就一头钻进实验室，如图 5–34 所示。半年的时间里，他们不断遇到各种困难，再不断解决困难，功夫不负有心人，他们的作品获得了第七届中国 TRIZ 杯大学生创新方法大赛二等奖。

王天琪的指导教师、黑龙江科技大学机械工程学院教师刘训涛说："无论是在实验室、教室，还是老师办公室，总能够看到王天琪忙碌的身影。"

图 5–34　王天琪与和同学做实验

2. 一堂公益课，打开职业新旅程

参加完创新大赛，王天琪的思维意识和职业规划也开始发生了转变，"学习了创新方法后，我开始意识到要从不同维度去考虑问题，看到问题就想着如何运用创新方法去解决它。"王天琪说。经过那一次大赛，他的心里就埋下了一颗创新的种子，认识到创新方法的重要性及前景，并坚定了从事这个行业的决心。图 5–35 所示为王天琪和团队设计创新作品。

图 5–35　王天琪和团队设计创新作品

"在我应聘的时候，提到学过创新方法而且在国赛中获奖，企业的工作人员都很认可。"王天琪说。这段经历不仅为他进入职场敲开了一扇门，对他的生活也有较大影响，将比赛中的收获和领悟到的创新思维应用到生活中，能有效解决一些棘手的问题。

黑龙江省创新方法研究会组织的一次创新方法公益课堂成为王天琪职业生涯的转折点，安徽冠东科技有限公司来到此次公益课堂，使他第一次了解到这家运用创新方法帮助中小企业加速创新的公司，并被其深深地吸引。课程结束后，王天琪加入了这家公司的实习生计划。王天琪说："在实习过程中，我感受到这份工作的意义，每当为企业解决一个问题，就有着前所未有的成就感，我想真正运用创新方法帮助更多企业创新发展。"实习结束后，王天琪决定入职冠东科技哈尔滨分部工作。

3. 一腔热爱，留在龙江服务企业创新

"创新方法的学习很枯燥，但拥有较强自学能力和自我管理能力的王天琪却一直保持着对它的热爱。"黑龙江省科技情报研究院研究员吴永志说。

大四时王天琪与所有同学一样奔波于各大招聘会参加应聘，多次获得国家级奖项和专利的经历，使得珠海一家自动化企业和格力集团都向他伸出了橄榄枝，王天琪本可以成为全系毕业生中签约工资最高的一个，然而他都放弃了，最终选择留在黑龙江工作。

谈到为何会放弃那么好的发展机会而留在家乡，王天琪告诉记者："我在这里上的大学，也在这里学习了 TRIZ 创新方法，想为黑龙江的发展做一点力所能及的事情。"

对于未来的规划，王天琪表示，希望现阶段能在公司的项目中不断提升自己的创新实践能力，未来能在创新领域有所成就，帮助更多中小企业解决它们面对的技术问题，助力企业提升自主创新能力，真正做到创新方法的实践应用。

王天琪目前从事的是产品创新路径设计、创新方案设计、科技创新服务等方面的工作，主要是通过创新方法为中小企业赋能，提高中小企业的创新能力，推动其高质量创新发展。在他工作的一年多时间里，参与了多个项目的研发设计、技术分析工作。近期，在安徽金禾实业股份有限公司的蔗糖六脂合成工艺技术项目中，他和团队针对国外竞争对手的核心技术，设计出新的研发路径，并形成系统的产品技术布局，通过新技术帮助其提高竞争力，最终形成企业自主核心技术体系，规避了国外专利的围剿。

"创新方法改变了我，我相信创新方法未来会改变更多人。"王天琪说。

二、王金壅：创新无限，拼搏无悔

王金壅是西南民族大学硕士研究生，目前就职于格力电器股份有限公司，硬件工程师，同时也是一名内部培训师，教授 TRIZ 创新方法。他是硕士研究生国家奖学金获得者，参加电子技术类竞赛，累计获得了 30 多个奖项，申请发明专利 7 项、实用新型专利 7 项、软件著作权 5 项。

1. 在脚踏实地中守望创新梦想

王金壅第一次接触到 TRIZ 确实是个美丽的巧合，当他刚步入本科生涯时，加入了学校的电子协会，开启了四年的潜心求学之路。他说："在本科开放性实验室里，是思想的火花与灵魂碰撞的天堂，更是让我梦想启航的地方，创新思维在电子协会的青年人之间激荡。"正是在这样一个创新与创造的圣地，给予他奋斗的初衷和信念。电子协会里的每个人都付出了心血与汗水，他们澎湃着不竭奋斗的动能，努力追求在

各方面都有所突破。王金壅有幸担任第 13 届会长，本科期间带领学弟学妹们参加各项比赛，取得了史无前例的成绩，刷新了学校的纪录。“学业务必勤，修身尚且重”，王金壅坚守着要成为国民之表率、社会之栋梁的初心，在各个方面不断尝试突破，为踏上更高的阶梯不断刷新对自我创新的要求。读研后，他在专业领域积累探索，在求知的路途中从未懈怠。他怀揣热情投身学术科研，共获得国家级科技竞赛奖 15 项、省级奖 20 项。他逐梦的脚步从未停止，也正是这样，使得他不断前进，让他一路走来的青春充满精彩与不凡。图 5–36 所示为王金壅参加第六届全国“TRIZ”杯大学生创新方法大赛。

图 5–36　参加第六届全国“TRIZ”杯大学生创新方法大赛

2. 追梦之路不言弃　始于足下勇创新

自强不息怀壮志以长行，厚德载物携梦想而抚凌。在学习和实践中都收获颇丰的王金壅，创新之路却并非一帆风顺，在实践中虚心求知不断汲取、沉淀、积累，是他突破一个又一个难关的核心。王金壅在接触 TRIZ 创新方法后经过一年专注的学习，2015 年开始将理论结合实践，参加创新大赛，失败的结果没有打消他对创新的兴趣，一路披荆斩棘，终于在 2017 年的比赛中崭露头角，拿到第一份获奖证书。随后的几年里他接连参加各种不同的创新大赛，不断取得佳绩。据他回忆：当时，面对赛场评委老师的评语和指导教师的建议，他前后累计更换了四次方案。由于材料的特殊需要，他需要采用一种进口的锂电池，但由于技术方案的保密管理，国内并没有相应的应用方案。他与团队在指导教师的带领下日夜奋战，最终设计出了一种新的技术方案。王金壅说，他的参赛项目基本都不是专为比赛而准备，而是实验室的研究项目。“其实这也是工科科研的特征。”

在王金壅笔记本的封皮上，写着现代著名教育家徐特立先生的一句话：“在当前现实的狭隘基础上，有高尚理想，全面的计划；在一步一步行动上，想到远大前途，脚踏实地地稳步前进，才能有所成就。”的确，王金壅始终在路上前进着，用思考去洞悉世界，用行动去诠释价值，不停歇、不疲惫、不失方向、不忘初心。读研后的王金壅继续砥砺前行、再创佳绩，研究生期间共获得 5 项软件著作权、1 项实用新型专利和 1 项 TRIZ 杯创新方法大赛三等奖。

对于很多人来说，提起实验室的研究工作，首先想到的是艰苦且枯燥。但王金壅却用一段话诠释了他对“艰苦”的理解：“学习很苦，生活也很苦，很多人不愿意吃学习的苦，是因为这要你自己主动去‘吃’，但是生活的苦，不是躺着就能‘吃’。”听起来幽默诙谐的段子，其实反映了他的学习态度。确实，困难有很多，每一个创新想法的实现过程都如同一条荆棘之路，是一个从无到有的过程，王金壅坦言把自己的梦想融入实现中国梦的伟大征程不只是空话，而是要付诸实践。如图 5–37 所示为王金壅在创新导师的指导下进行试验。

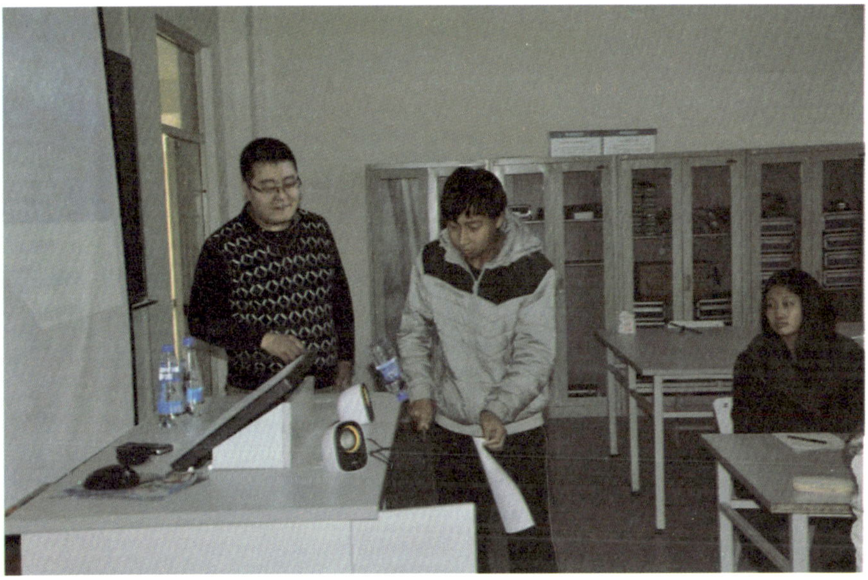

图 5–37 王金壅在创新导师的指导下进行试验

3. 创新无限 拼搏无悔

梦想可以天花乱坠，理想却是一步一个脚印踩出来的坎坷道路。王金壅曾先后荣获全国高校物联网应用创新大赛东北赛区二等奖、第一届大学生光电设计竞赛一等奖、蓝桥杯全国选拔赛三等奖、龙建杯机器人设计大赛黑龙江赛区二等奖、“互联网 +”大学生创新创业大赛黑龙江省一等奖、全国“TRIZ”杯大学生创新设计大赛二等奖、中国大学生 ICAN 物联网创新创业大赛精英奖、全国“恩智浦”杯智能汽车竞赛国家一等奖 1 项、电子设计竞赛省级一等奖、全国大学生数学建模省级三等奖……如图 5–38 所示，几年来，他受到的表彰和比赛奖励多达 10 余次，但他从没因此骄傲或停止前进的脚步。

图 5–38　第三届珠海市企业培训师竞赛优秀讲师风采奖、优胜奖

王金壅的生活不只是与书本文字为伴，丰富的创新活动与社会实践活动让他在求学路上慢慢成长为具备综合能力的人。“路漫漫其修远兮，吾将上下而求索”。王金壅说：“所有取得的成绩已成为过去，我还要继续往前走，继续演绎自己的精彩人生，同时，怀揣感恩之心，感谢人生路上遇到的每位老师。”如图 5–19 所示为王金壅讲授 TRIZ 理论。

图 5–39　讲授 TRIZ 理论——九屏图分析

三、张大禹：钻研创新方法，投身海底观测事业

作为东北大学 TRIZ 协会第一任社长，东北大学 2016 级本科生张大禹，凭借着对创新方法的热爱和执着，在全校范围引领创新方法推广热潮，依托创新方法助力科技创新，投身海底观测事业，深耕流体机械领域超过 5 年，在各项创新方法大赛上连创佳绩，先后获得第七届中国 TRIZ 杯大学生创新方法竞赛特等奖、全国创新体验竞

赛一等奖、全国大创年会最佳创意奖等国家级奖项 5 项，先后累计申请发明专利 30 余项，在行业内取得优异成绩。

1. 一堂选修课，与创新方法邂逅

大二的一个夏天，一次偶然的机会张大禹参加了东北大学赵新军老师的“工程技术创新方法”课程，这是张大禹第一次系统性地了解 TRIZ 理论。课程伊始，张大禹就被 TRIZ 理论深深吸引，很多难解决的、看似无迹可寻的工程问题，通过 TRIZ 应用，解决方案逐渐变得有迹可循。课程中，无数老一辈工程师应用 TRIZ 理论提升行业技术水平的案例那样生动地展示着 TRIZ 理论的魅力。这让张大禹深刻感受到由无数专利汇聚总结而来的 TRIZ 理论是神奇的创新点金术，这些已有的解决方案正通过 TRIZ 理论为工程人员带来新的启示，创新发明的智慧结晶可以在这里汇聚，并跨越学科和行业的阻隔为自己所用。聚天下英才的智慧于一点，集中所有前人的努力冲击现有的知识难题，张大禹觉得这是 TRIZ 理论最大的魅力，他觉得这仿佛一本科技行业的“资治通鉴”。也因此，张大禹在立志学习、研究 TRIZ 理论的路上越走越远，对创新方法的学习也为他之后的科研道路打下了最坚实的基础。如图 5–40 所示为工程技术创新方法课程。

图 5–40　工程技术创新方法课程

2. TRIZ 协会，创新方法的接力棒

2018 年，在“工程创新方法”课上，张大禹不仅找到了兴趣所在，更结识了一群 TRIZ 热衷学习者，大家基于共同的爱好相聚在一起，并在张大禹的倡议下成立了东北大学 TRIZ 协会，正式加入中国大学生 TRIZ 爱好者联盟，张大禹任第一任协会会长。协会以“强化创新方法，推动自主创新”为宗旨，以中国 TRIZ 杯创新方法大赛、全国大学生创新方法应用大赛、全国大学生创新体验竞赛三大创新方法赛事为龙头，面向本科生科研项目启动“TRIZ 融入计划”，为学校探索构建以课堂教学为主体、以实践活动和实践平台为支撑、以师资队伍和激励机制为保障的创新方法推广与示范

应用体系提供重要群体支撑。在协会的努力下，东北大学在创新方法赛事上实现了参与人数、获奖人数的指数级增长，创新方法正在被越来越多的师生了解并使用。创新方法推广所带来的科技创新春风，正不断为东北大学的科研创新注入勃勃动力。图 5–41 所示为东北大学 TRIZ 协会社团正在进行研讨。

图 5–41　东北大学 TRIZ 协会社团正在进行研讨

3. 决赛舞台，尽显东大学子风采

随着创新方法学习的逐步深入，张大禹将 TRIZ 理论应用于科研实践。大二时，张大禹接触了“国创计划”这一本科生科研创新平台。为了更好地做好研发工作，张大禹通过创新创业学院，结识了他科研之路的第一专业导师马明旭老师和创新方法导师朱翠兰老师。出于对项目可行性的考虑，张大禹和其团队成员将研究方向定位到了“小型离网风轮机的设计”。经过大量理论知识的积累和关于创新方法的学习，他们对原有风轮机方案进行了改进设计，利用叠加原理，除安装有摆动式叶片的转子外，增加了安装有相反方向柔性叶片的定子导流罩，摆动叶片的定子改变流体的方向，减小阻力面的风速，同时形成一个固定的笼形结构。在这一过程中，张大禹和其团队成功利用功能分析查找系统功能缺陷，尝试应用裁剪的方法解决系统存在的问题，并利用技术矛盾和物理矛盾改善系统参数，进一步提升系统性能。经初步试验证明，TRIZ 理论工具的运用极大提升了风能利用率，他们的研究成果先后申请国家专利 10 余项。2019 年，张大禹带领的导板式风轮机项目角逐创新方法赛场，先后荣获省级区域赛一

等奖、国赛特等奖（图 5–42），并在全国大学生创新创业年会中获评“最喜欢的创新项目”（全国仅 20 项）。由于赛场上的突出表现，张大禹成为因创新方法大赛保送研究生第一人，问鼎东北大学创新创业至高荣誉“创新创业校长奖章”。正是创新方法引领的科技创新之路，让张大禹不仅获得了深造的机会，更收获了最闪耀的大学青春。

图 5–42　中国 TRIZ 杯大学生创新方法大赛决赛舞台

4. 心有梦想，方能砥砺前行

通过学习 TRIZ 而获得的奖项，让张大禹在保研的道路上一路畅通无阻，最终他选择了西安交通大学能源与动力工程专业继续攻读硕士学位。硕士学习期间，张大禹在进一步丰富自己的专业知识和行业理解的同时，继续深入研究 TRIZ 理论，并将自适应叶片技术带到了深海供电领域，成功开发了超低速深海海流能供电系统，如图 5–43 所示。该系统极大地节省了深海探测事业需要的巨额经费，助力国内相关科研单位更好地进行深海油气和固体矿产资源开发、新能源开发和海底生物资源利用，有望扭转我国在海洋观测方面严重落后的局面。在破解关键供电技术问题的基础上，张大禹尝试供电系统的产业化，创办陕西卫澜深海信息科技有限公司，并于当年获得春种基金 70 万元的投资和科技型中小企业入库。小试牛刀初见成效进一步激发了张大禹和其科研团队的热情，他们将研发和产业的最终目标定位为基于深海供电技术建立一套完整的水下无人观测体系。为实现这一目标，团队一直坚持运用创新方法提供技术灵感，基于创新方法的共同热爱也使得团队具备更强的凝聚力。最终团队实现了系统的快速改良，TRIZ 的应用使得系统整体强度和刚性大幅提升，抗冲击能力和及时投放能力实现预期，团队在关键领域快速完成部署。

图 5–43　深海海流能供电系统

曾经的努力取得了回报，但张大禹非常清楚，要让自己的创新设计改变行业现状、造福于千家万户，他未来的道路还很长。在通往梦想的路上，张大禹也只是迈出了很小的一步。前路漫漫，科研之路没有尽头，运用创新方法之路更是没有尽头，张大禹表示未来还将继续沿着这条路走下去，不断深造，积累更丰富的专业知识，不断提升自己的能力，不畏艰难，不忘初心，用实际行动在海底观测领域继续使用并推广创新方法，为中国建设海洋强国贡献力量。

四、何金洋：与创新方法的“不解之缘”

拿下国家级奖项 3 项、省级奖项 11 项、实用新型专利 1 项、软件著作权 2 项，集荣誉一身的重庆三峡学院 2019 级电子信息工程专业的何金洋，不骄不躁，运用创新方法帮助实验室团队解决项目技术难题，提高创新竞争力。

1. 一次生动课堂，开启与 TRIZ 的缘分

何金洋第一次接触 TRIZ 是在大二的课堂上，在重庆三峡学院的国家特色专业课程安排中有一节 TRIZ 创新方法的特色课程，课程生动形象，其中“一个国家消亡是因为将军马蹄上的一颗钉子松动”等例子让人印象深刻，而一些方法也天马行空又不失可行性。自从上了这门课程，他就对其产生了浓厚兴趣，从那以后便开启了与 TRIZ 的不解之缘，不仅加入了学校的 TRIZ 实验室，并且平时都热衷于用 TRIZ 层层深挖问题原因，找到问题的关键所在。如图 5–44 所示为何金洋参加创新方法大赛。

图 5–44 何金洋参加创新方法大赛

参加重庆市创新方法大赛时，何金洋还在上大三，“那一年可以说是我过得最充实的一年，从校赛到市赛，从预赛到决赛，那时我们团队基本每天晚上都在实验室里面学习、研究。”何金洋说。大赛是 10 月举行，他和团队提前 3 个月就开始准备，当时是第一次参加这种大型创新比赛，能有机会和各高校的学生同台竞技，很兴奋也很激动。

谈到作品的准备过程，何金洋回忆道，为了解决模型稳定性与系统控制的问题，

他和团队决定使用 3D 打印技术并用国产微处理器芯片编程来控制模型，为此他和团队自学了国产芯片微处理的结构与编程，以及 3D 打印机的操作，每天下课后他们就一头钻进实验室。在半年的时间里，他们不断遇到各种困难，再不断解决困难，功夫不负有心人，他们的作品获得了第四届重庆市创新方法大赛特等奖，如图 5–45 所示。

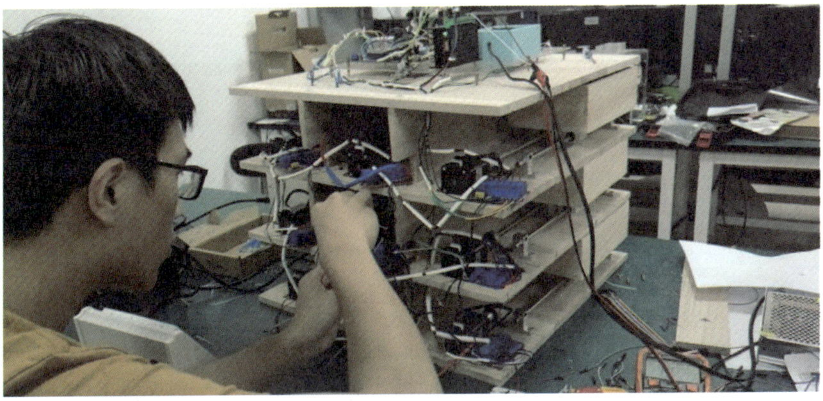

图 5–45 何金洋制作创新作品

何金洋的指导教师、重庆三峡学院电子与信息工程学院教师魏勇说："无论是在实验室、教室，还是老师办公室，总能够看到何金洋忙碌的身影。"

2. 一腔热爱，带领团队在竞赛中创新

参加完创新大赛，何金洋的思维意识和学业规划也开始发生了转变，"学习了创新方法后，我开始意识到要从不同维度去考虑问题，看到问题就想着如何运用创新方法去解决它。"何金洋说。经过那一次大赛，他的心里就埋下了一颗创新的种子，认识到创新方法的重要性及前景。

"在我参加其他比赛的时候，提到作品设想是用 TRIZ 创新方法发散而得到的，比赛的评委老师都很认可。"何金洋说。这段经历不仅为他的学业生涯推开了一扇门，对他的生活也有较大影响，将比赛中的收获和领悟到的创新思维应用到生活中，能有效解决一些棘手的问题。

在竞赛中，实验室一个队伍的竞赛作品一直存在运行一段时间自动停止的问题，反复查找也找不到原因，知道何金洋擅长解决一些问题所以找他询问。何金洋知道问题后，仔细分析了系统模型、功能，用因果链仔细分析发现，原来是由于系统车载电池功率不够带动负载的问题，更进一步发现是负载里面的摩擦力负载过大，随即何金洋用 TRIZ 科学效应库的方案来设计改变车体的承载和车轮结构，问题成功解决了，类似情况在实验室中数不胜数。

何金洋说："在解决问题的过程中，我感受到用创新方法帮助他人的意义，每当为团队解决一个问题，就有着前所未有的成就感，我想真正运用创新方法帮助更多的人。"

3. 心系公益，不止于创新

何金洋心系公益，曾经作为主要成员去往万州多所小学进行创新制作展示（图 5–46），给小同学们带来一些新奇事物，如自制蓝牙音箱、智能中药柜、无线小车等，在展示的同时给同学们生动地讲解其物理原理，以及如何用创新的思维设计出这些作品。

图 5–46　何金洋参加创新制作科普活动

何金洋说："创新方法改变了我，我相信创新方法未来会改变更多人。希望可以为中国的创新方法推广献一份力，同时也为学校的创新发展贡献一份力。"

五、何健：思想新奇特的"创客红娘"

哈尔滨创库科技企业孵化器承载着许多年轻创业者的梦想，活跃着一个个为梦想忙碌的身影，工匠精神与创客思维在这群志趣相投的年轻人之间相互碰撞（图 5–47）。"我的生活不只创业，我想让阳光照进更多人的梦想里。"说这话的是勤学实干、求实创新的年轻人何健。一谈起他，认识的人都会竖起大拇指。他是一家科技公司的创办人，在提供技术的同时，他还是一位隐藏在企业与技术精英之间的"创客红娘"。

图 5–47　哈尔滨创库科技企业孵化器

1.“长”在实验室　在帮忙中“练手”

11月初的一个晚上，记者在哈尔滨剑桥学院的报告厅等待着这位优秀毕业生回到母校，向在场的近千名学生讲述自己的创业故事。一副黑色薄框眼镜，一件干净的衬衫，眼中透露着睿智的目光。这次，他将向慕名而来的学弟学妹们讲述一个关于“创客”和“红娘”的故事。

何健是哈尔滨剑桥学院电子工程及自动化专业的2014届毕业生。在校期间，何健每天像是“长”在了实验室，废寝忘食地和老师一起研究学习各种电子元件。在大二时，他就在学校创立了萃智创新协会，召集更多和他志趣相投的同伴，并参加了两届大学生创新方法大赛。他坦言：“原来根据自己的想法会逐渐走到研发的死胡同里，而通过一次又一次的学习，就会摆脱固定思维，跳出固有的圈子去思考。”

平时同学有什么电子产品坏了，第一个想到的是让何健帮忙修。“别人看来是负担，我倒将这种‘打扰’当成一种乐趣！”何健说。或许是得益于身边人给他的一次次“练手”的机会，何健逐渐地在各种科技创新竞赛中显露身手，屡次获得国家及省级大奖。

2.下海创业变身“创客红娘”

大四那年，何健将实习地锁定在代表国内科技前沿的北京中关村。他最后被一家汽车电子开发公司录用，但要先从三个月的实习期做起，职务是工程师助理。可谁都没想到，伴随着身边人不断给予的肯定与好评，何健竟然会在三个月后把公司给炒了。据何健回忆，当时在公司的一次实验过程中，他没有沿用老工程师留下的实验模式，而选择应用他所总结的新创意，实现了在不影响数据准确的情况下节省测试时间的目的，但这个方案竟被否定了。“当时，工程师虽然认可了我的创意，却对我说，如果要让公司按照这个创意来操作，我至少还要熬十年！我也因此意识到大企业在创新能力上的弊端。”何健当即就下定决心——自己创业。

2014年9月，何健回到哈尔滨创办了一家创新型中介公司，主要为需要技术的企业和相关技术人员搭建桥梁。何健回忆说：“我的第一笔业务是创意智能杂。一个抽杂爱好者找到我们公司想做一批智能杂，要求用麦克控制杂，每抽一下有不同的灯光，我帮他找到一名工程师完成了这个项目。目前，这批智能杂已经投放市场。”随着业务不断增多，越来越多的人称呼何健为“创客红娘”。

3.搭建平台助更多创客圆梦

现在，何健既在企业与技术精英之间扮演着中介的身份，同时他也是一名小有名气的技术提供者。何健说：“以后要吸引一批技术人员和有创新需求的企业注册为会员，为前者的技术寻找应征者，将后者的需求分发给专家团队。平台帮助双方拟定委托开发合同，约定知识产权归属，并保证奖金的支付。”

何健说他的理想是建设一个互联网硬件交流平台，他把这个平台命名为“创新空间”，并注册了商标。“在互联网界，像我这样做硬件的是小众，大家需要一个交流想法和创意的平台，但建设和维护这样一个网站更多是公益性的，需要许多志同道合的人一起来做，我希望能找到同路人。”何健说。该平台基于哈尔滨市所有高校，有相同创新理念的学生都可以来到他的平台，不仅能扩大彼此交流的圈子，同时也能产生很多奇思妙想并融入自己的设计中，让创客们将自己新奇特的想法能够最终变现。

六、朱亮：化曲折为创新

1. 一堂选修课，初识 TRIZ 创新方法

2020 年 9 月，南开大学滨海学院法政学系 2018 级行政管理专业的朱亮在学校选课系统上发现了一门名为“创造学”的选修课程，怀着“这门课程到底会讲些什么”的好奇，他步入了由南开大学滨海学院崔少华正高级工程师所讲授的 TRIZ 课堂。图 5–48 所示为朱亮在图书馆校训前。

每到创造学课堂开始之前，朱亮便会早早来到教室，坐在教室的第一排，及时拍摄并记录下课堂内容。在这门创造学课程中，他学习了创造学的含义与研究方法、创新思维与创造方法、TRIZ 分析工具、求解工具等系统性的 TRIZ 理论体系。

图 5–48　朱亮在图书馆校训前

在课程最后，朱亮运用 TRIZ 理论对钥匙开锁问题进行一定的优化，TRIZ 理论体系也在朱亮的知识体系中埋下了一颗种子。可惜的是，受制于其他专业课程的安排，这一问题没能在实践中发现更好的解决方案。正当朱亮认为可能需要毕业之后，在从事某一项行业工作后才能进一步应用 TRIZ 理论时，一个意外打破了这一认知局限。

2. 一个意外，化曲折为创新

2021 年 5 月，朱亮在志愿献血之后，由于没有及时补充营养，导致免疫力低下，身上突发红疹，在天津长征医院检查后确诊为玫瑰糠疹皮肤病，这一皮肤病如果采用

治疗舱将会耗费数万元的治疗费用，思考片刻后，朱亮还是选用经典的外用药物治疗，即内服药物的同时，选用炉甘石洗剂清洗玫瑰糠疹创面。

朱亮在药液涂抹过程中发现：在玫瑰糠疹药物治疗过程中，如果涂抹“炉甘石洗剂”在大片受损肌肤时，使用医务室配备的棉签取药却发现取药量太少，多次取用不卫生，加之棉签沾染药液后涂抹不久便易变软失效，因此每次使用只能涂抹 40 ~ 50 平方厘米（假设一个成年男子的手掌内外面积为 320 平方厘米）。但是，每根棉签涂抹 40 ~ 50 平方厘米是远远无法满足患病人员涂抹全身的需要，光是涂满左手臂就需要 7 ~ 8 根单头棉签或 4 根左右的双头棉签。这一结果一方面无法满足患者便捷卫生的快速涂药的需求，另一方面也加大了患者在涂药工具上的经济开支。朱亮在与其他病友沟通之后发现这一问题是普遍存在的，但大家一直都是默默选用棉签或者毛刷涂抹，虽然耗费了些财力和精力，但只希望皮肤病能够快一些好起来。

朱亮针对这一问题，沉思了许久，最终决定积极寻找解决方案，以期能够帮助自己，也是帮助更多患者解决这一共性问题。于是朱亮便开始在线下校医务室、医院等场所开展访谈工作，咨询各医疗场所中常用的药液涂抹工具。

同时朱亮也在网络购物平台中搜寻相关解决方案，寻找到毛刷、海绵刷等替代方案，但在购买实物体验后发现，依旧存在些许不足。正当陷入一筹莫展之际，朱亮突然想起先前所学的 TRIZ 理论恰巧能够满足这一问题解决的需求，于是他便立刻联系上老师，在得到老师认可之后，共同设计并开展这一实际问题的解决方案研究工作。

在 TRIZ 理论问题解决过程中，朱亮从卫生理念、用户体验、环保理念、经验理念四个维度整理了可行的研究方向，并依据方向绘制了各可行方案的专用手稿，运用最终理想解、金鱼法、矛盾分析、物 – 场模型与标准解、九屏幕分析法、小人法等求解方法，最终提出了新型药剂球的解决方案，创新性地解决了这一药液涂抹的问题。

3. 一场大学生 TRIZ 专项赛，发挥旗帜作用，鼓舞众人

2021 年 7 月，在朱亮利用 TRIZ 理论成功解决药液涂抹问题的同时，朱亮治疗进展也取得显著性成功，最终于成功治愈了玫瑰糠疹病症，节省下数万元的治疗费用。在老师及同学们的鼓励之下，朱亮以此作为典型案例申报了国家实用新型专利，参加了天津市大学生 TRIZ 杯专项赛暨第六届天津市大学生创新方法应用大赛。他所在的队伍与天津大学、天津师范大学、天津理工大学等 15 所高校、101 支队伍同台竞技，荣获省级区域赛第一名的成绩，并获创新设计组天津市唯一一个一等奖。

朱亮为进一步深化 TRIZ 理论在实际生产中的应用，进入天津市生华厚德科技有限公司实习，代表企业参赛并荣获“中国创新方法大赛”天津赛区优秀奖。在此过程中，他也再次深刻认识到专业领域理论知识在实际生产中的关键作用，基于实际需求，撰写了《基于 TRIZ 理论的新型药液包装结构设计》学术论文，并成功发表在《科技成果管理与研究》国家级期刊。

朱亮回顾这一历程时说：“我原本只是想用 TRIZ 理论帮助与自己有同样经历的患者解决药液涂抹的问题，却没想到这一过程能够取得大家的认可，在此也是特别感谢大家，想告诉那些与自己一样遇到病症或者困难的同学们，千万不要气馁，积极选

用诸如 TRIZ 等科学创新方法解决问题，将会收获意想不到的结果”。

“创新的目的并不是为了做项目而做项目，也不是为了比赛而比赛，是为了真正从初始问题出发，运用创造性思维让更多人受益。”朱亮说。希望可以化自身经历为鼓舞人们的动力，当遇到问题与困难时不要气馁，时刻记住矛盾双方相互转化的哲理，将问题转化为机遇，用创新方法解决问题，进而收获新的智慧结晶。

前进的脚步不会就此停下，相信朱亮会继续发扬知行合一的精神，不断将小我融入大我，为系统性创新方法推广贡献力量，为学校、企业和祖国的创新发展贡献力量。

第六章 案 例 篇

案例一：基于 TRIZ 的秸秆微粉碎机的研发设计（东北林业大学）

一、问题描述

秸秆通常是指小麦、水稻、玉米、甘蔗及其他农作物在收获籽实后的剩余部分。秸秆的粗纤维含量一般为 30% ~ 40%，并富含木质素等营养物质，是一种具有多种用途的可再 生资源。初步统计，我国每年秸秆产量有 9 亿吨，目前对于秸秆类资源的主要处理方式为秸秆还田、制造人造丝和人造棉、作为生物质燃料、造纸原料等，平均利用率不足 40%，60% 以上的副产物被随意丢弃或用作肥料还田、生活燃料等。秸秆燃烧产生的一氧化碳、硫化物 等大量有害气体，是形成雾霾的主要原因，严重危害人类健康。

研究表明，微粉体具有粒度细、比表面积大、表面质点多、表面活性高、化学反应速度快、缺陷少、补强性能好等优点，因此近些年秸秆粉作为一种新型节能环保原料在市场上慢 慢出现，并且随着精细化市场需求，对秸秆粉碎的粒度要求也越来越高。秸秆制粉可以替代木粉作为填料，也可以作为木塑复合材料的原材料，还可以提取木质素、纤维素等成分，实现秸秆资源的高品质利用。通过生物质秸秆微粉碎来提高秸秆资源的利用率具有现实意义。

经文献和市场调研发现，矿物质类、中草药类物料超细粉碎装置数量繁多，但市场上还没有针对秸秆类资源的微粉碎设备，一般采用轧切、锤片式粉碎机进行粉碎作业，粉碎粒度在 60 ~ 120 目。本课题研究的目标是设计一种可以将秸秆粉碎至 300 目的新型微粉机。新型微粉机不仅可以使秸秆出料尺寸达到 300 目，而且具有高效率（产能≧ 800 kg/h）、低能耗、低成本的特点，以解决现有粉碎机械无法对秸秆类物料实现高产能、低耗能超细粉碎的问题。

1. 现有微粉碎方法分析

目前常用的微粉碎方法见表 6–1。

表 6–1 常用微粉碎方法

粉碎方式	工作原理	解决的问题	存在的不足
高速冲击式粉碎	围绕水平或垂直轴高速旋转的回转体对物料进行冲击、锤击、剪切等作用	易于调节粉碎粒度、应用范围广、机械安装占地面积小	在高速冲击作用下，产生磨损问题，影响物料的纯净度
气流粉碎	通过喷管喷出的超音 速气流带动物料与自身、气流、机体之间的撞击、冲击、剪切粉碎	产品粒度细，表面光滑、颗粒形状规整、纯度高	组成气流粉碎装置的附加装置较多，运行成本相对较高
重压研磨式粉碎	物料在离心力及压轮旋转力的带动下，物料反复进入压轮与研磨槽之间研磨细化	粉碎细度高、适用面广、粉碎成本低、对物料无污染	研磨效率低，难以大规模大批量生产

2. 现有秸秆粉碎机专利分析

专利 CN201910531006.4 发明了一种秸秆均质化粉碎机，该粉碎机采用辊刀式切碎装置结合对辊撕碎装置对秸秆进行切碎和撕碎作业，但粉碎粒度达不到设计要求，适合粗粉碎作业。

专利 CN201910392996.8 设计了一种秸秆粉碎机，采用固定锤片结合可动锤片对秸秆进行粉碎，通过筛板进行筛分，适合粗粉碎作业。

专利 CN201821722898.3 设计了一种多功能生物质粉碎机，采用锤刀对物料进行粉碎，通过重力出料，适合粗粉碎作业。

专利 CN201820230182.5 提出了一种高效率生物质粉碎机械，通过压力传感器调节电机转速，但结构不适于规模化生产。

综上分析，没有可以采用的专利产品。

二、发明问题初始形势分析

经过文献检索和市场调研发现，ACM 型锤击式微粉机适用于加工热塑性和纤维性物料， 由于其转速高、进风量大，适用于热敏性物料，如合成树脂、农药制造、粮食淀粉、中草药、 食品等。ACM-AB 型冲击式微粉机对于给料 10 mm 甘蔗渣，可粉碎至 300 目，但是产量不足 300 kg/h，达不到预期要求，在不考虑生产效率的情况下，生产 300 目以下的超细秸秆粉体不是难事，同时兼顾高质量和高效率才是研究人员应该攻克的难关。因此，亟待设计一种产能高、能耗低的秸秆微粉碎装置。所以拟以 ACM 型微粉机的结构为原型进行创新设计如图 6–1 所示。

1. 功能及组成

系统功能：减小物料尺寸（V+O+P）。

系统组成：主要由机架、喂料装置、粉碎装置、风机、分级装置、出料管、传动装置和电机等组成。

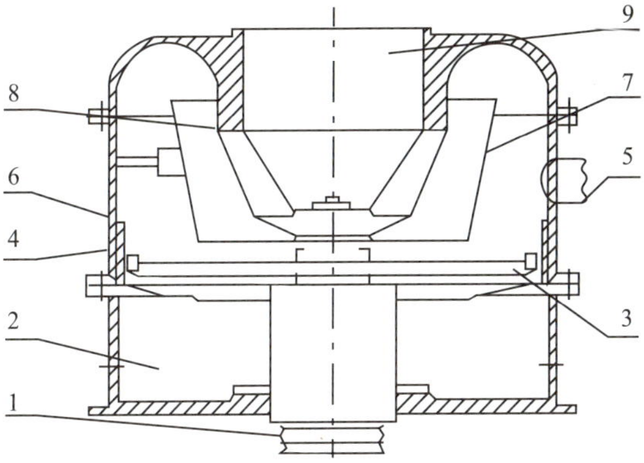

1—皮带轮；2—进气室；3—粉碎盘；4—定子；5—进料口；6—内圈；
7—分流环；8—分级叶轮；9—出料口

图 6–1 ACM 型微粉机结构示意图

2. 工作原理

ACM 至微粉机工作原理图如图 6–2 所示，物料经进料口由加料器送入机体与分流环之间的粉碎室，在粉碎室内高速旋转锤盘的带动下，甩向固定在机体上的定子齿圈而被撞击粉碎，粉碎后的物料在负压气流的吸力作用下，小颗粒物料克服粉粒自重，越过分流环进入分流环与分级叶轮 之间的分级室。负压吸力大于离心力和重力的细小粉粒从分级叶轮的叶片间隙通过，进入旋风分离器进行收集。粒度大的颗粒因其离心力大，被甩到分流环进入粉碎室重新粉碎。

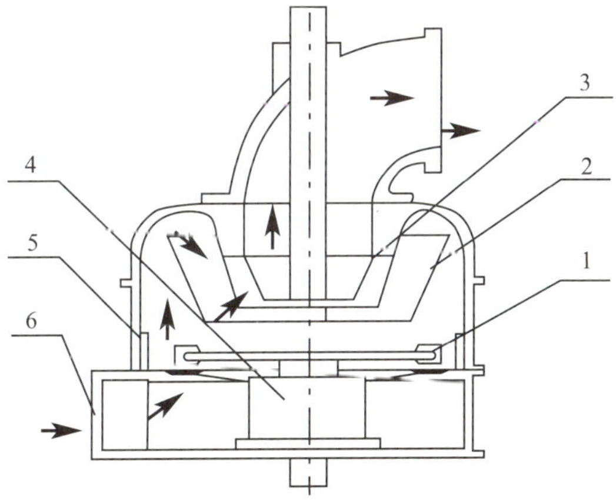

1—粉碎盘；2—分流环；3—分级叶轮；4—轴承座；5—定子；6—进风口

图 6–2 ACM 型微粉机工作原理

3. 原型系统技术参数

ACM 型微粉机技术参数见表 6–2。

表 6-2　ACM 型微粉机技术参数表

序号	型号	ACM -60
1	粉碎主电机功率 /kW	37 ~ 55
2	进料水分 /%	≤ 5
3	入料粒度 /mm	≤ 30
4	抽风电机功率 /kW	18.5 ~ 30
5	风机风量	4000 ~ 5000
6	粉碎粒度 /μm	10 ~ 150
7	产量 /kg	500

4. 存在的主要问题

粉碎粒度达不到 300 目的要求；设备粉碎效率低，处理力度不足 800 kg/h。

三、系统分析

1. 功能导向搜索（FOS）

（1）定义关键问题

需要将生物质秸秆粉碎至微细粉体。

（2）阐明要改善的特定功能

需要改善的功能是粉碎秸秆。

（3）确定所需参数

原料进料尺寸大于 5 mm，出料尺寸达到 300 目，产能 800 kg/h。

（4）泛化功能

粉碎秸秆的一般化功能是减小物料尺寸。

（5）寻找领先领域

采石冶金行业在粉碎矿石时执行类似的功能，这个行业被认为是领先领域。

（6）筛选合适技术

有一种中深孔爆破采石技术，炸药在极短时间内由于外界能量作用发生爆炸，释放出大量的热能并产生高温高压气体，可对周围物质进行破坏、抛掷、压缩等作用。

（7）识别次生问题

由于秸秆燃点低，释放出大量的热能容易引燃秸秆。

（8）解决次生问题，提出解决方案。

概念方案 1：TATP——熵爆炸粉碎。通过将每个固态分子迅速分解为四个气态分子而产生体积变化，在爆炸过程中并不产生热量。

2. 科学效应

在科学效应库中寻找可行的效应，见表 6–3。

表 6–3 科学效应库可用效应

序号	效应来源	效应名称	注解与说明
1	物理效应	3 研磨	在擦除、刮出、磨掉等使表面发生脱落变形的处置过程中，可以有意识地使用一种研磨剂来控制这个处置过程
2		429 冲击力	在很短的时间内产生巨大的碰撞力
3		693 共振	两个振动频率相同的物体，当一个发生振动时引起另一个物体振动的现象
4		722 分割	将物体划分为多个部分
5		730 摇动	物体迅速从一侧到另一侧移动
6		780 搅拌	流体中使用重复动作的搅动
7		872 超声波	频率高于 20 000 Hz 的声波
8		883 振动	在一个平衡点附近的机械振荡
9	生物效应	26 好氧降解	好氧消化是微生物在有氧的环境中进行生物降解的系列过程
10		39 厌氧降解	微生物在缺氧的条件下，分解生物降解材料的一系列处理过程
11	化学效应	296 熵爆炸	爆炸反应物发生大的体积变化，而不会释放出大量的热量

通过效应分析，构想概念方案。

概念方案 2：搅拌粉碎。通过搅拌研磨介质产生不规则运动，对物料进行粉碎。

概念方案 3：振动粉碎。研磨介质，在做高频振动的筒体内对物料进行粉碎。

概念方案 4：生物粉碎。利用微生物在有氧或无氧的环境中降解生物质秸秆。

概念方案 5：化学粉碎。使用酸法（盐酸、硫酸）或碱法（氢氧化钙、氢氧化钠）对生物质秸秆进行处理。

由于传统的机械粉碎法成本较低、产量高、操作工艺简单、不产生污染性物质和化学生物垃圾，且能改良物料性能，因此，除了少量超细粉碎采用化学合成法外，市场上绝大多数使用机械粉碎法。

3. S 曲线分析

目前市场上还未有可实现规模化生产的秸秆微粉机出售，相关研究还局限于专利概念设计和实验室阶段，而秸秆高品质、精细化利用的市场需求已经显现，亟须开展相关设备的研制， 综上所述，可以判断秸秆超细粉碎机处于婴儿期和成长期的过渡阶段。

过渡阶段产品的发展策略如下：

（1）分析技术转化为产品的主要障碍，投入资金进行攻关，尽快实现技术产品化，争取尽快推向市场，抢占技术领先优势。

（2）实现至少一个关键参数的领先。

（3）基于现有设施和工作原理进行结构改进。

4. 技术系统进化法则

（1）动态性进化法则

技术系统的进化应沿着柔性、可移动性、可控性增加的方向发展。ACM 型微粉机由于冲击力大，磨损较为严重，需要及时更换锤具等部件，所以拆卸方便十分必要。为适应多种类秸秆物料的粉碎，设计可变粉碎室，由动态性进化法则提出 2 个概念方案。

概念方案 6：可拆卸粉碎室。将粉碎室分成上、中、下箱体，方便拆卸。

概念方案 7：可调节粉碎室。粉碎室大小可根据物料种类、物料进料量变化体积。

（2）完备性法则

一个技术系统在实现预定功能时，必须包含动力装置、传动装置、执行装置及控制装置。ACM 型微粉机系统完备性分析如图 6–3 所示，在操作人员协调下，由电动机负责将电能转化为机械能，带动轴将输出的能量传递到系统的各个组成部分，转子、定子执行粉碎功能，是完整的技术系统，但控制装置存在不足。

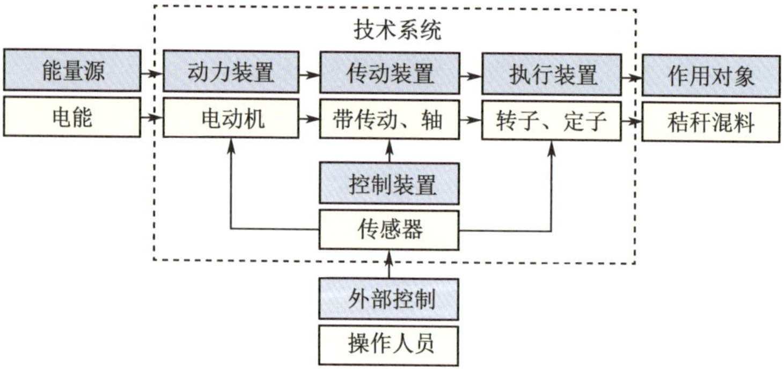

图 6–3　ACM 型微粉机系统完备性分析

由系统完备性分析提出概念方案 8：添加控料传感器。在入料口安装传感器，当粉碎室积料过多时，减少入料量，提高自动化程度。

（3）能量传递法则

技术系统总是沿着能量损失少的方向进化，ACM 型微粉机使用带传动，能量损失大。由能量传递法则提出概念方案 9：齿轮传动。将带传动改为齿轮传动，提高能量利用率。

5. 功能分析

通过分析发现 ACM 型微粉机的粉碎功能不足，不能把秸秆原料粉碎到预期的粒度大小，为了改善粉碎效果及提高微粉机性能，对 ACM 型微粉机进行系统功能分析。

（1）系统功能

技术系统名称：秸秆微粉机。

系统功能：减小物料尺寸。

（2）建立系统功能模型

原型系统功能模型如图 6–4 所示。

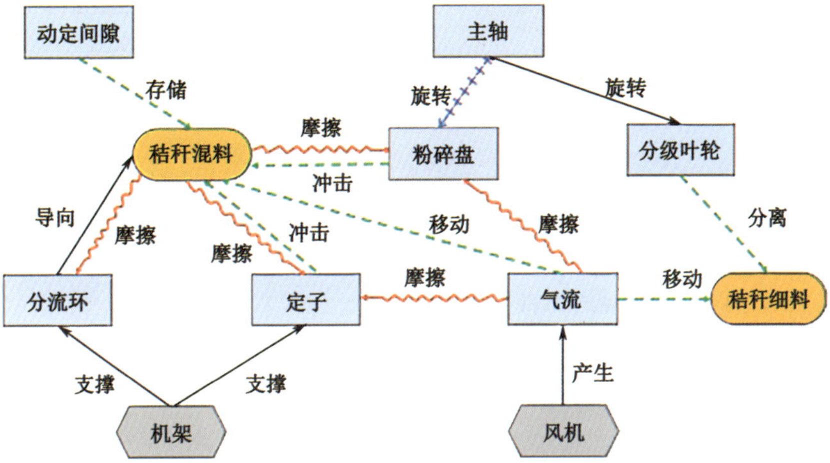

图 6–4 原型系统功能模型图

6. 功能裁剪

（1）裁剪分流环

裁剪依据：秸秆混料对分流环存在摩擦（有害）作用。

分析其有用功能：使未通过分级叶轮分离的秸秆混料重新落回粉碎室。将分流环的有用功能用机架替代，裁剪分流环方案模型如图 6–5 所示。

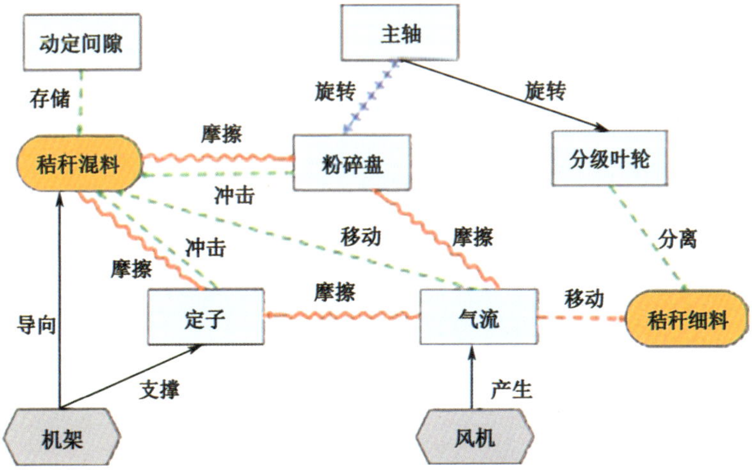

图 6–5 裁剪分流环方案模型

提出方案 10：导向圆环筒式箱体。在外箱体内部安装圆环筒，如图 6–6 所示，导向未经分离的秸秆混料。

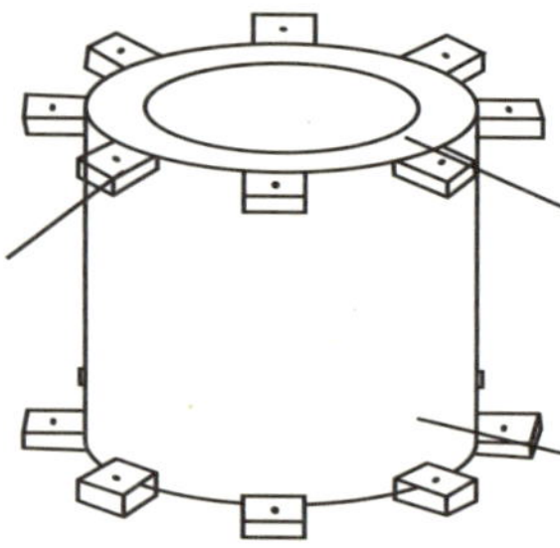

图 6–6　安装圆环筒的外箱体示意图

（2）裁剪粉碎盘及定子

裁剪依据：气流、秸秆混料对粉碎盘、定子分别存有摩擦（有害）作用，并且定子、粉碎盘对秸秆混料的冲击（有用）作用不足。

分析其有用功能：用过热蒸汽替代粉碎盘、定子的有用功能，裁剪后的方案模型如图 6–7 所示。

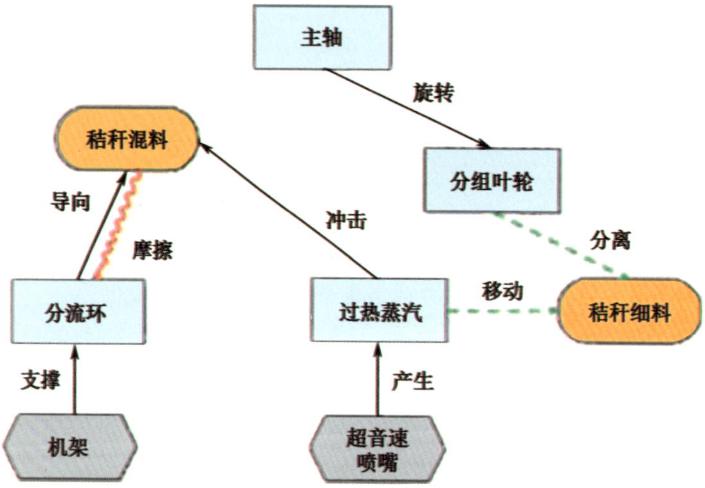

图 6–7　裁剪粉碎盘及定子方案模型

提出概念方案 11：超音速气流粉碎。过热蒸汽经喷嘴喷出卷吸周围的颗粒使其加速碰撞、摩擦、剪切。

7. 九屏图

微粉机九屏图如图 6–8 所示。

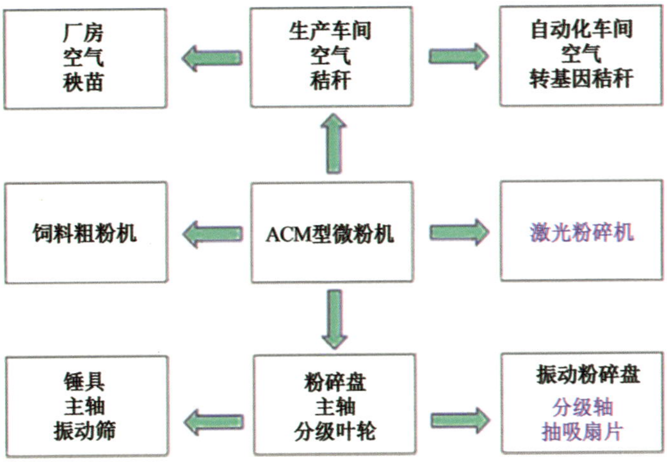

图 6–8　微粉机九屏图

由子系统未来资源提出概念方案 12：分级轴结构。将分级叶轮安装在分级轴上，可通 过调节分级轴的转速实现分离粒度大小调节，结构示意图如图 6–9。

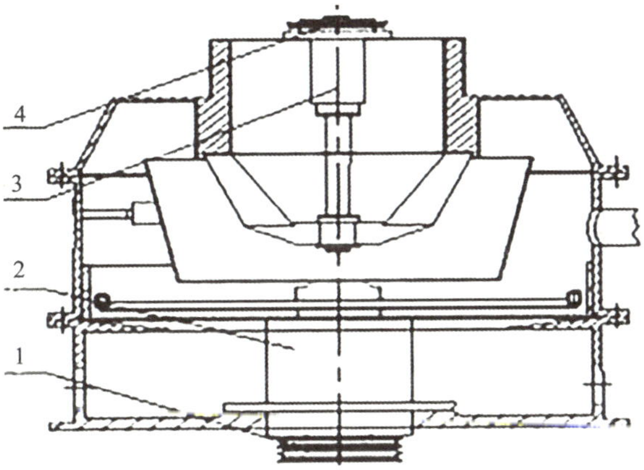

1—皮带轮；2—主轴；3—分级轴；4—分级皮带轮

图 6–9　分级轴结构微粉机示意构图

由子系统未来资源提出概念方案 13：抽吸扇片。采用抽吸扇片，让符合颗粒度要求的秸秆在抽吸扇片吸力、离心力带动下分离。

由未来系统资源提出概念方案 14：激光粉碎。采用激光粉碎原理，使秸秆在激光作用下粉碎到预期粒度。

8. 资源分析

ACM 型微粉机的可用资源分析见表 6–4。

表 6–4　资源分析表

种类	物质资源	能量资源	信息资源	空间资源	时间资源	功能资源
系统	ACM 型微粉机	机械场、热力场	产量、颗粒度	装置体积、粉碎室空间大小	进料时长、粉碎时间	粉碎功能、分级功能
子系统	粉碎盘、主轴、分级叶轮、分流环、风机、定子	机械场、风场、热力场	功率、转速、生产率、损耗率	进料口大小、动定刀间隙、分级叶轮间隙	电机运转时间、风机给风时间	粉碎功能、传动功能、支撑功能
超系统	空气、秸秆、生产车间	机械场、重力场、生物场、电场、磁场	能耗量、工人数、设备数量、秸秆量	生产空间	检测时间、维修时间	敛捡功能、收集功能

通过资源分析，选择可利用资源，提出 4 个概念方案，如图 6–10 所示。

概念方案 15：重力喂料。采用重力自动喂料结构，秸秆物料竖直下落。

概念方案 16：沼气发电。秸秆发酵产生沼气，利用沼气发电机组为系统提供能量。

概念方案 17：自动喂料。设计自动喂料的机械手，提高自动化程度。

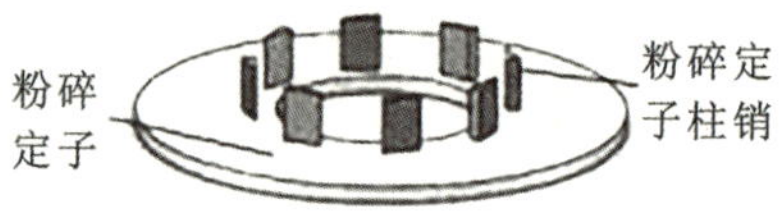

图 6–10　柱销锤切式定子结构示意图

概念方案 18：柱销锤切式定子。在定子上设计柱销结构（如图 6–10），增加剪切力。

9. 因果分析

对粉碎效率低的问题进行因果分析，如图 6–11 所示。

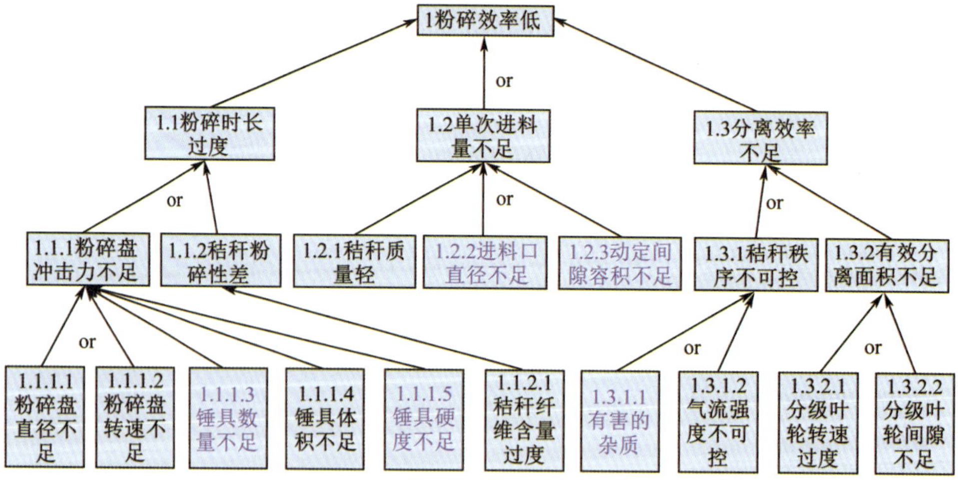

图 6–11　因果分析

针对原因节点 1.2.2，提出概念方案 19：双进料口。在圆柱体外箱体上设置两个对称分布的进料口，如图 6–12 所示。

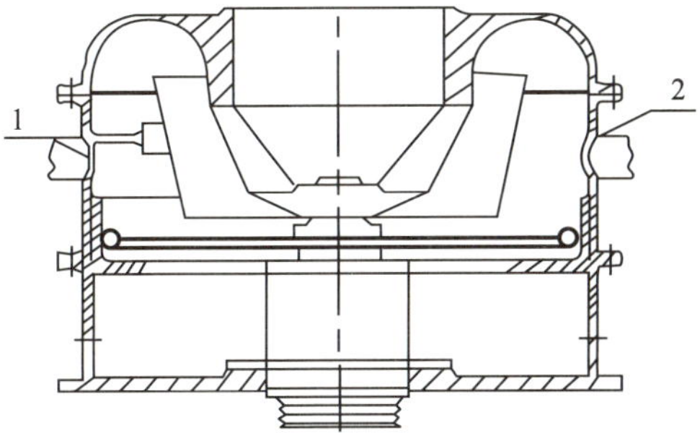

1—进料口 1；2—进料口 2

图 6–12 双进料口的示意图

针对原因节点 1.2.3，提出概念方案 20：采用“品”字形结构的粉碎室（见图 6–13），增加容纳秸秆能力。

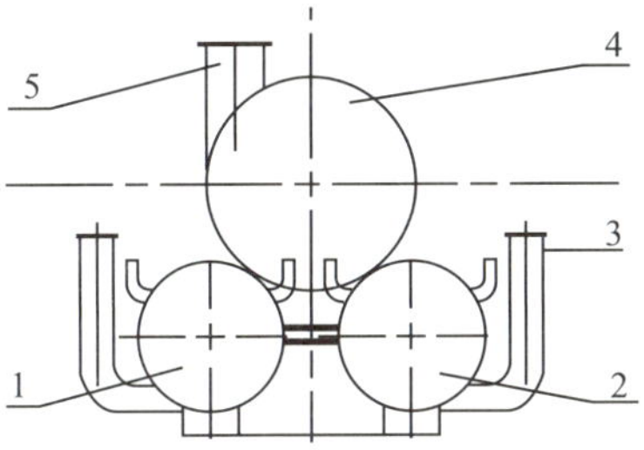

1—一室；2—二室；3—辅助进料口；4—三室；5—排料口

图 6–13 “品”字形粉碎室示意图

针对原因节点 1.1.1.3，提出概念方案 21：增加粉碎盘上锤刀数量。

针对原因节点 1.1.1.5，提出概念方案 22：锤刀采用高锰钢材料制造。

针对原因节点 1.3.1.1，提出概念方案 23：变直径式粉碎腔。粉碎腔采用变直径式（如图 6–14），在进料口处产生有抑尘作用的真空区域。

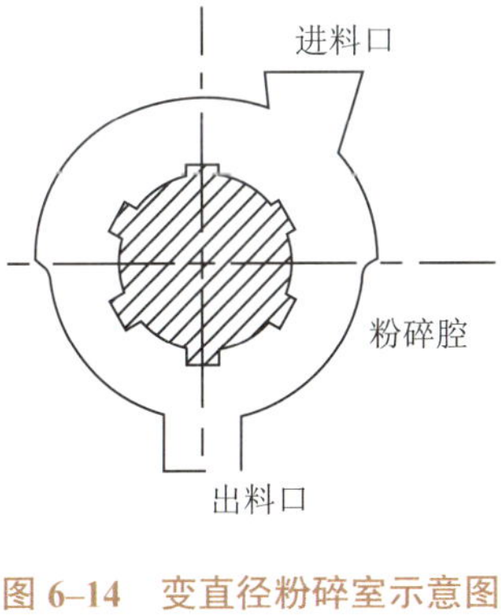

图 6–14 变直径粉碎室示意图

四、应用 TRIZ 工具解决问题

1. 尺寸–时间–成本法（STC 算子）

应用 STC 算子进行发散思考，如表 6–5 所示。

表 6–5　STC 算子应用流程

参数改变	改变的物体或过程	会给问题解决方法带来哪些改变	得到的问题解决途径
尺寸→ ∞	粉碎室非常大	当粉碎室足够大的时候，定子与动盘的距离增大，粉碎冲击力降低	将大粉碎室分割成多个小粉碎室
尺寸→ 0	粉碎室非常小	未产生启发思路	无
时间→ ∞	所用时间非常长	粉碎时间足够大时，物料颗粒度达到要求，但产量达不到要求	无
时间→ 0	所用时间非常短	未产生启发思路	无
成本→ ∞	所用成本非常高	不再考虑成本的限制	采用多台秸秆超细粉碎机同时作业
成本→ 0	所用成本非常低	未产生启发思路	无

由 STC 算子分析可以提出以下 2 个概念方案。

概念方案 24：将大粉碎室分割成多个小粉碎室，如图 6–15 所示。

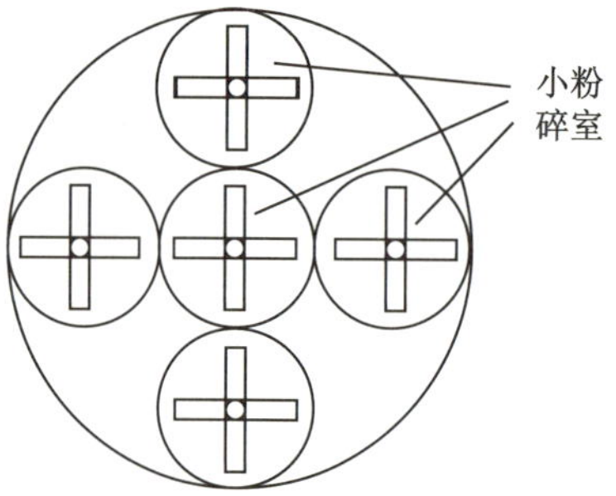

图 6–15　多粉碎室示意图

概念方案 25：采用多台秸秆超细粉碎机同时作业。

2. 金鱼法

将秸秆超细粉碎机的设计想法分为现实部分和幻想部分，直到幻想部分变得微不足道，设计方案则可行。金鱼法应用流程见表 6–6。

表 6–6 金鱼法应用流程表

1. 将问题分为现实和幻想两部分	1. 现实：秸秆类生物质原料不易被粉碎至 300 目 2. 幻想：秸秆类生物质原料能快速地被粉碎至 300 目
2. 幻想部分为什么不能实现？	1. 秸秆类生物质原料含有大量纤维状物质，不易被切断 2. 秸秆类生物质粉碎机的粉碎盘对秸秆的锤击力度不够
3. 在什么条件下，幻想部分可以变为现实？	1. 降低秸秆类生物质原料中的纤维状物质的含量 2. 增强秸秆类生物质粉碎机的粉碎盘对秸秆的锤击力度
4. 列出子系统、系统、超系统中的可利用资源	1. 子系统：粉碎盘、定子、气流、主轴、分级叶轮、喂料器 2. 超系统：控制装置、生产车间、空气
5. 从可利用资源的视角出发，提出可能解决问题的构想方案	1. 将定子内圈改成锯齿状，增加定子内圈的面积，增加接触面积 2. 将粉碎盘安装在粉碎室的中间部分，分成上下两个粉碎室 3. 增加风机的功率，增加气流的运动速度，增强气流的粉碎效果
6. 列出构想中存在的不现实的方案，再次返回到第一步	增加风机功率，会导致粉碎室内粉碎盘、定子内圈等磨损严重，回到步骤 1
1. 将问题分为现实和幻想两部分	1. 现实：风速过大，磨损粉碎盘 2. 幻想：风速对粉碎盘不产生影响
2. 幻想部分为什么不能实现？	1. 相对速度较大的两个物质产生冲击力 2. 粉碎盘不耐磨
3. 在什么条件下，幻想部分可以变为现实？	1. 粉碎盘有足够的硬度 2. 粉碎盘耐磨性好
4. 列出子系统、系统、超系统中的可利用资源	超系统：金刚石、高锰钢、镍合金
5. 从可利用资源的视角出发，提出可能解决问题的构想方案	1. 将粉碎盘的材料改为金刚石 2. 在粉碎盘表面镀镍
6. 列出构想中存在的不现实的方案，再次返回到第一步	无

由金鱼法可以提出以下 3 个概念方案。

概念方案 26：将定子内圈改成锯齿状（如图 6–16），增加有效撞击面积。

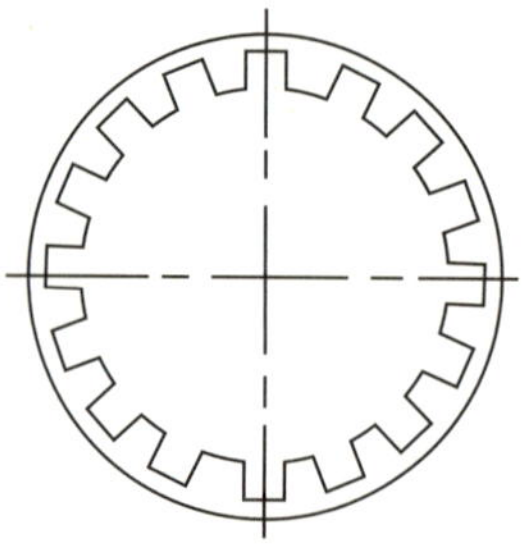

图 6–16 锯齿状内齿圈示意图

概念方案 27：冲击研磨复合粉碎。将两个旋转方向相反的粉碎盘安装在粉碎室的中间（如图 6–17），使秸秆受到锤击和研磨的双重作用。

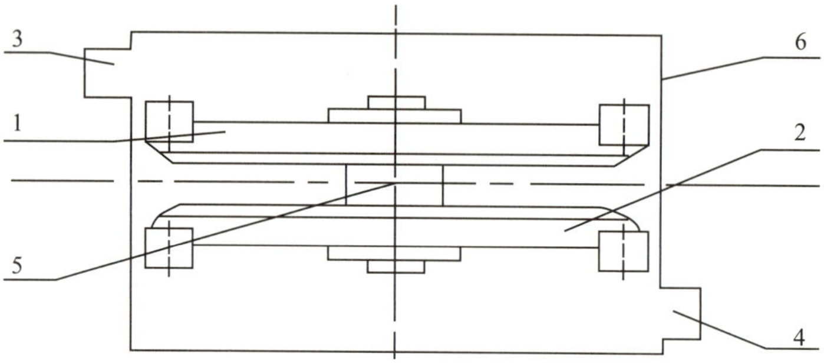

1—锤具 1；2—锤具 2；3—进料口 1；4—进料口 2；5—轴；6—箱体

图 6–17 冲击研磨复合粉碎示意图

概念方案 28：粉碎盘表面镀镍合金等耐磨材料。

3. 最终理想解（IFR）

IFR 解题流程，如表 6–7 所示。

表 6–7 IFR 解题流程

1. 设计的最终目标是什么？	粉碎秸秆至 300 目
2. 最终理想解是什么？	秸秆原料减小尺寸到需要的粒度
3. 达到理想解的障碍是什么？	秸秆没有动力系统，不能产生剪切、摩擦、冲击作用
4. 出现这种障碍的原因是什么？	秸秆颗粒自身特性，没有额外的动力系统
5. 不出现这种原因的条件是什么？	改变秸秆特性，使用机械结构给秸秆颗粒施加作用力
6. 创造这些条件所用的资源是什么？	物质资源：秸秆、刀具、锤具、周围环境
	能量资源：风能、生物能、化学能、机械能、重力、光能
	参数资源：形状、湿度、温度、速度

经 IFR 分析提出以下 3 个概念方案。

概念方案 29：将直切刀和弯切刀安装在一根传动轴上（如图 6–18），增加粉碎性能。

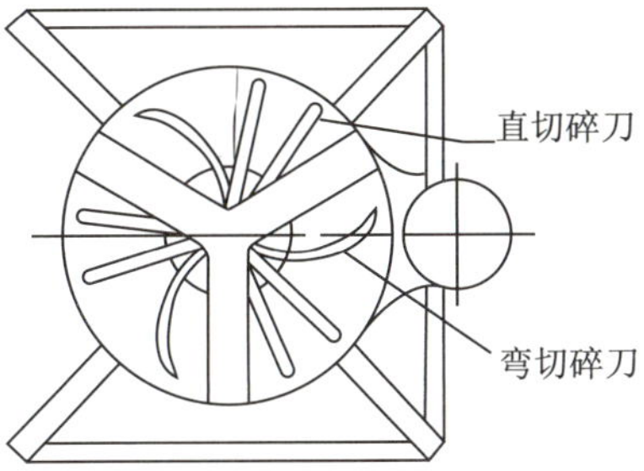

图 6–18 直弯切刀示意图

概念方案 30：利用生物转基因技术，使秸秆具有易粉碎物性，可以自主转化成粉末状。

概念方案 31：在进料口安装烘干装置，使秸秆保持干燥，更容易被粉碎。

4. 技术矛盾

（1）提取技术矛盾

通过系统功能模型，提取技术矛盾（如图 6–19）。

图 6–19 局部功能模型

（2）原问题技术矛盾的表述

TC1：如果增加动定刀间隙（A+），那么存储秸秆混料量增加（B+），但是定子和粉碎盘对秸秆粉碎力不足（C–）；

TC2：如果减小动定刀间隙（A–），那么定子和粉碎盘对秸秆粉碎力增大（C+），但是存储秸秆混料量减小（B–）。

确定要解决的技术矛盾为 TC1，技术矛盾发生在存储秸秆混料量和秸秆粉碎力之间，对应于 39 个通用技术参数，改善的参数为“No.26 物质的量”；恶化的参数为“No.10 力”。

（3）查找矛盾矩阵表

查找矛盾矩阵表，得到推荐的创新原理编号为 No.35 物理或化学参数改变原理、No.14 曲面化原理和 No.03 局部质量原理。

由 No.35 创新原理提出概念方案 32：低温粉碎。利用液氮低温冷却，使被粉碎物料达到脆化易粉碎状态后，再进行机械粉碎。

由 No.14 创新原理提出概念方案 33：设计螺旋状刀具（如图 6–20），刃口长，增强剪切作用。

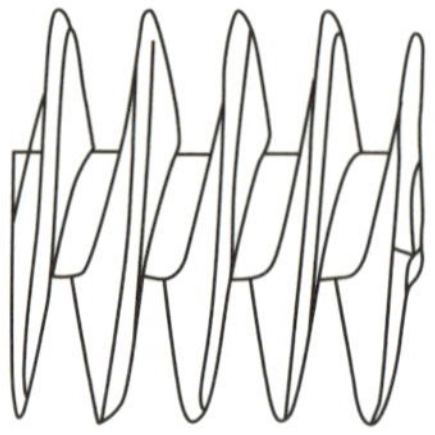

图 6–20　螺旋状刀具示意图

5. 物理矛盾

（1）矛盾模型 A

提取物理矛盾：动定刀间隙的大（A+）小（A–）。

动定刀间隙应该大，以满足秸秆混料存储量大的要求；动定刀间隙又应该小，以满足粉碎盘、定子对秸秆混料粉碎力大的要求。

应用系统级别分离原理提出概念方案 34：冲击剪切复合粉碎。在锤击粉碎盘上增加柱销（如图 6–21），使物料受冲击和剪切复合粉碎作用。

（2）矛盾模型 B

通过系统功能模型，提取物理矛盾（如图 6–22）。

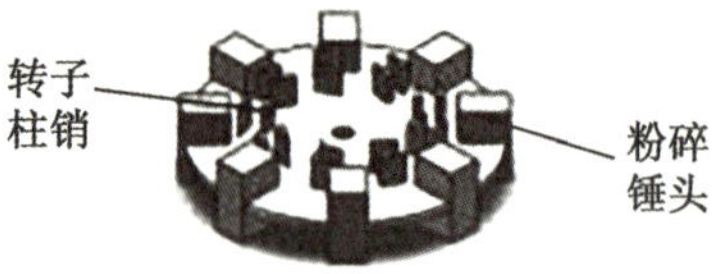

图 6–21　带有柱销的粉碎盘示意图

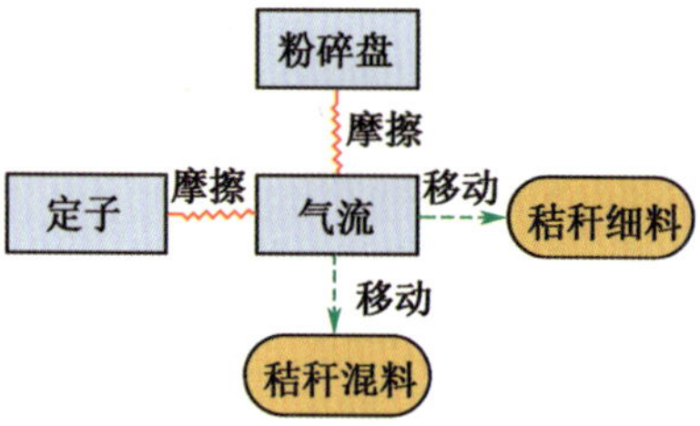

图 6–22　局部功能模型

物理矛盾：气流压强的大（A+）小（A–）。

气流压强既应该大，以满足气流对秸秆混料、秸秆细料移动能力的要求；气流压强又应该小，以满足降低对定子和粉碎盘磨损的要求。

应用时间分离原理提出概念方案 35：在定子内壁、粉碎盘外壁加热膨胀涂层材料，摩擦受热膨胀，降低磨损量。

应用系统级别分离原理提出概念方案 36：可拆卸式粉碎盘。粉碎盘上的锤具用螺栓连接，方便拆卸更换。

6. 物场模型

（1）建立问题物场模型

由系统功能分析可构建出 5 个问题物场模型，如图 6–23 所示。

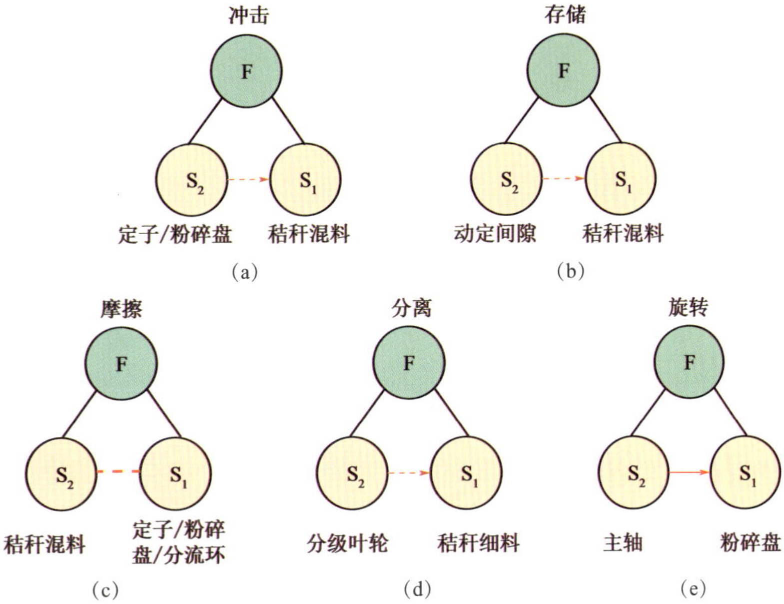

图 6–23 问题物场模型

（2）应用标准解

针对图 6–23（a）粉碎盘和定子对秸秆混料的有用不足作用，应用标准解 S5.2.3 应用能产生场 F_2 的物质 S_3，方案模型如图 6–24（a）所示。

提出概念方案 37：复合粉碎。设置冲击粉碎室和剪切粉碎室，分别用锤具冲击和刀具剪切秸秆混料。

针对图 6–23（b）动定间隙对秸秆混料的有用不足作用，应用标准解 S5.2.3 应用能产生场 F_2 的物质 S_3。方案模型如图 6–24（b）所示。

提出概念方案 38：预粉碎。先对秸秆原料进行预粉碎，细化秸秆混料，再进入动定刀间隙存储。

针对图 6–23（c）秸秆混料对粉碎盘、定子、分流环磨损的有害作用，应用标准解 S1.2.3 引入超系统物质 S3 消除有害作用，方案模型如图 6–24（c）所示。

提出概念方案 39：在粉碎盘、定子、分流环外表面加耐磨橡胶，隔离秸秆混料对其直接磨损。

针对图 6–23（d）分级叶轮对秸秆细料的有用不足作用，应用标准解 S2.2.1 使用更可控制的场，方案模型如图 6–24（d）所示。

提出概念方案 40：添加静电场以加速秸秆混料和秸秆细料的分离工作。

针对图 6–23（e）主轴对粉碎盘的有用过度作用，应用标准解 S2.2.4 使系统更加动态化，方案模型如图 6–24（e）所示。

提出概念方案 41：将主轴和粉碎盘的硬性固定连接改为弹簧连接，不容易产生涡流，粉碎效果更好。

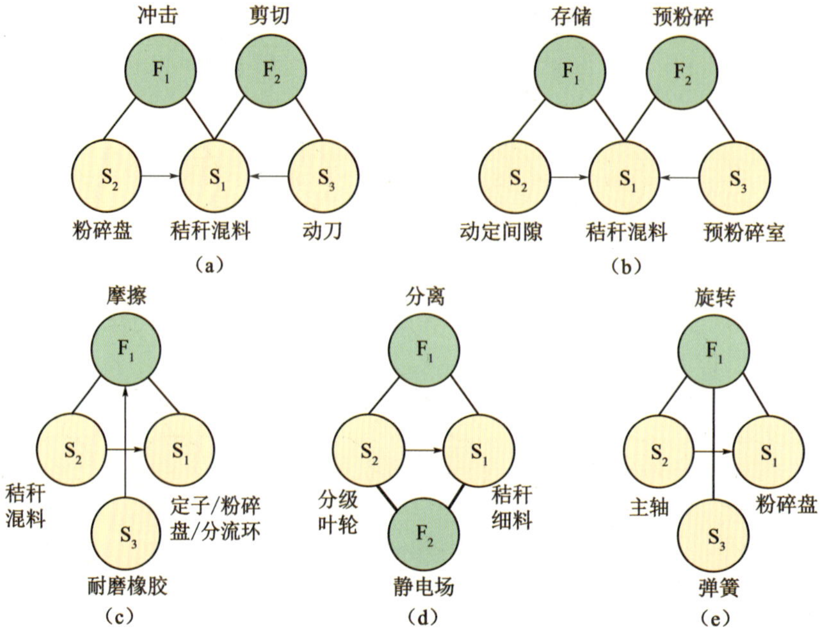

图 6–24　方案模型

五、全部技术方案及评价

（1）针对粉碎方式的技术方案及评价，如表 6–8 所示。

表 6–8　针对粉碎方式的技术方案及评价

序号	方案序号	方案说明	应用 TRIZ 工具	可行性
1	方案 1	通过将每个固态分子迅速地分解为四个气态分子，而产生体积变化，在爆炸过程中并不产生热量	功能导向搜索	暂时不采取，非物理原理
2	方案 2	通过搅拌器搅拌研磨介质产生不规则运动， 对物料进行粉碎	科学效应	暂时不采取，效率低
3	方案 3	研磨介质在做高频振动的筒体内对物料进行粉碎		暂时不采取，秸秆质量较轻
4	方案 4	利用微生物在有氧或无氧的环境中降解生物质秸秆		暂时不采取，效率低
5	方案 5	使用酸法（盐酸、硫酸）或碱法（氢氧化钙、氢氧化钠）对生物质秸秆进行处理		暂时不采取，有化学污染
6	方案 11	过热蒸汽经喷嘴喷出卷吸周围的颗粒使其加速碰撞、摩擦、剪切	功能裁剪	暂时不采取，配套设备成本高

表 6–8（续）

序号	方案序号	方案说明	应用 TRIZ 工具	可行性
7	方案 14	利用激光粉碎机，使秸秆在激光作用下粉碎到预期颗粒度大小	九屏图	暂时不采取，成本高
8	方案 25	采用多台秸秆超细粉碎机同时作业	STC 算子	暂时不采取，成本高
9	方案 27	将两个粉碎盘相对安装在粉碎室的中间部分，两粉碎盘反向旋转，使其受到锤击和研磨的双重作用	金鱼法	可行
10	方案 30	利用生物转基因技术，使秸秆具有易粉碎物性，可以自主转化成粉末状	最终理想解	暂时不采取，转基因技术危害性未知
11	方案 32	利用液氮低温冷却，被粉碎物料实现脆化易粉碎状态后，再进行粉碎	技术矛盾	暂时不采取，成本高
12	方案 37	设置冲击粉碎室和剪切粉碎室，分别用锤具冲击和刀具剪切秸秆混料	物场模型	可行
13	方案 38	先进行预粉碎，细化秸秆混料，再进入动定刀间隙存储		可行

（2）针对粉碎室的技术方案及评价，如表 6–9 所示。

表 6–9　针对粉碎室的技术方案及评价

序号	方案序号	方案说明	TRIZ 工具	可行性
14	方案 6	将粉碎室分成上、中、下箱体，方便拆卸	技术系统进化法则	可行
15	方案 7	粉碎室大小可根据物料种类、物料进料量变化体积		暂时不采取，难以实现
16	案 10	在外箱体内部安装圆环筒，导向未经分离的秸秆混料	功能裁剪	可行
17	方案 20	采用“品”字形粉碎室结构	因果分析	可行
18	方案 23	粉碎腔采用变直径式，在进料口处产生真空区域，有抑尘的作用		可行
19	方案 24	将大粉碎室分割成多个小粉碎室	STC 算子	暂时不采取，粉碎室之间的效率难以匹配

（3）针对粉碎盘的方案，如表 6–10 所示。

表 6–10　针对粉碎盘的技术方案及评价

序号	方案序号	方案说明	TRIZ 工具	可行性
20	方案 21	增加粉碎盘上锤具数目	因果分析	可行
21	方案 22	锤具采用高锰钢材料制造		可行
22	方案 28	粉碎盘表面增加镀镍涂层	金鱼法	可行
23	方案 34	在锤击粉碎盘上增加柱销，使物料受冲击和剪切复合粉碎作用	物理矛盾	可行
24	方案 35	在定子内壁、粉碎盘外壁加热膨胀材料，通过摩擦受热膨胀，降低磨损		可行
25	方案 36	将粉碎盘上锤具用螺栓连接，方便拆卸更换		可行
26	方案 39	在粉碎盘、定子、分流环外表面加耐磨橡胶，隔离秸秆混料对其直接磨损	物场模型	暂时不采取，降低对秸秆的冲击力
27	方案 41	将主轴和粉碎盘的硬性固定连接改为弹簧连接，不容易产生涡流，粉碎效果更好		暂时不采取，稳定性差

（4）针对入料口的技术方案及评价，如表 6–11 所示。

表 6–11　针对入料口的技术方案及评价

序号	方案序号	方案说明	TRIZ 工具	可行性
28	方案 8	在入料口安装控料传感器，当粉碎室积料过多时，减少入料量	技术系统进化法则	可行
29	方案 15	采用重力自动喂料结构，秸秆物料竖直下落	资源分析	暂时不采取，秸秆物料质量轻，易飞散
30	方案 18	设计自动喂料的机械手，提高自动化程度		暂时不采取，成本高
31	方案 19	在圆柱体外箱体上设置两个对称分布的进料口	因果分析	可行
32	方案 31	在进料口安装烘干装置，使秸秆保持干燥，更容易被粉碎	IFR	可行

（5）针对定子的技术方案及评价，如表 6–12 所示。

表 6–12 针对定子的技术方案及评价

序号	方案序号	方案说明	TRIZ 工具	可行性
33	方案 17	在定子上设计柱销结构，增加剪切力	资源分析	可行
34	方案 35	在定子内壁、粉碎盘外壁加热膨胀材料，通过摩擦受热膨胀，降低磨损	物理矛盾	可行
35	方案 39	在粉碎盘、定子、分流环外表面加耐磨橡胶，隔离秸秆混料对其直接磨损	物场模型	暂时不采取，降低对秸秆的冲击力

（6）针对传动装置的技术方案及评价，如表 6–13 所示。

表 6–13 针对传动装置的技术方案及评价

序号	方案序号	方案说明	TRIZ 工具	可行性
36	方案 9	将带传动改为齿轮传动，提高能量利用率	技术系统进化法则	可行
37	方案 12	将分级叶轮安装在分级轴上，可通过调节分级轴的转速实现分离粒度大小调节	九屏图	可行
38	方案 16	秸秆发酵产生沼气，利用沼气发电机组为系统提供能量	资源分析	暂时不采取，能量转换率低

（7）针对分离装置的技术方案及评价，如表 6–14 示。

表 6–14 针对分离装置的技术方案及评价

序号	方案序号	方案说明	TRIZ 工具	可行性
39	方案 13	采用抽吸扇片，使符合要求的秸秆在抽吸扇片吸力、离心力、风力带动下分离	九屏图	可行
40	方案 40	添加静电场以加速秸秆混料和秸秆细料的分离工作	物场模型	可行

（8）针对刀具的技术方案及评价，如表 6–15 所示。

表 6–15 针对刀具的技术方案及评价

序号	方案序号	方案说明	TRIZ 工具	可行性
41	方案 26	将定子内圈改成锯齿状，增加有效撞击面积	金鱼法	可行
42	方案 29	将直切刀和弯切刀安装在一个主轴上	IFR	可行
43	方案 33	设计螺旋状刀具，刃口长，剪切作用好	技术矛盾	可行

六、最终实施方案

实施方案一：综合概念方案6，12，13，20，21，22，26，31，35，36，37，39，设计出多重复合式秸秆微粉机，三维示意图如图6–25，该方案已获得国家实用新型专利授权（CN 202020905504.9）。

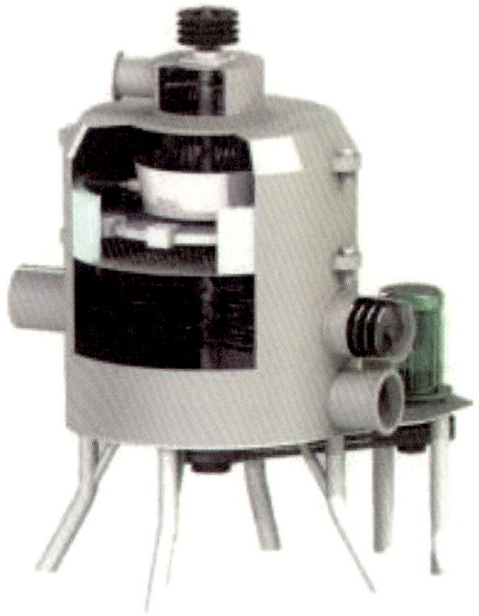

图6–25　多重复合式秸秆微粉机三维示意图

工作原理：秸秆物料经左、右两个螺旋进料器初步切割，进入剪切粉碎室，高速旋转的剪切刀具对物料进行剪切作用，在离心力及风力的带动下，物料尺寸小于1 mm的物料通过筛网，在冲击锤头的高速撞击及自身和内齿圈的碰撞冲击作用下进一步粉碎，粉碎到要求尺寸的秸秆物料在抽吸扇片的吸力、风机的风力和冲击粉碎盘回转的离心力的作用下，通过分级叶轮在出料口处进行收集，未达到粉碎要求的物料沿着挡料环内壁落回粉碎室再次粉碎。

方案创新点：

（1）采用多重复合粉碎方式。物料从进入入料口到分离出粉碎室共经历了螺旋进料器切割作用、剪切刀具剪切作用和冲击锤头冲击作用共三次粉碎力作用，可将进料为5 mm以下的秸秆物料粉碎至300目以下，充分提高物料粉碎的效率，每小时的产能达到800 kg以上，能效比高。

（2）采用多重筛分作业。粉碎室内设有多重分级装置，小于1 mm的物料经筛网初步分离，粉碎到规定粒度的物料在抽吸扇片的吸力、风机的风力和冲击粉碎盘回转的离心力的作用下，通过分级叶轮分离，提高物料筛分效率。

实施方案二：综合概念方案10，12，17，20，21，22，26，34，35，36，设计出锤切式秸秆微粉机，三维示意图如图6–26，该方案已获得国家实用新型专利授权（CN202020905499.1）。

图 6–26　锤切式秸秆微粉机三维示意图

工作原理：秸秆物料被预粉碎至 5 mm 后，被负压气流吸入微粉碎室内，粉碎转子高速运动的销柱与静止粉碎定子的销柱产生相对运动。物料在经过销柱区时，被高速回转的销柱剪切、撞击粉碎；当物料在离心力作用下运动到粉碎转子外圈时，物料在高速运动的冲击锤头和齿圈间被冲击粉碎。粉碎后的秸秆被负压气流带入分级室，符合要求的粉体通过分级叶轮后从中心管排出机外，不符合要求的粉体沿着挡料环内壁落回粉碎室继续粉碎，直至符合粒度要求。

创新点：采用锤切式粉碎方式，粉碎转子和粉碎定子增加具有切削刃的销柱结构，在原有冲击粉碎基础上，增加了剪切粉碎，更适用于秸秆粉碎，可充分提高物料粉碎的效率。采用真空负压吸入物料方式，减少能量消耗，解决了温升过高的问题，保证机器内温度在安全范围。

案例二：解决搬运机构运动晃动问题（河北工业大学）

一、项目概述

一种仓储装置用的搬运机构如图 6–27 所示，该机构可实现对小型货物的平移、旋转和升降的搬运功能，目前应用于可自动存取样品的培育装置与化学实验室或化工厂化学试剂的存储柜中。该机构的总体尺寸为长 3 m，宽 2 m，高 2 m，所搬运的货物一般尺寸不超过 15 mm × 15 mm × 25 mm 。

目前该机构存在的问题在于当平移驱动电机驱动取物装置平移时，取物装置顶部会沿导轨方向摆动，取物装置设计的高度越高，摆动幅度越大，影响结构稳定性。现需要根据仓储装置结构稳定性的要求，解决该搬运机构顶部晃动问题。

图 6–27　一种仓储装置用的搬运机构

二、发明问题初始形势分析

1. 定义技术系统实现的功能

问题所在技术系统为搬运机构，由顶部导轨、直线轴承、取物装置、支撑轴承和底部导轨组成。

该技术系统的功能为实现对货物的平移、旋转和升降的搬运。

实现该功能的约束有取物装置顶部会沿导轨方向摆动影响搬运精度。

2. 现有技术系统的工作原理

搬运机构由顶部导轨、直线轴承、取物装置、支撑轴承和底部导轨组成。平移驱动电机、底部导轨和顶部导轨与机架固定，平移驱动电机驱动取物装置与旋转驱动电机平移，旋转电机驱动取物装置旋转。

底部：滑动轴承与平移机架固连、平移机架与旋转驱动电机固连、平移机架与支撑轴承固连，平移驱动电机驱动带轮通过同步带带动平移机架平移。旋转驱动电机输出轴与传动轴通过联轴器固连，传动轴与取物装置通过支撑座固连，其中传动轴与支撑轴承内圈固连。

顶部：取物装置通过支撑座与传动轴固连，其中传动轴与支撑轴承内圈固连，支撑座与支撑轴承固连。

取物装置、顶部与底部直线轴承在平移驱动电机驱动下完成平移功能；取物装置在旋转驱动电机驱动下完成旋转功能，顶部与底部的支撑轴承约束取物装置的旋转轴线位置；顶部导轨与底部导轨同时约束，提高取物装置的刚度。

3. 当前技术系统存在的问题

当平移驱动电机驱动取物装置平移时，取物装置顶部会沿导轨方向摆动，取物装置高度越高，摆动幅度越大（一般高度 1 m，顶部直线轴承错位范围为 10 ~ 20 mm），结构越不稳定，如图 6–28 和图 6–29 所示。

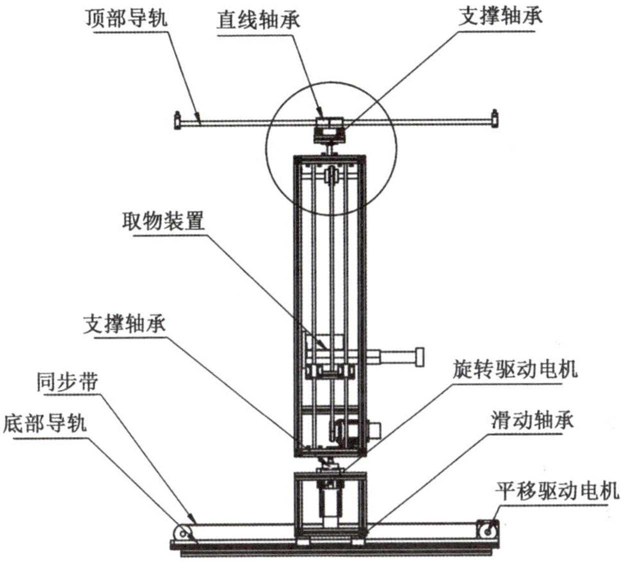

图 6–28 现有技术方案问题

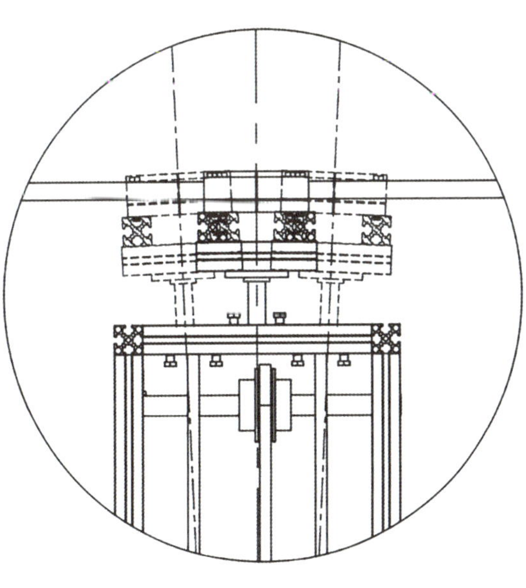

图 6–29 现有技术方案问题局部放大

4. 问题出现的条件和时间

（1）搬运机构被平移驱动电机驱动平移时顶部滞后发生摆动；

（2）取物装置装载重物（≥ 300 g），同时取物装置旋转至平移方向时，取物装置向一侧倾斜。

5. 问题或类似问题的现有解决方案及其缺点

通过检索专利现有技术，检索的申请号为 201520875353.6，双侧平移升降机构，该现有技术采用一种上下浮动平移连接结构，包括上随动端齿轮和下驱动端齿轮，可以实现机构平移时取物装置的上下端同步受力平移，使机构稳定。但该机构仅是可平移升降的机构，不能实现取物装置的换向旋转，若采用本方案会导致问题所在技术系统功能的丢失，如图 6–30 所示。

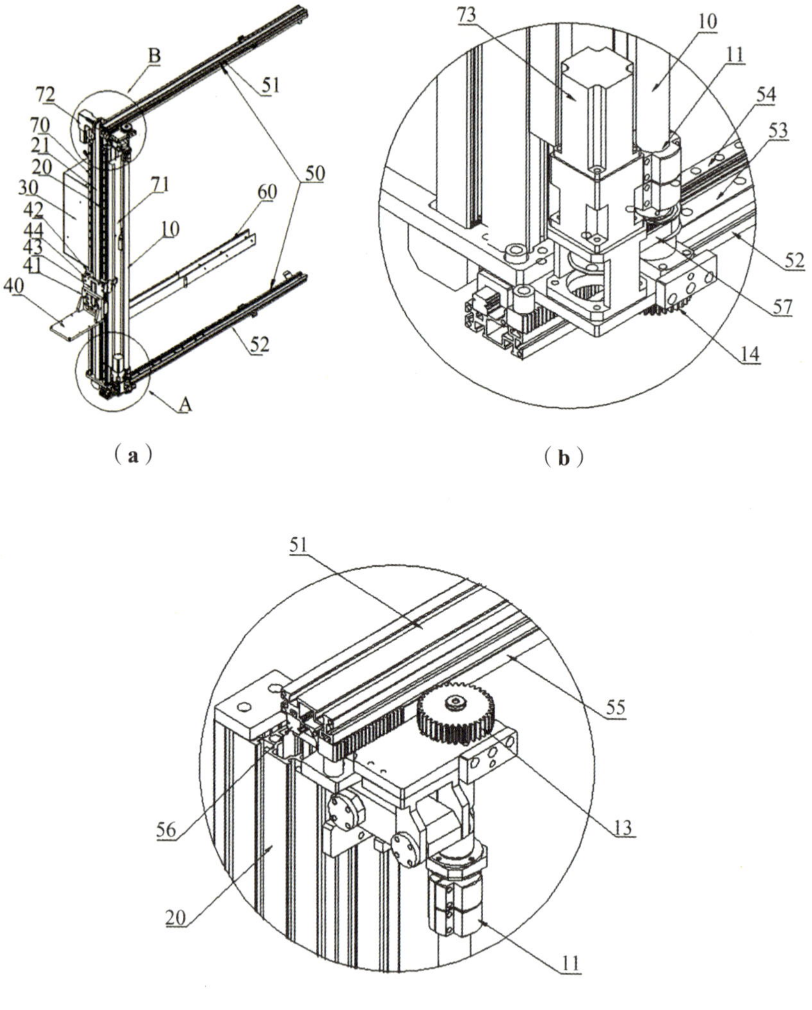

图 6–30 问题现有解决方案

6. 新系统的要求

改进后的搬运机构要求能够保证取物装置正常工作，并且有平移、升降和旋转运动的运输功能的同时，搬运机构在被平移驱动电机驱动平移和取物装置装载重物旋转至平移方向时的顶部滑动轴承与底部错位范围要限制在 2 mm 的范围内，保证结构稳定性，如图 6–31 所示。

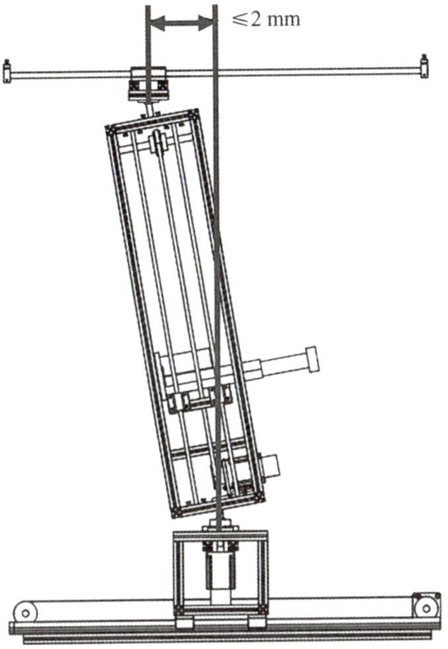

图 6–31 新系统的要求

7. 系统分析

（1）功能分析

该部分应进行功能分析，主要任务为建立功能模型（功能三元件模型）。

功能模型分析目的：①为应用裁剪工具做准备；②建立系统功能模型，分析系统问题所在，进而寻找冲突。

步骤 1：确定元件、制品、超系统

元件：为所设计系统的组成。如同一个产品的组成零件，小至齿轮、螺母，大至一个由许多零件组成的系统，都可以认为是一个元件。对于模块化的子系统可以作为元件，不必再分。

制品：系统所要达到的目的，即系统对环境的输出，系统的作用对象。

系统元件制品及超系统如表 6–16 所示。

表 6–16　系统元件制品及超系统

制品	取物装置
系统元件	顶部导轨、直线轴承、顶部支撑轴承、底部支撑轴承、顶部传动轴、底部传动轴、滑动轴承、顶部支撑座、底部支撑座、平移驱动电机、平移机架、旋转驱动电机、底部导轨、同步带、带轮
超系统元件	机架

步骤 2：进行作用（或连接）分析（细实线：充足的作用；虚线：不足作用；波浪线：有害作用；粗实线：过剩作用）。

因系统零件过于复杂，因此先做各元件相互作用矩阵表，确定各零件之间作用关系，如表 6–17 所示。

表 6–17　相互作用矩阵分析

元件名称	顶部导轨	直线轴承	顶部支撑轴承	底部支撑轴承	顶部传动轴	底部传动轴	滑动轴承	顶部支撑座	底部支撑座	平移驱动电机	平移机架	旋转驱动电机	底部导轨	同步带	带轮	取物装置	机架
顶部导轨		+	–	–	–	–	–	–	–	–	–	–	–	–	–	–	+
直线轴承	+		+	–	–	–	–	–	–	–	–	–	–	–	–	–	–
顶部支撑轴承	–	+		–	+	–	–	–	–	–	–	–	–	–	–	–	–
底部支撑轴承	–	–	–		–	+	–	–	–	–	+	–	–	–	–	–	–
顶部传动轴	–	–	+	–		–	–	+	–	–	–	–	–	–	–	–	–
底部传动轴	–	–	–	+	–		–	–	+	–	–	–	–	–	–	–	–
滑动轴承	–	–	–	–	–	–		–	–	–	+	–	–	+	–	–	–
顶部支撑座	–	–	–	–	+	–	–		–	–	–	–	–	–	–	+	–

表 6–17（续）

元件名称	顶部导轨	直线轴承	顶部支撑轴承	底部支撑轴承	顶部传动轴	底部传动轴	滑动轴承	顶部支撑座	底部支撑座	平移驱动电机	平移机架	旋转驱动电机	底部导轨	同步带	带轮	取物装置	机架
底部支撑座	–	–	–	–	–	+	–	–		–	–	+	–	–	–	+	–
平移驱动电机	–	–	–	–	–	–	–	–	–		–	–	–	–	+	–	+
平移机架	–	–	–	+	–	–	+	–	–	–		+	–	+	–	–	–
旋转驱动电机	–	–	–	–	–	–	–	–	+	–	+		–	–	–	–	–
底部导轨	–	–	–	–	–	–	+	–	–	–	–	–		–	–	–	+
同步带	–	–	–	–	–	–	–	–	–	–	+	–	–		+	–	–
带轮	–	–	–	–	–	–	–	–	–	+	–	–	–	+		–	–
取物装置	–	–	–	–	–	–	–	+	+	–	–	–	–	–	–		–
机架	+	–	–	–	–	–	–	–	–	+	–	–	+	–	–	–	

根据相互作用矩阵建立已有系统的功能模型，如图 6–32 所示。

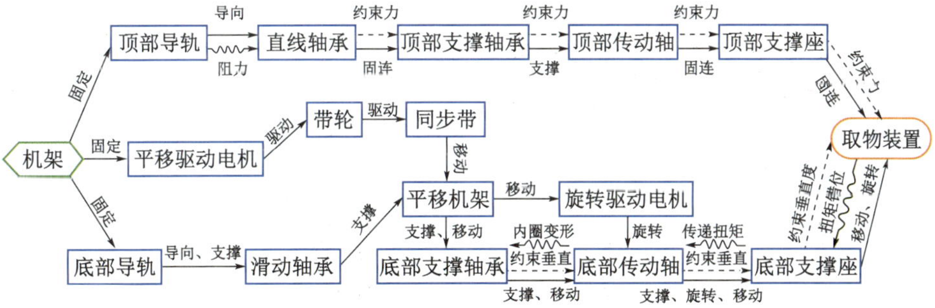

图 6–32 已有系统的功能模型

系统功能分析结论：通过功能模型分析，我们描述了系统元件及其之间的相互关系，并得出导致搬运机构顶部的平移运动精度问题的功能因素。

（2）根原因分析

如图 6–33 所示，建立根原因映射图，确定问题产生的根本原因。

因果链中最底层的原因即为根原因，在这些根原因中，有些是我们不可控制的，所以，那些可控的根原因就是我们下一步解决问题时的方向。

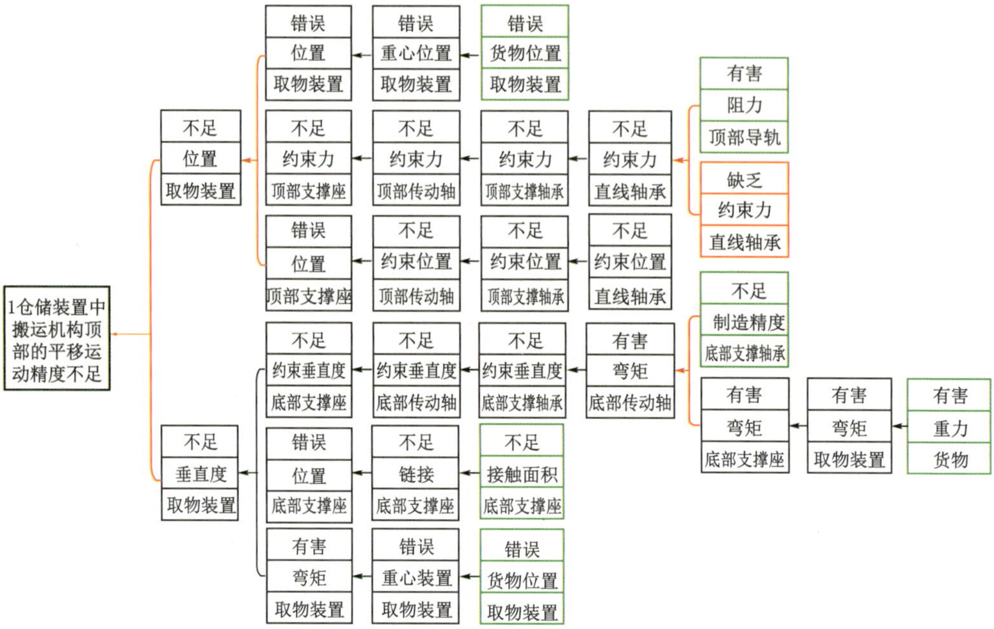

图 6–33　根原因分析

利用应用因果链分析法可直接引出以下解决方案。

方案一：针对 26，将底部支撑座设计成大接触尺寸的支撑座，与取物装置底部有更大的接触面积，如图 6–34 所示。

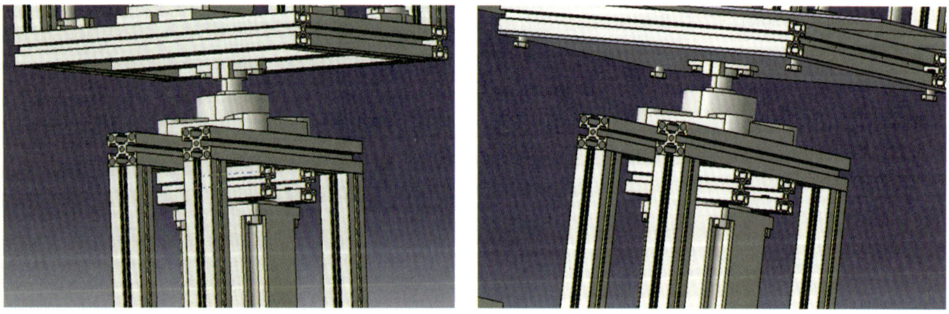

（a）　　（b）

图 6–34　方案一

方案二：针对 26，将底部支撑座与取物装置底部焊接，使其无法错位。

方案三：针对 26 和 20，更换支撑轴承为回转轴承，如图 6–35 所示。

图 6–35 方案三

具体解决方案如图 6–36 所示。

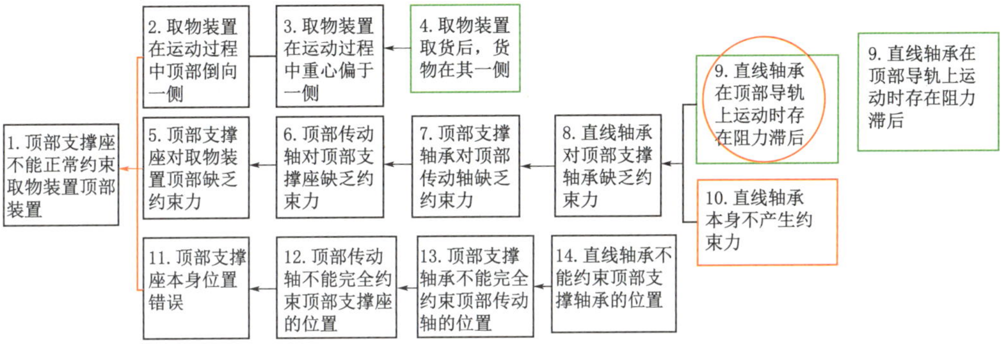

图 6–36 因果链分析法可直接引出解决方案

方案四：针对 9，顶部导轨更换成气动滑台，提供额外的约束力抵消阻力，如图 6–37 所示。

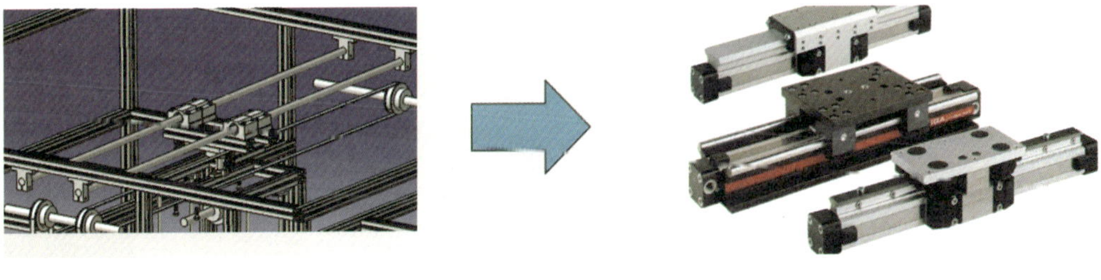

图 6–37 方案四

方案五：针对 9，顶部导轨更换成液压滑台，提供额外的约束力抵消阻力，如图 6–38 所示。

图 6–38 方案五

（3）可用资源分析（表 6–18）

表 6–18　资源列表

	资源名称	资源参数	可用性分析（初步方案）
内部资源	直线轴承	位置	在直线轴承内部增加可以产生约束力的机构
	取物装置偏移角度	角度信息	获取偏移角度信息进行补偿，保证精度
	取物装置偏移长度	长度信息	获取偏移长度信息进行补偿，保证精度
外部资源	平移驱动电机驱动力	机械力	将平移电机的驱动力传递至顶部作为直线轴承的约束力
	同步带	力	额外增加一条同步带，将动力同步传递至顶部
超系统资源	配重块	重力	取物装置上加装配重块，保持重心平衡，减小弯矩
	电机	力	在顶部增加驱动电机额外提供一个约束顶部支撑座的力，抵消阻力

由资源分析获得以下备选方案。

方案六：额外增加一条同步带，将动力同步传递至顶部，如图 6–39 所示。

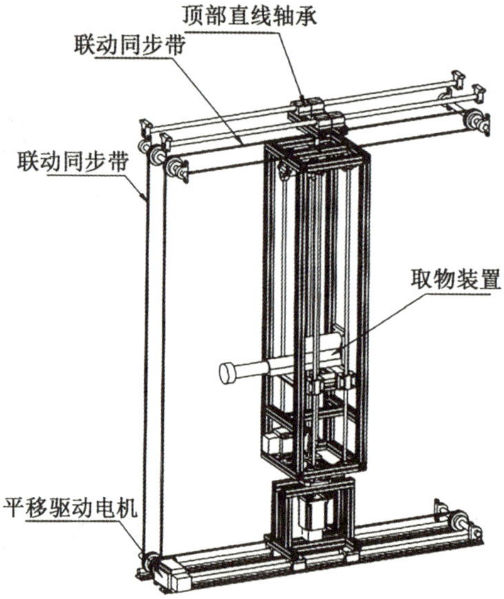

图 6–39　方案六

方案七：在顶部增加驱动电机额外提供一个约束顶部支撑座的力，抵消阻力，如图 6–40 所示。

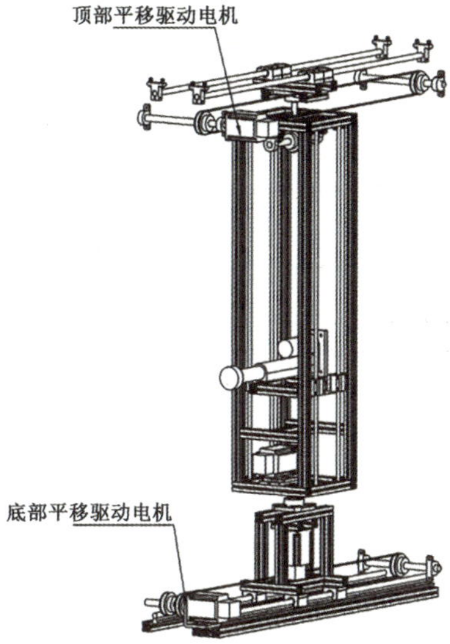

图 6-40　方案七

方案八：获取偏移角度信息进行补偿，保证精度。

方案九：获取偏移长度信息进行补偿，保证精度。

方案十：将平移电机的驱动力传递至顶部作为直线轴承的约束力。

方案十一：在直线轴承内部增加可以产生约束力的机构。

方案十二：取物装置上加装配重块，保持重心平衡，减小弯矩。

三、运用 TRIZ 工具解决问题

1. 理想解

理想解分为最终理想解和次理想解。最终理想解是系统理想状态的解，是最终目标，很难一步实现，所以还可以先确定次理想解。理想解为解题指明方向和目标。

（1）设计的最终目的是什么？

货物能够从入货点搬运到指定货架。

（2）理想解是什么？

货物按需自己到达指定货架。

（3）达到理想解的障碍是什么？

货物自身不能移动。

（4）出现这种障碍的结果是什么？

货物需搬运机构搬运才能到达指定货架。

（5）不出现这种障碍的条件是什么？创造这些条件存在的可用资源是什么

货物自身可以移动和磁悬浮技术。

根据理想解分析得到的方案十三：利用磁悬浮技术，在货物的底部与两侧贴上永磁磁铁片，在货架上布置电磁铁导轨，需要搬运时启动电磁铁导轨，货物可自行到达指定位置，如图 6–41 所示。

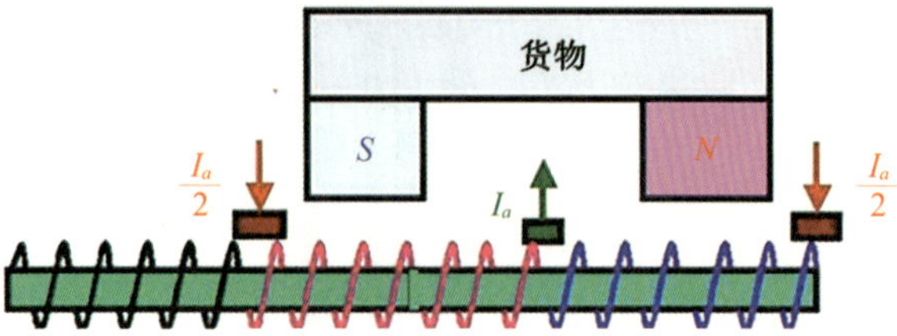

图 6–41　方案十三

2. 解决方案

以“直线轴承在顶部导轨上运动时存在阻力滞后”为入手点解决问题，如图 6–42 所示。

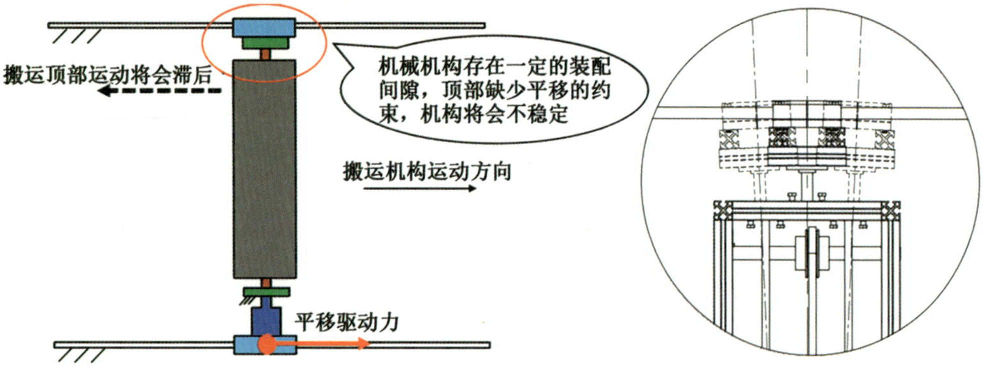

图 6–42　问题关键点 1

（1）冲突解决理论

①冲突描述：为了提高直线轴承的“约束力”，需要额外增加驱动电机，但这样做会导致仓储装置结构复杂。

②转换成 TRIZ 标准冲突：

改善的参数：10 力。

恶化的参数：36 装置的复杂性。

③查找冲突矩阵，得到如下发明原理，见表 6–19。

表 6–19　发明原理

改善的参数	恶化的参数	对应的发明原理
27 可靠性	36 装置的复杂性	26，35，10，18

④依据选定的发明原理，得到问题的解：

方案十四：依据 No.26 复制，第 1 条。

①用简单的、低廉的复制品代替复杂的、昂贵的、易碎的或不易操作的物体。

②用光学拷贝或图像代替物体本身，可以放大或缩小图像。

③如果已使用了可见光拷贝，用红外线或紫外线代替。

得到解如下：若使用与平移相同的驱动电机，成本和控制难度会增加，因此可选用一种低功率、小型、廉价的驱动电机，每次平移移动时，同时给顶部一个较小的驱动力，以保证约束，如图 6–43 所示。

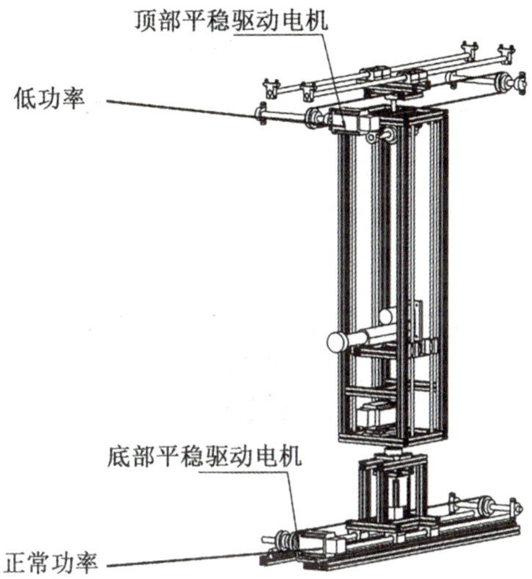

图 6–43 方案十四

方案十五：依据 No.35 参数变化，第 1 条。

①改变物体的物理状态，使物体在气态、液态、固态之间变化。

②改变物体的浓度或黏度。

③改变物体的柔性。

④改变温度。

⑤改变压力。

得到解如下：将传递机械力的介质改成气体，即将顶部导轨和底部导轨替换成无杆气缸滑台，空压机同时输出两路气压，气压同时驱动取物装置的顶部和底部平移，如图 6–44。

方案十六：依据 No.35 参数变化，第 3 条。

①改变物体的物理状态，使物体在气态、液态、固态之间变化。

②改变物体的浓度或黏度。

③改变物体的柔性。

④改变温度。

⑤改变压力。

得到解如图 6–45 所示。

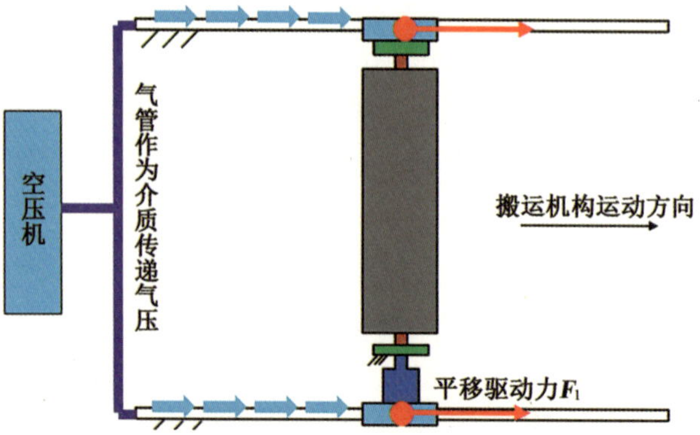

图 6–44　方案十五

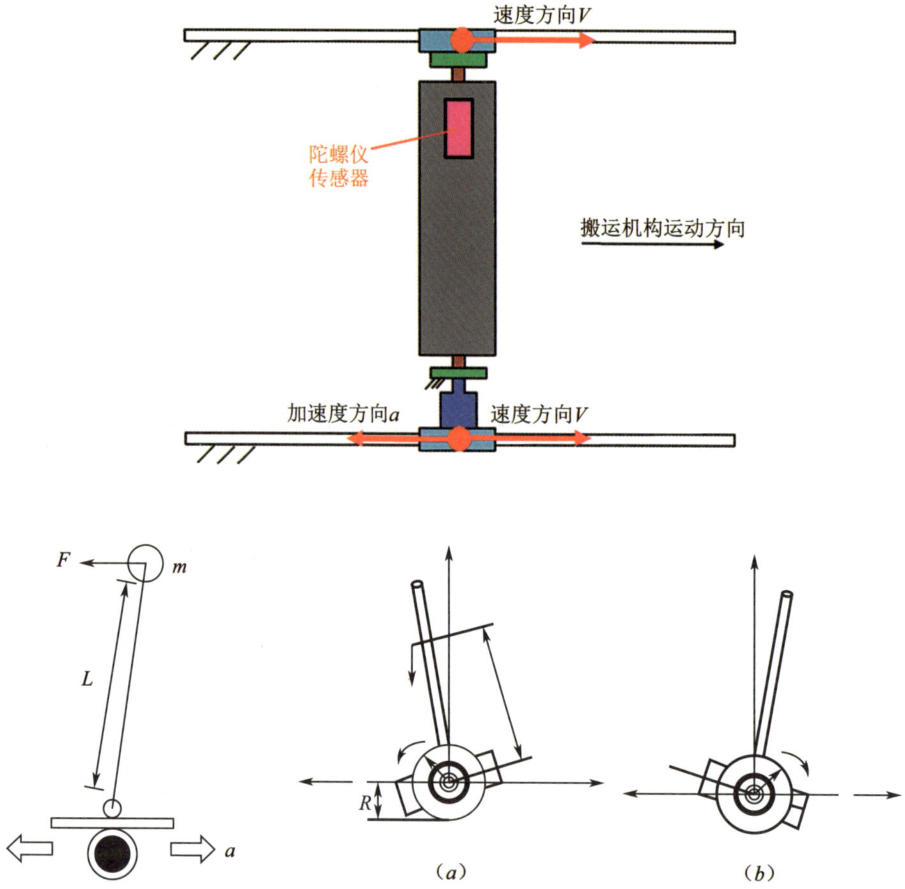

图 6–45　方案十六

方案十七：依据 No.10 预操作，第 1 条。

①在操作开始前，使物体局部或全部产生所需的变化。

②预先对物体进行特殊安排，使其在时间上有准备，或已处于易操作的位置。

得到解如下：在搬运装置启动平移运动之前，设置一个重力块，给搬运装置顶部一个额外的拉力，如图 6–46 所示。

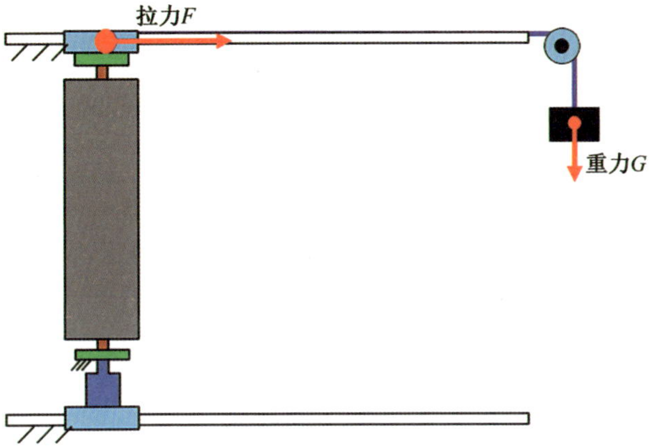

图 6–46 方案十七

（2）物质 – 场分析及 76 个标准解

① 建立问题的物质 – 场模型（图 6–47）。

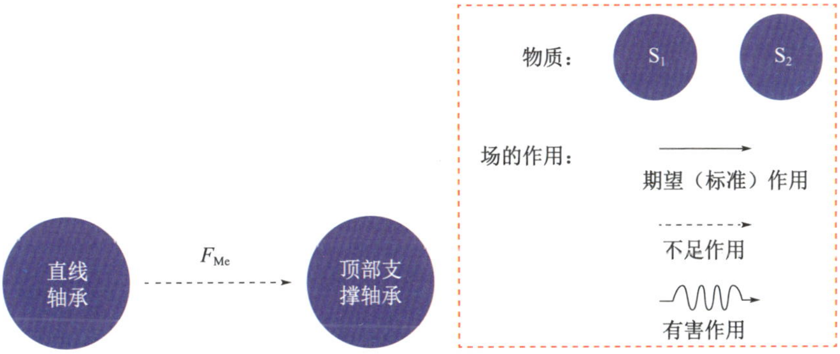

图 6–47 物质 – 场模型

② 根据所建问题的物质 – 场模型，应用标准解解决流程，确定问题的通解。

③ 依据选定的标准解，得到问题的解决方案。

方案十八：依据 No.2 标准解：假如系统不能改变，但可接受永久或临时的添加物，得到问题的解如图 6–48 和图 6–49 所示。

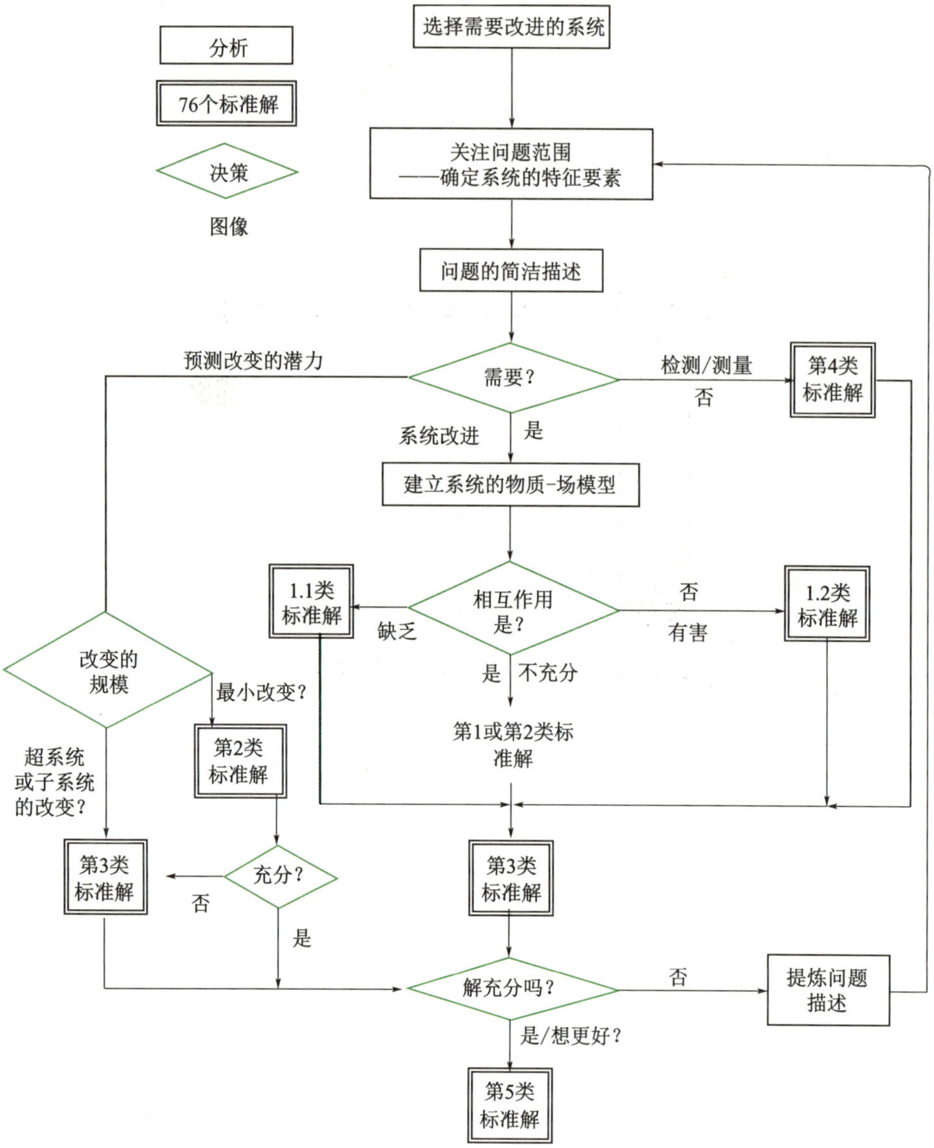

图 6–48　标准解解决流程

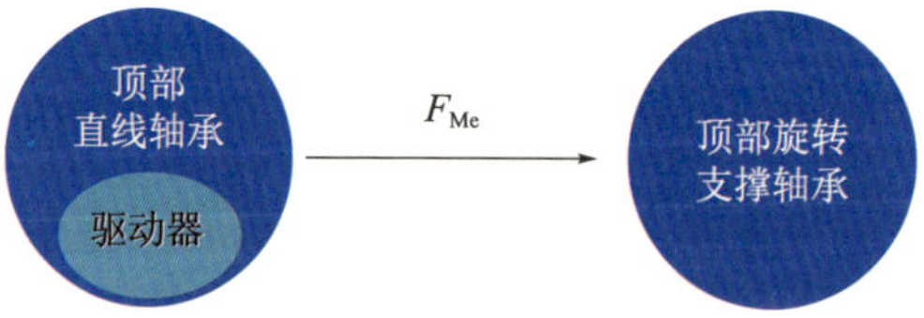

图 6–49　标准解方案

通过检索专利，得知一种公开技术——动力直线轴承，申请号为 201510694905.8。它是将若干永磁电机等分排列在圆环套的内圆一周，永磁电机的轴线和圆环套的径向垂直，两头的输出轴和圆环套固定连接，围成正多边形插孔；将正多边形的插孔内套装正多边形导轨和永磁电机的径向面滚动接触，永磁电机同步转动时即可沿导轨直线运动，或者使导轨做直线运动。可以将原顶部直线轴承替换成此类动力直线轴承，如图 6–50 所示。

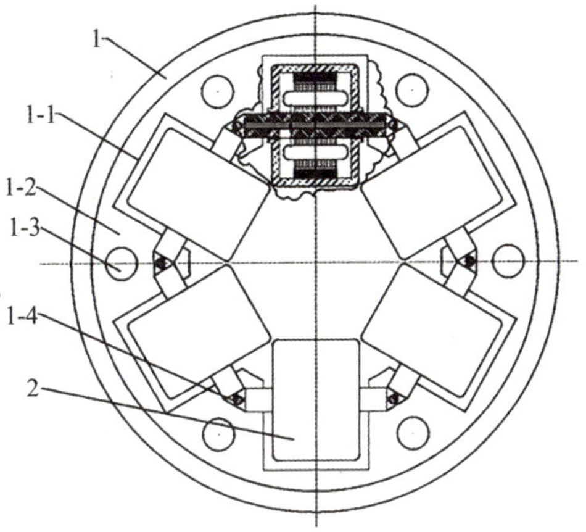

图 6–50 现有专利动力直线轴承

（3）专利规避

权利要求书如图 6–51 所示。

CN 106609798 A　　　　权 利 要 求 书　　　　1/1 页

1. 一种动力直线轴承，包括：圆环套 (1)、等分排列在圆环套 (1) 内周的若干永磁电机 (2)、与圆环套 (1) 对应的环形挡板 (3)、为若干永磁电机 (2) 供电的控制器 (5)；其特征在于：所述的圆环套 (1) 的内圆均布若干方形凹槽 (1-1)，若干方形凹槽两边为梯形齿 (1-2)，在若干梯形齿 (1-2) 的端面均设置有通孔 (1-3)，若干梯形齿 (1-2) 的同一端面的边缘制有半圆形的凹槽 (1-4)；所述的若干永磁电机 (2) 排列在若干方形凹槽 (1-1) 内，若干永磁电机 (2) 两端的输出轴嵌置在若干梯形齿 (1-2) 的半圆形凹槽 (1-4) 内，若干半圆形凹槽 (1-4) 中部设置有导线孔 (1-5)；所述的环形挡板 (3) 的内圆均布有和圆环套 (1) 的内圆对同的若干方形凹槽和若干梯形齿，若干梯形齿的端面均设置有通孔，若干梯形齿的同一端面的边缘制有半圆形凹槽；将环形挡板 (3) 具有半圆形凹槽 (3-4) 的一面和若干永磁电机 (2) 的输出轴对应合并在一起，并将圆环套 (1) 和环形挡板 (3) 对应的若干通孔内连接螺栓 (4) 使若干永磁电机 (2) 的电枢固定。

2. 根据权利要求 1 所述的动力直线轴承，其特征在于：所述的若干永磁电机 (2) 的电枢轴为空心轴，若干永磁电机 (2) 的电枢供电的导线由导线孔 (1-5) 引出并将同相并联与控制器 (5) 连接。

图 6–51 权利要求书

① 首先建立已有产品技术系统的功能模型，如图 6–52 所示。

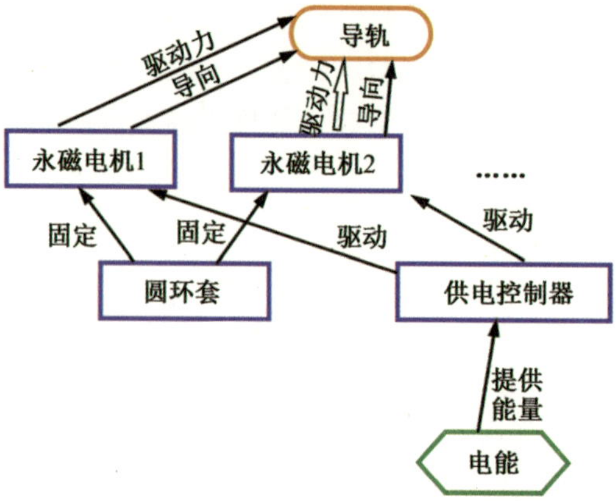

图 6–52　现有专利功能模型

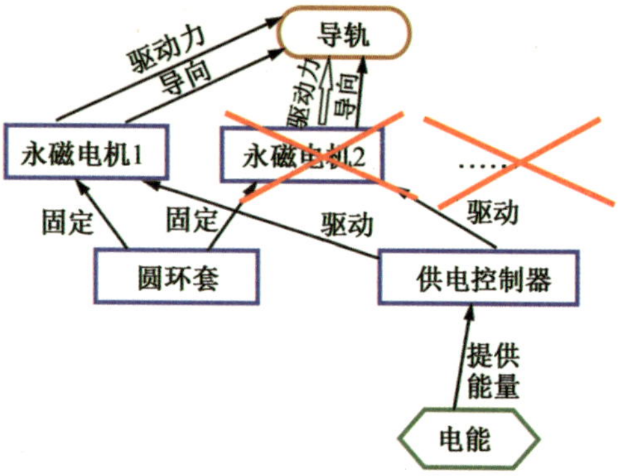

图 6–53　裁剪前功能模型

② 发现功能模型中有害作用、不足作用及过剩作用等小问题。

现有专利的原系统由若干永磁电机均匀分布实现直线轴承的动力系统。其中，仅需一个永磁电机即可完成驱动轴承运动的功能，其余永磁电机仅提供导向功能。

③ 通过功能价值计算，找出问题功能元件，进而进行裁剪，删除该功能元件，如图 6–53 和图 6–54 所示。

应用裁剪规则 C（Trimming Rule C）：如果功能载体的功能被系统或超系统中其他组件执行，则原来的功能载体可以裁去（被替代）。

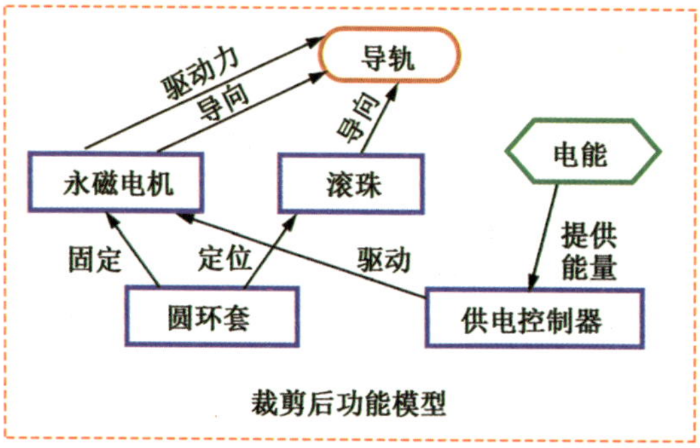

图 6–54　裁剪后功能模型

④ 判断裁剪后会产生什么问题，若没有问题，直接建立裁剪后的功能模型，如果存在问题，应用其他解决问题的工具对其进行解决（图 6–55）。

按照功能裁剪过程，得到方案十九（图 6–55）。

圆环套固定永磁电机和定位均匀分布的滚珠，永磁电机提供动力，滚珠提供导向功能，结构如图 6–56 所示。

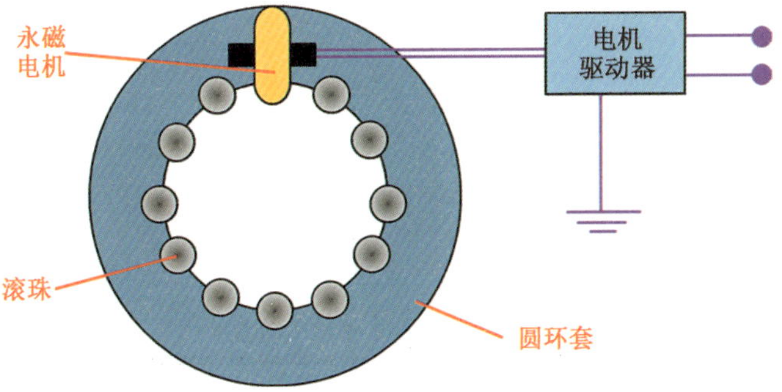

图 6–55 方案十九——新专利原理图

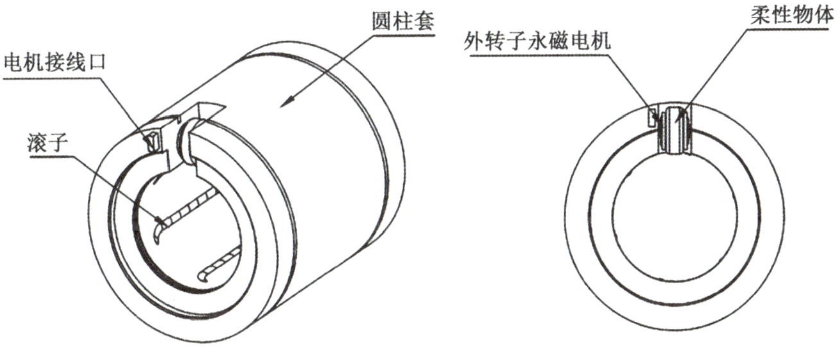

图 6–56 新专利轴测图

四、效应

① 确定问题要实现的功能为“约束固体（Constrain+Solid）”（动词 + 名词）。

② 查找效应知识库，得到可用的效应为“Solenoid（螺线管）”，依据该效应得到问题的解决方案。

“Solenoid”效应：由导线绕成的通常为长圆柱形的线圈。电流通过线圈时产生磁场。此磁场能移动置于其轴线上的铁棒。

依据“Solenoid”效应，得到如下解：

方案二十：在直线滑动轴承前加一组螺线圈，通过给螺线圈加电，电能转换成沿着轴线方向的磁力实现约束，如图 6–57 所示。

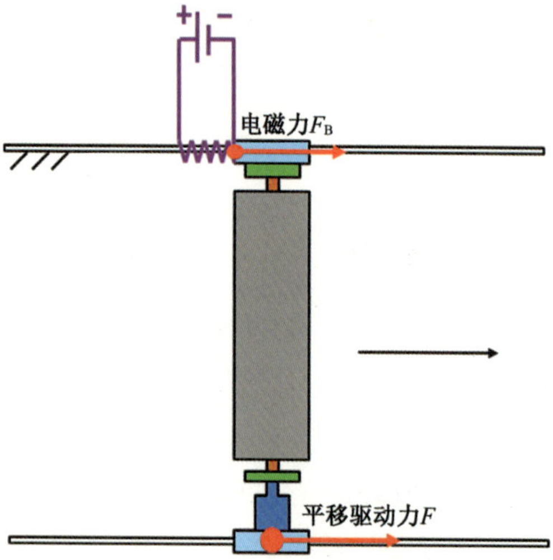

图 6–57　方案二十 效应解

五、进化分析

步骤①：通过对现有技术系统的进化过程进行分析，选择技术进化定律“提高可控性定律”。

例如：温室大棚天窗的可控性进化路线。

用棍子开天窗—电控开关开天窗—温度传感反馈开天窗，温控系统自适应多久开一次天窗合适？如图 6–58（a）所示。

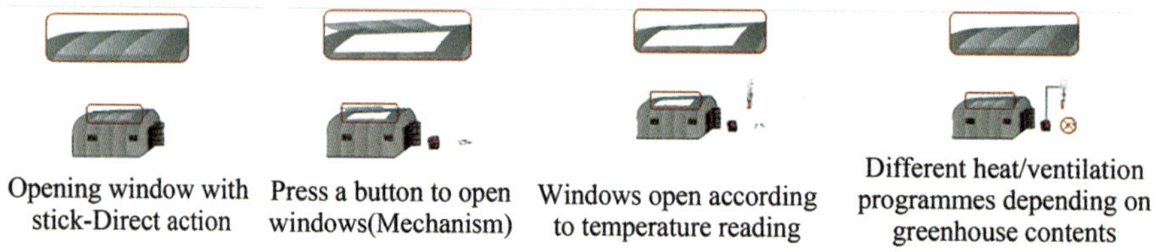

（a）

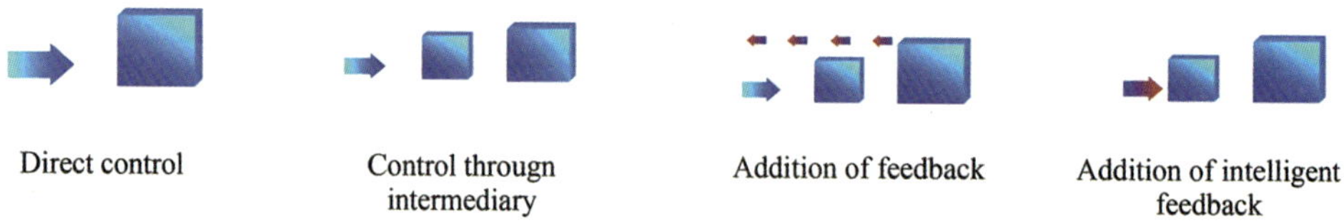

（b）

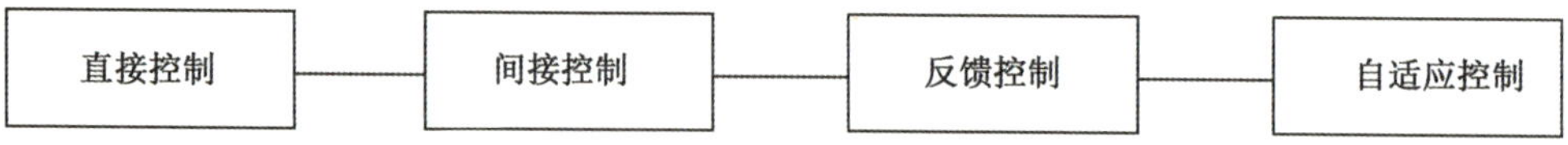

（c）

图 6–58　技术进化路线

步骤②：依据现有技术系统的进化发展过程，选择技术进化路线“5–2 向自适应控制进化的进化路线”，如图 6–58（b）（c）所示。

步骤③：按照选定的技术进化路线，判断现有技术系统在进化路线上的位置，进而确定潜力状态，如图 6–59 所示。

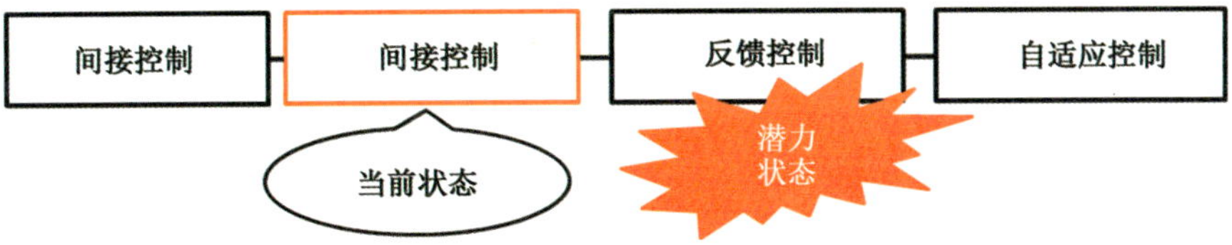

图 6–59 潜力状态

结合潜力进化状态及效应库所给出的提示，得到解决方案如下：

方案二十一：利用陀螺仪传感器实时检测取物机构的偏移角度并反馈给控制系统。

方案二十二：利用光栅尺传感器实时检测取物机构的偏移长度并反馈给控制系统。

方案二十三、二十四：结合方案二十一、二十二，使用螺线圈电磁力进行补偿，具体系统如图 6–60 所示。

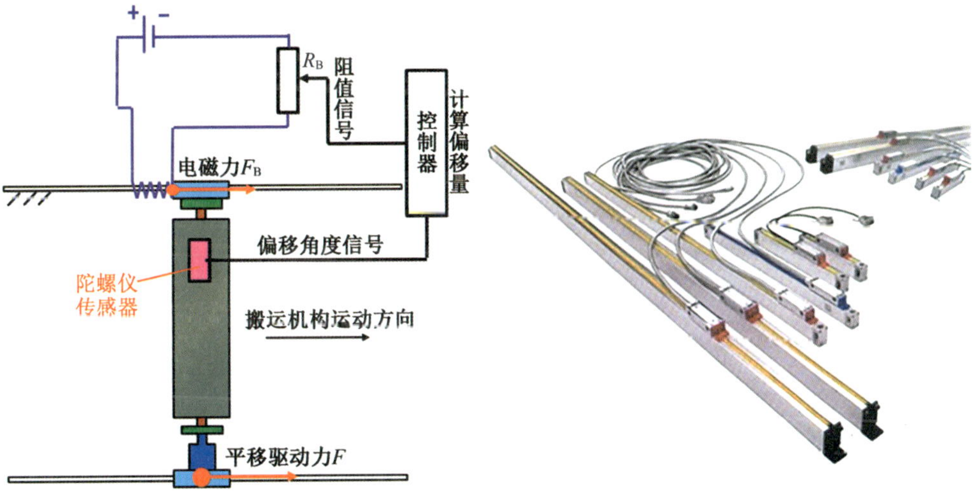

图 6–60 方案二十三、二十四原理图

六、技术方案整理与评价

1. 全部技术方案及评价（表6–20）

表6–20 全部方案列表

序号	方案	所用创新原理	可用性排名
1	将底部支撑座设计成大接触尺寸的支撑座，与取物装置底部有更大的接触面积	因果分析	15
2	将底部支撑座与取物装置底部焊接，使其无法错位	因果分析	15
3	更换支撑轴承为回转轴承	因果分析	17
4	顶部导轨更换成气动滑台，提供额外的约束力抵消阻力	因果分析	9
5	顶部导轨更换成液压滑台，提供额外的约束力抵消阻力	因果分析	9
6	额外增加一条同步带，将动力同步传递至顶部	资源分析	18
7	在顶部增加驱动电机额外提供一个约束顶部支撑座的力，抵消阻力	资源分析	5
8	获取偏移角度信息进行补偿，保证精度	资源分析	20
9	获取偏移长度信息进行补偿，保证精度	资源分析	20
10	将平移电机的驱动力传递至顶部作为直线轴承的约束力	资源分析	18
11	在直线轴承内部增加可以产生约束力的机构	资源分析	14
12	取物装置上加装配重块，保持重心平衡，减小弯矩	资源分析	22
13	利用磁悬浮技术，在货物的底部与两侧贴上永磁磁铁片，在货架上布置电磁铁导轨，需要搬运时启动电磁铁导轨，货物可自行到达指定位置	最终理想解分析	8
14	选用一种低功率、小型、廉价的驱动电机，每次平移移动时，同时给顶部一个较小的驱动力，以保证约束	冲突解决理论	7
15	将传递机械力的介质改成气体，即将顶部导轨和底部导轨替换成无杆气缸滑台，空压机同时输出两路气压，气压同时驱动取物装置的顶部和底部平移	冲突解决理论	2
16	将平移驱动加速度根据搬运机构偏移角度变化，调整加速度，利用惯性保持平衡，保证顶部精度	冲突解决理论	6
17	在搬运装置启动平移运动之前，设置一个重力块，给搬运装置顶部一个额外的拉力	冲突解决理论	24

表 6–20（续）

序号	方案	所用创新原理	可用性排名
18	直线轴承除了支撑导向作用，在内部独立提供驱动动力	物质场分析，标准解	13
19	圆环套固定永磁电机和定位均匀分布的滚珠，永磁电机提供动力，滚珠提供导向功能	裁剪	9
20	在直线滑动轴承前加一组螺线圈，通过给螺线圈加电，电能转换成沿着轴线方向的磁力实现约束	效应	9
21	利用陀螺仪传感器实时检测取物机构的偏移角度并反馈给控制系统	进化分析	1
22	利用光栅尺传感器实时检测取物机构的偏移长度反馈并给控制系统	进化分析	22
23	利用陀螺仪传感器实时检测取物机构的偏移角度并反馈给控制系统，使用螺线圈电磁力来补偿	进化分析	2
24	利用光栅尺传感器实时检测取物机构的偏移长度并反馈给控制系统。使用螺线圈电磁力来补偿	进化分析	4

2. 最终确定方案（图 6–61）

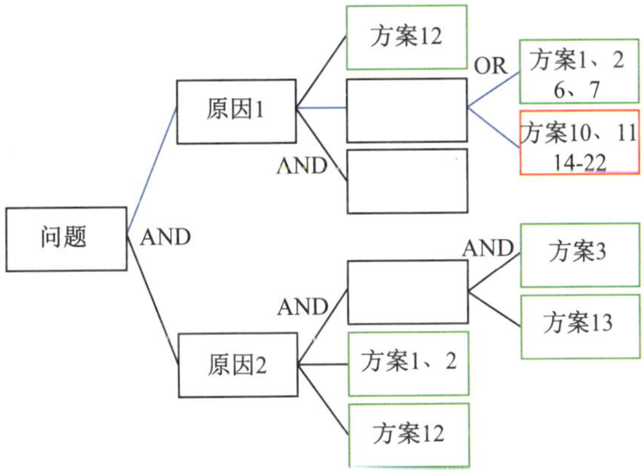

图 6–61　问题的解

优先考虑方案组合的可行性，并结合方案的评分排名，最终将方案 4，15，21，23 进行组合，得到最优解。依据上面得到的若干创新解，通过评价，确定最优解。由客观评分后，得到最优组合方案：将原系统顶部导轨和底部导轨替换成无杆气缸滑台，空压机同时输出两路气压，通过传感器获取的角度信号，控制协调顶部调速阀与换向阀，实现搬运机构的稳定平移，如图 6–62 所示。

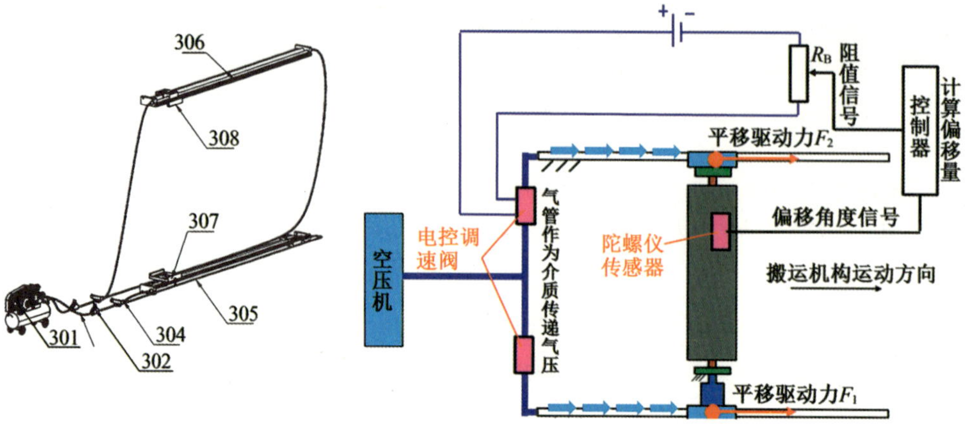

图 6–62　最优解图

案例三：基于 TRIZ 的轮履一体式自动切换装置设计研发（东北大学）

一、问题描述

我国部分边境海拔处于 4 000 m 以上，山脉绵延，地形环境复杂，而一些河流、山口等地更是交通要道，路面环境险恶，雪地蔓延，地形环境复杂，单凭人力难以完成边防巡逻任务。

在当今新型战争信息化战场环境的大背景下，全地形无人车扮演着越来越重要的地位。全地形无人车大多具有质量较轻、快速灵活的特点，具备侦察或察打一体的功能，可以为边防巡逻提供更高效迅速的侦察，以达到快速洞悉敌军意图，实现迅速防备的目的。

现有的军用无人车一般有两种驱动方式，即轮式与履带式。轮式驱动的无人车快速灵活，可以在战场环境下利用其高机动性规避敌方打击；其缺点是道路适应性较差，在雪地、沼泽、沙漠等泥泞路段等复杂路况上会因轮胎摩擦力不足而难以行驶。履带驱动的无人车具有较强的道路适应能力，可以在崎岖、泥泞等复杂路面上行驶，但其无法实现高速行驶，一旦被发现，便难以逃离。

在边境地势地形、气候条件极其复杂的情况下，用于侦察的无人车既需具有快速灵活的特点，以规避敌方的打击甚至捕捉，又需具有较高的道路适应性从而能适应战场的复杂地形。很显然，上述两种军用无人车无法同时满足这两个条件。所以我们团队以此为灵感，思考如何能设计一种装置，将轮胎与履带的优点结合起来，从而适应边境乃至战争中的复杂且多变的战场环境。

经过研讨，我们决定从可变形履带入手，通过装置形状及驱动方式的改变，实现轮履功能的切换，以实现在良好路面上利用轮式驱动快速灵活的特点躲避敌方追踪以及规避敌方打击，在复杂路面上利用履带系统的高通过性适应不良路况。

通过调查与查阅资料，发现国内外现有的轮履结合装置主要分为四种，见表 6–21。

表 6–21 现有轮履结合装置类型

序号	轮履结合装置类型	变换原理	缺陷
1	轮履复合式	在载具上装备一套轮胎及一套履带，在需要轮胎驱动的时候，通过转换装置将轮胎调到与地面接触，在需要履带装置的时候，将履带与地面接触	需在载具上常备一套轮胎与一套履带，缺点是装置质量冗余过大
2	轮胎小幅度变形为正三角形	通过内部液压杆伸缩使形状由圆形小幅度变换为正三角形	履带与地面的接触面积仍较小，不能很好地满足履带大面积与地形接触的功能需求
3	履带包覆轮胎式	采用履带包覆轮胎的形式，平时行驶时用轮胎驱动；在遇到复杂路面时，将履带嵌套在轮胎外面，此时轮胎便充当了履带轮的作用，此时驱动形式为履带驱动	在不同路面条件转换时，需要手动拆装履带，效率较低，耗时较长，且需在载具上常备履带，造成质量冗余
4	轮履互换式	驱动方式可以更换，在需要轮胎驱动的时候更换上轮胎，在需要履带驱动的时候更换上履带	不同路面条件转换需手动更换履带形式，耗时长，且需提供额外的运载能力运载履带或轮胎

经过综合考量，我们认为方案 2 较为合理，但仍具有一定缺陷。我们从方案 2 切入进行了问题的寻找，设想将其转变为多边形接触甚至是曲面式接触的履带支撑结构，以达到在轮式转变为履带后履带与地面能够大面积接触的目的。

二、发明问题初始形势分析

经过研讨，我们决定从可变形履带入手，通过装置形状及驱动方式的改变，实现轮履功能的切换，以实现在良好路面上利用轮式驱动快速灵活的特点躲避敌方追踪及规避敌方打击，在复杂路面上利用履带系统的高通过性适应不良路况。

1. 轮履复合式

该方案是在载具上装备一套轮胎及一套履带，在需要轮胎驱动的时候，通过转换装置将轮胎调到与地面接触，在需要履带装置的时候，将履带与地面接触。该方式虽然可以在不同路况条件下切换轮胎与履带，该方案缺点是需在载具上常备一套轮胎与一套履带，装置质量冗余过大。

2. 轮胎小幅度变形为正三角形

该方案使装置由圆形小幅度变换为正三角形。正三角形履带虽然能够提高载具对道路的适应性，但它的履带与地面的接触面积仍较小，不能很好地满足履带大面积与地形接触的功能需求。该方案的支撑结构设计为我们提供了灵感。

3. 履带包覆轮胎式

该方式采用履带包覆轮胎的形式，平时行驶时用轮胎驱动，在遇到复杂路面时，将履带嵌套在轮胎外面，此时轮胎便充当了履带轮的作用，此时驱动形式为履带驱动。可以看出，该方案的缺陷是：在不同路面条件转换时，需要手动拆装履带，效率较低，耗时较长，且需在载具上常备履带，造成质量冗余。

4. 轮履互换式

设计方案：驱动方式可以更换，在需要轮胎驱动的时候更换上轮胎，在需要履带驱动的时候更换上履带。该方案面临与方案 3 类似的问题，更换履带费时费力，且需要提供额外的运载能力运载履带或轮胎。

经过综合考量，我们认为方案 2 较为合理，但仍具有一定缺陷。于是我们从方案 2 切入进行了问题的寻找，发现其是由轮式结构转变成了正三角形式驱动轮履转变的结构。根据动态性进化法则，我们想到了将其转变为多边形接触甚至是曲面式接触的履带支撑结构，以达到在轮式转变为履带后履带与地面能够大面积接触的目的。在此设想下，我们初步建立了如图 6–63 所示的模型。

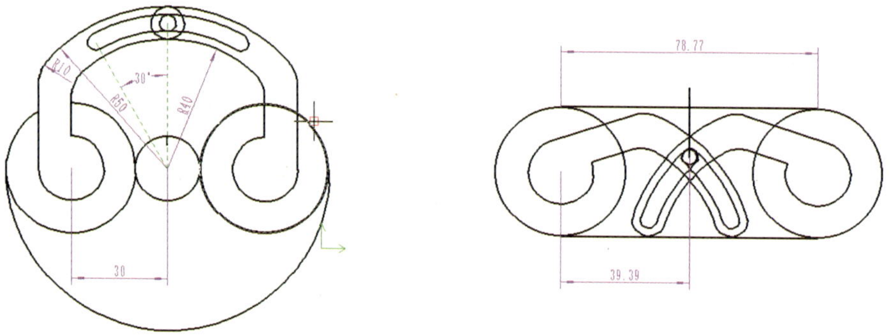

图 6–63　初步设计方案示意简图

三、系统分析

1. 功能分析

由于我们认为上文所述的方案 2 轮胎变为正三角形履带的方案较为合理，但仍具有缺陷，于是我们对其进行功能分析。

经过相互作用矩阵的分析之后。我们以路面和传动轴为超系统，履带为作用对象，进行功能分析。

方案 2 的功能分析如图 6–64 所示。

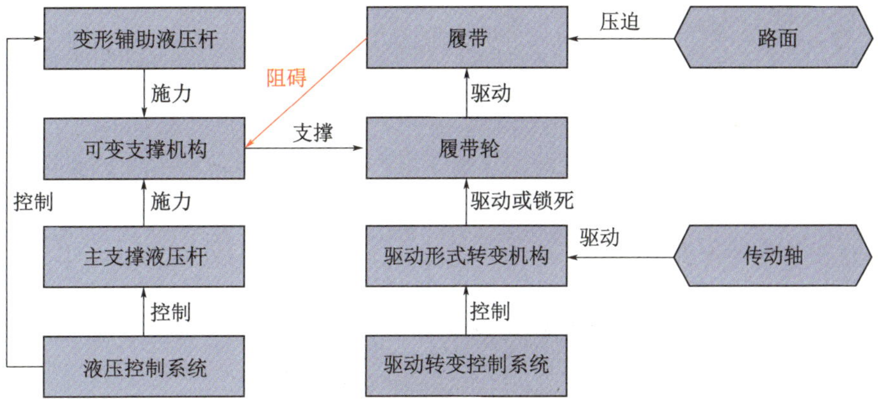

图 6–64 方案 2 功能分析

通过分析，我们意识到，想要实现轮履功能自动切换的目的，需要攻克的首要问题就是形状转换机构，驱动形式转变机构现有技术相当成熟，且其余机构设计难度不高，所以我们将设计中心放到形状转变机构上。

方案 2 采用了多处液压结构，庞大的液压结构与液压控制系统并不适用于我们研究的轻型无人车。于是我们决定对其进行改进，希望可以设计通过旋转展开和曲柄连杆机构结合的方式实现形状的变换。

首先，我们对轮胎变为正三角形履带的方案进行了功能剪裁，取消了体积较大的液压系统（图 6–65），此时液压控制系统也失去了作用，于是将其也剪裁掉，用机械系统控制变形支撑结构，于是引出我们的一个研究中心，即如何设计机械变形系统。

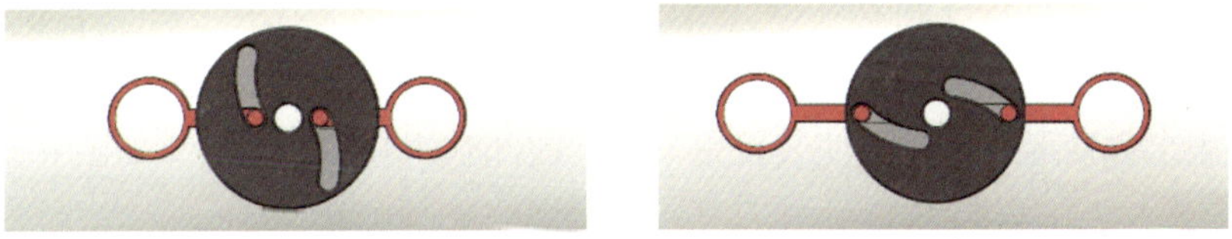

图 6–65 液压系统

裁剪之后新的功能分析图如图 6–66 所示。

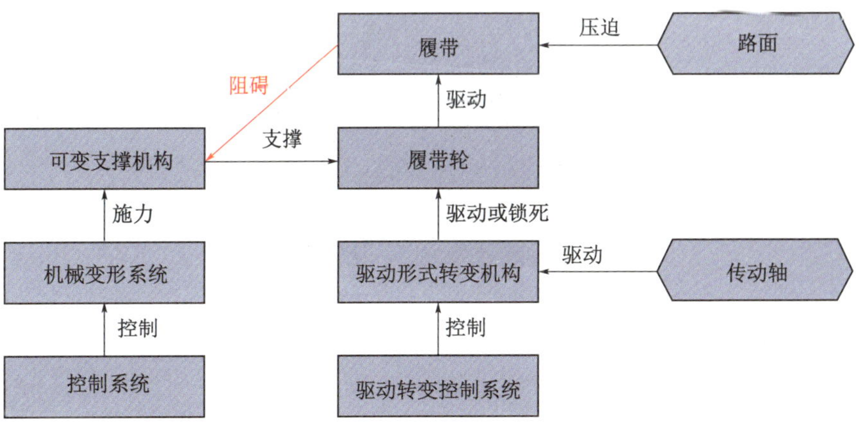

图 6–66 改进后功能分析

2. 进化法则分析

在功能分析之后，我们认为原方案转变后的正三角形履带可以进化，可设计为条形结构，从而增大与地面的接触面积，更大幅度提高载具通过性。

根据动态性进化法则对方案进行分析，轮胎小幅度变形为正三角形履带的方式为平面多铰链结构，该结构可以继续进化，我们设想通过空间多铰链的方式实现装置更大幅度的变形图 6–67 所示。

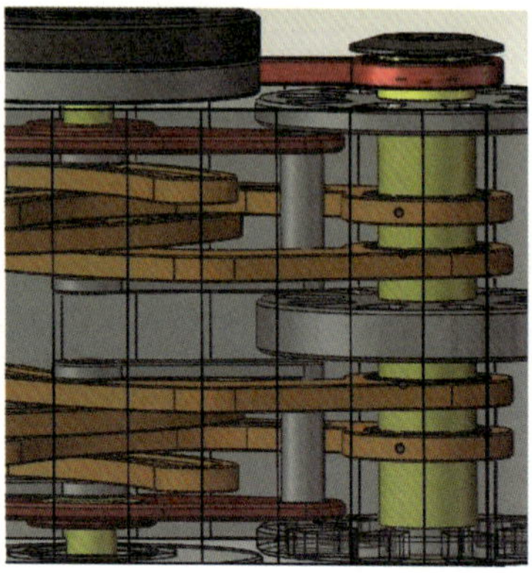

图 6–67 空间多铰链

方案 2 对履带的支撑使用的是单杆支撑，其原因是圆形变为正三角形变形幅度较小，杆件之间不涉及相交问题。我们要设计的条形履带结构，由圆形变为条形，装置结构变化较大，各杆件之间必须设计为空间交错以缩小装置体积，使装置更紧凑。根据动态进化理论，我们对装置进行分割，由原方案的单体支撑，进化为现方案的多体支撑，在满足大变形的情况下使装置更紧凑，内部空间利用率更高，如图 6–68 所示。

图 6–68　多杆支撑

3. 九屏分析（图 6–69）

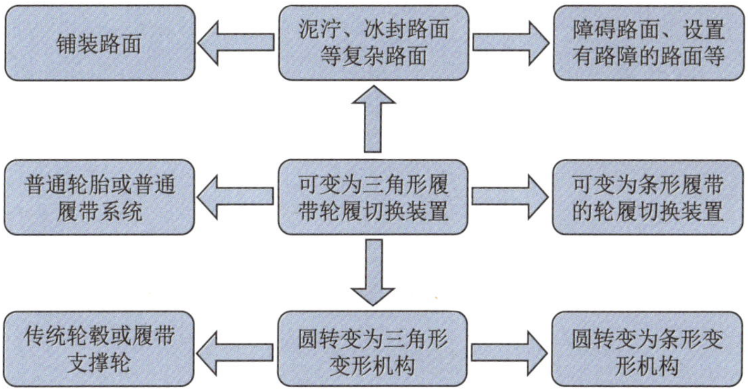

图 6–69 九屏分析

经过九屏分析，我们得知装置设计的主要问题集中在如何设计可变为条形的形状变换机构。为了实现圆变条形的功能，我们关注了方案 2 为什么无法变为条形，我们对方案 2 为什么无法实现变为条形履带的功能进行了因果分析，如图 6–70 所示。

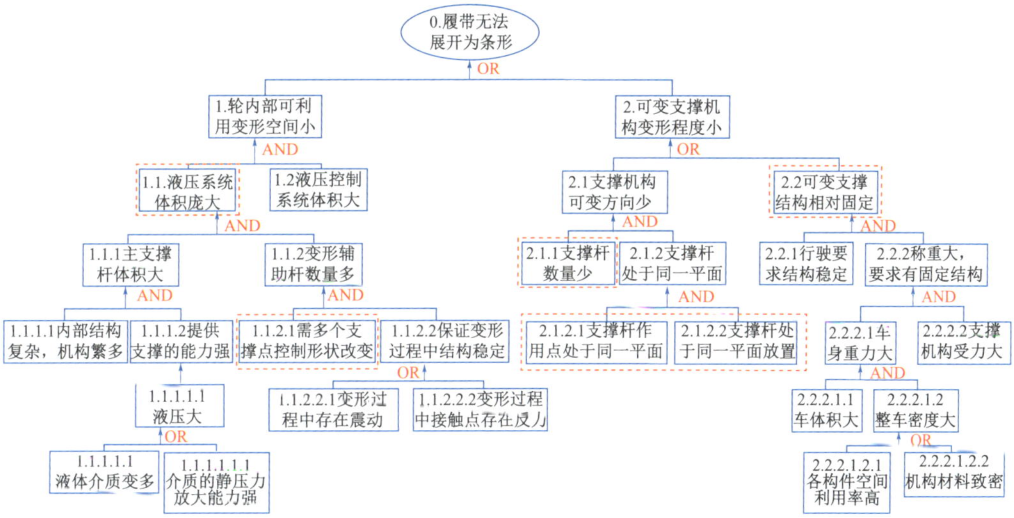

图 6–70 因果分析

4. 因果分析

通过因果分析，我们共找出了五个关键缺陷，分别是：①液压系统体积庞大；②许多个支撑点控制形状改变；③可变支撑相对固定；④支撑杆数量少；⑤支撑杆作用点作用于同一个平面或支撑杆处于同一平面放置。

结合资源分析，我们主要着重于解决第 1，4，5 点关键缺陷。

首先，我们通过运用纯机械变形系统替换了原液压装置向可变支撑机构施加力，对应解决了资源分析中液压系统体积庞大的问题。其次，由于支撑杆机构改进性大，故增加支撑杆数量以增加支撑机构的可变方向，以此解决第 4 点关键缺陷。最后，在增加支撑杆数量时，我们运用了进化法则使支撑杆由平面转变为相互交错的空间结构式，解决了第 5 点关键缺陷。

四、运用 TRIZ 工具解决问题

1. 技术矛盾

提取技术矛盾：

可变支撑机构如何支撑履带完成大幅度形状变换？

原问题技术矛盾的表述如下。

（1）技术矛盾（TC1）

如果：在支撑机构中间添加弯曲杆。

那么：可变支撑机构可以支撑履带完成大幅度形状变换。

但是：结构更加复杂，且会产生偏离竖直方向的恶化力。

（2）技术矛盾（TC2）

如果：保持现有的支撑机构设计。

那么：不会产生偏离竖直方向的恶化力，结构也不会很复杂。

但是：可变支撑机构无法支撑履带完成大幅度形状变换。

矛盾矩阵检索结果见表 6–22。

表 6–22　矛盾矩阵检索结果

范围	参数的编号和名称	发明原则
改善	12 形状	35，10，37，40 16，29，1，28
恶化	10 力	
	36 设备复杂性	

发明原理及解决方案见表 6–23 所示。

表 6–23　发明原理及解决方案

对应发明原理	对应方案产生
1. 分割原理	将杆分割为多段
10. 预先作用原理	将支撑杆开槽并加入弹簧，在没有额外力时预先作用一个力
16. 未达到或过度的作用原理	减少杆的数量
29. 气压和液压结构原理	伸缩杆采用液压装置
35. 物理或化学参数改变	提升支撑杆和履带的接触点的柔性

具体设计：

（1）分割原理：将杆分割多段后进行组合，使压强的分布比较均匀，如图 6–71 所示。

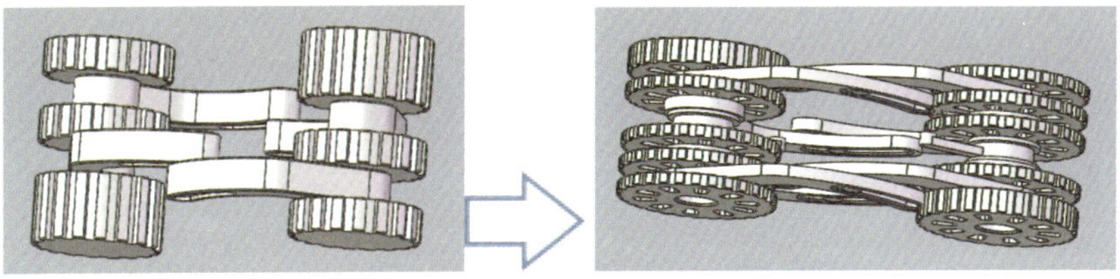

（a）　　　　（b）

图 6–71　应用分割原理方案设想

（2）气压和液压结构原理：考虑到我们的装置在高度方向需要进行收缩，必须采用在轴向上可以伸缩的机构完成机构变换，同时，还需要该装置提供向上的支撑力，因此，我们采用发明原理 29，运用液压驱动装置满足条件。初步设计如图 6–72 所示，在后来的分析中，我们发现竖直液压杆行程不足以实现形状变换，于是设计了倾斜液压杆装置，该液压杆可以在装置变形为条形履带式时向内折叠，从而减小所占空间，实现在较小空间内提供较大行程，从而满足设计要求。

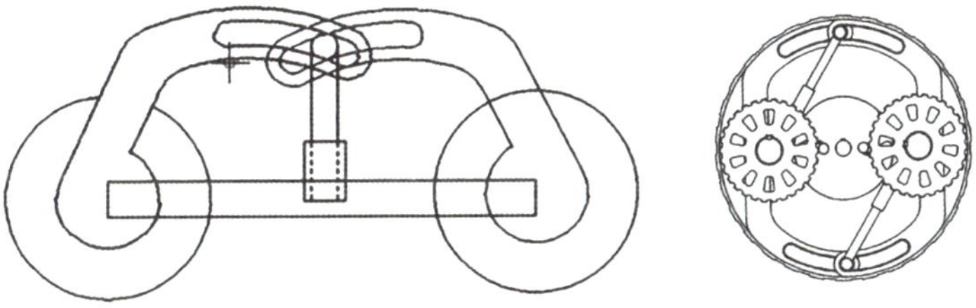

（a）　　　　（b）

图 6–72　直杆结构

（3）预先作用：采用曲柄连杆作为向上支撑装置，在支撑杆上开槽并且加上弹簧使其变为弹簧杆的结构，如图 6–73 所示。

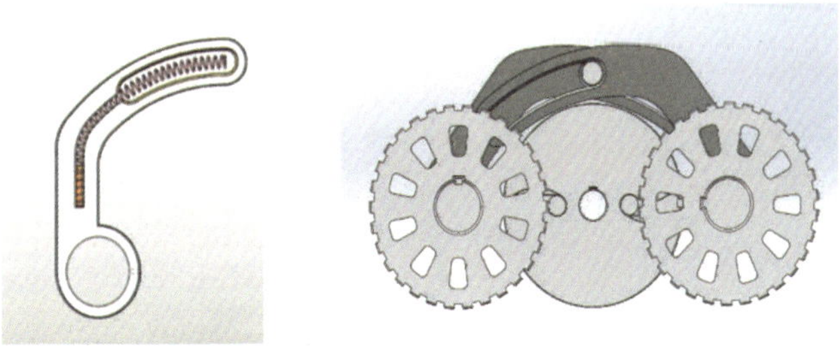

（a）　　　　（b）

图 6–73　销偏移

为了抵消旋转杆在销上所产生的偏离轴向的力，必须在销的另外一侧施加与之抵消的力，但是在销向杆内侧移动时又不能阻碍其移动，因此我们采用了发明原理 10：预先作用。也就是在支撑杆上加上一个弹簧，在未受到旋转杆提供的偏离竖直方向的力之前，弹簧就提前提供一个与之相反方向的力，这个方向的力并不会产生副作用，这样可以在旋转杆产生额外力的瞬间施加相抵消的力，且由资源分析得到弹簧易利用，可改进性较大。最终结合曲柄连杆机构及弹簧系统，得出了如图 6–74 所示的装置。

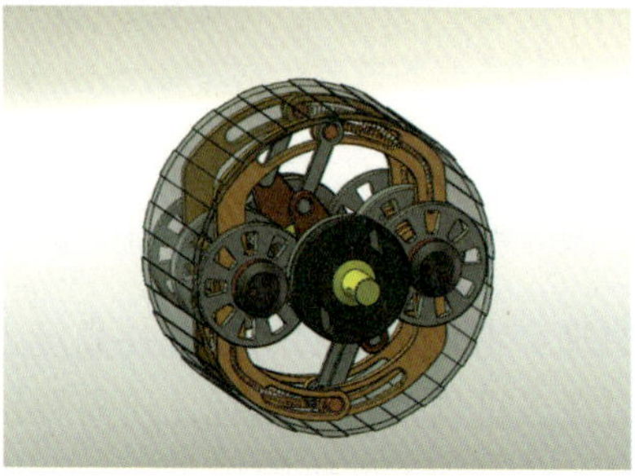

图 6–74　加入曲柄连杆机构

2. 物理矛盾

（1）矛盾模型 A

① 中央旋转盘需要厚，可以承载足够的扭矩力。

② 中央旋转盘需要薄，可以增大机构内部空间利用率。

③ 寻找关键词：尺寸。

由于矛盾发生在同一时间和同一空间，尝试关系分离，发现：

① 对于控制杆，需要中央旋转盘厚，可以承载足够的扭矩力。

② 对于转换机构，又要中央旋转盘薄，增大机构内部空间利用率。

最终选择方案：运用了分离原理中基于关系分离及发明原理的 17 空间维数变化将原本位于中间的旋转展开结构在轴向由二维分布的单层变为三维空间分布的两层，即在轴向三维展开，并且放在装置的两侧，对于控制杆，中央旋转盘通过增加数量增大了厚度，对于转换机构，通过改变放置位置消除了其内部的空间占用，如图 6–75 和图 6–76 所示。

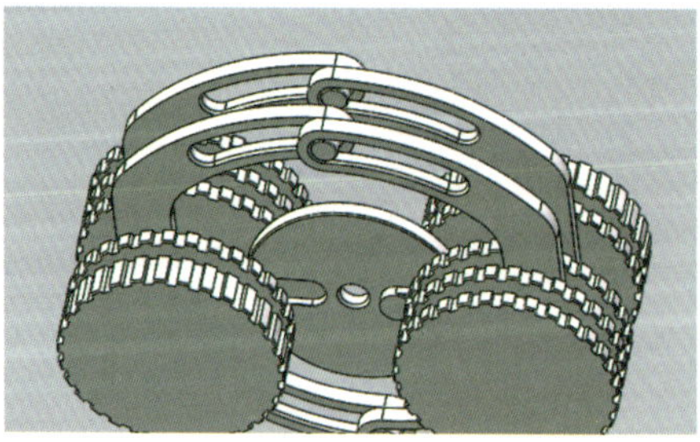

图 6–75　支撑杆在中间

图 6–76 支撑杆移出

（2）矛盾模型 B

履带在直线行驶的时候，不需要受到轴向力的作用，要保证履带和支撑机构紧密接触，但是在转弯的时候，需要受到轴向力的作用，要防止履带与轮毂之间发生偏移。

导向关键词为什么时候。

经过判断，选择发明原理 10：预先作用作为解决方案。

根据预先作用的提示，将履带和轮毂接触面做成齿轮啮合状，使履带和轮毂间的连接更为牢固。也就是将上面的齿预先放置，在直线运动时不会提供轴向力，但是在转弯时会提供轴向力防止履带发生偏移，从而解决了上述问题，如图 6–77 所示。

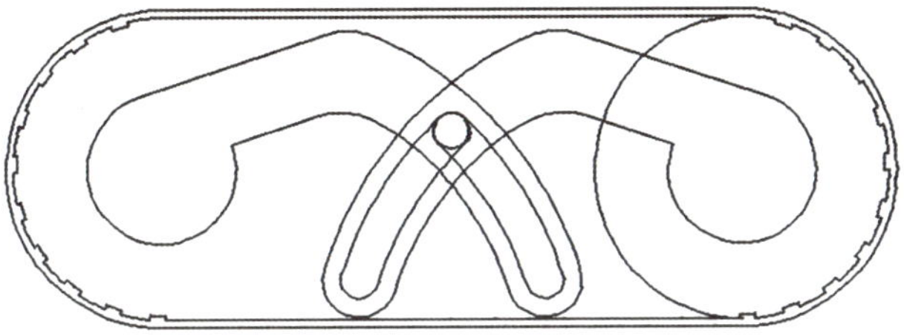

图 6–77 齿轮啮合状

3. 物场模型

（1）建立物场问题模型（图 6–78）

S_1：履带　　S_2：转换装置　　F_1：机械场

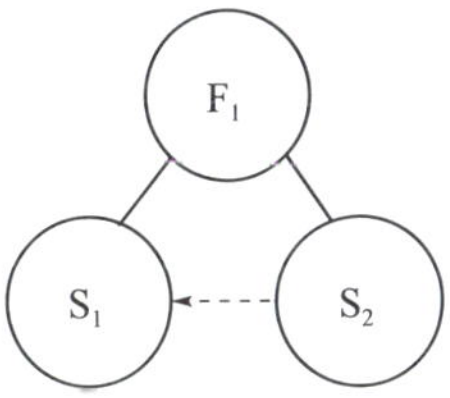

图 6–78 物 – 场问题模型

（2）应用标准解（图 6–79）

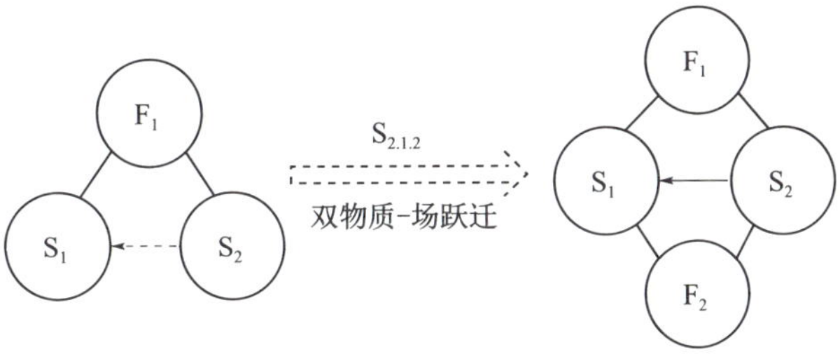

图 6–79 应用标准解

这是一个完整且作用不足的问题模型，选取 $S_{2.1.2}$ 标准解，双物质 – 场跃迁引入一个新的场来强化二者吻合。

引入压力场：将履带和轮毂接触面做成齿轮啮合状，使得履带和轮毂间的连接更为牢固。在转弯时，可以利用啮合处产生的压力场防止履带脱落。

采用旋转盘作为向上推动支撑杆的构件，需要和旋转展开结构配合，利用摩擦力作为驱动力，但是由单纯压力产生的摩擦力无法为我们提供足够的扭矩或者力来使旋转盘转动，可尝试通过物场来解决该问题。

（3）建立物场问题模型（图 6–80）

S_1：旋转盘　　S_2：驱动装置　　F_1：机械场

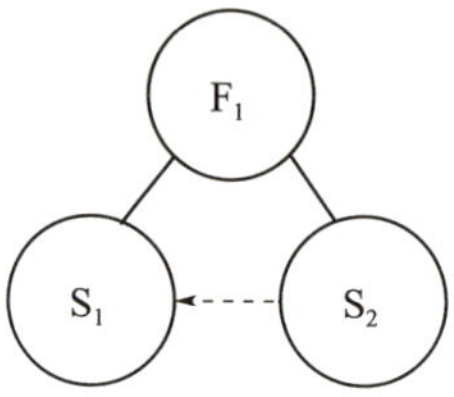

图 6–80　物 – 场问题模型

（4）应用标准解（图 6–81）

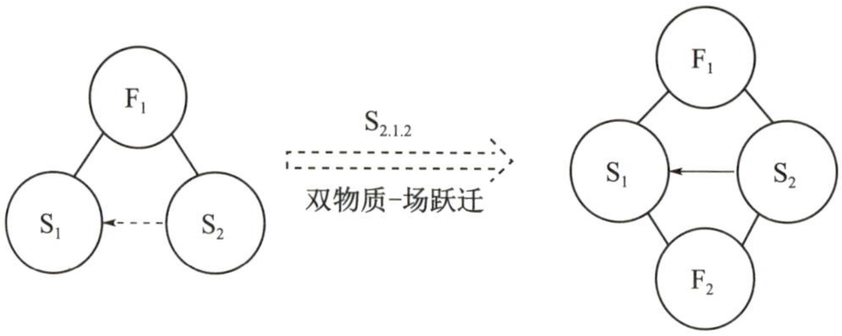

图 6–81　应用标准解

这是一个完整且作用不足的问题模型，选取 $S_{2.1.2}$ 标准解，双物质 – 场跃迁引入一个新的场。通过引入电磁场作为辅助，从而保证足够的摩擦力，也就是利用在旋转盘中加入铁磁物质完成铁磁场的添加，使驱动力足够驱动装置。

五、全部技术方案及评价

针对上述各种方案通过成本、复杂程度、产生危害程度、可行性、解决问题程度，以给定指标确定分数的方法，对各方案进行评价比较与选择，得到表 6–24。

表 6–24 方案评价表

序号	方案序号	应用 TRIZ 工具	方案说明	得分
1	方案 1	16. 未达到或过度的作用原理	减少杆的数量	13（43024）
2	方案 2	发明原理 29：气压和液压结构原理	伸缩杆采用液压装置	16（23434）
3	方案 3	1. 分割原理	将杆分割为多段，并采用伸缩形式	16（14533）
4	方案 4	35. 物理或化学参数改变原理	在支撑杆上加上卡槽	13（23143）
5	方案 5	10. 预先作用原理	在支撑杆的槽中加入弹簧	21（44445）
6	方案 6	物理矛盾	分割旋转展开结构	21（43464）
7	方案 7	1. 分割原理	将杆在厚度方向上分割	23（43556）
8	方案 8	35. 物理或者化学参数改变	在支撑杆和履带接触点提升支撑杆的柔性	15（23424）
9	方案 9	物场分析 2.1.2	添加压力场	24（45455）
10	方案 10	物场分析 2.1.2	添加电磁场	23（34466）
11	方案 11	动态性进化法则	增加铰链分布维度	23（44456）

六、最终实施方案

实施方案：综合概念方案 5，6，7，9，10，11，设计出可变形式轮履切换装置，示意图如图 6–82 和图 6–83 所示，该方案已获得国家实用新型专利授权（CN 215706744 U）。

图 6–82 实物模型图

图 6–83 动态示意图

工作原理：通过旋转展开机构进行旋转，同时与其相连的曲柄连杆机构展开撑起履带，或向内收缩使履带展平，最终实现履带变圆和圆变履带的两个过程，并加入弹簧固定销的位置。

案例四：基于TRIZ理论的便携式主动换气消毒面罩（哈尔滨工程大学）

一、项目概述

1. 项目背景

（1）国家号召

《关于全面落实进一步保护关心爱护医务人员若干措施的通知》中明确提出医务人员是战胜疫情的中坚力量，当前全国疫情防控进入关键时期，医务人员工作任务重、感染风险高、工作压力大，各地各有关部门务必高度重视对他们的保护、关心、爱护。

（2）危险情况

在COVID-19传染区，存在传染性极强的病毒，医务人员必须进行医用防护，在密不透气的防护面罩下，医务人员始终处于高温、潮湿、低氧的微环境中，高强度、长时间的工作后会引起医务人员极大的不良反应，如：

①口干头昏，视觉模糊，皮肤水肿；

②胸闷疲劳，无法饮食，难以排泄；

③思考困难，专注力下降，警觉性显著下降。

这些不良反应严重损害了医务人员的身体健康，存在诱发疾病的风险。同时，这也会导致医务人员的工效水平快速下降，工作质量难以保障，存在导致医疗事故的风险。

综上所述，防护面罩内的环境急需被改善，需保证医务人员顺畅呼吸以满足人体正常生理活动，降低面罩内部恶劣环境给他们带来的不良生理及心理不良反应，保护他们的生命健康。然而，目前传统防护面罩显然不能满足这种需求，需要新型面罩来填补这块空白，该设备既要为医务人员主动提供空气并保证空气的安全性，又要满足医务人员正常工作行动的需求。

2. 项目意义

考虑到医务人员在工作过程中佩戴传统防护面罩造成缺氧以及在高温下长时间佩戴而引起热射病等严重不良反应问题，为保障医疗公共卫生安全，保护医务人员的身心健康，确保医疗工作的稳定性和可靠性，研发出一款新型消毒面罩。本产品可充分保护医务人员的生命健康安全，大幅度降低甚至消除医务人员的不良生理及心理反应，在维护医务人员身心健康的同时，也保障了医护工作的效率及质量。本产品可应用于各种核酸检测场合及病毒传染区工作的医务人员，也可应用于超市、车站等大型人员聚集场所服务工作人员。本产品的广泛应用有助于解决公共卫生安全问题，缓解社会疫情防控防治压力。

二、发明问题初始形势分析

1. 问题描述

由于新冠病毒的极强传染能力，医护人员工作过程中必须全程处于医用防护服、医用护目镜及 N95 口罩的保护下。这些严密的防护措施虽理论上能够有效地保护医护人员，但实际上防护服及 N95 口罩的透气性很差，内外气体交换存在严重阻碍。长时间、高强度的穿戴后会使穿戴者呼吸困难、缺氧，在高温长时间作业时甚至会引起热射病等不良反应。目前，外接大型风机的送风面罩虽保证了面罩内部舒适性，但存在限制人员活动范围、续航时间短等弊端。

2. 存在主要问题

传统防护面罩舒适性存在极大的问题，同时可能造成热射病等健康问题。

待解决问题 1：目前医务人员在工作时需长时间佩戴口罩及面罩，但因口罩和面罩厚度过厚，不透气，其内部会形成高温、高湿、低氧的环境，长时间工作后，会因为缺氧而引起呕吐、眩晕等严重不良反应问题，严重损害了人员的生命健康。此外在夏天温度极高的地区，长时间佩戴口罩、面罩及防护服，其内部形成的高温的环境，使医务人员患热射病的概率增加。

待解决问题 2：长时间佩戴口罩和面罩会使面部皮肤受损，对医务人员造成不必要的身体伤害，此外会导致视觉模糊，影响工作进度。

待解决问题 3：目前外接大型风机的送风面罩虽保证了面罩内部舒适性，但存在限制人员活动范围、续航时间短等弊端。

3. 技术参数

现阶段医用外科口罩一般分成 3 层，即吸湿层（内层）、核心过滤层（中层）和阻水层（外层）。

N95 级别口罩与医用外科口罩相比，结构上做了优化，其核心过滤层的层数更多，甚至 3M、霍尼韦尔等生产商通过静电处理增强了纤维的过滤能力，口罩的防护性能会更好一些。

口罩之所以能够有效防病毒，关键在于它们的核心过滤层均由一层熔喷非织造布构成，该熔喷非织造布是一种以聚丙烯为材料，由许多纵横交错的纤维以随机方向层叠而成的膜，纤维直径范围为 0.5~10 μm。通过利用熔喷非织造布的多种过滤机制实现对飞沫等的过滤。

根据飞沫颗粒的大小和气流速度，纤维可通过多种机制捕捉含病毒飞沫。

（1）惯性碰撞——较大的、惯性的大颗粒遇到过滤纤维时，由于其惯性而无法改变方向，因此会撞击纤维并附着在纤维上。

（2）拦截——当颗粒沿着气流运动，碰巧与纤维表面接触时，容易跟随气流移动的中等尺寸颗粒与过滤纤维接触，被纤维拦截。

4. 问题解决目标

目标 1：在保证医务人员工作安全的前提下，保障面罩内部新鲜气体充足，使医务人员呼吸通畅，提高医务人员呼吸的舒适性和需求性。

目标 2：当医务人员工作环境存在巨大风险时，保证输入气体的安全性。

目标 3：对市面上现有的大型风机进行缩小，保证医务人员在工作时行动便捷、迅速。同时，提高设备的续航能力，实现装置的重复利用。

5. 分析存在的问题

解决方案 1：为解决排出湿热气体不足的问题，现已有研发具备单项导湿性能的面料，如纳米防护膜材料等可以改善医用防护服湿热性能。

仍存在不足：仅从材料入手，依旧无法保证穿着后的舒适性。

解决方案 2：现有的外接大型风机的送风面罩可以保证面罩内部的环境舒适性，内设的海绵网充当过滤作用有一定的阻隔病毒的能力。

出现的新问题：

① 正压防护面罩使用的材料较厚，正压充气后活动不便；

② 送风机由一块 12 V 的锂电供电，维持时间短；

③ 过滤系统一旦被打湿就失去净化功能；

④ 送风机过于笨重不利于携带，需要外接一根长管来连接，一定程度上限制了医务人员的活动范围。

三、系统分析

1. 九屏图分析

通过分析现阶段便携式主动送风呼吸面罩所处时期后，通过九屏图对产品应用现状进行分析，深入分析当前系统及其子系统、超系统的过去、现状、未来要满足的实际市场需要，从而发现当前产品的发展方向，如图 6–84 所示。

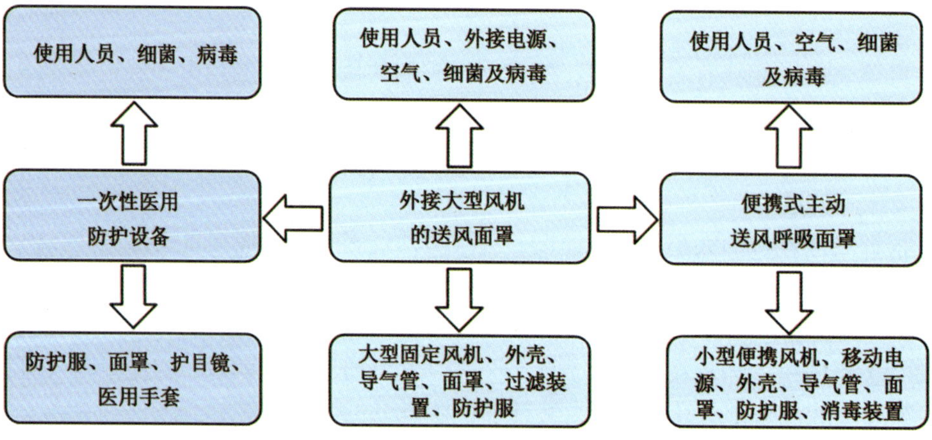

图 6–84 九屏图分析

通过对九屏图进行分析，我们得到三个可行方案，见表 6–25。

表 6–25 具体发展方案

序号	具体方案	可行性
1	对产品应用主动送风技术，为使用者提供更舒适的工作环境	★★
2	改善产品的防护方式，由对细菌、病毒的简单隔绝变更为有效消杀的方式，更加安全	★★★
3	将产品的风机、电源及产品整体进行便携化处理，使产品能适用于更广泛的场景	★★★

2. 生命曲线分析

结合市场实际情况对产品进行简单的生命曲线分析，得知本产品生命周期分为以下四个时期（图 6–85）。

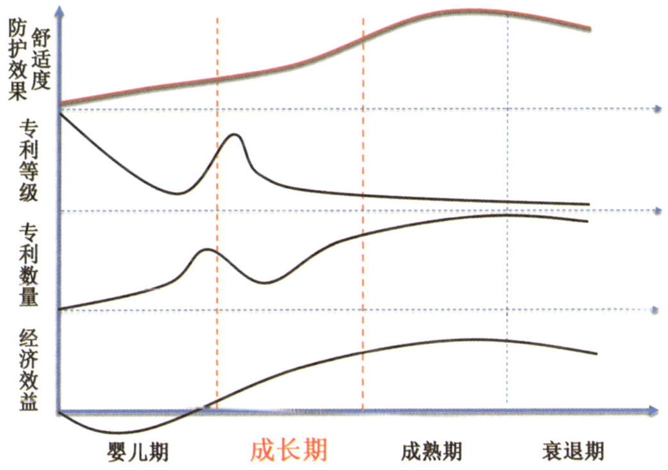

图 6–85 生命周期各个阶段实际情况

婴儿期：一次性医用密闭口罩仍然占据主要市场，送风式面罩仍处于研发阶段，尚未形成成品，产品单一，市场可替代产品少，新兴产品竞争力较小，但前景广阔。

成长期：各种新兴产品不断推陈出新，在一次性医用密闭口罩仅能实现简单防护功能的基础上，增添送风功能，且可以随身穿戴。不足之处在于产品存在体积大、负重大、适用范围有较大局限性等问题。

成熟期：市场上各种防护产品多样化，送风面罩、集送风消毒功能一体的面罩等产品大量出现。产品功能趋于完善，防护、消毒、送风等各种功能集为一体，并且产品体积、负重得到较大改善，真正实现产品的便携性。

衰退期：市场上各种防护产品创新达到极限，难以继续更新换代，并且不同产品的各项功能基本实现一致，新兴产品已出现。

结合市场实际情况对产品进行简单的生命曲线分析。目前，一次性医用密闭口罩仍然占据主要市场，便携式主动换气消毒面罩的便携、防护、送风、消毒等各项功能仍处于研发完善阶段，各类新兴产品也在不断推陈出新，各类防护产品仍具有广阔的创新空间。通过定性分析可知小组产品目前正处于成长期。

分别以“疫情防护”和“防护面罩”为关键词检索，对检索文献进行可视化分析，相关文献数量呈现跳跃式增加，表明相关产品各项功能的研发与创新正处于上升阶段，通过定量分析可知小组产品目前正处于成长期，结果如图 6–86 和图 6–87 所示。

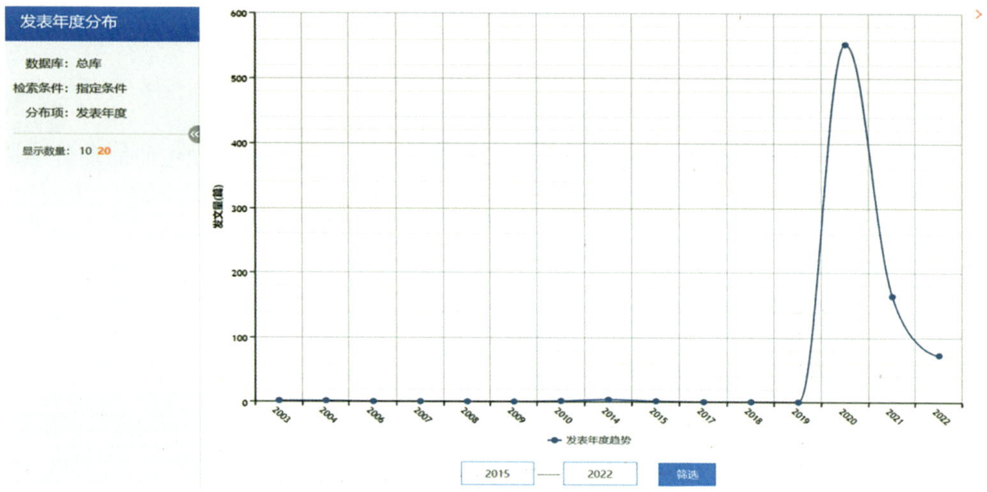

图 6–86　关键词“疫情防护”

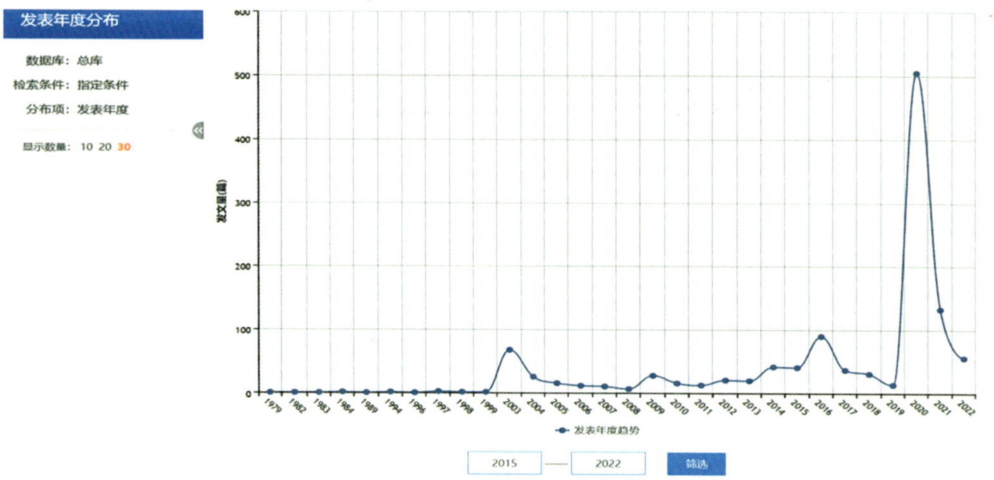

图 6–87　关键词“防护面罩”

针对成长期的产品，小组制定的创新研发思路如下：
（1）对产品不断进行创新、创造，提高产品在市场中的竞争力；
（2）不断吸收其他领域的先进方案并合理内化为产品自身优势；
（3）准确分析市场需求变动，以市场需求作为产品改进的推动力。

3. 资源分析

通过对表 6–26 产品的资源分析，以及对产品参数、各零部件之间的配合的不断调整，产品的杀菌率达到国家标准，送风量也控制在让使用者舒适的范围内，产品整体质量不足 1 kg，便于携带。

表 6–26　产品的资源分析

资源种类	直接与间接资源
物质资源	尼龙管、高分子材料、连接零件、大型固定风机、过滤装置、面罩、防护服
能量资源	电能、风能
信息资源	过滤效率、送风量、产品总质量
空间资源	外壳表面、壳体内部空间、产品体积、外表面
时间资源	过滤过程、送风过程、续航时长
系统资源	产品的装配及参数调整确保过滤效率与送风量相适应

4. 功能分析（表 6–27）

表 6–27　系统名称、功能及组件

系统名称	外接大型风机的送风面罩
系统功能	过滤细菌及病毒
系统组件	大型固定风机、外壳、外接电源、空气、细菌病毒导气管、面罩、过滤装置、防护服

利用功能分析，对产品各零部件之间是否存在相互作用进行有效分析，改进产品杀菌率、送风量的具体参数指标，对产品进行优化设计。

通过对产品进行功能分析，改进产品杀菌率、送风量、续航时长等具体参数指标，对产品进行优化设计，并对产品各零部件尺寸进行设计，优化产品的便携性。

5. 功能模型（图 6–88）

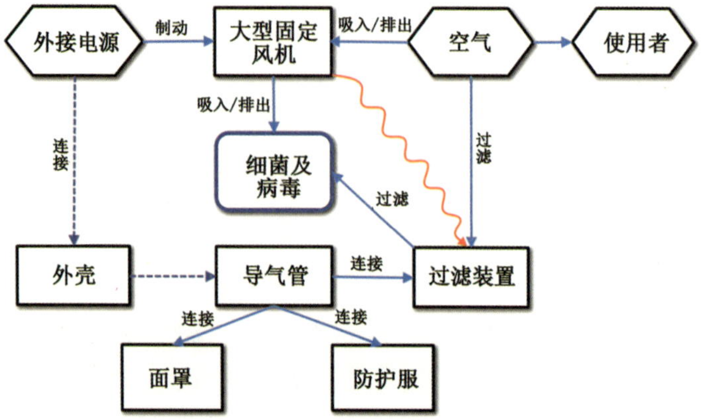

图 6–88　功能模型

6. 裁剪后的功能模型（图 6–89）

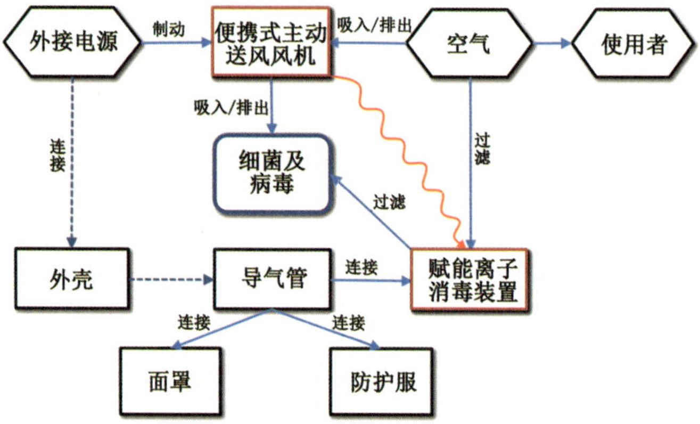

图 6–89　裁剪后的功能模型

可行思路：在风机向面罩内持续送风过程中，同时增加对吸入空气的消毒杀菌功能，相比原来只是对含有大量细菌与病毒的空气的简单吸入与送出，提高了产品的安全性能，可以给使用者提供更好的防护。

7. 因果链分析（图 6–90）

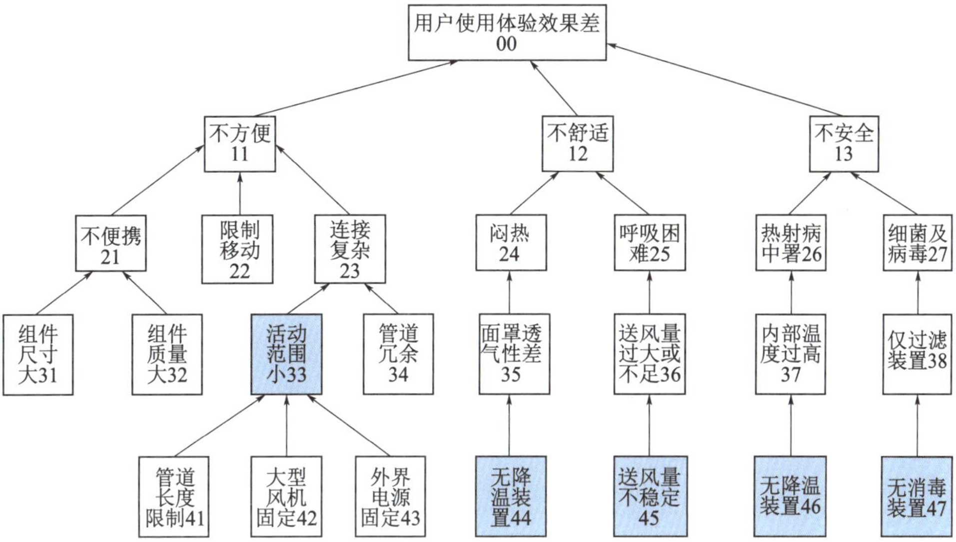

图 6–90 因果链分析图

可行思路：

（1）针对 33，将大型固定风机、导气管进行便携化处理，可随身穿戴，外接固定电源采用移动电源替换；

（2）针对 44、46，增加降温装置，避免面罩内部温度过高，引起闷热不适，甚至热射病、中暑等症状；

（3）针对 45，保证送风量稳定，不会出现送风量过大或不足等情况，引起使用者呼吸不适的状况；

（4）针对 47，增加对吸入空气的消毒杀菌功能，相比原来的只是对含有大量细菌与病毒的空气的简单吸入与送出，提高了产品的安全性能。

四、运用 TRIZ 工具解决问题

1. 最终理想解

确立最终理想解，通过分析在达到目标过程中需要克服的障碍与创造的条件，明确系统改进的思路与可利用的资源，如表 6–28 所示。

表 6–28　最终理想解表

问题	分析结果
设计的最终目标	在有效阻断病毒的同时增加面罩的透气性
最终理想解	面罩“自己”能够主动提供新鲜且安全的空气
达到理想解的障碍是什么?	密封的防护装置导致面罩闷热；空气流速高导致病毒过滤效果降低；一次性过滤式消毒耗材严重；常规送风、续航装置规格庞大
出现这种障碍的原因是什么?	空气不流通，氧气不足，体表温度升高；风速高，气流滞留时间短，过滤效率差；电池续航、送风效果与规格成正比
不出现这种障碍的条件是什么?	改善环境，增加空气流通，缓解闷热；创新消毒方式；改进产品内部布局与材料，达到轻量化、小型化；风机、电源便携
创造这些条件所用的资源是什么?	小型风机、微通道、创新消毒方式、高性能镍氢电池、高分子材料、电能、风能

通过系统分析，为了设计出一款不闷热且舒适的防病毒面罩，我们确定了以面罩自己能够主动提供新鲜且安全的空气为最终理想解，经过最终理想解的六个问题，我们确定最终目标为设计一款便携式主动换气消毒面罩。

2. 技术矛盾分析

（1）技术矛盾 1

原问题技术矛盾的表述：

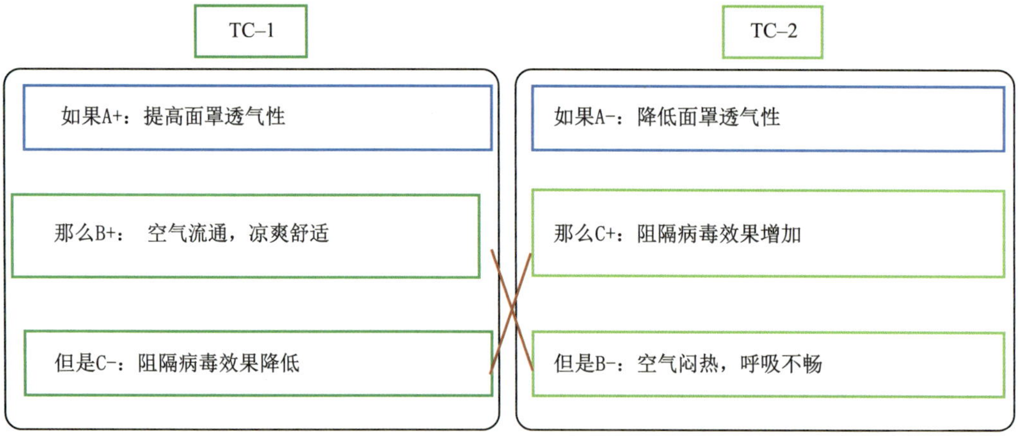

确定要解决的技术矛盾为 TC–1，它发生在（阻隔病毒效果）与（舒适性）之间，发生在改善透气性的时候。

①问题模型——对应的 39 个通用工程参数

改善的参数：17 温度。

恶化的参数：27 可靠性。

矛盾矩阵见表 6–29。

表 6–29　矛盾矩阵表 1

恶化的参数	改善的参数 17 温度
27 可靠性	03，35，10

②解决方案模型

对应查看阿奇舒勒矛盾矩阵表得到参考创新原理为 03 局部质量原理、35 物理或化学的参数变化原理、10 预先作用原理

③提出技术方案：

方案 1.1：根据 03 局部质量原理，引进送风结构，针对头部进行局部降温。

方案 1.2：根据 35 物理或化学的参数变化原理，增加冰凉贴等吸热材质。

方案 1.3：根据 10 号预先作用原理，通过预先设置降温物质，达到凉爽的目的。

（2）技术矛盾 2

①原问题技术矛盾的表述：

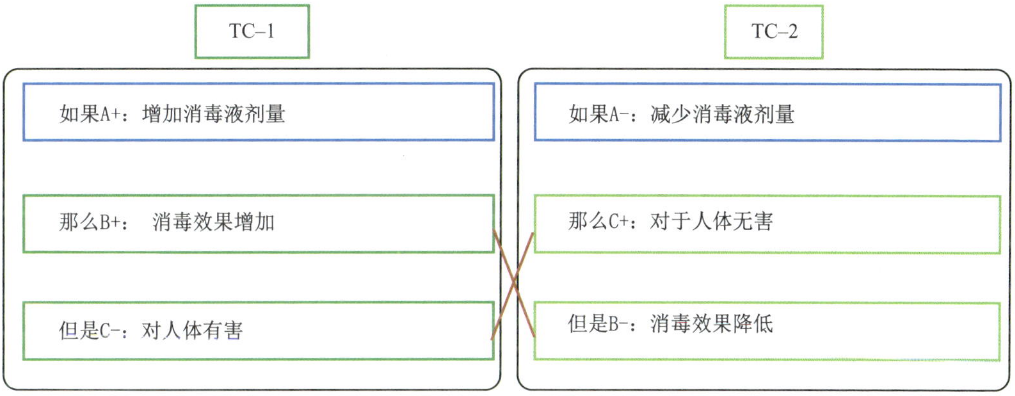

确定要解决的技术矛盾为 TC–1，它发生在消毒效果与安全性之间，发生在空气消毒的时候。

②问题模型——对应的 39 个通用工程参数。

改善的参数：27 可靠性。

恶化的参数：31 物体产生有害因素。

矛盾矩阵见 6–30。

表 6–30　矛盾矩阵表 2

恶化的参数	改善的参数 31 物体产生的有害因素
27 可靠性	35，02，40，26

③解决方案模型

对应查看阿奇舒勒矛盾矩阵表得到参考创新原理为 35 物理或化学的参数变化原理、02 抽取原理、26 复制原理。

④ 提出技术方案：

方案 2.1: 根据 35 物理或化学的参数变化原理，用电离激发器激发空气，产生高能离子。

方案 2.2：根据 02 抽取原理，只抽取呼吸所必需的空气进行消毒处理。

方案 2.3：根据 26 复制原理用 304 不锈钢网代替镀银金属网，满足消毒效果的前提下，降低成本。

（3）技术矛盾 3

原问题技术矛盾的表述：

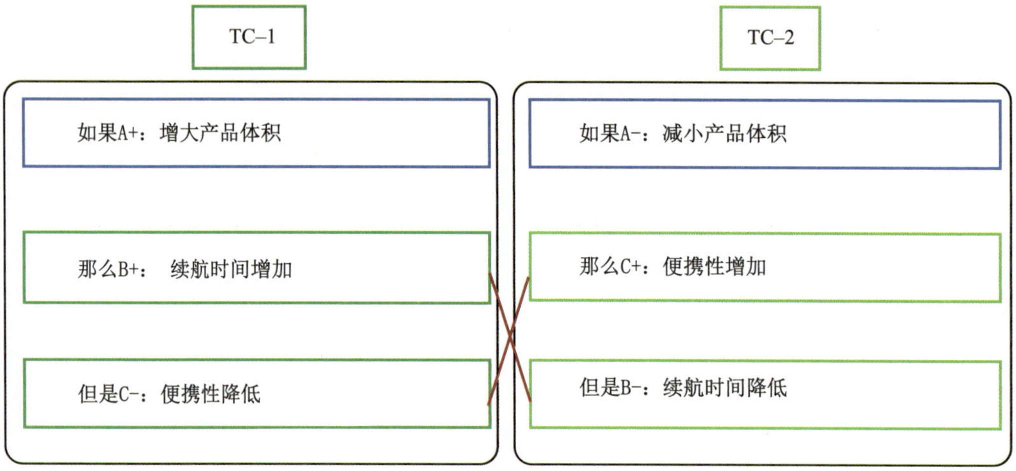

① 问题模型——对应的 39 个通用工程参数。

改善的参数：15 运动物体作用时间

恶化的参数：07 运动物体体积

矛盾乱矩阵见表 6–31

表 6–31　矛盾矩阵表 3

恶化的参数	改善的参数
	07 运动物体体积
15 运动物体作用时间	10，02，19，30

② 解决方案模型

对应查看阿奇舒勒矛盾矩阵表得到参考创新原理为 10 预先作用原理、19 周期性作用原理、30 柔性壳体或薄膜原理。

③ 提出技术方案：
方案 3.1：根据 10 预先作用原理，将送风、消毒装置均放于主机外壳中。
方案 3.2：根据 19 周期性作用原理，采用可更换重复使用电池。
方案 3.3：根据 30 柔性壳体或薄膜原理，采用薄皮外壳和柔性通风管道。

3. 物理矛盾分析及解决

（1）物理矛盾 1
① 确定物理矛盾
面罩透气性应该提高，以满足空气流通和凉爽舒适要求。
面罩透气性应该降低，以满足隔离病毒和保护佩戴者要求。
② 拟采用分离原理
空间分离原理提出技术方案：
方案 4.1：分离送风装置与面罩外壳。
根据时间分离原理提出技术方案：
方案 4.2：不同时间选择不同透气性。
根据条件分离原理提出技术方案：
方案 4.3：不同条件选择不同透气性。
根据系统级别分离原理提出技术方案：
方案 4.4：外界设置降温装置。
（2）物理矛盾 2
①确定物理矛盾
消毒液剂量应该增加，以满足充分灭杀病毒和保护佩戴者要求。
消毒液剂量应该减小，以满足隔离病毒和保护佩戴者要求。
②拟采用分离原理
根据空间分离原理提出技术方案：
方案 5.1：分离消毒装置与人避免伤害。
根据时间分离原理提出技术方案：
方案 5.2：不同的时间采用不同的剂量。
根据条件分离原理提出技术方案：
方案 5.3：病毒多剂量多病毒少剂量少。
根据系统级别分离原理提出技术方案：
方案 5.4：改进消毒方式。
（3）物理矛盾 3
① 确定物理矛盾
产品体积应该增加，以满足产品续航时间久要求。
产品体积应该减小，以满足装置便于移动和携带要求。
②拟采用分离原理
根据空间分离原理提出技术方案：

方案 6.1：充分利用内部空间。

根据时间分离原理提出技术方案：

方案 6.2：不同时间采用不同的体积。

根据条件分离原理提出技术方案：

方案 6.3：不同条件选用不同大小产品。

根据系统级别分离原理提出技术方案：

方案 6.4：采用无线充电。

4. 物 – 场分析

（1）物 – 场分析 1（图 6–91）

产品存在的复杂耦合系统对高能离子的产生有很大影响，我们研发出的新型电离激发器可消除这种不足。管状赋能电离激发器的设计是一种协调与平衡的艺术，近百次实验确定多项技术参数，具有消毒效果强、灭菌率达 99.7% 以上、消毒速度快的特点。

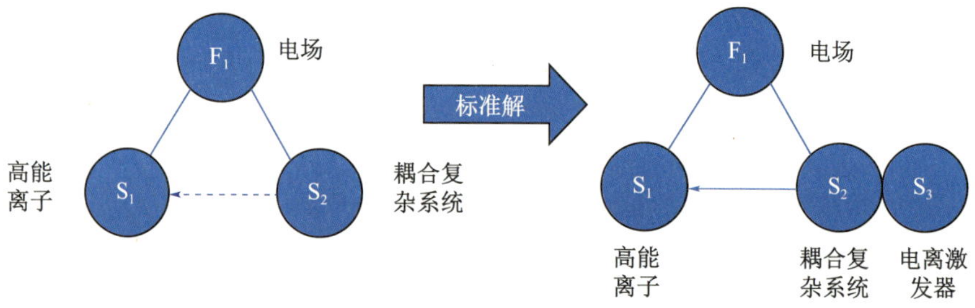

图 6–91 问题模型与标准解 1

（2）物 – 场分析 2（图 6–92）

同时，空气在自然流场的作用下，通过肺部呼吸的流量不足，我们用风机的机械力代替自然流场，加强其呼吸流量

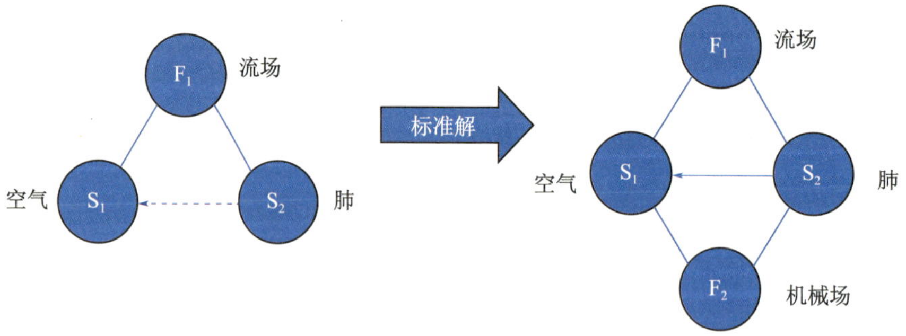

图 6–92 问题模型与标准解

五、技术方案整理与评价

1. 全部技术方案及评价

将应用 TRIZ 工具中所产生的所有方案及其简单评价进行总结，其总结结果如表 6–32 所示。

表 6–32 方案汇总表

方案名称	得到方案工具名称	详细说明	解决方案概念设计图	优点	缺点
方案 1	九屏图分析	应用主动送风技术，为使用者提供更舒适的工作环境	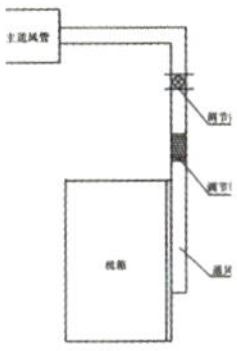	解决了舒适性问题	体积大
方案 2	九屏图分析	改善产品对使用者的防护方式，由对细菌、病毒的简单隔绝变更为有效消杀的方式		消毒效果好	污染环境，危害身体健康
方案 3	资源分析	开展面罩的气流组织设计	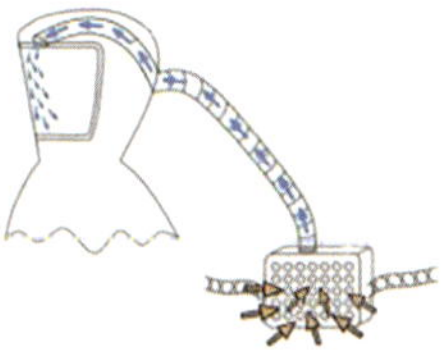	舒适性高	面罩变重
方案 4	功能分析	电源采用大容量、长续航的镍氢电池		续航能力强	体积和质量大
方案 5	功能分析	在风机向面罩内持续送风过程中，同时增加对吸入空气的消毒杀菌功能	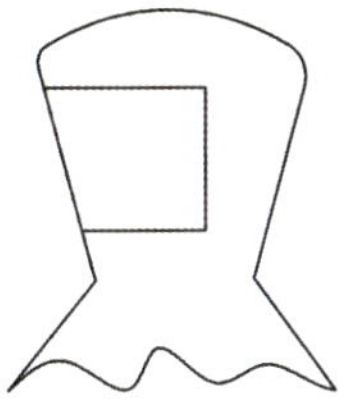	消毒效果好，舒适性高	

表 6–32（续 1）

方案名称	得到方案工具名称	详细说明	解决方案概念设计图	优点	缺点
方案 6	因果链分析	将大型固定风机、导气管进行便携化处理，可随身穿戴。外界固定电源采用移动电源替换	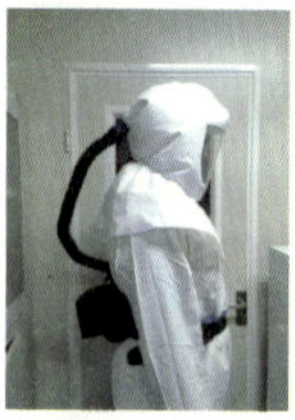	体积小，便携	
方案 7	因果链分析	增加降温装置		解决了闷热问题	装置体积变大，更复杂
方案 8	技术矛盾分析	专门设置送风口，缓解内部闷热，病毒防护装置在通风前完成，保证通风的清洁、安全与舒适		消毒效果好，舒适性高	
方案 9	技术矛盾分析	采用过滤网阻挡细菌病毒		可以杀灭部分病毒	消毒效果不高
方案 10	技术矛盾分析	使用高能离子消毒	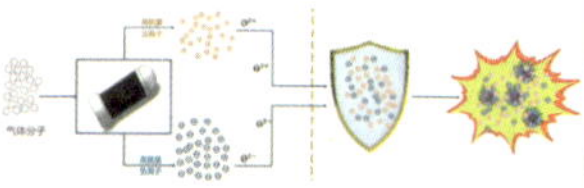	消毒效果好	
方案 11	技术矛盾分析	利用管状赋能电离激发器这个中介物产生高能粒子	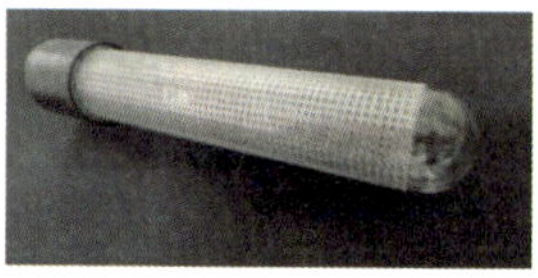	结构简单	
方案 12	技术矛盾分析	延长输气管道长度，增大移动空间		方便	成本高

表 6–32（续 2 ）

方案名称	得到方案工具名称	详细说明	解决方案概念设计图	优点	缺点
方案 13	技术矛盾分析	合理布局，将送风装置、消毒装置均放于主机外壳中	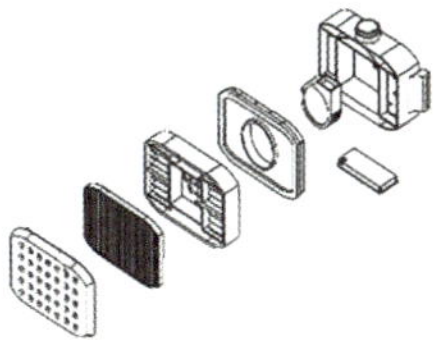	体积小，便携	增加装置质量
方案 14	技术矛盾分析	将主机外壳设计为多孔形式，进一步降低其质量	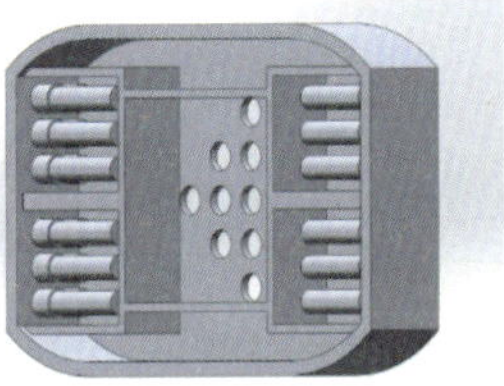	减小质量	易损坏
方案 15	技术矛盾分析	采用高分子材料，可以降低装置的密度，进而达到轻量化的目的		减小质量	成本高
方案 16	物理矛盾分析	将防护人员放置在屋内，消毒装置放置在屋外，空气通过消毒后，进入房间，空气流通	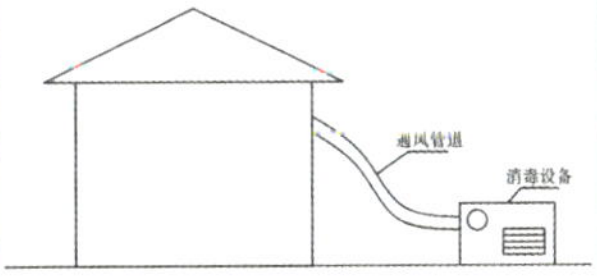	解决了安全问题	装置体积大，无法移动
方案 17	物理矛盾分析	将消毒装置与使用者分开，避免伤害		解决了安全问题	限制行动
方案 18	物理矛盾分析	采用多级消毒方式，降低延长消毒时间，避免瞬间产生大量消毒附带有害因素	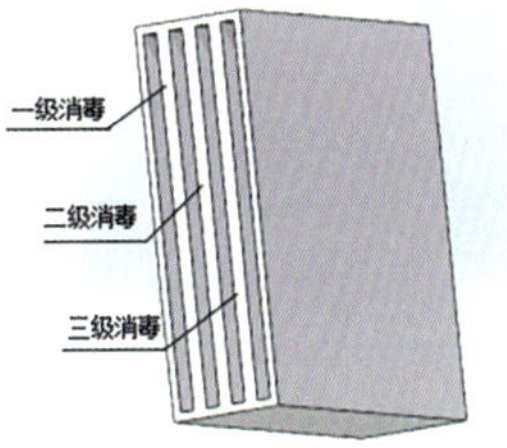	消毒效果好	增加装置质量

表 6–32（续 3）

方案名称	得到方案工具名称	详细说明	解决方案概念设计图	优点	缺点
方案 19	物理矛盾分析	分离电源与使用者所处空间，使用固定电源，增加电线长度	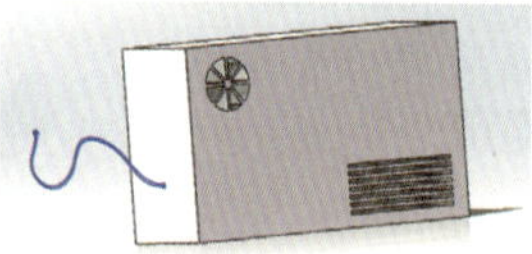	解决了安全问题	限制行动，增加成本
方案 20	物理矛盾分析	在风机中提前设计电量警报电路，当电量达到警报线，发出警报，并降低风机挡	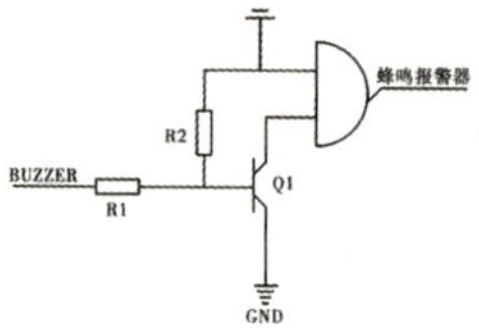	解决了电源功率问题，增强舒适性	增加装置的复杂性，成本更高
方案 21	物理矛盾分析	为主机增加多挡位调节电路	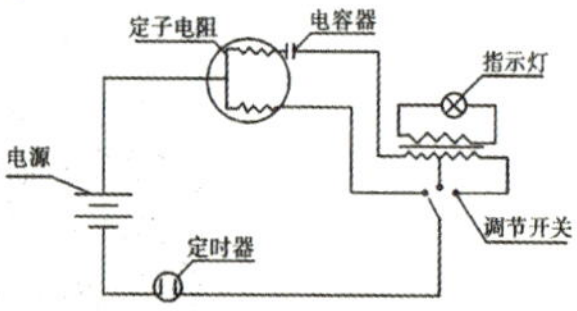	解决了电源功率问题，增强舒适性	增加装置的复杂性，成本更高
方案 22	物 – 场分析	研发管状赋能激发器，产生高能离子	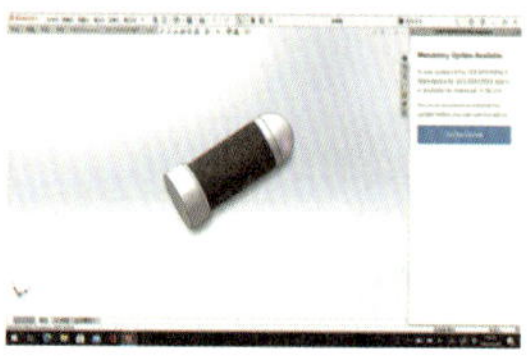	消毒效果好	
方案 23	物 – 场分析	使用微型风机实现送风		解决了舒适性问题	

2. 最终技术方案

通过对所有方案进行综合比较，我们选择了主动送风技术和赋能离子消毒技术，并通过使用微型风机和复合材料对整个装置进行微型化和轻量化处理。

采用微型风机进行主动送风，加强了呼吸流量，通过实验确定合适的送风参数并开展面罩的气流组织设计，实现了主动“瀑布式”送风，解决了温度与可靠性的冲突；设置了挡位调节功能，可根据不同工作环境自主选择挡位，以满足人体对送风量的需求。我们采用赋能离子消毒技术（如图 6–93 所示），其特点是消毒效果强、速度快，且无有害残留。同时，为达到消毒与送风效率相一致，我们研发出管状赋能电离激发器（如图 6–94 所示），消除了复杂耦合系统对高能离子产生的不足作用，能够快速输出足够多的高能离子，在保障消毒可靠性的同时消除了有害因素。我们对风机及各个部件进行微型化处理，整个设备不足 1 kg，确保了设备的便携性。同时进行非介质式低阻设计，以及采用高性能镍氢电池保证超强续航能力。整个产品使用过程中没有耗材，整套设备可重复使用，实现了绿色环保的要求，解决了产品续航和便携性之间的矛盾。

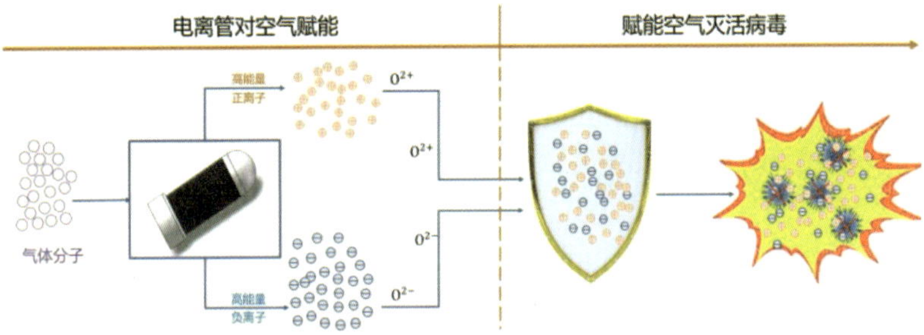

图 6–93 赋能消毒技术示意图

图 6–94 管状赋能电离激发器工业设计模型图

3. 方案实施

（1）主动送风装置的设计

主动送风装置是吸入外界空气的装置。为了保持面罩内有充足并且让人感到舒适的空气，电动送风装置的设计，尤其是参数的设置，要解决以下问题。

① 送风速度和送风量要保持在合适的范围内；

② 要有较强的续航能力；

③ 保证面罩内始终处于正压状态。

对于上述问题，可以采用标准风室和孔板测定流量的方法，设计一套风机试验装置，测试不同风机转速下的流量随出口压强变化的情况，从而可以通过调整转速控制风机流量，并采用高容量电池对风机进行供电。

通过反复的迭代实验和对技术因素的改进，完成对送风装置的设计和风机各种参数的设置。

（2）赋能电离激发器的设计

本产品通过对赋能电离激发器加载调制的交流电，对激发器周围空气分子进行电离赋能，形成具有强氧化性的高能离子。高能离子的产出情况与管状赋能电离激发器和调制交流电有关，而我们设计的赋能电离激发器又与介电材料玻璃管和金属电极有关。因此需要围绕介电材料结构、金属电极、调制交流电，确定如图 6–95 所示的十余种重要技术因素，并使这些技术因素处在一个相互协调、相互耦合的关系中。

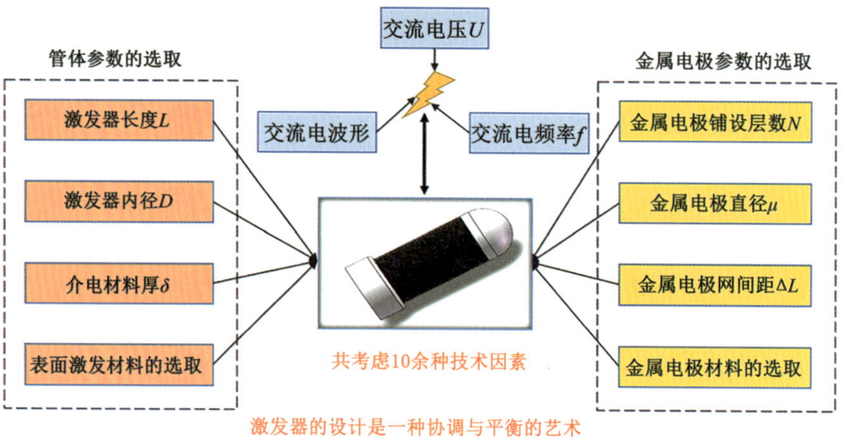

图 6–95　管状赋能电离激发器设计重要技术因素

① 赋能电离激发器主体

赋能电离激发器主体采用硼化玻璃，外径 18 mm，长度 70 mm。经过实验，激发器管壁厚度必须一致，为 0.8 ~ 1 mm。若管壁厚度不一致，有可能会出现管壁被击穿、漏电等问题。

② 外电极

外电极金属网由 316 不锈钢丝网编织而成，其中孔眼的间距会影响电离效果。经分析计算，本设备选用的不锈钢丝网孔眼直径为 0.3 ~ 0.6 mm。

③ 内电极

内部的电极网表面镀银。一般镀银层厚度 3 ~ 5 μm 效果较好，但是成本较高，工艺复杂。内电极也可以采用 316 不锈钢丝网，虽然效果略差，但成本和工艺要求大大降低，在一般情况下可以满足净化要求。为有效地保证净化效率，本设备内电极选用镀银不锈钢网。

（3）工作原理

① 进风气孔使主机内部与外部大气连通，空气通过进气孔进入主机内部；

② 接通电压，对赋能电离激发器周围空气分子进行电离赋能，产生强氧化性的高能离子；

③ 高能离子在风机的抽吸作用下经由出风风道及出风口排出主机，在过程中实现对入流空气中携带有害病毒微生物的消杀，净化空气；

④ 出风气孔使主机内部气体与送风管连通，使消杀气体排进送风管，从而进入面罩供人员呼吸。

主机 3 的内部详细结构如图 6–96 所示。

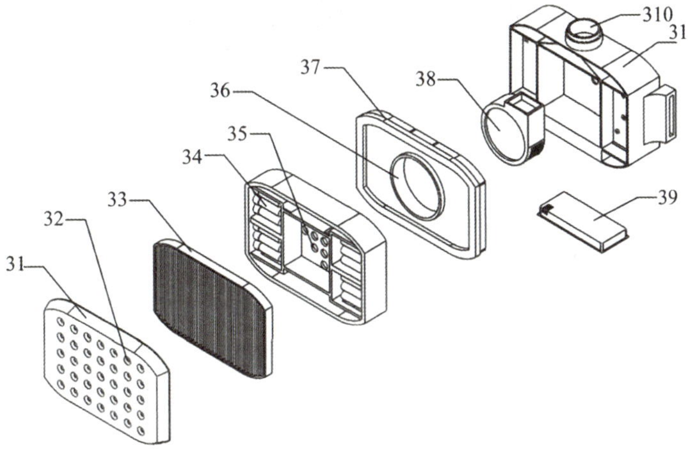

31—机壳 32—进风气孔 33—风栅 34—电离管组 35—第一出风口
36—风道 37—隔板 38—微型风机 39—电池 310—出风气孔

图 6–96 主机 3 的内部详细结构

案例五：正畸矫治器摩擦力测量装置（哈尔滨理工大学）

下面介绍基于 TRIZ 的正畸矫治器摩擦力测量装置的研发设计实例。在问题解决过程中，首先应用了因果链分析、生命曲线分析、功能分析、资源分析、九屏分析、系统完备性法则，分析了目前存在的正畸矫治器摩擦力测量装置存在的问题，随后又利用了最终理想解、物 – 场模型分析、技术矛盾、物理矛盾、四十个发明原理解决了存在的问题。装置结构示意图如图 6–97 所示。

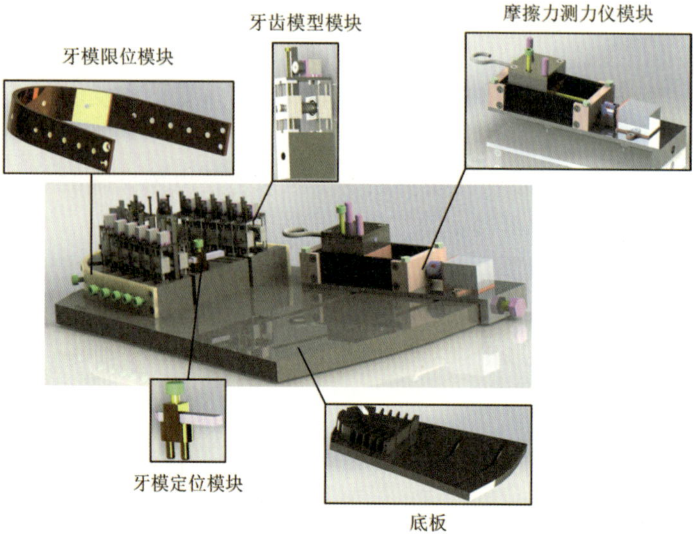

图 6–97　装置结构示意图

一、问题描述

根据世界卫生组织的研究，错颌畸形是口腔三大疾病之一。全球儿童和青少年错颌畸形患病率为 56%，主要是由牙位不正确引起的。它的发生将影响咀嚼和发音，容易引发龋齿、牙周炎和呼吸道疾病等。目前，最有效和最成熟的治疗方法是正畸矫治，如图 6–98 所示，金属托槽预先粘贴于牙齿表面，托槽相对于牙齿是固定的，利用结扎丝将托槽与弓丝捆扎，正畸矫治是通过正畸弓丝形变产生有效矫治力带动托槽及牙齿产生生理性移动。但结扎丝不能完全保证二者的相对固定，托槽将沿着弓丝形变的方向产生相对滑动或滑动趋势，进而在接触面产生正畸摩擦力。研究显示临床上 50%~60% 的正畸力要用来克服正畸过程中产生的摩擦力。矫治力必须克服摩擦力，并且不损伤牙齿和周围组织的健康，进而获得牙齿与周围组织的力学平衡，才能使牙齿产生生理性的移动。因此，了解正畸治疗过程中产生的摩擦力的强度是促进牙齿最佳生物运动的关键。

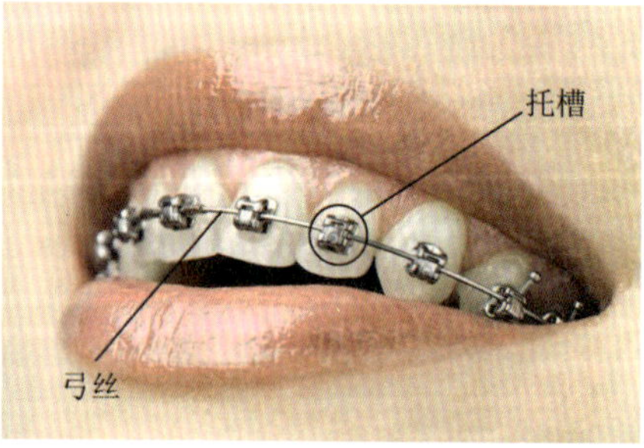

图 6–98　正畸矫治技术

正畸矫治器由托槽和弓丝组成，托槽粘贴于待矫治的牙齿上，正畸医师根据临床矫治需求将弓丝弯制成特定形状，用以产生矫治畸形牙齿所需要的正畸矫治力，然后将弯制好的弓丝放入托槽内并用结扎丝进行固定，以便对弓丝位置及姿态进行限定。弓丝需要通过托槽才能将矫治力作用于牙齿本身，弓丝与托槽必然会接触，当弓丝与托槽间发生相对位移或者有相对位移的趋势时，就会产生正畸摩擦力，其大小与弓丝运动方向相反。在正畸矫治过程中，正畸力需要克服 12%~60% 的正畸摩擦力才能作用到牙齿上，若摩擦力增大，矫治器的有效性将降低，治疗时间延长；另外，摩擦阻力对作用于牙齿的力也产生影响，继而影响牙齿的旋转中心，出现牙齿无法移动、牙根吸收等并发症，临床矫治的周期会被严重延长。近年来，正畸摩擦力对正畸矫治效果的影响成为国内外学者研究热点，因此关于正畸摩擦力测量装置的研究成为重中之重。

二、发明问题初始形势分析

1. 系统工作原理

目前，针对正畸摩擦力的测量方法，主要是采用万能材料试验机进行测量。万能材料试验机也称为万能拉力机或电子拉力机，其独立的伺服加载系统和高精度宽频电液伺服阀，可确保系统高精高效、低噪音、快速响应，采用独立的液压夹紧系统，确保系统低噪音平稳运行，且试验过程试样牢固夹持，不打滑。正畸摩擦力的测量过程，如图 6–99 所示，首先需要将托槽固定，然后让弓丝穿过托槽槽沟，再利用配重的铅锤将弓丝固定在托槽槽沟内并提供弓丝与托槽槽沟底面间垂直于托槽基底方向的正压力，最后将弓丝固定于测力装置的一端，在拉动弓丝的过程中，测量出正畸矫治器的摩擦力。

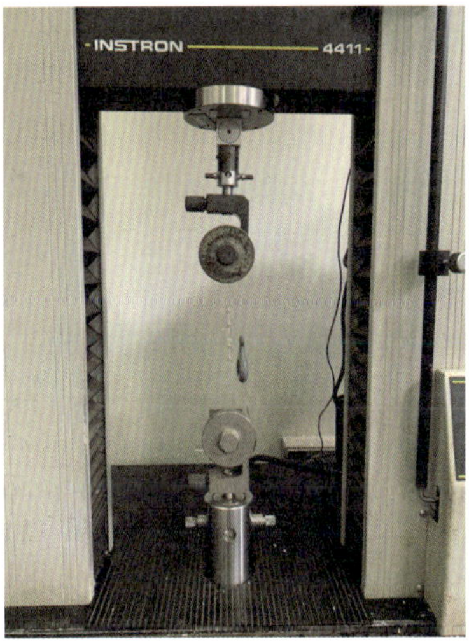

图 6–99　万能材料试验机

2. 主要存在的问题

（1）正畸矫治器中托槽与弓丝尺寸较小，使用万能材料试验机测量属于大材小用。

（2）万能材料试验机适用于多种材料的拉伸试验、力的测量，其普遍适用性导致针对正畸摩擦力测量这一特殊应用场景时无法很好地适配，如万能材料试验机每次只能进行单个托槽与弓丝间摩擦力测量，但在正畸治疗中，绝大多数使用场景为多托槽联合使用。

（3）万能材料试验机价格昂贵，难以推广使用。

3. 限制条件：

相较于其他的正畸摩擦力测量装置，万能材料试验机精度较高，准确性较好。

4. 目前的解决方案：

方案一：口腔正畸矫治器摩擦测试实验台（图 6–100）。

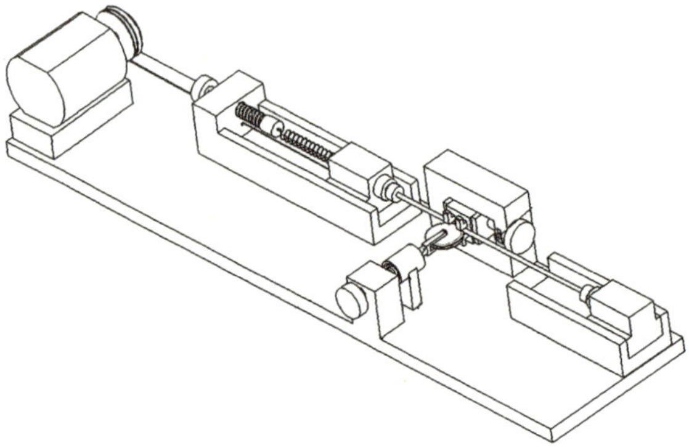

图 6–100　口腔正畸矫治器摩擦测试实验台

该实验台通过底板、驱动装置、滑动模块和夹紧模块配合，实现了对正畸矫治器摩擦力的测量，且该装置不仅能够测试口腔正畸中托槽与弓丝之间的静摩擦力，还可以测试出动摩擦力。其夹紧模块可以对不同规格大小的托槽进行夹紧，不仅能够对圆丝弓还能对方丝弓与托槽之间的摩擦力进行测试，测试范围广，具有结构相对简单，操作方便，成本低等优点。

存在的问题：

（1）该装置仅能进行单个托槽与弓丝间摩擦力测量；

（2）该装置无法测量托槽位姿发生变化时的正畸摩擦力。

方案二：一种用于正畸托槽摩擦力测定的辅助装置（图 6–101）。

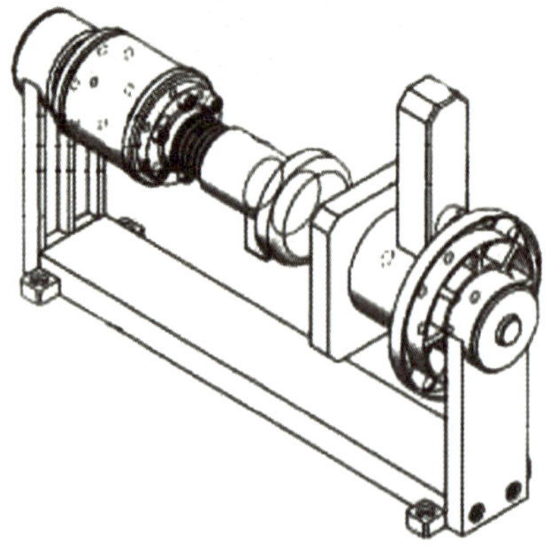

图 6–101　正畸托槽摩擦力测定的辅助装置

该正畸摩擦力测量装置对现有的其他测量正畸摩擦力装置进行了改进，使其更加高效且易于操作，在一定程度上方便了正畸摩擦力的测量，便于研究人员更简便快捷地测量不同角度的正畸摩擦力。利用有效的固定装置、自锁装置和旋转角度装置，可以在固定好牙齿石膏模型后通过转动装置调整弓丝的角度，进而测量不同角度下弓丝与托槽的摩擦力，可缩减操作时间，提高测量效率。

存在的问题：

（1）该装置仅能进行单个托槽与弓丝间摩擦力测量；

（2）该装置仅能测量位于唇侧的矫治器摩擦力。

通过上述分析，我们不难发现，相较于万能材料试验机，虽然正畸摩擦力测量装置是更多学者采取的测量方法，且装置设计多种多样，但仍存在问题，如：更多装置只适合唇侧矫治器，缺少舌侧矫治器摩擦力测量装置；对牙齿畸形模拟程度低，导致测量结果参考价值降低。

三、系统分析

1. 因果链分析（图 6–102）

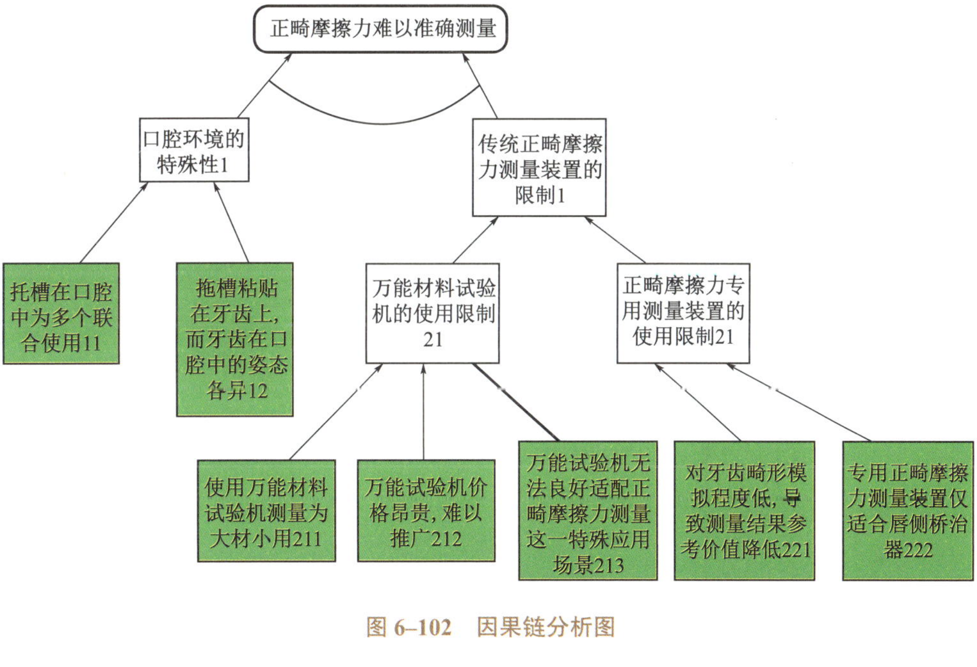

图 6–102 因果链分析图

通过因果链分析得到的所有存在的问题有 11，12，211，212，313，221，222。初步分析可知问题 11 和 12 是客观存在的，在不改变正畸方式的条件下无法解决，因此通过解决其他存在的问题可以得到如下的解决方案。

方案 n1：212+213，即不再使用万能材料试验机，改为使用一种结构简单的正畸矫治器专用摩擦力测量装置，以适配正畸摩擦力测量这一专业应用场景，但是目前现有的正畸矫治器摩擦力测量装置对牙齿畸形的模拟依然较低，且大多数同样仅能对单个托槽与弓丝间的摩擦力进行测量。

方案 n2：212，即将所需测量的正畸矫治器寄送至专业摩擦力测量实验室，不再购买万能材料试验机，降低了实验成本，但是该方案增加了时间成本，且增加了过程的复杂性，当所需测量的正畸矫治器较多时，仍然是一笔不小的开销。

方案 n3：221+222，即设计一种泛用性高且能够精准模拟牙齿畸形的正畸矫治器摩擦力测量装置。

2. 技术系统生命曲线分析（6–103）

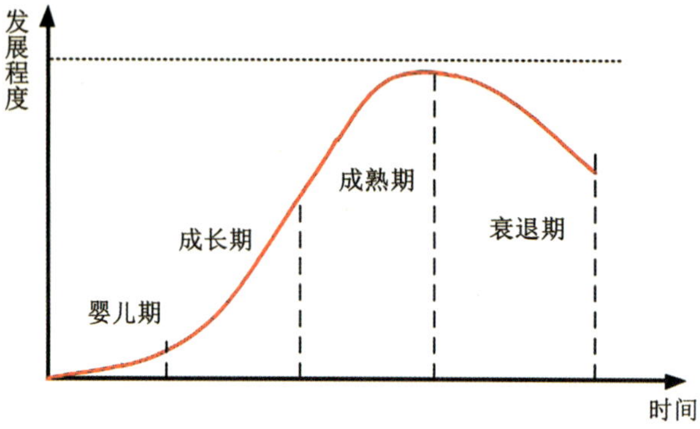

图 6–103　技术系统生命曲线

一个技术系统的进化过程经历 4 个阶段，即婴儿期、成长期、成熟期和衰退期，每个阶段会呈现出不同的特点。根据 TRIZ 理论从性能参数、发明数量、发明水平、经济利润 4 个方面描述技术系统在各个阶段所表现出来的特点，可以有效地了解和判断产品所处的阶段，从而制定有效的产品策略。

产品性能随不同时期的变化如图 6–104 所示。

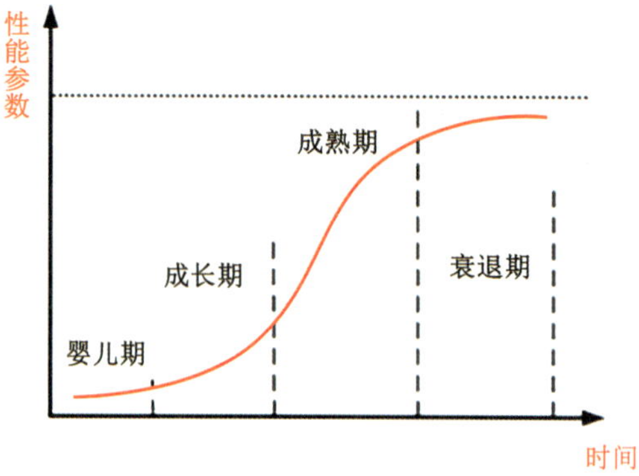

图 6–104　产品性能随不同时期的变化曲线

正畸矫治器摩擦力的测量，主要是为了能够更好地计算正畸力的大小，从而施加更加精确的正畸力，进而提高正畸矫治效果。因此，通过扩大检索范围，以“正畸力”作为关键词对国内专利数据库进行专利检索，检索出 2008—2020 年与“正畸力”有关的专利共计 95 项，其专利分析报告如图 6–105 所示。

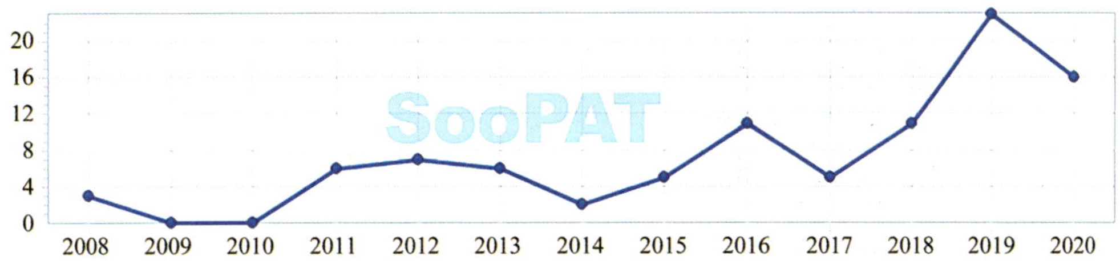

图 6–105 “正畸力”专利分析报告

相比之下，有关“正畸矫治摩擦力测量装置”的专利相对较少，2008—2018 年共检索出与其相关的发明专利共计 4 项。其中，最早进行正畸矫治摩擦力测量的专利为 2013 年的“口腔正畸矫治器摩擦测试实验台”，随后，直至 2019 年至今，与“正畸摩擦力”相关的专利仅增加了 3 项。

通过分析报告的图线及上述数据我们可以看出，对于“正畸摩擦力测量装置”的专利相对较少，从 2013—2020 年间专利才处于缓慢上升的阶段，说明对于正畸摩擦力测量装置的关注开始逐渐增加。

专利的数量随不同时期的变化如图 6–106 所示。

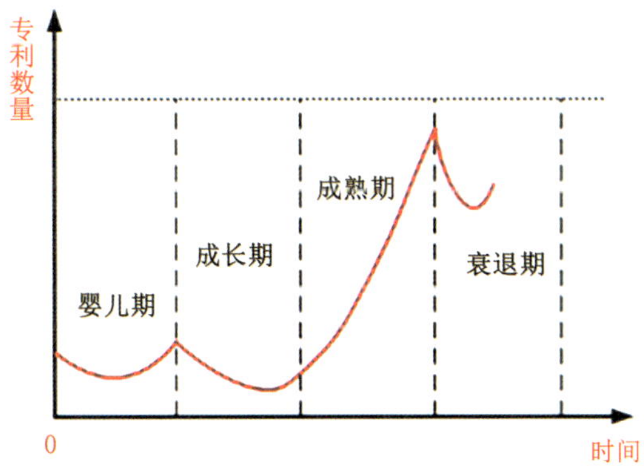

图 6–106 专利数量—时期

方案 n4：综上分析，在错颌畸形发病率逐年升高以及人们越来越重视自己口腔健康的今天，设计一款“正畸摩擦力测量装置”具有巨大意义。

3. 功能分析

正畸矫治器摩擦力测量装置结构矩阵，如图 6–107 所示。

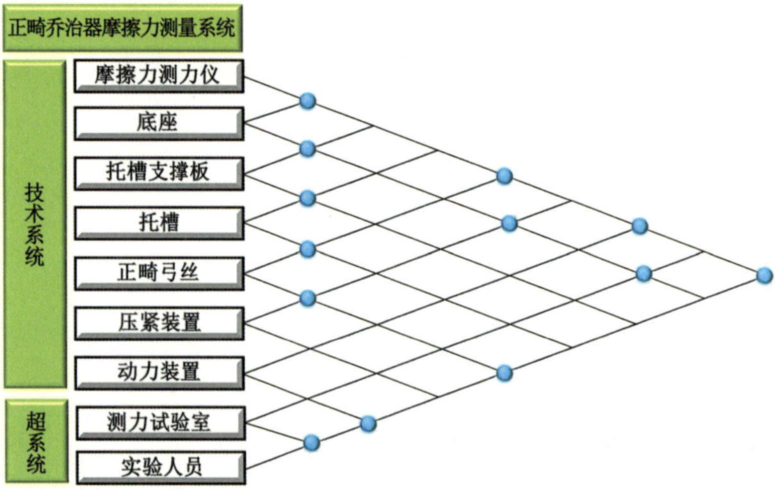

图 6–107　正畸矫治器摩擦力测量装置结构矩阵

正畸矫治器摩擦力测量系统功能列表，见表 6–33。

表 6–33　正畸矫治器摩擦力测量系统功能列表

序号	主动组件	作用	被动组件	参数	功能类型
1	实验人员	操控	摩擦测力仪	强度	充分
2	实验人员	操控	动力装置	强度	充分
3	实验人员	安装	托槽	强度	不足
4	实验人员	安装	正畸弓丝	强度	充分
5	底座	支持	托槽支撑板	强度	充分
6	底座	支撑	摩擦测力仪	强度	充分
7	底座	支持	压紧装置	强度	充分
8	测力试验室	支持	底座	强度	充分
9	托槽支撑板	支持	托槽	强度	不足
10	托槽	固定	正畸弓丝	强度	充分
11	压紧装置	压紧	正畸弓丝	强度	充分
12	动力装置	供能	摩擦测力仪	强度	充分
13	摩擦测力仪	移动	正畸弓丝	强度	充分

正畸矫治器摩擦力测量系统功能模型图，如图 6–108 所示。

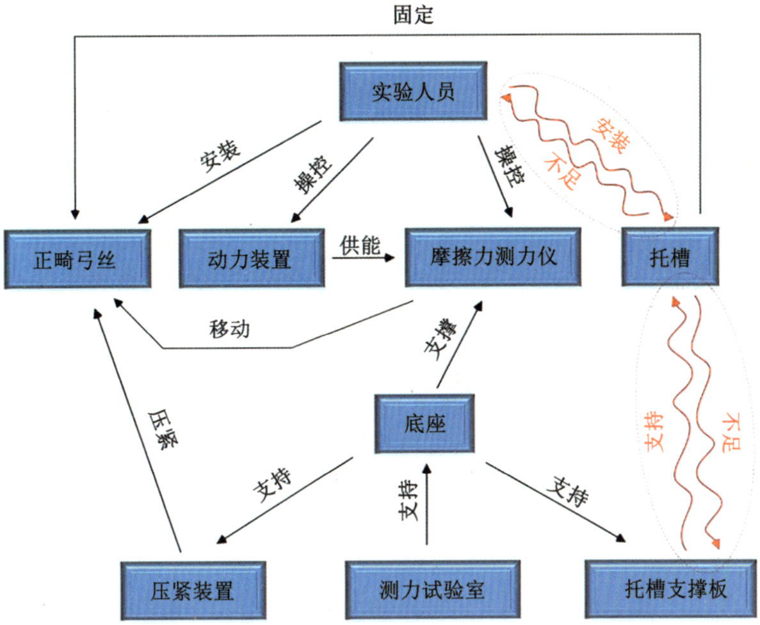

图 6–108 正畸矫治器摩擦力测量系统功能模型图

该功能模型图用图形的方式表达了在传统正畸矫治器摩擦力测量过程中，技术系统中组件的相互作用及与超系统之间的关系。从技术系统的角度，可以发现在传统正畸矫治器摩擦力测量过程中，由于托槽支撑板大多为一个固定平面，因此在支持托槽时，托槽可实现的自由度较少，进而导致托槽支撑板上的托槽并不能很好地模拟牙齿畸形，使得实验人员在进行托槽安装时，并没有太多的选择余地。当实验人员为了能更好地模拟托槽在口腔中的姿态进而对托槽支撑板进行改进时，亦不能保证测量精度。因此改进这些不足的作用是我们对产品创新设计的出发点。

通过上面的分析，按 TRIZ 理论功能裁剪的原理，将有问题的功能元件，也就是实验人员、托槽和托槽支撑板剪裁掉，但将实验人员、托槽和托槽支撑板剪裁掉在目前是不现实的，因为这样就无法完成正畸矫治器摩擦力测量。

经过上述裁剪，其结果产生了一个问题就是采用什么样的装置能够在很好的模拟托槽姿态的前提下正畸矫治器摩擦力测量，实现对单个或多个正畸矫治器摩擦力的测量。

根据前边的因果链分析的结果可以知道，由于传统正畸矫治器摩擦力测量装置的不足，实验人员无法快速、精确地测量正畸矫治器摩擦力。因此，我们可以将托槽支撑板改进为牙齿模型模块。牙齿模型模块可以按照牙弓曲线排列多个，且安装在该模块上的托槽可以通过调节高度、径向位置和角度实现对牙齿畸形的逼真模拟，实验人员通过将托槽固定在牙齿模型模块上，即可实现正畸矫治器摩擦力快速、精准的测量。

改进后的功能模型如图 6–109 所示。

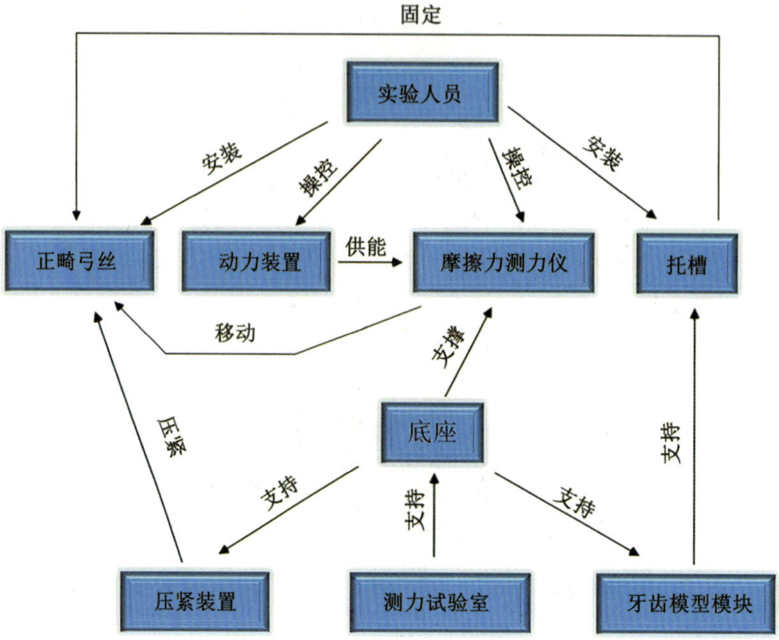

图 6–109　改进后的功能模型图

方案 n5：设计一种“牙齿模型模块”，该模块具有高自由度，安装在牙齿模型模块的托槽可以逼真地模拟牙齿畸形，提高正畸矫治器摩擦力测量的精确性如图 6–110 所示。

图 6–110　牙齿模型模块

4. 资源分析

一种正畸矫治器摩擦力测量装置的内部资源包括空气、重力场、生物能、电能、金属、塑料。其全部为现有资源，选择资源的顺序如表 6–34 所示，现有资源比较如

表 6–35 所示。

表 6–34 选择资源的顺序

资源属性	选择顺序
价值	免费→廉价→昂贵
数量	无限→足够→不足
质量	有害→中性→有益
可用性	成品→改变后可用→需要建造

表 6–35 现有资源比较

资源类型	价值	数量	质量	可用性
空气	免费	无限	有益	成品
重力场	免费	无限	有益	成品
生物能	廉价	足够	有益	成品
电能	廉价	足够	有益	成品
金属	廉价	足够	有益	成品
塑料	廉价	足够	有益	成品

方案 n6：根据资源的属性及价值优先选择使用空气、重力场、生物能和电能。

5. 九屏分析（图 6–111）

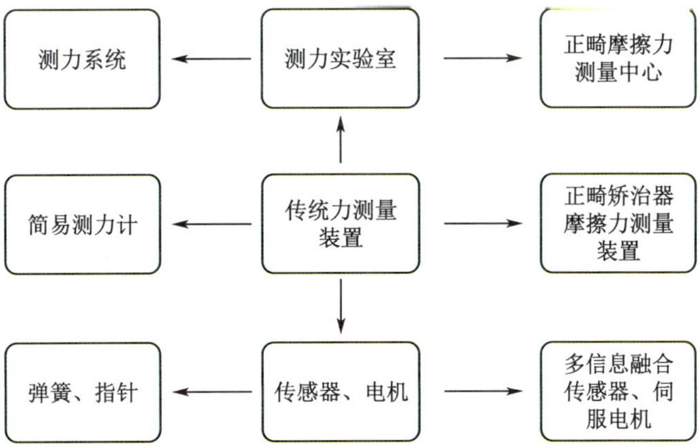

图 6–111 九屏图

方案 n7：根据九屏图分析，在传统力测量装置系统的当前、过去和未来的子系统和超系统中寻找可利用的资源。

6. 系统完备性法则（图 6–112）

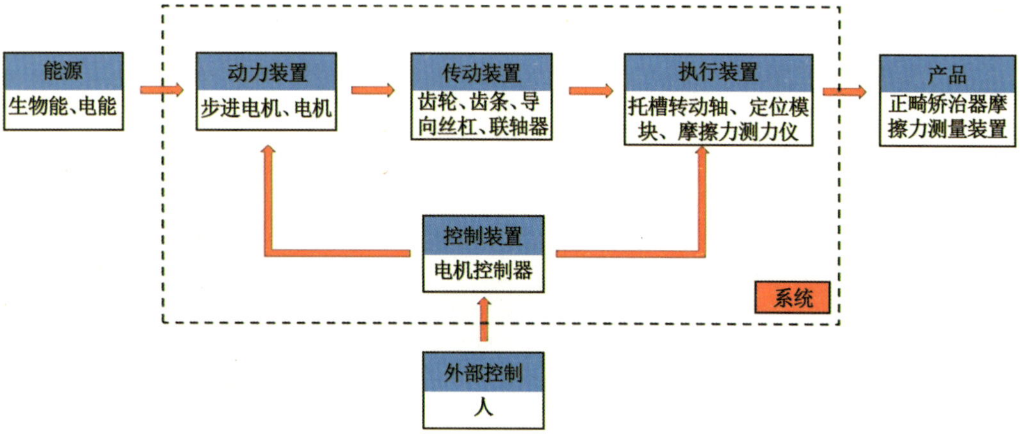

图 6–112　正畸摩擦力测量系统

方案 n8：根据系统完备性法则分析确定，在正畸摩擦力测量系统中，需要具备动力装置、传动装置、执行装置及控制装置。

四、应用 TRIZ 工具解决问题

1. 最终理想解（表 6–36）

表 6–36　最终理想解

问题	分析结果
设计最终目标？	精准测量正畸矫治器的摩擦力
理想化最终结果？	实现对正畸矫治器摩擦力测量
达到理想解的障碍是什么？	托槽在口腔中的位置复杂多变； 实际在托槽的使用中大都为多托槽配合使用
出现这种障碍的结果是什么？	使用万能材料试验机不能很好地适配托槽使用环境； 现有的正畸矫治器摩擦力测量装置对牙齿畸形的模拟程度依然较低，导致测量结果参考价值降低
不出现这种障碍的条件是什么？	设计出一种能够精准模拟牙齿畸形的正畸矫治器摩擦力测量装置
创造这些条件所用的资源是什么？	重力场、电能、金属、塑料、生物能

2. 物－场模型分析

（1）识别元素

S_1——传统正畸摩擦力测量装置。

S_2——托槽与弓丝间摩擦力。

F——电场。

（2）构建模型

经分析，此物－场模型属于第3类模型，即效应不足的完整模型，如图6–113所示。

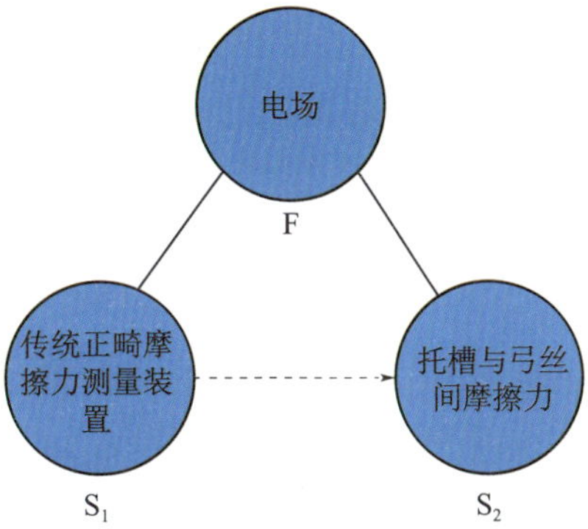

图 6–113　物－场初始模型

（3）选择解法

第3类模型：效应不足的完整模型有3个一般解法：4，5，6。针对本问题选择的解法是4。即设计出一种新型的正畸矫治器摩擦力测量装置来替代传统正畸摩擦力测量装置，以精确测量摩擦力，提高测量结果的参考价值，如图6–114所示。

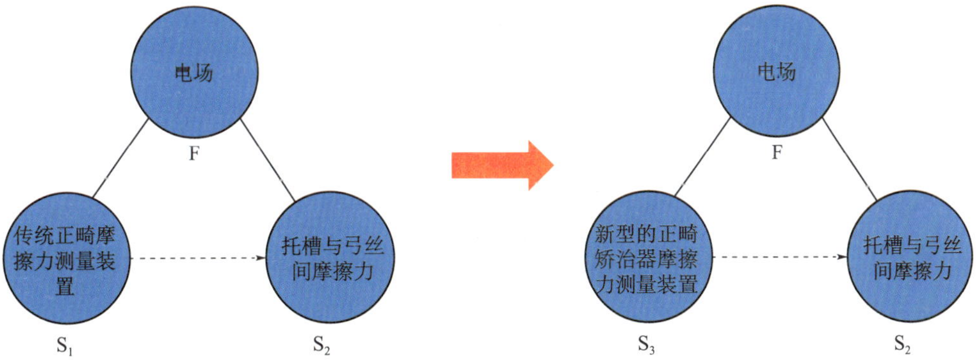

图 6–114　修改后的物－场模型

方案n9：设计出一种新型正畸矫治器摩擦力测量装置。该装置能够准确地模拟托槽在口腔中的位姿，能够测量唇侧和舌侧的正畸矫治器摩擦力，具有结构紧凑，误差小等优点。

3. 技术矛盾

为提高正畸矫治器摩擦力测量装置的测量精度和可靠性，设计的畸矫治器摩擦力测量装置应该具备能够模拟托槽在口腔中的姿态，且能够将确定的姿态准确地在畸矫治器摩擦力测量装置中表现出来的特点，但此时系统的复杂度难免会有一定的提高，成本也会增加。将该矛盾转化为 TRIZ 定义的 39 个标准工程参数中 28 测量精度、27 可靠性和 36 系统的复杂性，在矛盾矩阵中查到上述冲突的发明原理，见表 6–37。

表 6–37　矛盾矩阵表 1

改善参数	恶化参数
	36 系统的复杂性
28 测量精度	24
27 可靠性	27，40

其中所涉及的原理如下所示：

24 借助中介物原理：利用某种可轻松去除的中间载体、阻挡物或过程，在不相容的部分、功能、事件或情况之间经调解或协商而建立的一种临时链接。

27 廉价代替品原理：用廉价的物品代替昂贵的物体，同时降低某些质量要求。

40 复合材料原理：通过将两种或多种材料（或服务）紧密结合在一起而形成复合材料。

方案 n10：采用 24 借助中介物原理，设计一种“牙模定位模块”（图 6–115），使得能够量化地将口腔中牙齿的位置关系表现出来，并能够在正畸矫治摩擦力测量装置中调整出来。

图 6–115　牙模定位模块

方案 n11：利用 27 廉价代替品原理和 40 复合材料原理，采用步进电机为正畸矫治摩擦力测量装置提供动力，且能够记录托槽转过的角度，更好地实现托槽姿态模拟；采用复合材料，在降低成本的同时能够减轻装置质量，保证测量精度，见表 6–38。

表 6–38 矛盾矩阵表 2

恶化参数	改善参数
	1 运动物体的质量
35 适应性及通用性	1，6

其中所涉及的原理如下所示：

1 分割原理：以虚拟的方式或实物的方式将系统分成若干部分，以便分解（分开、分隔）或合并（集合、集成、联合）一种有益的或有害的系统属性。

6 多用性原理：将不同的功能或非相邻的操作合并。

方案 n12：采用 1 分割原理，在正畸矫治摩擦力测量装置的设计中，将该装置分为摩擦力测力仪模块、底座、牙模定位模块、牙齿模型模块、牙模限位模块。实现正畸矫治摩擦力的测量过程中所需要完成的功能模块，以最小的单元实现所需功能，从而减轻物体的质量，如图 6–116 ~ 图 6–120 所示。

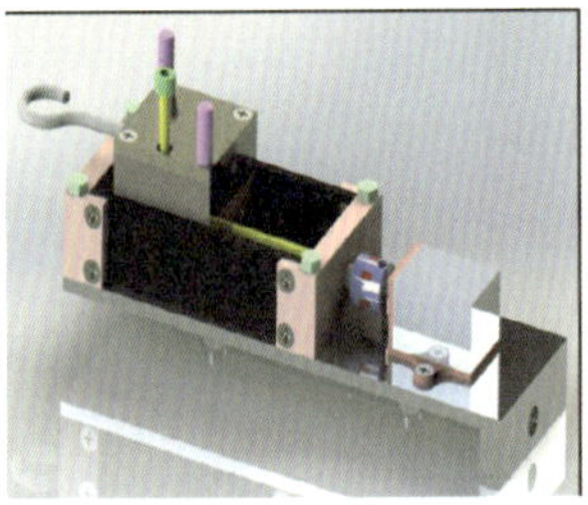

图 6–116 摩擦力测力仪模块

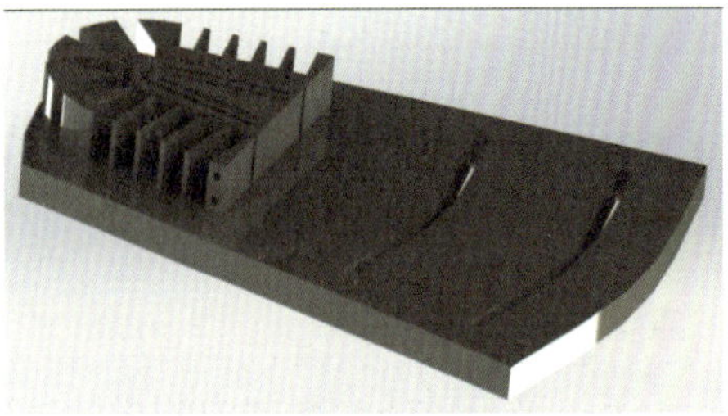

图 6–117 底座

图 6–118 牙模定位模块

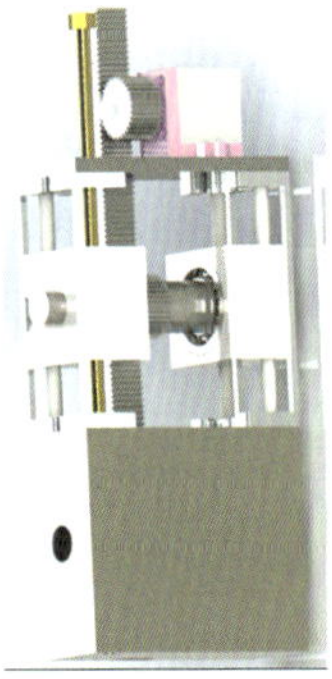

图 6–119 牙齿模型模块

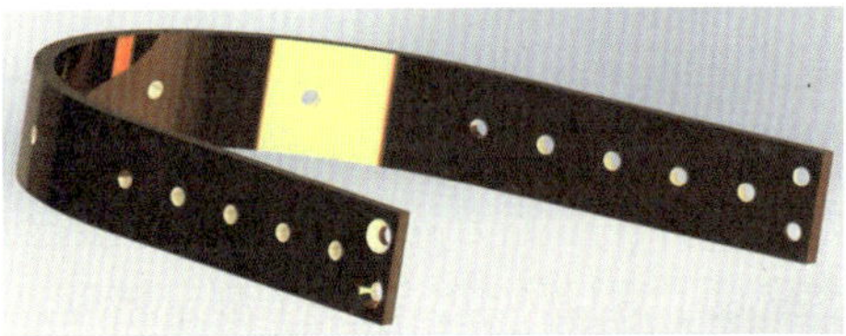

图 6–120 牙模限位模块

方案 n13：采用 6 多用性原理，在正畸矫治摩擦力测量装置的设计中，在底板处设计出导向槽，使其在固定装置的同时也能够完成对摩擦力测力仪的导向；设计一种滑块导向丝杠，使其在对滑块进行导向的同时，能够利用自身丝杠螺纹完成对滑块高度的调节；设计一种托槽转动轴，使其能够在支撑托槽的同时，实现对托槽角度的调节。托槽转动轴如图 6–121 所示。

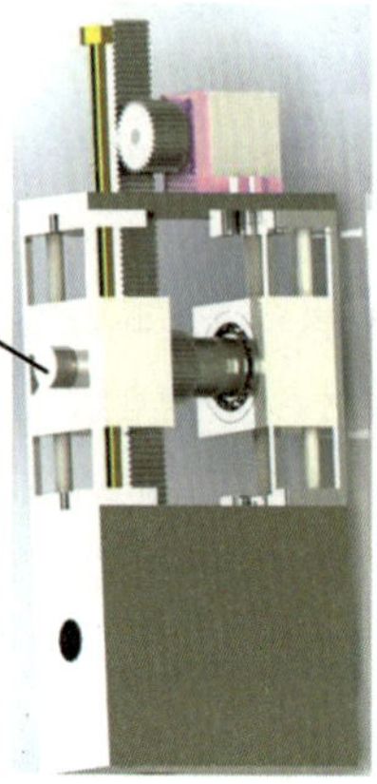

图 6–121　托槽转动轴

4. 物理矛盾

为了提高正畸矫治摩擦力测量装置的自动化程度，使其能够更加方便快捷地完成正畸矫治器摩擦力的测量，可利用多种传感器实现对摩擦力、角度及距离的测量。但是在测量环节过多时，测量误差就会累积，进而导致测量精度降低，无法实现摩擦力的准确测量，即产生物理矛盾，转换为 TRIZ 定义的 39 个标准工程参数中 38 自动化程度和 28 测量精度之间的矛盾，见表 6–39。

表 6–39　矛盾矩阵表 3

恶化参数	改善参数
	28 测量精度
38 自动化程度	10

其中所涉及的原理如下所示：

10 预先作用原理：在真正需要某种作用之前，预先执行该作用的全部或一部分。

方案 n14：采用 10 预先作用原理，将正畸矫治摩擦力测量装置中摩擦力的测量部分和托槽位姿调整部分分开，在摩擦力的测量中，预先进行托槽位姿的调节，再进行摩擦力的测量，该方案缩减了测量环节，提高了测量精度。

五、全部技术方案及评价

方案一：结合方案 n2，即多实验室或多待测正畸矫治器联合，统一送至测力机构，从而压缩成本。但是该方案治标不治本，且大多数机构使用通用性比较高的测力装置，无法较好地适配口腔正畸矫治器摩擦力的测量。

方案二：结合方案 n1、n3、n6、n8、n11，即设计一种专用于正畸矫治摩擦力测量的装置，该装置采用易于获得、价格较为廉价、质量有益的资源，系统完备，能够实现对正畸矫治摩擦力的测量，且成本较低，能够满足使用要求。但是该方案所设计出的正畸矫治摩擦力测量装置仍仅能实现对单个托槽与弓丝间摩擦力进行测量，且由于功能模块区分不清晰，提高了使用复杂度，导致测量精度不高且整体装置质量较大。

方案三：结合方案 n1、n3、n5、n6、n8、n9、n10、n11、n12、n13、n14，即设计一种能够测量舌侧及唇侧两种正畸矫治器摩擦力，能够精准模拟牙齿畸形的正畸矫治器摩擦力测量装置。该装置采用模块化设计，包括摩擦力测力仪模块、底座、牙模定位模块、牙齿模型模块、牙模限位模块。该装置底座含有 14 个牙模定位装置滑道，可安装单个或多个牙模定位模块，可实现单个或多个正畸矫治器摩擦力测量。托槽可以粘贴在托槽转动轴的两侧端面上，进而可以模拟唇侧和舌侧矫治两种情况进行摩擦力的测量。通过使用传感器来标定托槽的位置和姿态。所使用的步进电机带动齿轮旋转，齿条随之运动，齿条带动与齿轮配合的托槽转动轴旋转。步进电机旋转的角度即为托槽转动轴的旋转角度，提高了托槽旋转角度调整精度。牙模定位模块布置于牙模定位装置滑道中，利用滑尺模拟患者牙齿前后错位情况对牙齿模型模块进行位置标定，方便滑块导向丝杠对牙齿模型模块进行位置调整，提高牙齿模型模块定位精度。外壳高度调整丝杠可调整拉力传感器、弓丝挂钩高度位置与托槽水平，提高正畸矫治器摩擦力测量精度。

六、最终确定方案

实施方案三：结合方案 n1、n3、n5、n6、n8、n9、n10、n11、n12、n13、n14，即设计一种能够测量舌侧及唇侧两种正畸矫治器摩擦力，能够精准模拟牙齿畸形的正畸矫治器摩擦力测量装置。该方案已获得国家实用新型专利授权，如图 6–122 所示。

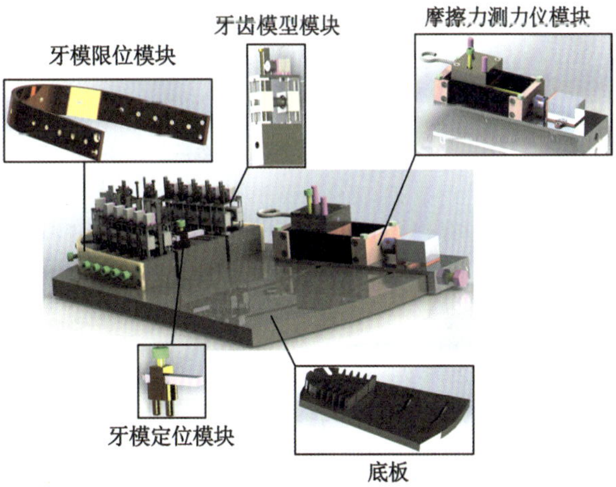

图 6–122　方案三结构图

第七章　参赛指导篇

第一节　创新评价指标

一、学生组评价指标

1. 评价指标

发明制作类，一般指新产品设计，把发明构思做出实物，必须由实物呈现。评价指标如表 7–1 所示。

表 7–1　发明制作类评价指标

发明制作类评价指标	分值
参赛作品应用“TRIZ 理论”情况	30 分
构思巧妙、新颖、原创性	20 分
结构简单、实用性强	20 分
具有市场推广应用价值	15 分
答辩表现	15 分

工艺改进类，在原有工艺流程的基础上进行重大改进。评价指标如表 7–2 所示。

表 7–2　工艺改进类评价指标

工艺改进类评价指标	分值
参赛作品应用“TRIZ 理论”情况	30 分
构思巧妙、新颖、原创性	20 分
工艺简单、可靠、实用性强	20 分
具有市场推广应用价值	15 分
答辩表现	15 分

创新设计类，主要以行业产品创新方案为主，强调理念。评价指标如表 7–3 所示。

表 7–3　创新设计类评价指标

创新设计类评价指标	分值
参赛作品应用“TRIZ 理论”情况	30 分
创意观点新颖原创	30 分
内容结构清晰、图表设置规范	10 分
具有市场推广应用价值	15 分
答辩表现	15 分

生活创意类，指具有成本低、操作性强，能够在一定程度上提升日常生活品质，改善日常生活条件产品方案为主。评价指标如表 7–4 所示。

表 7–4　生活创意类评价指标

生活创意类评价指标	分值
参赛作品应用“TRIZ 理论”情况	30 分
创意观点新颖原创	30 分
内容结构清晰、图表设置规范	10 分
具有市场推广应用价值	15 分
答辩表现	15 分

创业类，指通过创新意识或创新方案，创立或发展一个商业性质的项目，市场应用性强并具有一定的社会经济效益。评价指标如表 7–5 所示。

表 7–5　创业类评价指标

创业类评价指标	分值
具有突出的市场价值	30 分
参赛作品应用“TRIZ 理论”情况	20 分
构思巧妙、新颖、原创性	10 分
用户体验良好、实用性强	25 分
答辩表现	15 分

注：高职高专类评审标准按照发明制作类、工艺改进类、创新设计类、生活创意类、创业类评审标准执行。

2. 加分标准

对于已申报专利的作品初评加 2 分，校企成果对接成功的作品加 2 分。注：该加分标准适用范围为发明专利、实用新型专利、外观设计专利及知识产权证书分别对应相应的参赛项目。

二、教师组评价指标

教师组推广及应用类评价指标如表 7–6 所示。

表 7–6 教师组推广及应用类评价指标

老师组推广及应用类评价指标	分值
教学 PPT 制作展示	20 分
案例应用与教学情况	20 分
教学及科研成果展示	20 分
创新方法教学改革项目的参与情况	30 分
答辩表现	10 分

第二节 奖项设置

一、学生组具体奖项设置

初评采用专家打分制 + 等级淘汰制的评审办法评选出晋级决赛的作品。决赛阶段将发明制作类分成 3 组进行答辩，评选出每组前 2 名进入总决赛；工艺改进类、创新设计类和生活创意类各分成 1 组，每组评选出前 2 支队伍进入总决赛。总决赛 12 支队伍采取现场比赛的方式，最终评选出一等奖（其中包含金奖、银奖、铜奖）、二等奖和三等奖等奖项，具体数量见表 7–7。

表 7–7 奖项设置

奖项	获奖数量
一等奖	40 项（金奖 1 项、银奖 2 项、铜奖 3 项）
二等奖	120 项
三等奖	320 项
优胜奖	若干项

申报作品数量不足设置奖项数量 150% 以上时，组委会对获奖作品名额进行相应调整。

二、教师组奖项设置

教师组推广及应用类不需要进行总决赛，初评采用专家主审制 + 淘汰制进行，评选出入围决赛的作品，进入决赛的作品通过参加教师组答辩，最终评选出一等奖、二等奖和三等奖等奖项见表 7–8，教师组其他奖项见表 7–9。

表 7–8　教师组推广及应用类奖项设置

教师组推广及应用类	奖项数量
创新方法教学成果一等奖	3 项
创新方法教学成果二等奖	5 项
创新方法教学成果三等奖	12 项

表 7–9　其他奖项

其他奖项	奖项数量
优秀联络员	若干项
优秀指导教师	若干项
优秀组织单位奖	若干项
优秀组织工作者	若干项

第三节　参赛指南

一、学生组参赛指南

1. 大赛目的

（1）激发大学生创新活力

通过开展竞赛活动，吸引、鼓励大学生踊跃参加科技创新活动， 普及推广 TRIZ 理论，以赛促教，激发大学生的创新意愿，让大学校园的创新活力在积极竞争的良性循环中得到激发。

（2）提升大学生创新综合能力

通过开展竞赛活动，引导大学生实践创新精神、创新理论、创新思维、创新技法，提高大学生的创新能力，为国家培养适应新形势、新要求的创新复合型人才。

（3）营造大学生创新创业良好环境

通过开展竞赛活动，为大学生整合各类创新创业相关的科技服务，保护知识产权，推动成果转化，积极营造鼓励独立思考、自由探索和勇于创新的良好环境，增强学生创新的内在动力，鼓励、支持真正的原始性创新。

2. 大赛主题

创新创业　方法先行（每年进行更新）

3. 参赛对象及作品分类

（1）参赛对象

学生组：全日制普通高校在读大专生、本科生、研究生，以及全日制普通高校毕业5年以内的大学生创业者。教师组：在全日制普通高校讲授创新方法课程（涵盖TRIZ、六西格玛、精益生产等各类创新方法）及应用创新方法进行科学研究、产品研发、技术推广等相关活动的教师。

（2）参赛作品分类

学生组：发明制作类、工艺改进类、创新设计类、生活创意类、创业类及高职高专类。

4 参赛条件

（1）报名要求

①发明制作类、工艺改进类、创新设计类和生活创意类报名要求

参赛对象为全日制普通高校在读大专生、本科生、研究生。由学校有关负责部门统一组织推荐报名参赛，指定一名教师作为联络员， 指导参赛人员利用网络填写申报材料，每个参赛团队，学生人数一般不超过5人，专业指导教师1人，TRIZ指导教师1人。所有参赛团队均需以所在院校为单位集体报名参赛，不接受个人报名参赛。

②创业类报名要求

参赛对象为全日制普通高校在读大专生、本科生、研究生及全日制普通高校毕业5年以内的大学生创业者。参赛项目需由团队所在高校进行统一推荐报名。创业类参赛项目团队需经过20学时以上的TRIZ理论培训。每个参赛团队，人数一般不超过5人，TRIZ指导教师1人。

（2）作品要求

①发明制作类、工艺改进类、创新设计类和生活创意类作品要求

参赛作品所提供的技术方案应构思巧妙，具有较强创新性、新颖性，原创性；参赛作品对促进本领域的技术进步与创新有突出的作用，有较高的学术价值；参赛作品应具备一定的实用性，能够在社会生产实践中应用，有望取得较好的经济、社会效益。

②创业类作品要求

参赛团队应结合团队自身经营的项目或产品情况，运用TRIZ理论工具进行技术革新或发明创造；参赛作品应具备良好的用户体验，具有较强的实用性；参赛作品应

能够在社会生产实践中应用，并具备较好的经济和社会效益。

（3）提交要求

学生组参赛作品应是参赛团队的原创作品。参赛队将作品方案（包括发明创意、原理图、原理、设计创新点等）、自主知识产权证明材料，如专利证书或受理通知等、查新报告、营业执照、组织机构代码证、销售合同、用户使用报告等材料作为作品申报书附件一同上报。

（4）高职高专类具体要求

根据高职高专院校作品数量及院校特点，目前把发明制作类、工艺改进类、创新设计类、生活创意类和创业类作品统一称为高职高专类，具体报名要求、作品要求与其他类别要求一致，需要单独填报作品申报书。

5. 大赛流程

（1）启动阶段

①大赛启动

各省（自治区、直辖市）及未举办省级赛的区域内的高校进行参赛准备工作时，应确定省级协调员、校级联络员人选，并将大赛省级协调员、校级联络员信息表 Excel 版发送至大赛指定邮箱。

②作品申报

各省（自治区、直辖市）及未举办省级赛的区域内的高校，提交参赛作品须通过申报系统进行网络申报，具体要求详见参赛指南及申报系统操作手册。

（2）初评阶段

大赛评委对参赛项目进行函评盲审后，评选出晋级决赛作品，并在大赛网站 http://triz.hljsti.org.cn/ 和龙江 TRIZ 微信平台上进行公布。

（3）作品展示阶段

网上展示作品简介，进行成果转化推介。

（4）决赛阶段

入围决赛的队伍进行答辩，评选出一、二、三等奖作品入围总决赛，公示获奖名单并在大赛网站公布。

（5）总决赛阶段

入围总决赛队伍进行现场比赛，评选出金、银、铜奖，公示获奖名单并在大赛网站公布。

（6）颁奖

获得大赛总决赛金、银、铜奖代表将受邀参加中国创新方法大赛总决赛现场颁奖。

6. 赛事安排

（1）省级赛、校赛

各省（自治区、直辖市）可通过省级赛进行初步遴选，获省级赛二等奖（含二等奖）以上作品，可直接晋级国赛初赛，获发明制作类前三名及其他类组别第一名的作品可直接晋级国赛决赛。未举办省级赛地区的高校可通过校赛进行初步遴选，校赛排名前 30% 可推荐至国赛初赛。大赛全流程如图 7–1 所示。

图 7–1　大赛全流程图

省级赛、校赛比赛结束后需向中国 TRIZ 杯大学生创新方法大赛组委会提供比赛相关材料（比赛方案、通知、获奖名单、新闻报道、现场图片等）进行备案。

（2）国赛

初赛：参赛作品经过专家网络盲审，采用等级淘汰制评选出入围决赛作品进行答辩。

决赛：初赛作品进行答辩，采用主审专家制评选出一等奖 、二等奖 、三等奖奖项。

总决赛：获得比赛一等奖的发明制作类（3 组）、工艺改进类、创新设计类、生活创意类共 12 支参赛队伍（每组前 2 名）进入总决赛，通过答辩最终评出金奖 1 项、银奖 2 项、铜奖 3 项。

决赛及总决赛答辩做两种方案准备，一是举办现场比赛方式，二是采用线上网络答辩方式。优先采取现场比赛方式，根据情况适当调整。

7. 知识产权保护

参赛作品的专利申请等权利原则上归属设计和制作人员；大赛组委会有选择参赛

作品用于保存并展示的权利；参赛作品不得侵犯其他个人或组织权益，对于侵犯其他个人或组织知识产权的，一切后果由参赛队和相关责任人负责。

8. 成果转化及支持政策

进一步加强推动大赛学生作品成果的转化及应用力度，对参赛优秀的、应用性强的参赛作品，利用网站积极进行展示推介，在赛期内组织企业进行网上项目对接及洽谈转让等，对作品成果转化较好的参赛高校和选手进行宣传。

9. 对外宣传

为打造中国 TRIZ 杯大学生创新方法大赛的品牌形象，将采用以下形式进行宣传：利用网络、报纸、电视等媒体进行宣传报道；利用网站和微信平台，对大赛赛前、赛中、赛后进行实时报道。

大赛属公益事业，社会各界均可赞助，对赞助单位给予重点宣传， 扩大赞助单位的良好社会影响。

10. 组织保障

主办单位包括中国科学技术协会、科学技术部、承办单位、创新方法研究会、黑龙江省科学技术厅、黑龙江省教育厅、黑龙江省科学技术协会、黑龙江省知识产权局、黑龙江省技术创新方法研究会、黑龙江省科学技术情报研究院、哈尔滨工程大学。

二、 教师组参赛指南

1. 教师组推广及应用类报名要求

参赛对象为在全日制普通高校讲授创新方法课程（涵盖 TRIZ、六西格玛、精益生产等各类创新方法）及应用创新方法进行科学研究、产品研发、技术推广等相关活动的教师。由各高校联络员统一组织报名参赛，参赛教师须在大赛申报系统上进行填报，材料填写完成后点击提交，由本校联络员进行审核，审核通过后方可报名成功。原则上开设创新方法课程的高校可推荐 3 名教师参赛，未开设创新方法课程的高校可推荐 1 名教师参赛，已获奖的教师 3 年内不许重复申报。

2. 教师组推广及应用类项目要求

参赛教师应在教学和科研工作中开展过创新方法的推广应用，并产生相关教学和科研成果（如论文、论著、专利、教改项目等）、教学幻灯片制作展示、案例应用与教学情况、创新方法教学改革项目的参与情况。同时参赛教师须指导过大学生应用创新方法开展创新创业活动。

3. 教师组参赛作品提交要求

参赛作品需要提交创新方法授课时长证明、2 学时授课教案、2 学时教学多媒体课件，以及教学及科研成果证明材料（如论文、论著、专利、教改项目、指导学生开展创新创业活动情况）、获奖情况、社会或经济效益等。

第四节 大赛章程

中国 TRIZ 杯大学生创新方法大赛章程（2020 年修订版）如下。

第一章 总 则

第一条 中国 TRIZ 杯大学生创新方法大赛是由中国科学技术协会、科技部主办，（国家）创新方法研究会、黑龙江省科学技术厅、黑龙江省教育厅、黑龙江省科学技术协会、黑龙江省知识产权局、黑龙江省技术创新方法研究会、黑龙江省科学技术情报研究院和哈尔滨工程大学等单位具体承办的运用“TRIZ”创新方法进行创新创业的全国竞赛活动，每年举办一届。

第二条 竞赛的宗旨：创新创业 方法先行（每年进行更新）。

第三条 竞赛的目的：

（1）培育和储备技术创新人才。通过开展竞赛活动，吸引、鼓励在校大学生踊跃参加科技创新活动，打造面向社会的产、学、研、训一体化的服务模式，有力提升大学生创新能力，为广大科技型企业培育和储备技术创新人才。

（2）挖掘和梳理创新创业项目。通过开展竞赛活动，充分调动大学生创新创业的意愿和智慧，引导大学生开展创新创业活动，采取创新创业培育孵化的模式对相对成熟的大学生创新创业项目进行系统梳理和深度挖掘，形成创新创业要素的有效聚集。

（3）对大学生创新创业项目进行熟化。针对创新类项目，通过系列创新方法的技术熟化服务，引导其实现技术的快速突破，为其创新创业活动奠定基础；针对创业类项目，通过系列创新方法的技术熟化服务，达到改进工艺、提升效率、降低成本、优化设计等目的，为其后续的企业的市场化应用提供助力。

第四条 竞赛的基本方式：参赛选手申报发明制作类、工艺改进类、创新设计类、生活创意类、创业类和高职高专类及教师组推广及应用类七类作品参赛；聘请专家评定出具有较高学术理论水平、创新方法应用巧妙且具有一定实际应用价值和创新意义的优秀作品，给予奖励；组织学术交流和科技成果的展览、成果转化活动。

第二章 组织机构及其职责

第五条 大赛设立领导小组，由主办单位和承办单位的有关负责人组成，负责指导大赛相关活动，并对全国组织委员会和全国评审委员会提交的问题进行协调和裁决。

第六条 大赛设立全国组织委员会，由主办单位和承办单位的有关负责人组成。主办单位和承办单位分别委派有关负责同志作为组委会成员。

第七条 全国组织委员会的职责如下：

（1）审议、修改竞赛的章程。

（2）筹集竞赛组织、评审、奖励所需的经费。

（3）议决其他应由组委会议决的事项。

第八条　全国组织委员会下设办公室，负责按照全国组委会通过的章程组织竞赛活动并向全国组委会报告工作。办公室设主任、副主任若干名，由主办单位、承办单位有关领导担任。

第九条　竞赛设立全国评审委员会，由主办单位聘请的相关专家组成。全国评审委员会设主任 1 名，副主任、委员若干名。

全国评审委员会经主办单位批准成立，有权在本章程和评审规则所规定的原则下，独立开展评审工作。

第十条　全国评审委员会职责如下：

（1）在本章程和评审规则基础上制定评审实施细则。

（2）审查参赛作品及其演示，对作者进行问辩。

（3）确定参赛作品获奖等次。

第十一条　各高校应安排专人负责与大赛组委会保持联络，负责自己学校参赛的组织协调、参赛作品资格审查和作品申报等有关工作。

第三章　参赛资格与作品申报

第十二条　全日制普通高校在读大专生、本科生、研究生以及全日制普通高校毕业 5 年以内的大学生创业者都可申报作品参赛。

第十三条　申报参赛的作品分为发明制作类、工艺改进类、创新设计类、生活创意类、创业类、高职高专类、教师组推广及应用类七类。

第十四条　发明制作类、工艺改进类和创新设计类、生活创意类报名要求参赛对象主要侧重于全日制普通高校在读大专生、本科生、研究生。

第十五条　创业类报名要求参赛对象涵盖全日制普通高校在读大专生、本科生、研究生以及全日制普通高校毕业 5 年以内的大学生创业者。

第十六条　高职高专类具体报名要求、作品要求与其他类别要求一致，需要单独填写作品申报书和汇总表。

第十七条　申报教师组推广及应用类教师由各高校联络员统一组织报名参赛，为增加大赛公平，原则上参赛教师可在大赛申报系统上进行填报，材料填写完成后点击提交，由联络员进行审核，审核通过后方可报名成功。

第四章　展览、交流、转让

第十八条　全国评审委员会推荐通过预审的一定比例的作品参加终审决赛并展览。发明制作类作品须有实物或模型参展。

第十九条　全国组委会将在竞赛的终审决赛阶段组织多种形式的学术交流和工作

交流活动。

第二十条 全国组织委员会在终审决赛期间，举办成果转让活动。

第二十一条 全国组织委员会拥有组织转让获奖作品的优先权。成果产权及利益分配由学校和作者协商确定。

全国组织委员会可结集出版竞赛获奖作品及评委评语集。

第五章 奖　励

第二十二条 全国评审委员会对入围终审决赛的作品进行最后评审，发明制作类、工艺改进类、创新设计类、生活创意类、创业类和高职高专类六类作品按照8%、25%、67%的比例评选出各类的一、二和三等奖，并在一等奖作品中评选出金、银、铜奖。教师组入围终审决赛的项目按照15%、25%和60%的比例评选出一、二、三等奖。

第二十三条 入围终审决赛并获奖的作品，确认资格有效的，由全国组织委员会向作者颁发证书。

第二十四条 大赛根据报名及开展情况设“创新成果转化奖”“优秀指导教师”“优秀组织单位”“优秀组织工作者”等奖项若干名，并颁发获奖证书。

第六章 附　则

第二十五条 大赛结束后，对获奖作品保留一个月的质疑投诉期。若收到投诉，大赛领导小组将委托主办单位有关部门进行调查。经调查，如确认该作品资格不符者，取消该作品获得的奖励，同时取消该作品所在单位的所有奖励。

大赛组委会保护投诉人的合法权益。

第二十六条 竞赛承办单位有权以全国组织委员会名义寻求赞助。

第二十七条 http://triz.hlsti.org.cn/ 为中国TRIZ杯大学生创新方法大赛指定网站，微信号为longjiangtriz的公共微信为大赛指定微信公众号。

第二十八条 本章程自全国组织委员会审议通过之日起生效，由大赛主办单位及全国组委会办公室负责解释。

第五节 大赛媒体发布平台建设

一、大赛官网平台建设

2007年6月，为把创新方法宣传普及和推广应用工作不断引向深入，引导更多科技力量投身于创新方法实践活动，黑龙江省科学技术厅依托省科技信息中心和黑龙江省生产力促进中心联合创建了全国第一家TRIZ专题网站（http://triz.hljsti.org.cn/），如图7–2所示，后经过域名变更和3次改版，目前网站建设栏目有中国创新方法大赛专栏、工作动态、媒体报道、通知公告、应用案例、企业示范、创新三师认证、企业技术难题征集 / 发布、黑龙江省技术创新方法研究会、大学生爱好者联盟、黑龙江省 TRIZ 技术创新中心、专家团队及创新成果荟萃等 12 个栏目。如今网站已经成为国内一个开放性的区域 TRIZ 理论学习和交流平台，成为国内兄弟省市开展创新方法工作的信息库、资料库和案例库。

二、龙江 TRIZ 微信平台建设

2014 年 12 月 4 月，在全国第三届 TRIZ 杯大学生创新方法大赛期间，黑龙江省生产力促进中心与哈尔滨工程大学合作，在全国率先建立了 TRIZ 微信平台——“龙江 TRIZ”，如图 7–3 所示。微信平台致力于宣传 TRIZ 理论与创新方法，发布 TRIZ 比赛即时消息及 TRIZ 讲座信息，帮助创新爱好者利用 TRIZ 理论解决一些日常生活中的问题。经过半年时间试运行，该平台于 2015 年 6 月 6 日正式开通。目前微信平台已有固定栏目 12 个，自创建以来受到广大阅读者的喜爱，完成信息推送 512 次，关注量 10 349 人。

图 7–2　大赛官网

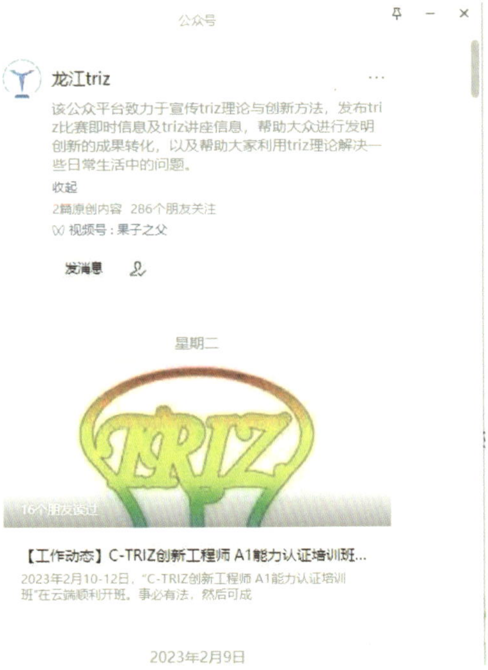

图 7–3　龙江 TRIZ 微信平台

第六节　大赛网络申报流程

一、大赛申报审核操作说明

1. 用户申报

打开“中国 TRIZ 杯大学生创新方法大赛”的网址 http://111.41.51.120:8180/innovateMatch/login.html，输入已经通过学校管理员审核的“学生”或“教师”的用户名、密码，验证后点击“登录”按钮，如图 7–4 所示。

图 7–4

进入页面后，点击左侧列表中的“申报入口”，页面右侧会显示出该账号能够申报的申报类型，选择想要申报的类型，点击“在线申报”按钮进行填报，如图 7–5 所示。

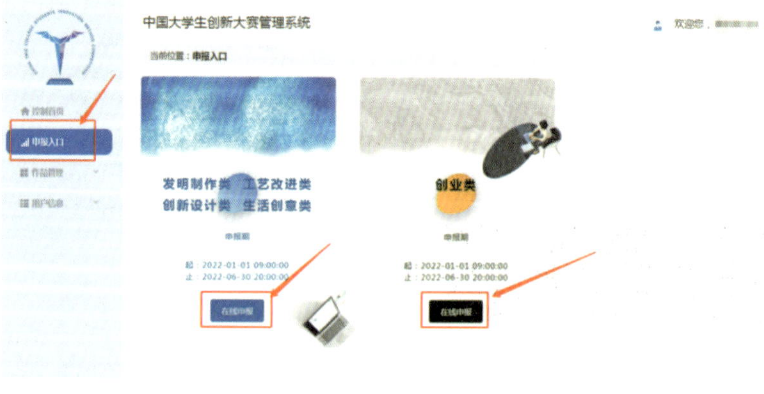

图 7–5

当点击“在线申报”有如图 7–6 提示时，请点击左侧列表的“作品管理”→“我的作品”→“待上报作品”，在“待上报作品列表”中的“操作”下面，点击“填报”按钮继续填写，如图 7–7 所示。

图 7–6

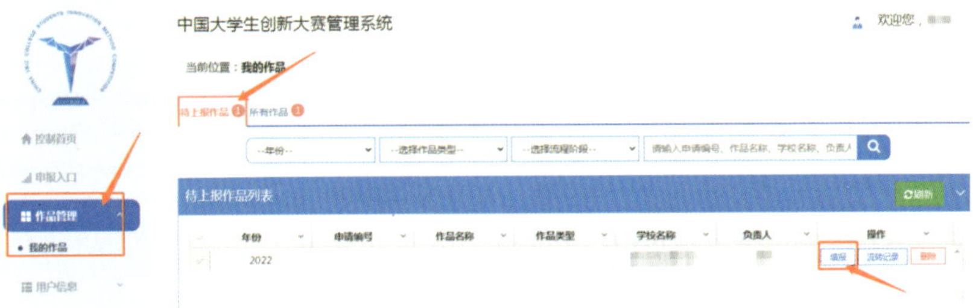

图 7–7

逐页填写“基本信息、人员信息、附件”页面，填写过程中请及时点击“保存”按钮，以免网页超时造成信息无法保存。页面中的星号为必填项，黄色字为限制条件，如图 7–8 所示。

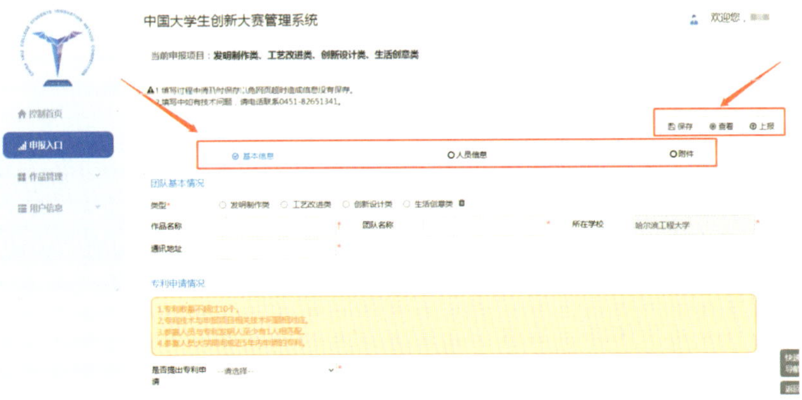

图 7–8

人员信息页面，灰色部分不可以在本页面进行修改，可点击蓝色的字“用户信息→个人信息”直接跳转到个人信息页面，如图 7–9 所示。

图 7–9

也可点击左侧列表的“用户信息”→“个人信息”，灰色部分不能修改，只能修改白色部分，修改后，点击“修改保存”，如图 7–10 所示。

图 7–10

修改好个人信息后，点击左侧列表的“作品管理”→“我的作品”→“待上报作品”，在“待上报作品列表”中的“操作”下面，点击“填报”按钮，在“人员信息”页面，点击绿色“同步最新个人信息”按钮，如图 7–11 所示。

图 7–11

附件页面有模板下载，点击“添加附件”按钮，附件名称下面有“说明”，请根据限制条件进行“添加附件”，如图 7–12 所示。

图 7–12

附件添加成功后提示，如图 7–13 所示。

图 7–13

添加成功的附件后面对应有两个按钮，分别是“下载”和“删除”，可根据实际情况进行点击操作，如图 7–14 所示。

图 7–14

填写完成后，点击“上报”，当弹出完善以下信息的提示时，请根据提示框进行操作，如图 7–15 所示。

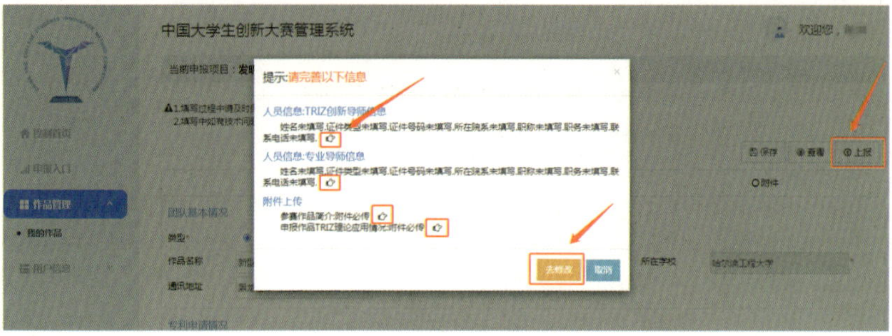

图 7–15

当点击“上报”，出现“审核流程”对话框，请点击蓝色“上报”按钮进行上报，如图 7–16 所示。

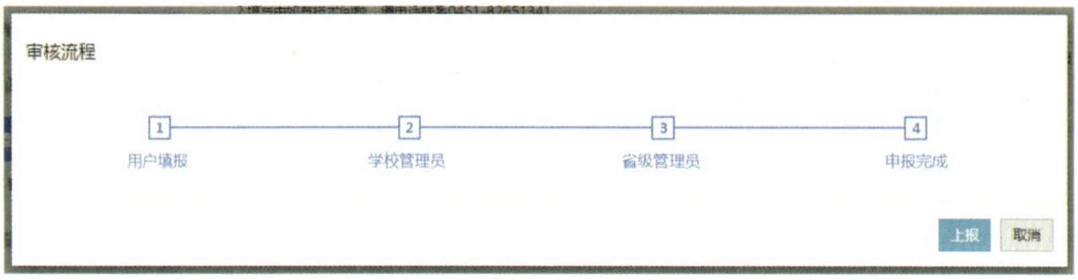

图 7–16

提示“操作成功”表示已上报成功，如图 7–17 所示。

图 7–17

上报完成后，可在“作品管理”→“我的作品”→“所有作品”的“所有作品列表”中查到相关数据，其中“流程阶段”下面对应的文字是当前的审核部门名称，与“操作”下面“流转记录”中的：“您好，您当前流程处于：XXXX 阶段”“下一环节”中的文字显示一致，如图 7–18 和图 7–19 所示。

图 7–18

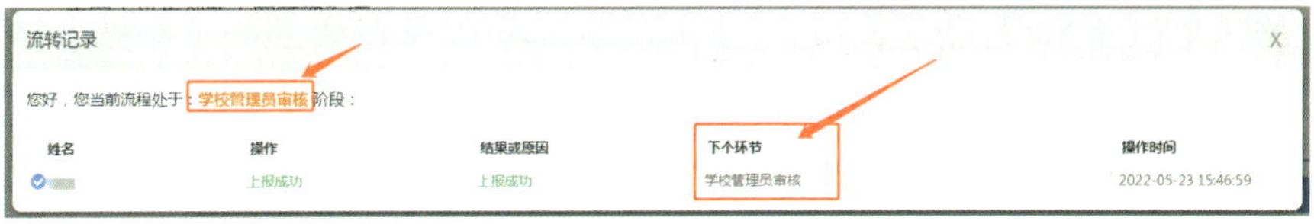

图 7–19

若项目上报后被退回，可在“作品管理”→“我的作品”→“待上报作品”后显示数字 1，如图 7–20 所示，在“待上报作品列表”中，点击“操作”下面的“流程阶段”按钮，会弹出对话框如图 7–21 所示。

图 7–20

“流转记录”对话框中显示为“用户填报”阶段，在“结果或原因”下查看退回原因。

图 7–21

点击“操作”页面下的“填报”按钮，根据退回原因进行修改，修改后重新点击“上报”，如图 7–22 所示。

图 7–22

2. 学校管理员申报审核

打开“中国 TRIZ 杯大学生创新方法大赛”的网址 http://111.41.51.120:8180/

innovateMatch/login.html，登录成功后，点击左侧列表的“作品管理”→“作品审查”→“待审核作品”，在待审核作品后面会显示待审核个数的红色数字，待审核作品列表中，“操作”下面有“审核、查看、流转记录”三个按钮，如图 7–23 所示。

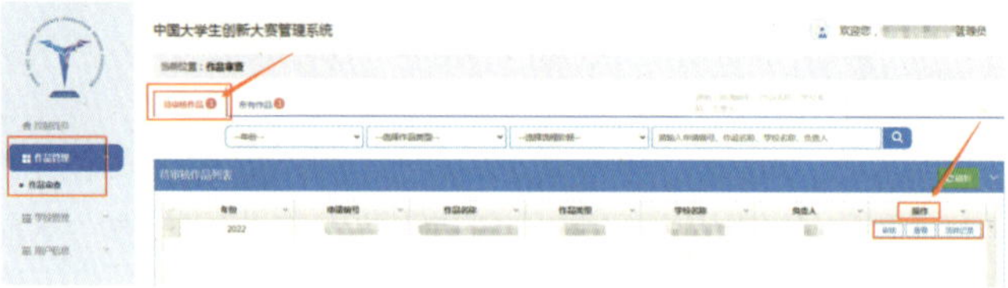

图 7–23

点击“查看”按钮会跳转到查看页面，右下角有“快速导航、下载申报书、返回顶部”三个灰色按钮辅助查看信息，如图 7–24 所示。

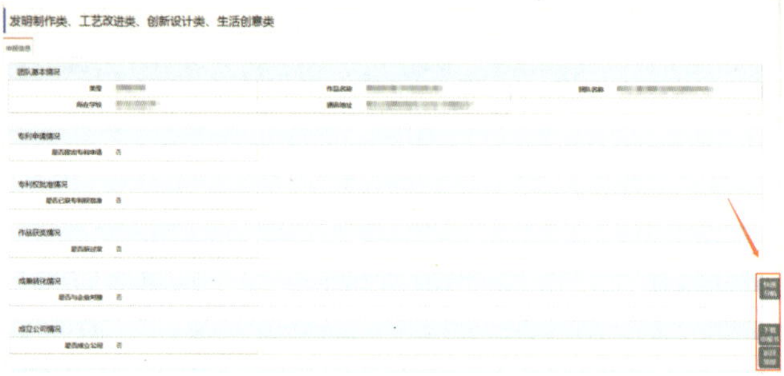

图 7–24

点击“审核”按钮，会弹出审核页面，结论有“通过、退回、不通过”三个选项。

点击“通过”按钮，该申报将继续提交至下个环节。

点击“退回”按钮，该申报将退回给学生或教师，他们就可以重新修改调整，可重新上报。

点击“不通过”按钮，该申报直接结束申报流程，状态为申报不通过；学生或教师也不可以再次修改，当年也不能申报新的作品。

选择结论后，在意见栏写下相关意见后点击“确认”按钮，完成本次审核，如图 7–25 所示。

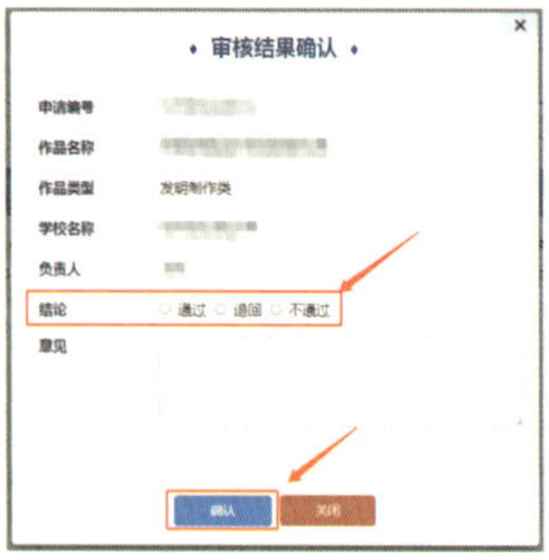

图 7–25

注意：学校管理员审核时，只能点击一次“通过”按钮，通过之后，可提交至下个环节审核。

审核同意后的项目，可在“所有作品”页面的列表中点击操作下面的“流转记录”查看审核意见或当前处于的审核阶段。

二、大赛参赛选手注册、审核

建议使用 360 安全浏览器（极速模式），请保持浏览器弹窗总是被允许弹出，否则将影响使用。

1. 学生和教师用户注册

打开“中国 TRIZ 杯大学生创新方法大赛”网址：http://111.41.51.120:8180/innovateMatch/login.html，点击“注册”按钮，如图 7–26 所示。

图 7–26

注册类型分别是“学生”和“教师”，请根据实际情况进行选择，页面中的其他信息请根据实际情况真实填写，填写后点击“提交”按钮，如图 7–27 所示。

图 7–27

点击“提交”按钮后，如果填写异常，会有提示，请根据提示进行修改，如图 7–28 所示。

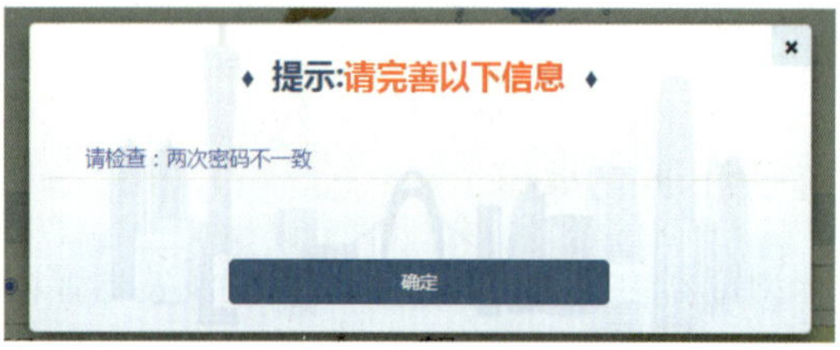

图 7–28

然后会出现确认对话框如图 7–29 所示，请仔细核对注册相关信息。

图 7–29

提交成功时会有如图 7–30 提示，然后请等待学校管理员审核。

图 7–30

2. 学校管理员审核

学校管理员输入用户名和密码后，点击“立即验证”，验证成功后，点击“登录”，如图 7–31 所示。

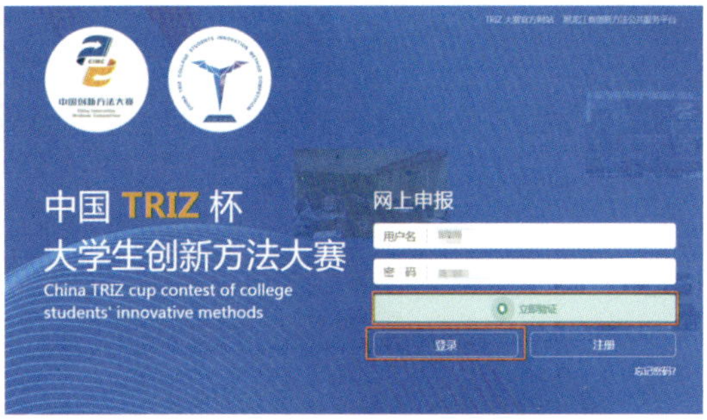

图 7–31

进入页面后，点击左侧的“学校管理”，分别点击“所有教师审查”“所有学生审查”，在待审核页面会显示数字，待审核列表中会显示信息。在“操作”下面点击“查看”可看到学生和教师所填的注册信息，点击“审核”可以进行注册信息的审核，如图 7–32 所示。

图 7–32

学校管理员审核时选择“结论”，点击“退回”退回到用户，用户修改信息后可重新提交；点击“通过”后，用户账号可正常使用，如图 7–33 所示。

图 7–33

审核通过后的学生或教师可在已入库列表中查询相关信息，退回的学生或教师可在被退回列表中查询相关信息，如图 7–34 所示。

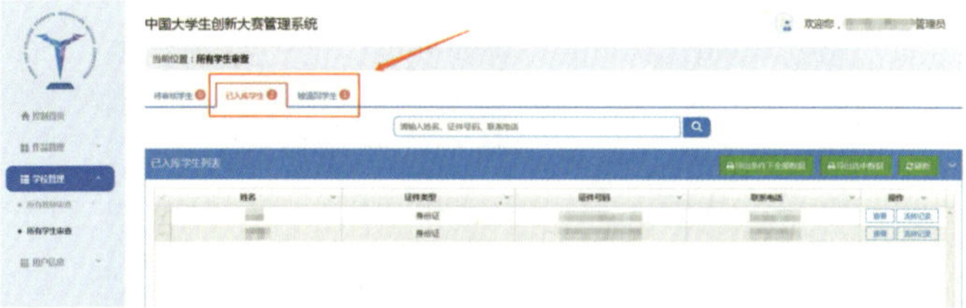

图 7–34

第七节　专家在线评审流程

一、评审管理操作部分

1. 作品推荐

高校管理员（无省级区域赛）或者省级管理员，在“所有作品”列表下通过“推荐进入国赛”将作品推荐进入国赛，如图 7–35 所示。

图 7–35

2. 预抽阶段

（1）建立评审批次（图 7–36 和图 7–37）

图 7–36

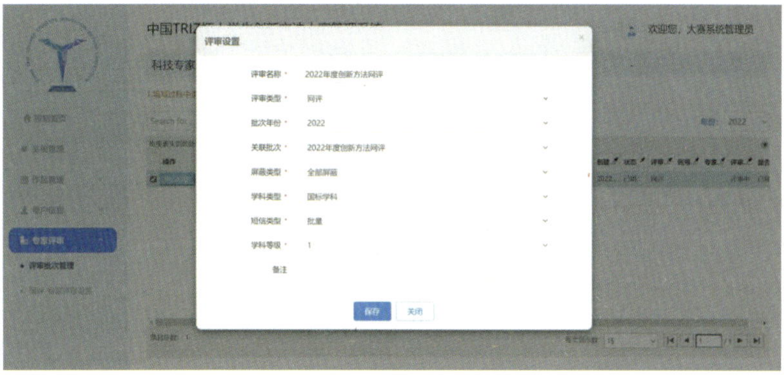

图 7–37

建立并关联对应的评审批次。

屏蔽类型：组内屏蔽（以组为单位屏蔽当前分组内涉及的单位信息）。

学科类型：按国标学科匹配专家。

（2）新建分组（图 7–38 和图 7–39）

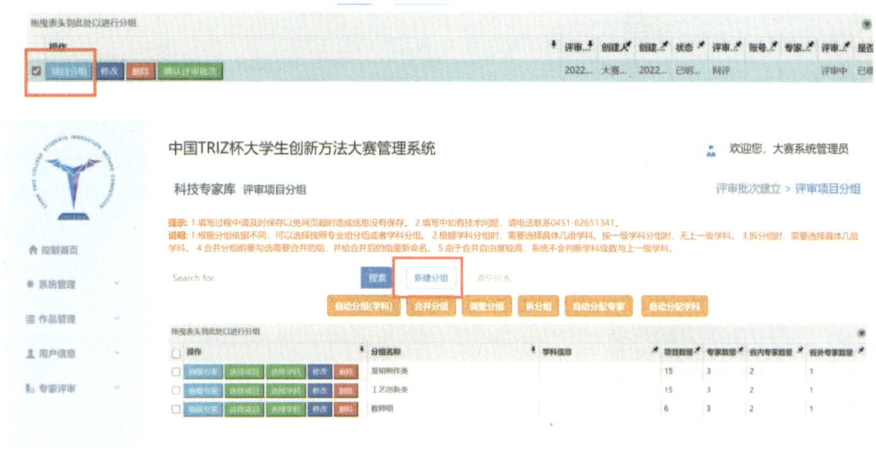

图 7–38

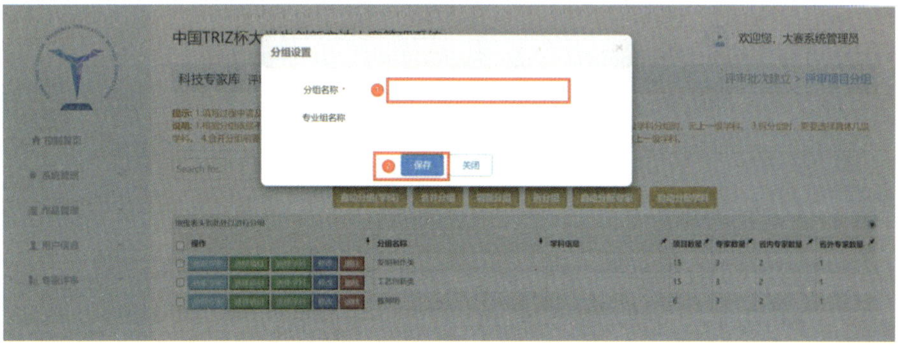

图 7–39

新建分组，分组名称为必填☑，专业组名称为非必填。

（3）给分组选择项目（图 7–40 和图 7–41）

图 7–40

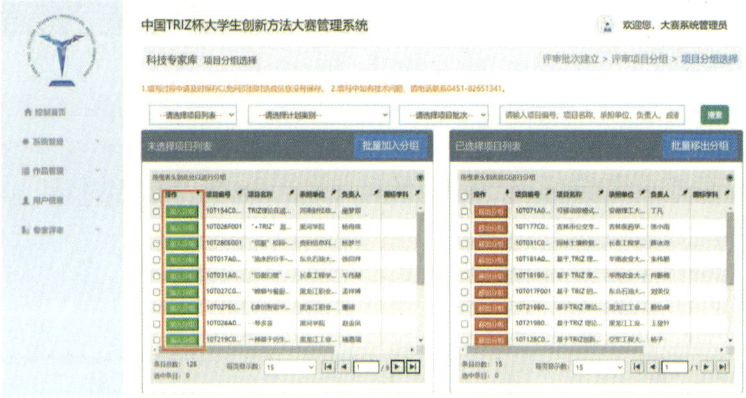

图 7–41

出现的项目为进入评审阶段的项目，将项目选择到对应的评审组。

（4）专家抽取（图 7–42 和图 7–43）

图 7–42

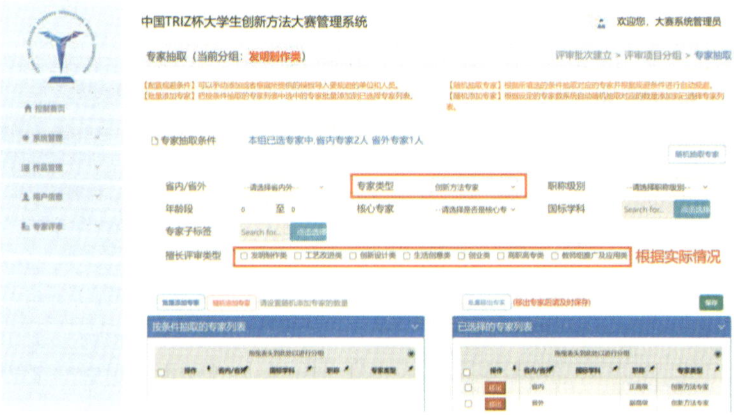

图 7–43

在“专家类型”中选择“创新方法专家”,“擅长评审类型”根据分组具体情况确定，其他条件可自由选择。

（5）确认评审批次（图 7–44 和图 7–45）

图 7–44

图 7–45

确认完分组、项目、专家后务必点击“确认评审批次”按钮。

3. 网评阶段（图 7–46）

图 7–46

按照图表标记顺序进行设置。

（1）参数设置（图 7–47）

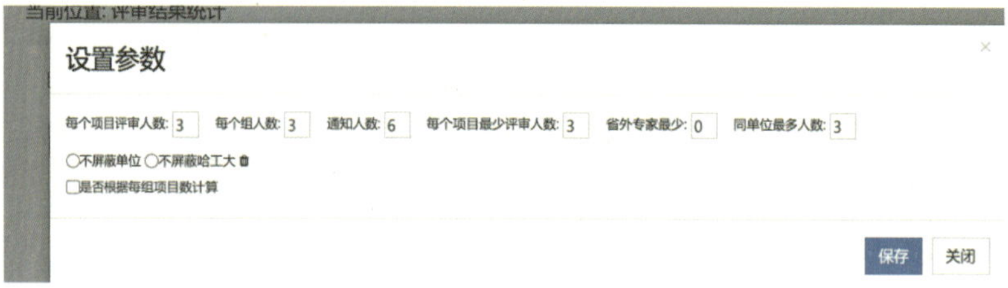

图 7–47

每个项目需要 3 个专家评审，依次设置每个项目评审人数为 3 人。每个组人数为 3 人。通知人数设置为 6，是出于有备选的考虑。每个项目最少评审人数为 3 人。省外专家最少：无要求则为 0 人。同单位最多人数：与评审专家单位一致的最多为 3 人。

（2）自动分组

将预抽的评审组同步到当前列表，如图 7–48 所示。

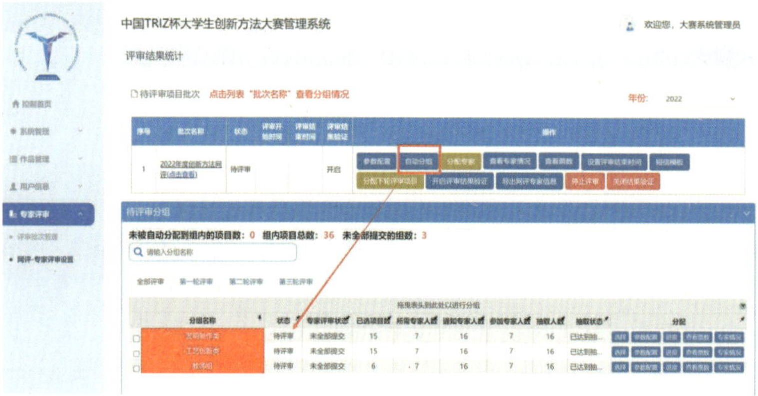

图 7–48

（3）点击分配专家（图 7–49~ 图 7–51）

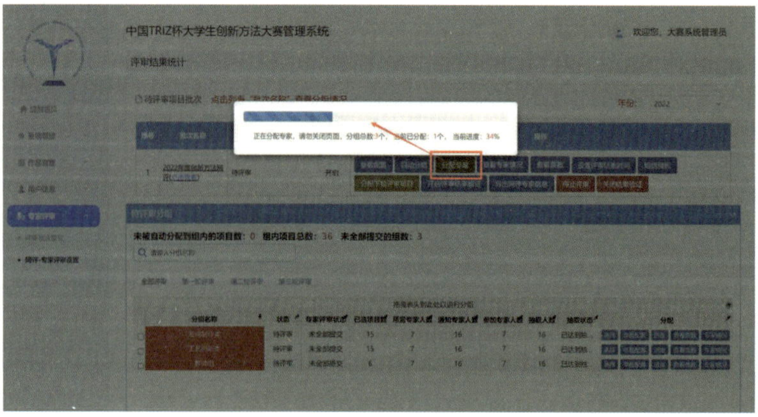

图 7–49

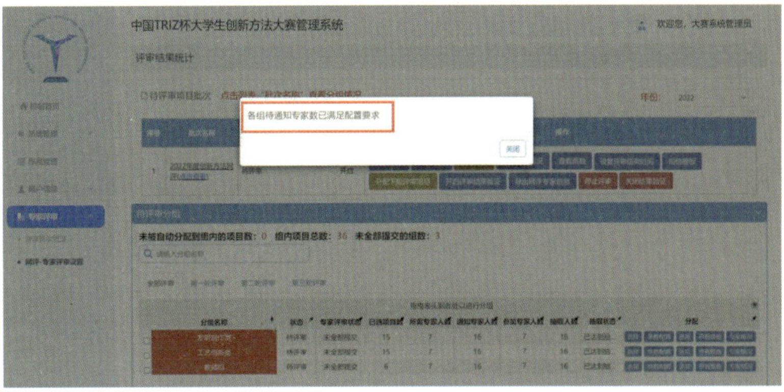

图 7–50

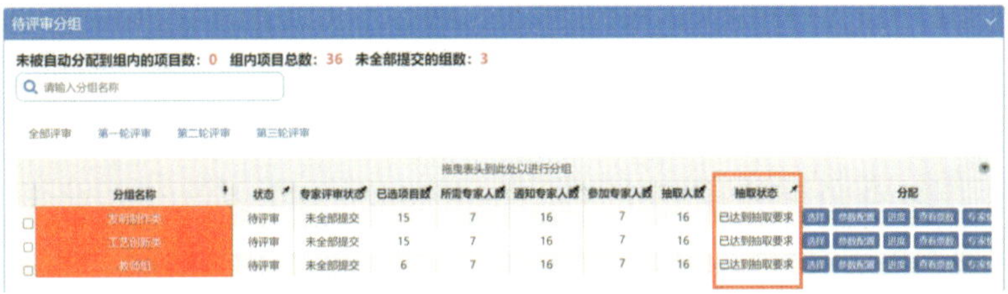

图 7–51

（4）设置评审时间（图 7–52）

图 7–52

由于评审时长的不确定性，通常设置时间比通知时间推后 1~2 个工作日。

（5）依次设置短信模板（图 7–53 和图 7–54）

图 7–53

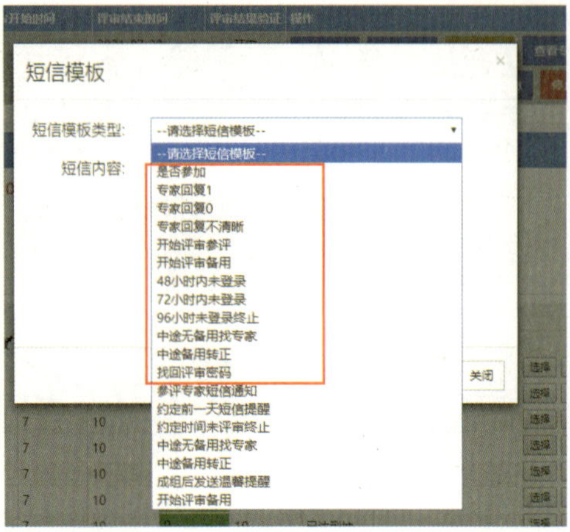

图 7–54

依次设置红框部分的短信模板，48 小时未登录系统将发送第一次提醒短信 ；72 小时未登录系统将发送第二次提醒短信；96 小时未登录自动替换专家。

4. 评审过程中的操作（图 7–55）

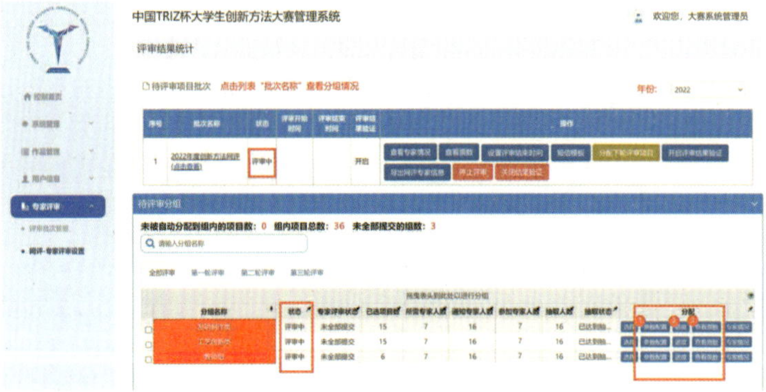

图 7–55

（1）参数设置（图 7–56）

图 7–56

查看具体的短信发送、专家回复情况。

（2）进度（图 7–57）

图 7–57

查看有账号的专家的账号登录情况。

（3）查看票数（图 7–58）

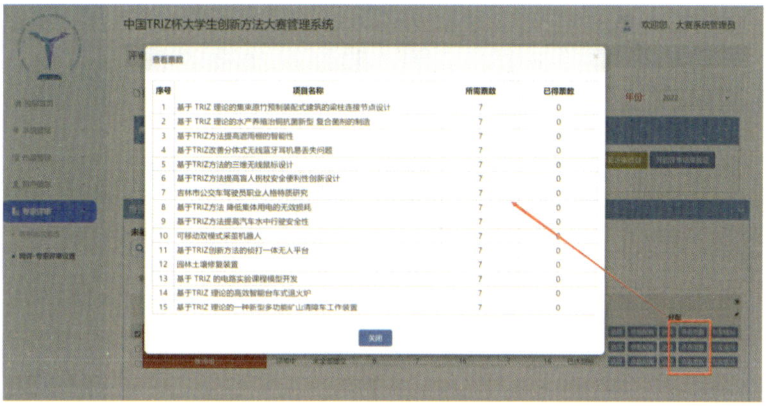

图 7–58

查看具体项日的票数。

（4）专家补充（图 7–59）

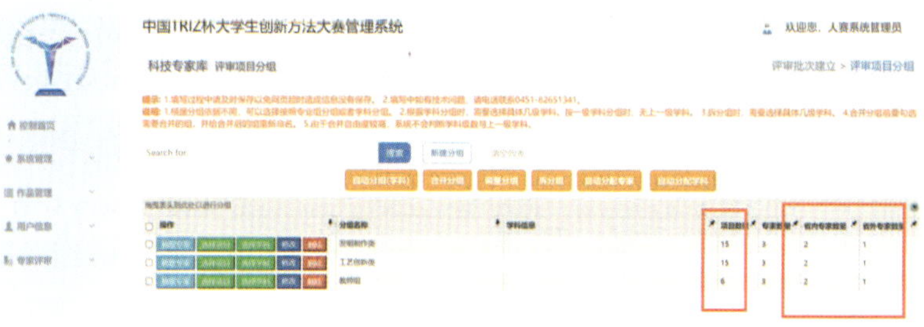

图 7–59

回到预抽页面，进入对应的组进行专家的补充，然后再确认评审批次，系统将对补充专家进行自动通知。

二、专家操作部分

1. 专家操作

（1）登录短信中的网站（图 7–60）

图 7–60

（2）评审系统（图 7–61 和图 7–62）

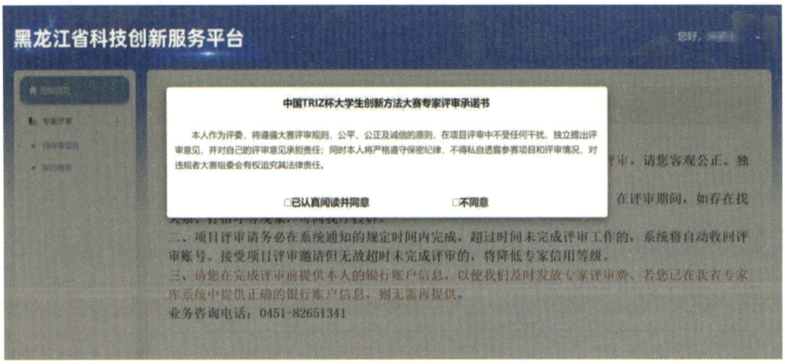

图 7–61

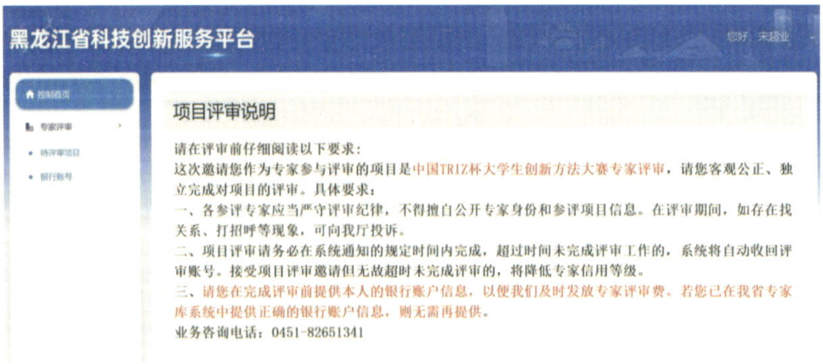

图 7–62

可配置对应的评审说明及承诺书（需提供）。

（3）待评审项目（图 7–63~ 图 7–65）

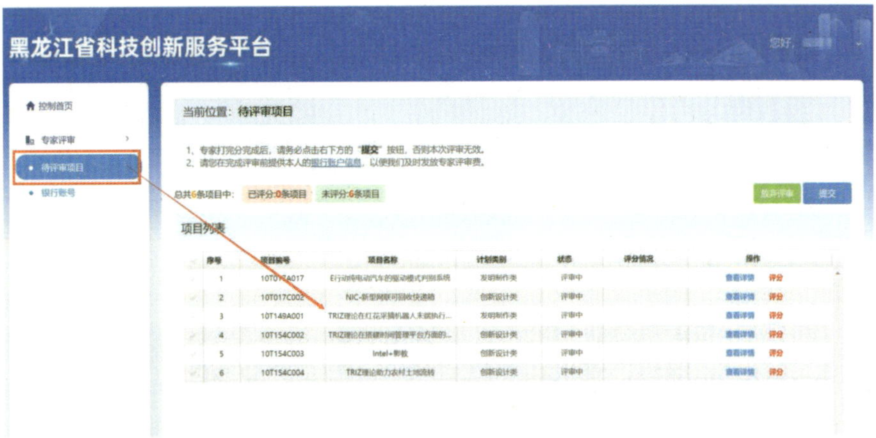

图 7–63

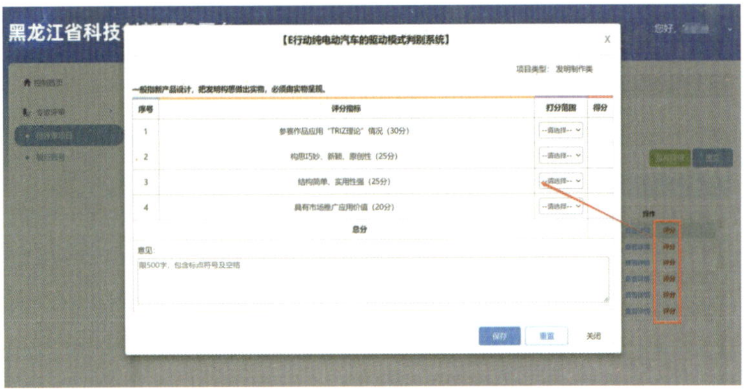

图 7–64

图 7–65

专家进行项目的查看和具体的打分。

（4）银行信息补全（图 7–66 和图 7–67）

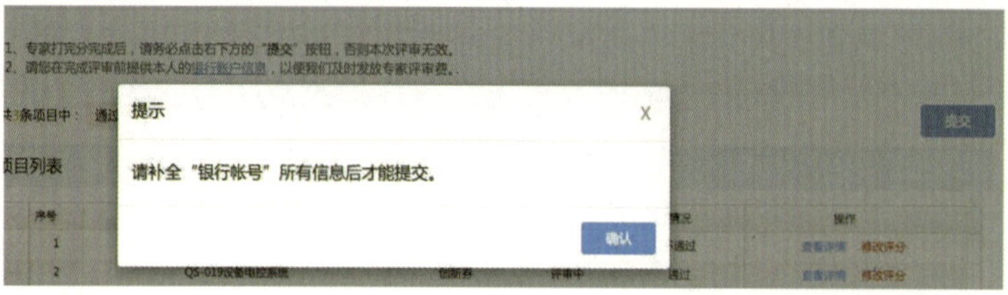

图 7–66

图 7–67

三、评审管理操作部分

1. 作品进入会评（图 7–68）

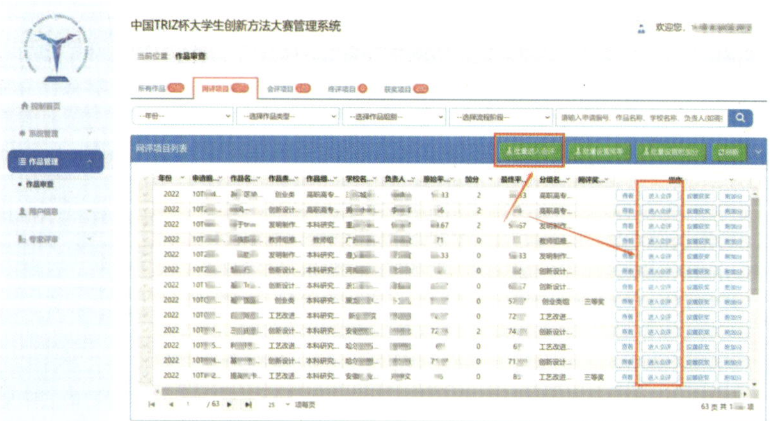

图 7–68

大赛系统管理员，在“网评项目”列表下通过“进入会评”将作品设置为需会评的项目。

2. 预抽阶段

（1）建立评审批次（图 7–69 和图 7–70）

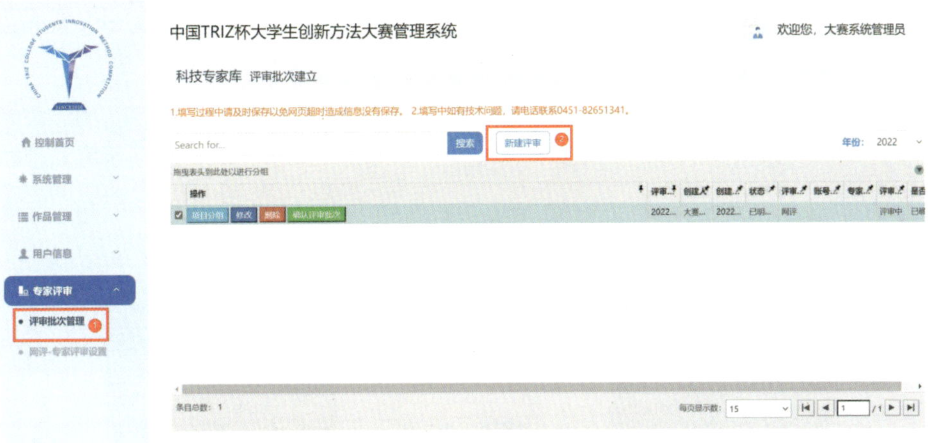

图 7–69

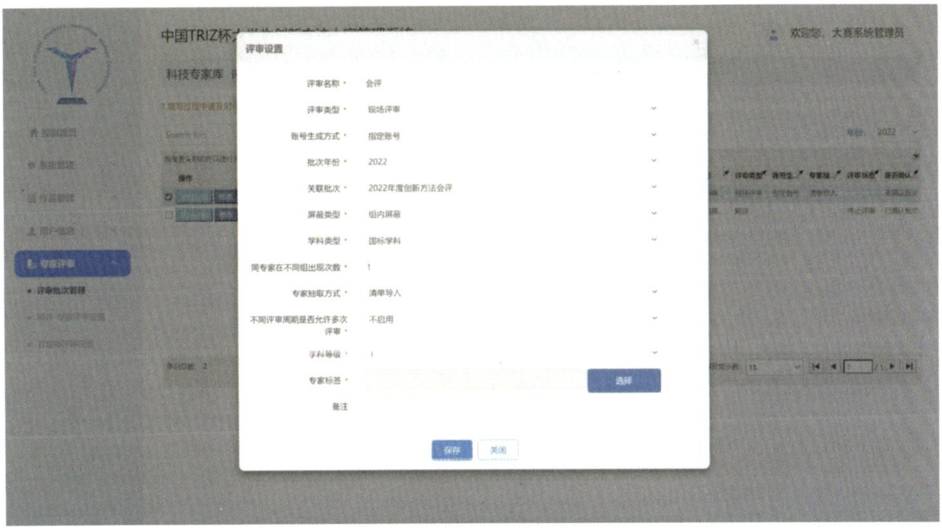

图 7–70

建立评审批次，关联对应的评审批次。

评审类型：现场评审。

账号生成方式：指定账号。

屏蔽类型：组内屏蔽（以组为单位屏蔽当前分组内涉及的单位信息）。

学科类型：按国标学科匹配专家。

（2）新建分组（图 7–71 和图 7–72）

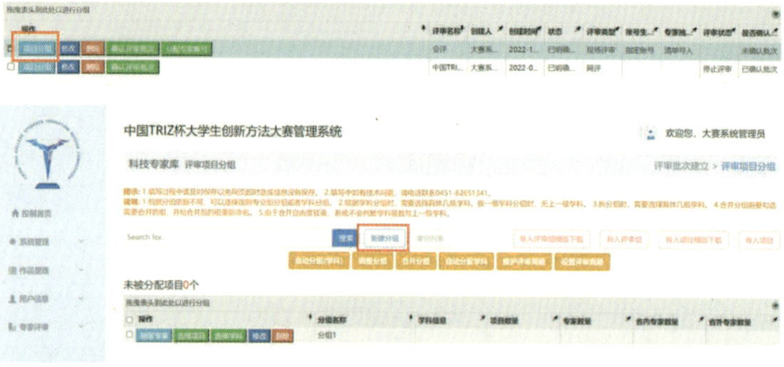

图 7–71

图 7–72

新建分组，分组名称必填✅。

（3）给分组选择项目（图 7–73 和图 7–74）

图 7–73

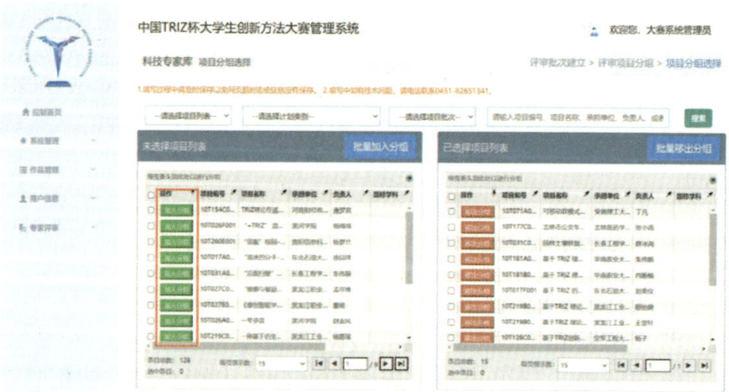

图 7–74

出现的项目为进入会评阶段的项目，将项目选择到对应的评审组。

（4）专家抽取

根据大赛组委会提供的专家清单，由系统管理人员人工导入。

（5）确认信息（图 7–75）

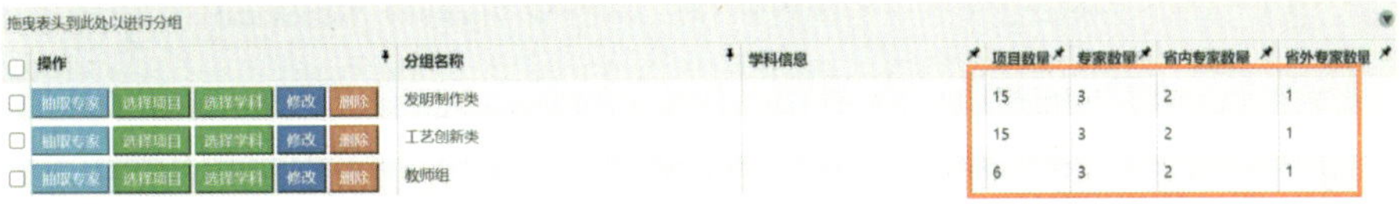

图 7–75

检查分组、项目、专家是否有误。

（6）分配专家账号（图 7–76）

图 7–76

选择“分配专家账号”为专家生成账号。

3. 会评阶段（图 7–77）

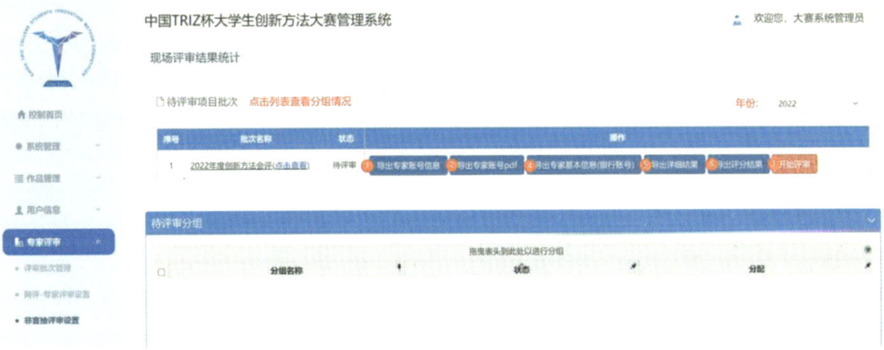

图 7–77

（1）相关操作

① 导出 Excel 格式的专家账号信息。

② 导出 PDF 格式的专家账号信息。

③ 开始会议评审。

④ 导出专家银行账号信息。

⑤ 导出专家评审的结果。

⑥ 导出评分结果。

（2）评审过程中的操作

根据评审进度可以查看专家评审的进度，如图 7–78 所示。

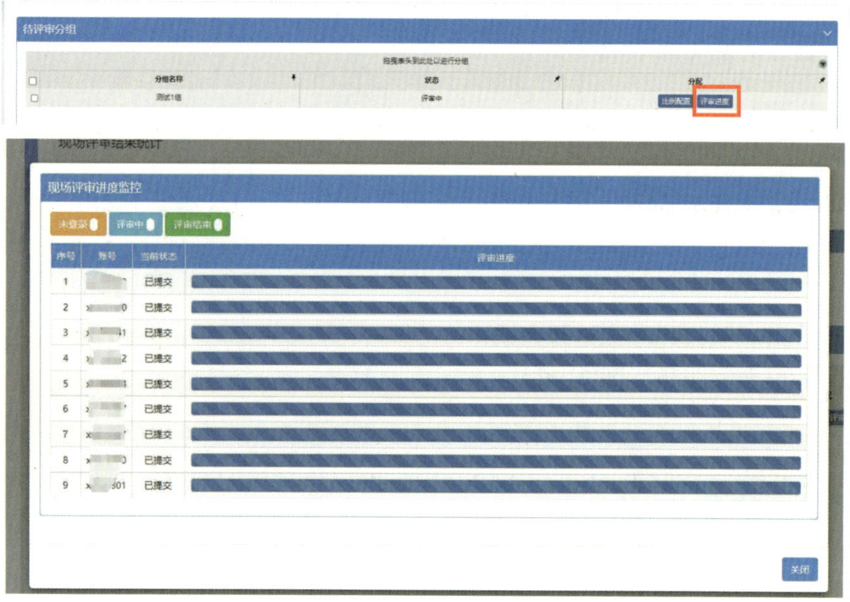

图 7–78

参 考 文 献

[1] 曹俊强，郝盛涛，许崇春，等 .TRIZ 理论基础教程与创新实例［M］. 哈尔滨：黑龙江科学技术出版社，2013.
[2] 杨清亮 . 发明是这样诞生的：TRIZ 理论全接触［M］. 北京：机械工业出版社，2006.
[3] 赵敏，史晓凌，段海波 .TRIZ 入门及实践［M］. 北京：科学出版社，2009.
[4] 檀润华 . 发明问题解决理论［M］. 北京：科学出版社，2004.
[5] 黑龙江省科学技术厅 .TRIZ 理论入门导读［M］. 哈尔滨：黑龙江科学技术出版社，2007.
[6] 檀润华 .TRIZ 及应用：技术创新过程与方法［M］. 北京：高等教育出版社，2010.
[7] 曹福全 . 创新思维与方法概论：TRIZ 理论与应用［M］. 哈尔滨：黑龙江教育出版社，2009.
[8] 创新方法研究会，中国 21 世纪议程管理中心 . 创新方法教程（初级）［M］. 北京：高等教育出版社，2012.
[9] 创新方法研究会，中国 21 世纪议程管理中心 . 创新方法教程（中级）［M］北京：高等教育出版社，2012.
[10] 创新方法研究会，中国 21 世纪议程管理中心 . 创新方法教程（高级）［M］. 北京：高等教育出版社，2012.
[11] 本书编写组 . 中国国际“互联网 +”大学生创新创业大赛指南（2021）［M］. 北京：高等教育出版社，2021.
[12] 黄华 . 如何赢得创新创业大赛［M］. 北京：化学工业出版社，2019.
[13] 周丽 . 创新创业大赛实战教程［M］. 北京：企业管理出版社，2019.
[14] 钟之静 .“互联网 +”大学生创新创业大赛蓝宝书［M］. 广州：暨南大学出版社，2020.
[15] 宋大明，鞠桂芹 . 回眸与沉思：技能大赛十年探索与实践［M］. 北京：科学出版社，2018.
[16] 中国水利教育协会秘书处，浙江同济科技职业学院 .2006—2016 全国水利职业院校技能大赛十年风采录［M］. 北京：水利水电出版社，2017.
[17] 世界技能大赛中国（天津）研究中心 . 中国世赛十年 (2010—2020)［M］. 北京：中国劳动社会保障出版社，2020.
[18] 顾时贵 . 创新创业大赛：品牌 平台 机制［M］. 北京：科学技术文献出版社，

2020.
[19] 科学技术部火炬高技术产业开发中心 . 创新引领 创业筑梦：中国创新创业大赛十年纪实 [M]. 北京：科学技术文献出版社，2022.
[20] 萨拉马托夫 . 怎样成为发明家：50 小时学创造 [M]. 北京：北京理工大学出版社，2006.
[21] 刘思平，刘树武 . 创造方法学 [M]. 哈尔滨：哈尔滨工业大学出版社，1998.
[22] 黄旗明，潘云鹤 . 产品设计中技术创新的思维过程模型研究 [J]. 工程设计，2000(2)：1-4.
[23] 胡艳营 . 基于 TRIZ 的计算机辅助机械产品创新设计研究 [D]. 青岛：青岛大学，2007.
[24] 刘训涛，曹贺，陈国晶 .TRIZ 理论及应用 [M]. 北京：北京大学出版社 ,2011.
[25] 赵存有 . 基于 TRIZ 理论的电牵引采煤机概念设计方法研究 [D]. 哈尔滨：哈尔滨工程大学，2008.
[26] 裴刚 . 大学生创新方法教学理论与实践探索 [M]. 北京：高等教育出版社，2017.
[27] 吴永志，崔文韬，李建峰 . 黑龙江省技术创新方法推广应用模式初探 [J]. 科技创新与品牌，2014，89(11)：88-90.
[28] 陈芳 . “互联网 +” 背景下大学生计算机创新创业大赛人才培养模式研究 [J]. 办公自动化，2022，27(6)：12-15.
[29] 庞冬冬 . “互联网 +” 创业大赛下的创新实践型人才培养研究 [J]. 科技创新导报，2020，17(17)：246-247 .
[30] 刘江涛 . 基于新工科建设的创新型人才培养机制研究 [J]. 中国轻工教育，2022，25(2)：67-72，79.
[31] 原方 . 基于科教融合的应用型大学创新人才培养机制研究 [J]. 华东科技，2022(8)：145-148.
[32] 陈伟毅 . 湖南省高等职业院校技能大赛现状、存在问题及对策研究：以临床医学专业为例 [J]. 卫生职业教育，2021，39(3)：12-14.
[33] 魏泽虹，俞慧娜，徐可，等 . 大学生创新创业大赛项目成果转化现状分析与对策研究：基于浙江十所本科院校的调查 [J]. 科技与创新，2021(22)：25-26，29.
[34] 陈昉 . 高职院校组织大学生创新创业大赛的现状与思考 [J]. 创新创业理论研究与实践，2020，3(16)：193-195.
[35] 李明霞，朱万旭 . 基于 “互联网 +” 大赛平台的大学生创新创业能力培养研究 [J]. 创新创业理论研究与实践，2022，5(6)：191-193.
[36] 陈树秋 . 大学生创新创业大赛组织与管理研究 [J]. 现代职业教育，2020(28)：34-35.
[37] 胡运哲，徐晓影 . 大学生创新创业平台现状分析 [J]. 长春师范大学学报（自然科学版），2021，40(4)：138-140.
[38] 李杰，高士晶 . 加强世界技能大赛训练的标准化建设，提高训练的效率和质量 [J].

职业，2021(19)：28-30.
[39] 沈卫林 . 江苏省体育竞赛组织工作标准化体系初探 [J] . 南京体育学院学报（社会科学版），2013，27(2)：125-128.
[40] 孙浩巍 . 我国群众性武术赛事标准化办赛体系研究 [D] . 北京：首都体育学院，2019.
[41] 唐斌 . 学生技能大赛选手标准化培育机制构建与应用：以汽车技术项目为例 [J] . 时代汽车，2021(17)：85-88.
[42] 潘磊 . 我国马拉松赛事服务标准化建设研究 [J] . 河北体育学院学报，2020，34(1)：9-16.
[43] 仇松杏 . 创业大赛评审模式比较研究 [J] . 企业科技与发展，2018(2)：309-311，314.
[44] 孔至达，史铁军，曹雪静，等 . 大众体育赛事标准化建设研究 [J] . 体育科技文献通报，2021，29(12)：6-7，11.
[45] 王云飞 . 地方普通本科院校创新创业竞赛机遇、挑战及对策：基于苏北地区 3 所高校的实证研究 [J] . 黑龙江教育（高教研究与评估），2020(1)：62-64.
[46] 吴媛媛 . 当前大学生创新创业面临的机遇和挑战 [J] . 人力资源，2020(22)：88-89.
[47] 薛凯琳 . "挑战杯"大学生竞赛活动组织管理模式研究与实践 [J] . 科技资讯，2022，20(10)：189-192.
[48] 秦涛，范煜 . "挑战杯"竞赛历程回顾和发展思考 [J] . 青年发展论坛，2020，30(4)：48-55.
[49] 李宏波，曾卓洪 . 基于"互联网 +"背景下大学生创业能力的 SWOT 分析：以广东省为例 [J] . 产业与科技论坛，2018，17(23)：125-127.
[50] 孙振锋，任鹏刚，黄颖为，等 . 基于 SWOT 方法的高校大学生科技竞赛组织管理模式改革分析 [J] . 教育现代化，2021，8(88)：112-115.
[51] 易佳 . 新时期大学生创业前景 SWOT 分析法及培养对策研究 [J] . 知识窗（教师版），2020(8)：30-31.
[52] 刘丁慧，侯盈权，周映君 . "互联网 +"背景下大学生创业面临的机遇、挑战及对策研究 [J] . 湖北函授大学学报，2016，29(24)：7-8.
[53] 李锐，汪小芳，仇志海 . 基于 SWOT 分析的高职学生创新创业能力培养研究 [J] . 内江科技，2020，41(1)：132-133.
[54] 房兴 . "互联网 +"背景下大学生创新创业面临的机遇与挑战 [J] . 佳木斯职业学院学报，2017，176(7)：288.
[55] 伍建辉，黄婷婷，许艳 . 学科竞赛驱动下创新人才培养研究：评《高校创新型人才培养模式研究与实践》[J] . 中国高校科技，2021，399(11)：100.
[56] 陈会林，王道平，刘延飞 . 学科竞赛融入高校创新人才培养全过程研究 [J] . 成才之路，2018，572(16)：1-2.
[57] 李梦丽，高立营，吕月霞，等 . 基于科技竞赛的高校创新人才培养的探索与实践

[J]. 现代职业教育，2022，293(15)：85-87.
[58] 马超 . 以高校学科竞赛为载体，促进应用型创新人才的培养 [J]. 价值工程，2012，31(10)：211.
[59] 林晓 . 基于创新竞赛的大学生创新人才培养模式研究 [J]. 江苏高教，2015(2)：132-134.
[60] 曹菁，谢涛 . 构建大学生竞赛平台 探索创新人才培养新模式 [J]. 教育教学论坛，2012，71(30)：169-171.
[61] 边伟，张惠 . 基于大学生竞赛的创新人才培养模式研究与实践：以西京学院为例 [J]. 现代营销 (创富信息版)，2018，178(10)：198-200.
[62] 刘畅，张同舟，王珏 . 基于“互联网 +”大赛的“双创型”人才培养模式分析及策略探究 [J]. 科教导刊，2022，502(34)：54-56.
[63] 陈晶晶，李萌 . 新时代大学生创新创业能力提升路径研究 [J]. 齐鲁师范学院学报，2022，37(6)：46-52.
[64] 高轶鹏 . 大学生创新创业能力培养模式研究 [J]. 长春工程学院学报 (社会科学版)，2022，23(4)：99-102.
[65] 姜婵 . 大学生科研竞赛活动与大学生科研能力培养：“基于挑战杯”的调查 [D]. 武汉：华中师范大学，2018.

附录　学生组获得特等奖（金奖、银奖、铜奖）情况统计

届次	作品类别	学校	作品名称
第一届	制作组	黑龙江八一农垦大学	新型折叠机架
第一届	制作组	哈尔滨理工大学	自主寻鞋智能鞋柜
第一届	制作组	哈尔滨工程大学	基于 TRIZ 理论的水下波动式推进装置
第一届	制作组	哈尔滨理工大学	基于 TRIZ 理论的多功能直尺设计
第一届	制作组	内蒙古科技大学	防止电动自行车不当启动的创新设计
第二届	制作组	东北农业大学	基于机器视觉技术的谷种籽粒智能分选系统的研制
第二届	制作组	哈尔滨工程大学	基于 TRIZ 理论的水下船体清刷机器人
第二届	制作组	东北农业大学	棚室智能管理机器人
第二届	制作组	东北农业大学	基于“TRIZ”理论的全自动水稻钵苗摆栽机栽插机构的创新优化设计
第二届	制作组	哈尔滨理工大学	幼儿园儿童床创意设计
第三届	发明制作类	哈尔滨工程大学	新型船舶遇险无线电示位器
第三届	发明制作类	佳木斯大学	低能耗高质量铝合金微弧涂层系统
第三届	发明制作类	南昌航空大学	全太阳能垂直起降飞行卫星平台
第三届	创意设计类	佳木斯大学	新型双金属复合铸造 – 焊接连接方锤
第三届	工艺改进类	江西工程学院	水泥净浆标准稠度及时间测定仪
第四届	发明制作类	常州工程职业技术学院	健身单车型节能洗衣机
第四届	发明制作类	东北林业大学	珍稀树木立体式监测与报警系统
第四届	发明制作类	河北工业大学	高可靠性冲压机械手反拉伸手爪
第四届	创意设计类	哈尔滨工程大学	基于 TRIZ 理论的新型复合式潮流能发电站
第四届	工艺改进类	苏州大学	基于 TRIZ 的冶金旋涡卷渣控制系统

续表

届次	作品类别	学校	作品名称
第四届	创业类	哈尔滨工程大学	星语园自闭症儿童认知辅助训练系统
第五届	发明制作类	济南大学	基于 TRIZ 理论的节能便携式采棉机
第五届	发明制作类	哈尔滨工业大学	基于 TRIZ 理论的多功能带载爬楼车
第五届	发明制作类	哈尔滨工程大学	仿生型混合模式水下滑翔机
第五届	创意设计类	哈尔滨工程大学	球形子母式两栖探测机器人系统
第五届	工艺改进类	东北大学	共渗法制备 LSGMF 致密扩散障层氧传感器
第五届	创业类	常州工程职业技术学院	“航拍之家”——引领“无人机 +”时代
第六届	发明制作类	吉林大学	基于 TRIZ 的热塑性聚酰亚胺 3D 打印装置
第六届	发明制作类	哈尔滨工程大学	基于 TRIZ 理论的多效能搜救艇
第六届	发明制作类	河北工程大学	基于 TRIZ 理论的静电吸附新型抓手
第六届	工艺改进类	吉林大学	基于 TRIZ 的通用测量轨道车辆车体基准点的方法
第六届	创新设计类	东北林业大学	基于 TRIZ 理论的一种不规则包装快递扫描自动分拣装置
第六届	创业类	哈尔滨工程大学	水质监测无人机系统
第七届	发明制作类	河北工程大学	基于 TRIZ 理论的封闭式初期雨水分离井
第七届	发明制作类	东北大学	导版式风轮机
第七届	发明制作类	重庆三峡学院	基于 TRIZ 理论的空间定位鼠标
第七届	工艺改进类	吉林大学	基于 TRIZ 的转向架静压调整方法
第七届	创新设计类	东北林业大学	500 kg/h 产能的 300 目秸秆超细粉碎机
第七届	创业类	东北农业大学	垄台深松灭茬成垄整地机的设计和推广
第八届	发明制作类	哈尔滨工业大学	选择性红外吸收透明材料制备及光热解耦节能窗设计
第八届	发明制作类	河南科技大学	凭“空”取水——双热源驱动的喷射式制冷取水装置
第八届	发明制作类	辽宁石油化工大学	非接触式扶手消毒环
第八届	高职高专类	河北工业职业技术学院	气态流化相变微胶囊制备工艺及设备开发
第八届	工艺改进类	哈尔滨工程大学	基于 TRIZ 理论的新型全光纤神经元
第八届	创新设计类	东北林业大学	复合式秸秆微粉机

续表

届次	作品类别	学校	作品名称
第九届	创新设计类	河北工业大学	解决搬运机构运行晃动的问题
第九届	发明制作类	哈尔滨工程大学	基于 TRIZ 理论的零碳高效内燃发电技术
第九届	工艺改进类	东北大学	基于 TRIZ 理论的超级奥氏体不锈钢薄带连铸制备工艺
第九届	发明制作类	东北大学	基于 TRIZ 理论的轮履功能自动切换装置设计
第九届	发明制作类	东北林业大学	薯土秧高效分离的马铃薯收获机
第九届	发明制作类	哈尔滨理工大学	正畸矫治器摩擦力测量装置
第十届	发明制作类	东北大学	“渔人之利”观测型水下机器人
第十届	发明制作类	哈尔滨工程大学	“白衣护盾”——基于 TRIZ 理论的便携式主动换气消毒面罩
第十届	创新设计类	哈尔滨工程大学	基于 TRIZ 理论的分布式协同通信管制系统
第十届	发明制作类	哈尔滨工程大学	基于电流变液的阻尼值可控的阻尼器
第十届	发明制作类	沈阳理工大学	基于 TRIZ 理论的一种提高颅骨愈合能力的可降解颅骨锁
第十届	生活创意类	东北大学	一种基于 TRIZ 理论的沙漠树木自动集水根灌装置

后　记

2022 年 5 月，恰逢中国 TRIZ 杯大学生创新方法大赛举办十周年。为迎接这一历史时刻，基于前期研究工作基础，大赛组委会提出以“中国 TRIZ 杯大学生创新方法大赛十年成果汇编”为主题编写书籍，积极发动全国参赛高校单位和各省级区域赛相关负责人共同研究探讨书籍编写事宜。大家纷纷建言献策，积极贡献大赛成果汇编相关资料，在此向全国参赛高校及省级区域有关负责单位表示感谢。

2022 年 12 月，《中国 TRIZ 杯大学生创新方法大赛十年探索与实践》选题生成之后，本书编者开始进行大赛十年材料的梳理和编写工作。本书在编写过程中，征集到了许多参赛过程中涌现出的创新人物和优秀典型案例，由于篇幅有限，仅选择有代表性的案例编入书稿，这里向提供案例材料的所有单位和个人表示感谢。

本书由大赛组委会办公室人员共同探讨确定主要思路和写作框架，审定写作大纲，明确写作要求，组织编写。本书编写过程中，参考并引用了相关政策文件、书籍、论文、新闻报道、网络信息资源，在此对相关单位和作者表示感谢。

最后，还要对本书的广大读者表示感谢。对中国 TRIZ 杯大学生创新方法大赛感兴趣的读者可以关注我们的微信公众号（龙江 TRIZ）和大赛官网（triz.hljsti.org.cn）。

本书编写匆忙，书中难免存有不足之处，恳请有关领导、专家、研究者和广大读者批评指正。

编　者

2023 年 4 月